La responsabilité pénale du chef d'entreprise

Essai de théorisation d'une responsabilité pénale en mutation

Droit privé et sciences criminelles

Collection dirigée par Yves Strickler

Créée fin 2011 par Yves Strickler et le Centre d'études et de recherches en droit privé (devenu le Centre d'études et de recherches en droit des procédures en 2013) de la Faculté de droit et science politique de Nice, la présente collection a pour vocation principale de publier des ouvrages en liaison avec le thème retenu pour dénomination de la collection. Cette dernière rassemble des recherches originales, tirées notamment de travaux de recherche, de manifestations scientifiques ainsi que d'ouvrages collectifs sur les interrogations actuelles que rencontre la science juridique, spécialement dans le domaine du droit privé et des sciences criminelles.

Parutions antérieures

Les juridictions au cœur des interactions sociales. Approche franco-russe (dir. Xavier Latour et Anne-Sophie Siew-Guillemin), avril 2021, 184 pp

Le renouveau du droit des obligations. Perspectives franco-japonaises (dir. Gaël Chantepie, Mathias Latina, Aya Ohsawa), septembre 2020, 208 pp

Le droit et la science politique à l'épreuve des crises du XXIe siècle (dir. Nils Monnerie et Cloé Ponzo), juillet 2020, 192 pp

Nouvelles procédures civiles, nouvelles pratiques professionnelles ? Bilan et perspectives (dir. Natalie Fricero et Marie-Cécile Lasserre), juin 2020, 176 pp

Équilibre(s) et déséquilibres(s) en droit : regards croisés Droit et Gestion (dir. Anne-Sophie Siew-Guillemin, Alexandra Baile, Cédric Chapelle, Caroline Fabre), mai 2020, 260 pp

Les sanctions de l'inexécution après la réforme du droit des contrats, Louise Bottin, mai 2020, 152 pp

Presse et procès pénal (dir. Christine Courtin, Fabienne Ghelfi et Cédric Porteron), février 2020, 280 pp

Université et prétoire, *Mélanges en l'honneur de Monsieur le Professeur Claude LIENHARD* (dir. I. Corpart, C. Lacroix et M.-F. Steinlé-Feuerbach), janv. 2020, 422 pp

Défiance, doute, incertitude : quelle place pour la notion de confiance dans les sociétés modernes ? (dir. Julie Tribolo), 2019, 90 pp.

L'enfant à l'épreuve de la séparation parentale (dir. Laetitia Antonini-Cochin et Marie-Cécile Lasserre), avril 2019, 126 pp

Les grands principes des répartitions dans les procédures collectives, Maxence Guastella, mars 2019, 300 pp

La cession de dette, Jean-Baptiste Bottin, mars 2019, 148 pp

Déclaration des droits de l'homme et du citoyen. Postérité et actualité (dir. Jimmy Meersman et Rémi Puigventos), février 2019, 238 pp

Médiation et entreprises. Regards croisés Droit et Gestion (dir. Gulsen Yildirim, Isabelle Sauviat et Romain Dumas), janvier 2019, 142 pp

La procédure (dir. Joanna Genovese et Giovanna Debernardi), oct. 2018, 138 pp

Techniques de critique d'une décision « définitive ». Imprécision sémantique et pérennité des décisions de justice en procédure civile, Tennessee Caen, juin 2018, 160 pp

Réforme de la prescription pénale (dir Christine Courtin et Jean-Raphaël Demarchi), juin 2018, 154 pp
Droit des sociétés et procédures collectives (dir. Laurence-Caroline Henry), janvier 2018, 207 pp
Le concept d'arbitrage (dir. Camille Leroy et Loïc Yboud), décembre 2017, 221 pp
Procédure civile et nouvelles technologies, Delphine de Lorgeril, septembre 2017, 164 pp
Mélanges en l'honneur du Doyen Roger Bernardini, « Parcours pénal » (dir. Christine Courtin, Marc Dalloz, Fabienne Ghelfi, Jean-François Renucci), mars 2017, 313 pp
Victor Hugo et les magistrats, Marcel Foulon, octobre 2016, 198 pp
Variations juridiques et sociologiques - Regards experts sur les grandes mutations du droit (dir. Marc Dalloz), septembre 2016, 141 pp
De la mobilisation du fait à la réalisation du droit (dir. Maxime Lei et Loïc Yboud), septembre 2016, 225 pp
Les enjeux patrimoniaux de là séparation - Questions récurrentes (dir. Laetitia Antonini-Cochin), juillet 2016, 112 pp
Les aspects procéduraux du dessaisissement, Benjamin Ferrari, févr. 2016, 192 pp
Le droit et les sentiments (dir. Laurie Bolleri-Schenique et Delphine Lanzara), décembre 2015, 219 pages
L'erreur judiciaire : Apprendre à douter pour lutter contre les erreurs judiciaires (dir. Xavier Pin), novembre 2015, 119 pp

Fonctionnaires et droit pénal. Des justiciables comme les autres ? (dir. Marc Dalloz et Christine Courtin), septembre 2015, 226 pp
L'expertise non judiciaire à l'aune des droits fondamentaux, Thibault Goujon-Bethan, janvier 2015, 196 pp
Un art, un droit, une question – Triptyque juridico-artistique (dir. Diane Boustani, Dalida Chabri, Marion Combe, Sarah Farhi, Marie-Cécile Lasserre), oct. 2014, 210 pp
Le paiement (dir. Marc Mignot et Jérôme Lasserre Capdeville), juillet 2014, 298 pp
Le vice de procédure. Réflexions désordonnées d'un artisan du droit sur l'article 2241, alinéa 2 du Code civil, Denys Mas, juin 2014, 137 pp
Le droit de l'exécution des peines. Espoirs ou désillusion ? (dir. Fabienne Ghelfi), juin 2014, 153 pp
Variations juridiques et politiques. Clés pour la compréhension du monde contemporain (dir. Yves Strickler), novembre 2013, 354 pp
Les infractions de harcèlement, Sylvana Paradiso, octobre 2013, 94 pp
Volonté et biens (dir. Yves Strickler et Fabrice Siiriainen), juillet 2013, 352 pp
La réforme de la garde à vue (dir. Christine Courtin), janvier 2013, 124 pp
L'arbitrage, questions contemporaines (dir. Yves Strickler et Jean-Baptiste Racine), juillet 2012, 224 pp
Le prix de la rupture. Au cœur des contentieux familiaux (dir. Laetitia Antonini-Cochin et Christine Courtin), mars 2012, 112 pp

Victoria Ligny

La responsabilité pénale du chef d'entreprise

Essai de théorisation d'une responsabilité pénale en mutation

L'Harmattan

Cette thèse a été réalisée sous la direction de
Béatrice Lapérou-Scheneider,
Professeur de droit privé et sciences criminelles,
Directrice du CRJFC, Directrice du master Contentieux.

5-7, rue de l'École-Polytechnique, 75005 Paris
http://www.editions-harmattan.fr
ISBN : 978-2-343-24326-9
EAN : 9782343243269

SOMMAIRE

PRINCIPALES ABRÉVIATIONS

ADLC	Autorité de la concurrence
AJDA	Actualité juridique de droit administratif
AJ pénal	Actualité juridique pénal
Al.	Alinéa
AMF	Autorité des marchés financiers
Arch. Phil. Droit	Archives de la philosophie du droit
Arch. Pol. Crim	Archives de politique criminelle
Art.	Article
Bull. civ.	Bulletin des arrêts des Chambres civiles de la Cour de cassation
Bull. crim.	Bulletin des arrêts de la chambre criminelle de la Cour de cassation
Ass.plén	Assemblée plénière de la Cour de cassation
C. consom.	Code de la consommation
C.com.	Code de commerce
C.env.	Code de l'environnement
CGI	Code général des impôts
CMF	Code monétaire et financier
C.pén.	Code pénal
C. proc. pén.	Code de procédure pénale
CSS	
C. trav.	
Cah. ent.	

	Code de la sécurité sociale
	Code du travail
	Cahiers de l'entreprise
CA	Cour d'Appel
Cass. Civ	Cour de cassation. Chambre civile
Cass. Crim	Cour de cassation. Chambre criminelle
CE	Conseil d'État
CEDH	Cour Européenne des Droits de l'Homme
Chron.	Chronique
Coll.	Collection
D.	Recueil Dalloz
DGCCRF	Direction générale de la concurrence, de la consommation et de la répression des fraudes
DIRECCTE	Directions régionales des entreprises, de la concurrence, de la consommation, du travail et de l'emploi
Dr. fisc.	Revue de droit fiscal
Dr. Pén	Revue Droit pénal
Dr. Soc.	Revue Droit social
Gaz. Pal.	La Gazette du Palais
Ibid.	*Ibidem,* même endroit
JCP	La Semaine juridique - Juris-Classeur
JCP E.	Périodique
JCP S.	La Semaine juridique entreprise

	La Semaine juridique social
JORF	Journal officiel de la République française
L.	Loi
LGDJ	Librairie générale de droit et de jurisprudence
LPF	Livre des procédure fiscales
LPA	Les Petites Affiches
not.	Notamment
obs.	Observations
op. cit.	*Opere citato,* dans l'ouvrage précité
PME	Petites et moyennes entreprises
PUAM	Presses universitaires d'Aix-Marseille
PUF	Presses universitaires de France
RCA	Revue responsabilité civile et assurances
RDPC	Revue de droit pénal et de criminologie
Rev. proc. coll.	Revue des procédures collectives
Rev. soc.	Revue des sociétés
RIDP	Revue internationale de droit pénal
RLDA	Revue Lamy Droit des affaires
RLDC	Revue Lamy Droit civil
Rev. int. compliance	Revue internationale de compliance
RPDP	Revue pénitentiaire et de droit pénal

RSC	Revue de science criminelle et de droit comparé
RTD civ.	Revue trimestrielle de droit civil
RTD com.	Revue trimestrielle de droit commercial
Somm.	Sommaire
Spéc.	Spécialement
t.	Tome
T. corr.	Tribunal correctionnel
TGT	Tribunal de grande instance
TPE	Très petites entreprises
V.	Voir
Vol.	Volume

INTRODUCTION

« Gouverner c'est prévoir »[1],
« Gouverner c'est savoir »[2].

La responsabilité pénale, le pouvoir et le chef d'entreprise. La responsabilité pénale définie comme l'obligation faite aux individus de répondre de leurs actes délictueux en cas de condamnation pénale[3] ; la responsabilité pénale perçue par une partie de la doctrine pénaliste comme la « *rançon de l'élite* »[4]. Les affaires AZF, Bouygues Telecom, des laboratoires Servier ou plus récemment la responsabilité pénale des dirigeants d'Amazon et de Carrefour à raison de salariés maintenus en poste durant la période de crise sanitaire en sont les parfaites illustrations. Ce serait alors en raison d'un grand pouvoir que viendrait une grande responsabilité[5]. Doit-on s'atteler à penser le pouvoir de direction de l'entreprise comme un moyen de personnalisation de la responsabilité pénale ? Et si la responsabilité pénale du chef d'entreprise, avait été conçue dans le but de procéder à un rééquilibrage des forces entre le détenteur du pouvoir de direction de l'entreprise et ce que le professeur Klaus TIEDEMANN désigne comme la « *collectivisation de la vie sociale* »[6] ?

---

[1] A. Thiers, Maxime attribuée également au journaliste Émile DE GIRARDIN, *Le spectacle du monde*, n° 358 à 363, 1992.

[2] M-A Frison-Roche, *Régulation, Supervision, Compliance*, Paris, Dalloz, 2017, p. 2.

[3] B. Bouloc, *Droit pénal général*, 26ème éd., Dalloz, coll. « Précis », 2019, n° 401.

[4] J.-H. Robert, H. Matsoupoulou, *Traité de droit pénal des affaires*, Paris, PUF, 2004 ; W. Jeandidier, *Droit pénal des affaires*, Paris, Dalloz, coll. « Précis », 2005.

[5] A. Supiot, « Face à l'insoutenable : les ressources du droit de la responsabilité », *in Prendre la responsabilité au sérieux*, (dir. A. Supiot, M. Delmas-Marty), Paris, PUF, 2015, p. 9.

[6] Comme le souligne le Professeur Klaus TIEDEMANN (Professeur à l'Université de Fribourg-en-Brisgau) dans son rapport introductif faisant partie d'un projet de recherche concernant l'harmonisation du droit pénal des affaires dans le cadre de la Communauté européenne (Prix Max-Planck, 1995) : « *Les infractions commises lors de l'activité des entreprises : infractions dirigées contre les actionnaires, les créanciers, des tiers, des salariés, l'État, la Communauté européenne ... sont un symbole de la criminalité d'aujourd'hui qui met le système pénal à l'épreuve*

Lien entre la responsabilité pénale et le pouvoir de direction de l'entreprise. Née d'un constat certain de l'influence du pouvoir sur le contenu de la responsabilité pénale, la présente étude a pour objectif de confronter la responsabilité pénale du chef d'entreprise à celle de droit commun mais également aux nouveaux modes de répression qui se répandent dans l'entreprise, lorsqu'une ou plusieurs infractions sont reprochées au décideur d'entreprise privée.

Un sujet partiellement exploré. Bien qu'étant une source d'analyse récurrente de la matière pénale, la responsabilité pénale du chef d'entreprise a donné lieu à plusieurs études. On ne peut s'empêcher de relever les recherches consacrées à la responsabilité pénale du chef d'entreprise sous l'angle des mécanismes d'imputation du fait d'autrui[7] ou de la délégation de pouvoirs comme moyens d'exonération de la responsabilité pénale[8]. Néanmoins, en ce qui concerne l'étude de son régime et de la répression pénale qui en découle, les études doctrinales

surtout en vue de la division du travail, des relations économiques interdépendantes et de l'interposition de personnes morales ou d'autres groupements collectifs, titulaires d'un patrimoine et sujets de droit au moins à l'échelle du droit civil et économique. Il s'agit, suivant une formule connue, du phénomène de la « collectivisation » de la vie sociale ». Ce rapport est intégré à l'étude *Espace judiciaire européen*, lancée en novembre 1995 par Monsieur Francesco DE ANGELIS (directeur à la Direction générale du contrôle financier, Commission européenne) qui a abouti en octobre 1996 à un rapport proposant un « *Corpus Juris* » portant dispositions pénales pour la protection des intérêts financiers de l'Union européenne ». Il ne s'agit pas d'un Code pénal, ni d'un Code de procédure pénale européen mais d'un ensemble de règles pénales constituant une sorte de Corpus Juris limité à la protection des intérêts financiers de l'Union européenne, ce dans un espace judiciaire européen largement unifié. V. sur point, *La responsabilité pénale dans l'entreprise, vers un espace judiciaire européen unifié* ? (dir. M. Delmas-Marty), Dalloz, 1997, p. 259.

[7] Conférence sur « La responsabilité pénale du chef d'entreprise », prononcée le 16 juin 2001, dans le cadre du colloque organisé par l'Association Droit et Commerce (*Revue de jurisprudence commerciale*), ayant pour thème « La dépénalisation de la vie des affaires : où en sommes-nous ? ». Cette conférence a fait l'objet d'une publication dans la *Revue de jurisprudence commerciale* ; V. sur ce point, « La responsabilité pénale du chef d'entreprise », *Revue de jurisprudence commerciale*, nov. 2001, numéro spécial, p. 45 à 56.

[8] E. Dreyer, « Les pouvoirs délégués afin d'exonérer pénalement le chef d'entreprise », *D.* 2004, p. 937.

demeurent plus rares[9]. La doctrine s'intéresse davantage à la spécificité des éléments constitutifs des infractions en droit pénal du travail[10] ou en droit pénal des affaires[11] sans pour autant faire un quelconque lien avec la personne du dirigeant. Deux contributions issues d'un colloque

---

[9] Il peut être fait référence à la publication de Madame Béatrice LAPEROU-SCHENEIDER dans laquelle l'auteur s'interroge sur la « généralisation » de la présomption de faute de l'employeur en droit pénal du travail. V. sur ce point, « La responsabilité pénale de l'employeur personne physique et la présomption de faute », *in Dr. soc.* 2012. 273.

[10] R. Salomon, *La fraude pénale en droit de la Sécurité sociale*, Paris, Economica, 2013 ; R. Salomon, *Droit pénal social, Droit pénal du travail, Droit pénal du travail et de la sécurité sociale* (dir. N. Molfessis), Paris, Economica, 5ème éd. 2019 ; R. Salomon, « La sanction pénale dans le droit des relations de travail », *in La norme pénale et les relations de travail* (dir. B. Teyssié), éd. Panthéon- Assas Colloques, 2015, p. 71 ; E. Dreyer, « L'imputation des infractions en droit pénal du travail », *RSC* 2004, p. 813.

[11] Comme le souligne la doctrine pénaliste, l'imprécision de la définition du droit pénal des affaires laisse le sentiment d'une construction artificielle dont le champ d'intervention repose sur des critères mal identifiés, V. sur ce point, M. Véron, *Droit pénal des affaires*, Dalloz, coll. « Cours », 8ème éd., 2009, n°1 ; Ph. Bonfils, *Droit pénal des affaires*, Montchretien, 2009, n°4 et s ; F. Stasiak, *Droit pénal des affaires*, Paris, LGDJ, 2 ème éd., 2009, p. 1. Nous nous raccorderons de manière partielle à la proposition des Professeurs A. LEPAGE, P. MAISTRE DU CHAMBON et R. SALOMON selon laquelle le droit pénal des affaires regroupe des qualifications de droit commun (vol, escroquerie, abus de confiance), des incriminations relevant du droit économique ou du droit pénal fiscal, commercial, boursier ou de la consommation. Toutefois, si les auteurs intègrent le droit pénal du travail dans le droit pénal des affaires, notre étude procède à une distinction entre le droit pénal du travail et le droit pénal des affaires. Le droit pénal du travail apparaît comme une matière distincte dans la mesure où il a pour vocation de protéger une personne : la personne du travailleur. Longtemps ignoré par le Code pénal de 1810, le monde du travail a de manière progressive eu recours à l'autorité du droit pénal afin de rendre pleinement effectives les règles de droit social et protéger le salarié dans sa dimension purement individuelle. Sur la spécificité des infractions en droit pénal des affaires, V. A. Lepage, P. Maistre du Chambon, R. Salomon, *Droit pénal des affaires*, Paris, LexisNexis, 2018 ; W. Jeandidier, « L'élément moral des infractions d'affaire ou l'art de la métamorphose », *in Mélanges offerts à André Decocq*, Litec, 2004, p. 369 ; X. Pin, « La nature de la faute en droit pénal économique », *in Le droit pénal économique, un droit pénal très spécial ?* Actes du colloque organisé le 28 avril 2017 par le Centre de droit économique et du développement de l'Université de Perpignan, éd. Cujas, 2018, p. 37.

intitulé « *Les responsabilités du dirigeant* »[12] méritent toutefois d'être soulignées dans la mesure où elles s'intéressent au particularisme des conditions d'engagement de la responsabilité pénale du dirigeant[13].

Annonce de plan. L'entreprise d'une telle recherche passe tout d'abord par une délimitation des deux objets étudiés (§1). Ensuite, après avoir mis en lumière les rapports étroits entre le chef d'entreprise et la responsabilité pénale, il conviendra de confronter le contenu de cette responsabilité particulière aux nouveaux outils de répression qui se développent dans l'entreprise (§2). Enfin, ce n'est qu'après avoir clairement défini et délimité le cadre de l'étude que pourra alors être envisagée la problématique générale de la responsabilité pénale du dirigeant à l'aune des nouvelles formes de répression qui se développent dans l'entreprise (§3).

§1- L'identification préalable de l'objet de recherche

Cette identification de l'objet de recherche implique une double délimitation : une définition de la responsabilité pénale d'une part (A) ; une définition du chef d'entreprise d'autre part (B), mettant ainsi en évidence le lien qui unit les deux objets.

A-La définition de la responsabilité pénale

Approche théorique de la responsabilité pénale. De manière générale, la notion de responsabilité renvoie à l'obligation de répondre des conséquences de ses actes[14]. Formée d'après le verbe primaire « *respondere* », le substantif « *responsabilitas* » ne semble pas exister

---

[12] *Les responsabilités du dirigeant de société, Regards croisés de droit civil et de droit pénal, in Actes de colloque,* sous la direction de O. Dexant de Baillancourt et B. Lapérou-Scheneider, Dalloz, coll. « Thèmes et commentaires », 2018.

[13] P. Le Monnier de Gouville, « La responsabilité pénale du dirigeant de la société in bonis » p. 63 ; B. Lapérou-Scheneider, « La responsabilité pénale du dirigeant et la réglementation du travail, une responsabilité renforcée », p. 121 ; ibid. *Les responsabilités du dirigeant de société, Regards croisés de droit civil et de droit pénal.*

[14] M. Villey, « Esquisse historique sur le mot responsable », in *La responsabilité, Arch. Phil. Droit*, Tome XXII, 1977, p. 59 ; A. Laingui, « Responsabilité pénale » *in Dictionnaire des sciences criminelles*, Paris, 2004, p. 832.

avant l'époque moderne[15]. C'est seulement au XVIIème siècle qu'un principe général de responsabilité est établi à propos de la faute et du dommage[16]. En ce qui concerne la matière pénale, de longs développements ne sont pas nécessaires pour rappeler que le droit pénal désigne le droit de la répression qui s'attache à la protection de l'ordre social ainsi que la responsabilité pénale, c'est-à-dire l'obligation de rendre compte d'une infraction par l'accomplissement d'une peine[17]. Le droit pénal réprime un certain nombre de comportements asociaux ou antisociaux et édicte des peines destinées à châtier les coupables. Ces comportements répréhensibles sont déterminés et définis de manière limitative par la loi qui, dans le même temps, précise la peine applicable à chaque infraction considérée. Cette responsabilité pénale a pour seul et unique but de punir un coupable d'une peine, d'une sanction (prison, amende, par exemple), et non pas de réparer un préjudice causé à un particulier[18]. Aussi, en vertu de l'article 121-1 du

---

[15] J.-N Robert, « Traduire la responsabilité », in *Prendre la responsabilité au sérieux* (dir. A. Supiot, M. Delmas-Marty), Paris, PUF, 2015, p. 101.

[16] H. Grotius, *Du droit de la guerre et de la paix*, II, 17, 1, Paris, PUF, 1999 [1625] : *« Nous appelons maléfice toute faute, soit en faisant, ne soit en ne faisant pas en opposition avec ce que les hommes doivent faire ou communément, ou à raison d'une qualité déterminée. D'une telle faute, s'il y a eu un dommage causé, naît naturellement une obligation qui a pour objet de le réparer* », traduit par P. Pradier-Fodéré, D. Alland (dir.), Paris, PUF, 1999, p. 414-415. Pufendorf met l'accent quant à lui sur les fondements moraux du principe de responsabilité en invoquant les idées de *socialitas*, de devoir et d'imputabilité. V. sur ce point, B. Kupisch, « La responsabilità da atto illecito nel diritto naturale », *in L. Vacca, La responsabilità civile da atto nella prospettiva storico-comparatistica* (Madrid, 7-10 ottobre 1993, Torino, Giappichelli, 1995, p. 127-128. Mais, c'est sous la plume de Jean Domat en 1689 que naît véritablement la notion de responsabilité. J. Domat, *Les lois civiles dans leur ordre naturel*, Paris, 1745, p. 184, I, 8, 4, 1 : « *Toutes les pertes et tous les dommages qui peuvent arriver par le fait de quelque personne, soit imprudence, légèreté, ignorance, de ce qu'on doit savoir ou autres fautes semblables, si légères qu'elles puissent être, doivent être réparées par celui dont l'imprudence ou autre faute y a donné lieu. Car c'est un tort qu'il a fait quand même il n'aurait pas intention de nuire. Ainsi celui qui jouant par imprudence en mail dans un lieu où il pouvait y avoir du péril pour les passants vient à blesser quelqu'un, sera tenu du mal qu'il aura causé* ».

[17] P. Ricœur, « Le concept de responsabilité. Essai d'une analyse sémantique », *Revue Esprit* nov. 1994, p. 28 et s.

[18] D. Fenouillet, P. Malinvaud, *Droit des obligations*, Paris, LexisNexis, 12e éd., 2012, p. 58.

Code pénal qui pose le principe de responsabilité personnelle[19], nul ne peut être soumis à une peine, s'il n'a pas commis lui-même l'infraction[20].

Description de la responsabilité pénale. La responsabilité pénale d'une personne peut se définir comme l'aptitude à commettre une infraction et se voir imputer une faute[21]. Ce concept renvoie donc à la fois aux notions de culpabilité et d'imputabilité[22], ou plus largement, d' « *imputation* »[23]. Autrement dit, pour qu'il y ait responsabilité pénale au sens strict, il faut que le délinquant ait commis une faute et que cette faute (culpabilité) puisse lui être imputée (imputabilité)[24]. La caractérisation, puis l'engagement de la responsabilité pénale de l'auteur d'une infraction, conduisent à sa condamnation, à savoir une sanction pénale. Le professeur Jean PRADEL la résume d'ailleurs en « *l'obligation pour une personne impliquée dans la commission d'une*

---

[19] Pour rappel, l'article 121-1 du Code pénal dispose que : « *Nul n'est responsable pénalement que de son propre fait* ».

[20] Déc. n°76-70, DC, 2 déc. 1976, *RSC* 1978. 817, étude Y. Reinhard ; déc. n°99-411, DC, 16 juin 1999, les articles 8 et 9 de la DDHC combinés, imposant le principe selon lequel « *nul n'est responsable de son propre fait* » ce qui consacre la nécessité de la culpabilité ; déc. n° 2010, *JORF* du 3 mars.

[21] V. par ex. F. Desportes et F. Le Guhenec, *Droit pénal général*, Economica, coll. « Corpus droit privé », 16ème éd., 2016, n° 627.

[22] L'appréhension du concept même de responsabilité pénale est éminemment complexe et donne lieu à des controverses doctrinales, particulièrement sur le point de savoir si les notions de culpabilité et d'imputabilité doivent être considérées comme des conditions de la responsabilité pénale ou de l'infraction. Certains auteurs, comme le Professeur Emmanuel DREYER, présentent l'imputabilité comme l'aptitude à la responsabilité pénale, c'est-à-dire comme une condition préalable à l'engagement de la responsabilité pénale. La culpabilité supposerait quant à elle de déterminer si la personne a effectivement commis l'infraction qui lui est reprochée. Cette notion de culpabilité servirait ainsi à caractériser l'infraction, dans sa dimension matérielle mais aussi psychologique.

[23] F. Rousseau, *L'imputation dans la responsabilité pénale*, Dalloz, coll. « Nouvelle bibliothèque de Thèse », 2009. V. également C. Margaine, *La capacité pénale*, Th., Bordeaux IV, 2011, spéc. n° 210 et s.

[24] G. Levasseur, « L'imputabilité des infractions en droit français », *RSC* 1968-1969, p. 390 et s. ; R. Legros, « Imputabilité pénale et entreprise économique », ibid. p. 365 ; P. Jourdain, « Retour sur l'imputabilité », *in Mélanges offerts à Bernard Bouloc*, 2007, p. 511 ; B. Bouloc, *Droit pénal général*, Dalloz, 26ème éd. 2019, 402.

infraction d'en assumer les conséquences pénales, c'est-à-dire « de subir la sanction attachée à cette infraction »[25].

Fonction assignée à la responsabilité pénale. Il faut l'admettre, la responsabilité pénale reste très marquée par une connotation morale. À cet effet, il est logique que sa fonction première tende à prévenir tout préjudice. Comme l'a souligné le Professeur Pierre FAUCONNET, c'est « *l'évidence en droit pénal à cause du blâme qui, résultant de la condamnation d'une personne, incite les autres à bien se conduire »*[26]. Si la responsabilité pénale participe à la valeur de la moralité, c'est la répression qui fait alors la valeur de la responsabilité pénale. Toutefois, il serait également possible d'assigner à la responsabilité pénale une autre fonction : celle qui tend à rendre possible la réalisation de la peine en lui fournissant un point d'application et ainsi permettre à la peine de jouer son rôle « *utile* »[27].

Personne susceptible d'engager sa responsabilité pénale. S'il ne saurait y avoir une véritable analyse de la responsabilité pénale sans déterminer le ou les sujets qui peuvent la supporter, alors il convient

---

[25] J. Pradel, *Droit pénal général*, Paris, Cujas, 2019, p. 408.

[26] Cet argument a été avancé par le Professeur Pierre FAUCONNET qui dans son analyse de la responsabilité pénale faisait état deux temporalités fondamentales : la première liée à la « *la conscience collective* » heurtée par un acte moralement répréhensible. La seconde, durant laquelle pour se protéger de ce type d'acte, la société aurait conçu une responsabilité « *flottante* », une sorte d' « *épée de Damoclès* » planant sur l'ensemble des agents sociaux, dans un souci de préservation ou de retour à l'ordre public. V. sur ce point, P. Combessie, *in Paul Fauconnet et l'imputation pénale de la responsabilité : une analyse méconnue mais aujourd'hui pertinente pour peu qu'on la situe dans le contexte adéquat,* Anamnèse., no 3, pp. 221-246, Numéro intitulé *Trois figures de l'école durkheimienne : Célestin Bouglé, Georges Davy, Paul Fauconnet*, L'Harmattan, 2007.

[27] Le Professeur Pierre FAUCONNET précise que la seule fonction qu'on puisse attribuer à la responsabilité est de « *rendre possible la réalisation de la peine en lui fournissant un point d'application et, par suite, permettre à la peine de jouer son rôle utile (...) La peine est utile, il faut pour la peine un patient; le jugement de responsabilité fournit ce patient, sorte de bouc émissaire sacrifié à l'égoïsme collectif (...) Il n'y a ni innocent ni coupable au sens profond que la conscience donne à ces mots, mais seulement des individus qu'il est expédient de punir* », *in* « *La responsabilité. Étude de sociologie* », Coll. « Bibliothèque de philosophie contemporaine », 2e éd., Paris, 1928, p. 300 ; V. également J. Leroy, *Droit pénal général*, 5e éd., Paris, LGDJ, 2014, pp. 99-100.

d'y avoir recours. Le Code pénal distingue la responsabilité pénale des personnes physiques[28] de celle des personnes morales[29]. Dans le cadre de notre étude, c'est la responsabilité pénale de la personne physique qui supporte le pouvoir de direction de l'entreprise, qui attirera notre attention.

B- Le chef d'entreprise comme responsable pénal

Approche théorique de la notion de chef d'entreprise. D'un point de vue théorique, aucun texte codifié ne fait référence expressément au « *chef d'entreprise* ». Avant la recodification du Code du travail intervenue en 2008[30], une seule disposition faisait référence au « *chef d'établissement* »[31]. Mais alors comment peut-on expliquer un si faible recours à la notion de chef d'entreprise par le législateur ? Tout d'abord, l'entreprise privée a une réalité substantielle qui ne dépend pas de la définition que la science du droit a pu lui donner. Ensuite, le titre de chef d'entreprise varie au gré des auteurs : il est nommé tantôt « *dirigeant* » [32] de « *droit* » ou « *de fait* », tantôt « l'*employeur* »[33].

---

[28] C.pén. art. 121-1.

[29] C. pén. art. 121-2.

[30] La recodification du Code du travail initiée en 2005 est entrée en vigueur le 1er mai 2008. L'objectif d'une telle recodification était d'améliorer la lisibilité d'un corpus au service des professionnels et des salariés. La partie législative avait été publiée par la loi n° 2008-67 du 21 janvier 2007, ratifiant l'ordonnance n°2007-329 du 12 mars 2007. C'est par le décret n°2008-244 du 7 mars 2008 que la partie réglementaire a été publiée, permettant ainsi l'entrée en vigueur le 1er mai 2008 du Code du travail.

[31] Avant la recodification de 2008, l'article L. 263-2 du Code du travail (devenu article L. 4741-1) visait « *Les chefs d'établissement* », « *directeurs* », « *gérants ou préposés* ». Soulignons que le terme « *chef d'établissement* » avait été en 1912, substitué à celui de « *chef d'industrie* » qui figuraient dans la loi de 1893.

[32] L'apparition du terme « dirigeant » en tant que substantif s'inscrit dans le développement des grandes entreprises à partir de la moitié du XIXe siècle. Constatons toutefois qu'il n'existe pas de définition légale de la notion de dirigeant et que celle-ci a fait l'objet de peu d'études et de travaux doctrinaux V. sur ce point, O. Weistein, *Pouvoir, finance et connaissance, les transformations de l'entreprise capitaliste entre XXe et XXIe siècle*, La Découverte, Textes à l'appui/économie, 2010, p.39, A. Pauget-Beydon, *La notion de dirigeant de groupement,* Th., Toulouse 2005, p. 121.

[33] La doctrine reconnaît trois pouvoirs distincts à l'employeur : le pouvoir de direction, le pouvoir réglementaire et le pouvoir disciplinaire, V. sur ce point, J.-L Beffa, R. Boyer, J.-P Touffut, « Les relations salariales en France : État,

Soulignons qu'il varie également au gré des textes : il est possible de distinguer par exemple dans le Code de commerce le « *gérant* »[34] du « *président* »[35].

Approche doctrinale de la notion de chef d'entreprise. Exceptée la doctrine économiste qui qualifie le « *chef d'entreprise* » comme celui

---

entreprises, marchés financiers », note de la Fondation Saint Simon, 1999, Juin, n° 107. On peut faire référcne à l'article L. 4741-1 du Code du travail qui dispose qu': « *Est puni d'une amende de 10 000 €, le fait pour l'employeur ou son délégataire de méconnaître par sa faute personnelle les dispositions suivantes et celles des décrets en Conseil d'Etat pris pour leur application : 1°) Titres 1, 3 et 4 ainsi que section 2 du chapitre 4 du titre 5 du livre 1 ; 2°) Titre 2 du livre 2 ; 3°) Livre 3 ; 4°) Livre 4 ; 5°) Titre 1, chapitres 2 et 4 à 6 du titre 2, chapitre 4 du titre 3 et titre 4 du livre 5 ;6°) Chapitre 2 du titre 2 du présent livre* ».

[34] L'article L. 241-3 du Code de commerce dispose qu': « *Est puni d'un emprisonnement de cinq ans et d'une amende de 375 000 euros (...) 2° Le fait, pour les gérants, d'opérer entre les associés la répartition de dividendes fictifs, en l'absence d'inventaire ou au moyen d'inventaires frauduleux ; 3° Le fait, pour les gérants, même en l'absence de toute distribution de dividendes, de présenter aux associés des comptes annuels ne donnant pas, pour chaque exercice, une image fidèle du résultat des opérations de l'exercice, de la situation financière et du patrimoine à l'expiration de cette période en vue de dissimuler la véritables situation de la société (...)* ».

[35] L'article L. 242-6 du Code de commerce dispose qu' « *Est puni d'un emprisonnement de cinq ans et d'une amende de 375 000 euros le fait pour :1° Le président, les administrateurs ou les directeurs généraux d'une société anonyme d'opérer entre les actionnaires la répartition de dividendes fictifs, en l'absence d'inventaire, ou au moyen d'inventaires frauduleux ; 2° Le président, les administrateurs ou les directeurs généraux d'une société anonyme de publier ou présenter aux actionnaires, même en l'absence de toute distribution de dividendes, des comptes annuels ne donnant pas, pour chaque exercice, une image fidèle du résultat des opérations de l'exercice, de la situation financière et du patrimoine, à l'expiration de cette période, en vue de dissimuler la véritable situation de la société ; 3° Le président, les administrateurs ou les directeurs généraux d'une société anonyme de faire, de mauvaise foi, des biens ou du crédit de la société, un usage qu'ils savent contraire à l'intérêt de celle-ci, à des fins personnelles ou pour favoriser une autre société ou entreprise dans laquelle ils sont intéressés directement ou indirectement ; 4° Le président, les administrateurs ou les directeurs généraux d'une société anonyme de faire, de mauvaise foi, des pouvoirs qu'ils possèdent ou des voix dont ils disposent, en cette qualité, un usage qu'ils savent contraire aux intérêts de la société, à des fins personnelles ou pour favoriser une autre société ou entreprise dans laquelle ils sont intéressés directement ou indirectement* ».

qui « *fournit le capital et dirige l'entreprise* »[36], la notion même de « *chef d'entreprise* » ne fait l'objet d'aucune définition ni par le législateur[37] ni par la doctrine juridique française. Il semble toutefois possible de comprendre ce phénomène au travers d'une explication formulée par le Professeur Jean HILAIRE selon laquelle, la notion d' « *entreprise* » n'est absolument pas juridique et par conséquent peu compatible avec une quelconque tentative de définition[38].

Approche jurisprudentielle de la notion de « chef d'entreprise ». C'est alors la jurisprudence pénale qui tend en quelque sorte à nous éclairer sur la notion de « *chef d'entreprise* » : sans faire expressément référence à cette notion, elle détermine à tout le moins ses fonctions *via*

---

[36] A. Marshall, *Principes d'économie politique*, 1890.

[37] Seul le décret d'application n°2008-1354 de l'article 51 de la loi de modernisation de l'économie donne précisions relatives aux entreprises : Les petites et moyennes entreprises (PME) sont les entreprises qui, d'une part, occupent moins de 250 personnes et qui, d'autre part, ont un chiffre d'affaires annuel n'excédant pas cinquante millions d'euros ou un total de bilan n'excédant pas 43 millions d'euros. Elles incluent la catégorie des microentreprises qui occupent moins de dix personnes et ont un chiffre d'affaire annuel ou un total de bilan n'excédant pas 2 millions d'euros. Cette catégorie d'entreprises est définie par le décret d'application (n° 2008-1354) de l'article 51 de la loi de modernisation de l'économie, relatif aux critères permettant de déterminer la catégorie d'appartenance d'une entreprise pour les besoins de l'analyse statistique et économique. Une entreprise de taille intermédiaire (ETI) est une entreprise disposant d'un nombre compris entre 250 et 4999 salariés et d'un chiffre d'affaires n'excédant pas 1.5 milliard d'euros soit un total de bilan n'excédant pas 2 milliards d'euros. Une entreprise qui a moins de 250 salariés, mais plus de 50 millions d'euros de chiffre d'affaires et plus de 43 millions d'euros de total de bilan est aussi considérée comme une ETI. Les ETI constituent une catégorie d'entreprises intermédiaire entre les petites et moyennes entreprises (PME) et les grandes entreprises. Cette catégorie d'entreprises est définie par le décret d'application n° 2008-1354 de l'article 51 de la loi de modernisation de l'économie, relatif aux critères permettant de déterminer la catégorie d'apparence d'une entreprise pour les besoins de l'analyse statistique et économique. Une grande entreprise est une entreprise qui vérifie au moins une des deux conditions suivantes : avoir au moins 5000 salariés ou avoir plus de 1.5 milliards d'euros de chiffre d'affaires et plus de 2 milliards d'euros de total de bilan. Cette catégorie d'entreprises est définie par le décret d'application n° 2008-1354 de l'article 51 de la loi de modernisation de l'économie, relatif aux critères permettant de déterminer la catégorie d'apparence d'une entreprise pour les besoins de l'analyse statistique et économique.

[38] J. Hilaire, *Introduction historique au droit commercial*, Paris, PUF, 1986.

les figures de l' « *employeur* », du « *dirigeant* » ou parfois même du « *gérant* ».

Notion d' « employeur » d'un point de vue de la théorie. Selon le *Dictionnaire du vocabulaire juridique*[39], l'employeur apparaît comme la personne physique ou morale ayant conclu un contrat de travail avec un salarié et ainsi dotée de pouvoirs de direction et disciplinaire strictement encadrés par la loi. Depuis la recodification du Code du travail en 2008[40], ce terme pouvant faire référence à la personne morale, n'a pas échappé aux critiques doctrinales eu égard à la confusion notionnelle qu'il engendrait[41]. Dans le cadre de notre étude, l'employeur apparaîtra comme la personne physique.

Notion de « dirigeant » du point de vue de la théorie. L'apparition du terme « dirigeant » en tant que substantif s'inscrit dans le développement des grandes entreprises à partir de la moitié du XIXe siècle[42]. Le *Dictionnaire historique de la langue française* explique que le terme « dirigeant » a été substantivé vers 1881 afin de désigner la personne qui « *dirige* » mais « *sans la valeur institutionnelle de directeur qui implique un titre* »[43]. D'un point de vue juridique, le

---

[39] *Dictionnaire du vocabulaire juridique* (dir. R. Cabrillac), éd. 2019. V° *Employeur.*

[40] A. Coeuret, « Le droit pénal du travail depuis la recodification du Code du travail », *SSL suppl.*, 2010, n°1472, p. 75 et s. ; « La qualité du responsable pénal dans les dispositions du Code du travail », *in Mélanges J.-H. Robert*, LexisNexis, 2012, p. 121 et s.

[41] C. Renaudin, « Recodification du Code du travail et infractions aux règles de santé et de sécurité : une nouvelle donne en matière de responsabilité pénale des chefs d'entreprise ? », *RSC* 2009, n° 2, p. 331 ; F. Rousseau, « La répartition des responsabilités dans l'entreprise », *RSC* 2010. p. 804 ; M. Benillouche, « La poursuite des personnes morales », *in Dépénalisation de la vie des affaires et responsabilité pénale des personnes morales*, PUF, coll. CEPRISCA, 2010, pp. 17-36.

[42] O. WEINSTEIN, « Pouvoir, finance et connaissance, les transformations de l'entreprise capitaliste entre XXe et XXIe siècle » éd. La découverte textes à l'appui/ économie, 2010, p. 39 : « *C'est à partir de la seconde moitié du XIXe que se forme véritablement le capitalisme moderne qui va dominer le XXe siècle* ». Soulignons que ce développement a été facilité en France depuis la libéralisation de la constitution de sociétés anonymes avec la fin de l'autorisation gouvernementale.

[43] *Dictionnaire historique de la langue française*, Le Robert, éd.2020, V° *dirigeant.*

dirigeant serait donc perçu comme « *celui qui dirige, qui exerce un pouvoir* »[44]. Constatons toutefois qu'il n'existe pas vraiment de définition légale de la notion de dirigeant et que celle-ci a fait l'objet de peu d'études et de travaux doctrinaux[45].

Approche « fonctionnelle » du statut de chef d'entreprise d'un point de vue de la pratique. Le chef d'entreprise peut être également présenté comme celui à qui sont conférés des pouvoirs délégués lui permettant de diriger l'entité dans le cadre d'un contrat de travail ou en dehors de celui-ci. On pense alors à l'administrateur, au mandataire social ou à la personne ayant reçu une délégation de pouvoirs[46]. Dans certains cas, le véritable dirigeant peut agir sans véritable titre. Sans être gérant, le chef d'entreprise prend alors l'apparence d'un dirigeant de fait[47].

La désignation du détenteur de pouvoirs délégués de diriger l'entité dans le cadre d'un contrat de travail, le cas du délégataire acceptant une délégation de pouvoirs. Dans le Code du travail, lorsqu'est désigné le *« délégataire »* comme possible auteur d'une violation des règles à l'hygiène et à la sécurité[48], « *l'employeur* » ne

---

[44] Cl. Brenner, Acte, Rép. Civ. Dalloz janvier 2013 actualisation : juin 2019.

[45] L. Leveneur, *Situation de fait et Droit privé*, Paris, LGDJ 1990, p.47 ; M. Cozian, A. Viandier, F. Deboissy, *Droit des sociétés*, Paris, LexisNexis, 33ème éd., 2020, n°364 et s.

[46] La section 1 du chapitre 1 de la 4ème partie du Code du travail (« *Santé et sécurité au travail*) dont l'intitulé est « *Infractions commises par l'employeur ou son délégataire* » comprend l'article L. 4741-1 aux termes duquel : « *Est puni d'une amende de 10 000 euros, le fait pour l'employeur ou son délégataire de méconnaître par sa faute personnelle les dispositions suivantes et celles des décrets en Conseil d'Etat pris pour leur application : 1° Titres Ier, III et IV ainsi que section 2 du chapitre IV du titre V du livre Ier ; 2° Titre II du livre II ; 3° Livre III ; 4° Livre IV ; 5° Titre Ier, chapitres II et IV à VI du titre II, chapitre IV du titre III et titre IV du livre V ; 6° Chapitre II du titre II du présent livre* ».

[47] M. Hautefort, « Gérer les dirigeants », *Les Cahiers du DRH*, mai 2012, n°187, p. 3.

[48] Rappelons que l'article L. 4741-1 du Code du travail dispose qu' : « *Est puni d'une amende de 3.750 euros, le fait pour l'employeur ou son délégataire de méconnaître par sa faute personnelle les dispositions suivantes et celles des décrets en Conseil d' État pris pour leur application : 1° Titres Ier, III et IV ainsi que section 2 du chapitre IV du titre V du livre Ier ; 2° Titre II du livre II ; 3° Livre III ; 4° Livre IV ; 5° Titre Ier, chapitres III et IV du titre III et titre IV du*

peut qu'être celui qui détient les pouvoirs statutaires et le délégataire celui qui détient les pouvoirs *délégués* dans le cadre d'un contrat de travail. Un raisonnement similaire peut être transposé à l'administrateur qui intervient dans le cadre d'une procédure collective. La loi du 25 janvier 1985[49] organise un dessaisissement à géométrie variable, ménageant un rôle plus ou moins important à l'administrateur judiciaire sans réellement définir les fonctions exercées par ce dernier. L'alinéa 3 de l'article 31 de la loi de 1985 précise que l'administrateur est « *tenu au respect des obligations légales et conventionnelles incombant au chef d'entreprise* ». Néanmoins, force est d'admettre qu'aucune disposition ne soumet expressément l'administrateur judiciaire à la responsabilité pénale du chef d'entreprise lorsqu'il se trouve investi des prérogatives de direction[50].

---

livre V ; 6° Chapitre II du titre II du présent livre. La récidive est punie d'un emprisonnement d'un an et d'une amende de 9.000 euros ».

[49] L. n° 85-99 du 25 janvier 1985 relative aux administrateurs judiciaires, aux mandataires judiciaires à la liquidation des entreprises et experts en diagnostic d'entreprise. C'est en ce sens que la chambre criminelle, pour fonder cette extension de responsabilité, a pris appui sur l'article 31 de la loi du 25 janvier 1985 qui organise la répartition des pouvoirs entre l'administrateur et le débiteur pour en déduire « *un véritable transfert de pouvoirs organisé par la loi* » au bénéfice du mandataire judiciaire considéré en quelque sorte comme un « *chef d'entreprise intérimaire* ». C'est également au travers de l'action en justice que l'on comprend aisément que l'administrateur judiciaire endosse la qualité de chef d'entreprise. En effet, l'administrateur provisoire détient la qualité pour représenter et agir en justice en son nom, et la notification d'un jugement d'ouverture d'une procédure collective est valablement faite au seul administrateur provisoire. Il est possible également de relever que les conséquences du dessaisissement induit par la désignation d'un administrateur provisoire peuvent être, pour le dirigeant, plus importantes que celles provoquées par l'ouverture d'une procédure de liquidation judiciaire, puisque si le dirigeant d'une société en liquidation judiciaire conserve ses droits propres et notamment celui d'interjeter appel du jugement de liquidation judiciaire qui doit lui être notifié, tel n'est pas le cas lorsqu'un administrateur provisoire est désigné. En effet, le dirigeant statutaire sera alors totalement tenu à l'écart, le jugement ouvrant une procédure collective ne lui sera pas notifié, et même s'il en a connaissance, il n'aura pas qualité pour interjeter appel puisqu'il ne représente plus la société débitrice.

[50] C'est également au travers de l'action en justice que l'on comprend aisément que l'administrateur judiciaire endosse la qualité de chef d'entreprise. En effet, l'administrateur provisoire détient la qualité pour représenter et agir en justice en son nom, et la notification d'un jugement d'ouverture d'une procédure collective est valablement faite au seul administrateur provisoire. Il est également possible

La désignation du « dirigeant de fait » comme auteur de l'infraction. Certains textes rendent le dirigeant de fait responsable dans les mêmes conditions que le dirigeant de droit. Le Code de commerce soumet les dirigeants de fait des sociétés commerciales aux mêmes règles que les dirigeants statutaires en ce qu'il désigne comme responsable pénal d'une infraction à la gestion ou à l'administration de la société « *toute personne qui, directement ou par personne interposée, aura, en fait, exercé la gestion d'une société* »[51]. Il a fallu attendre la loi du 24 juillet 1966[52] pour que l'abus de bien sociaux soit applicable aux dirigeants de fait. Peut-être alors recherchée comme auteur principal « *toute personne qui, directement ou par personne interposée, aura en fait exercé la direction, l'administration ou la gestion de la société sous le couvert et au lieu et place de ses représentants légaux*[53] ». En matière de banqueroute, la qualité de dirigeant est également largement conçue, selon l'article L 654-1, 2° du Code de commerce[54] : les dirigeants pouvant être pénalement

---

de relever que les conséquences du dessaisissement induit par la désignation d'un administrateur provisoire peuvent être, pour le dirigeant, plus importantes que celles provoquées par l'ouverture d'une procédure de liquidation judiciaire, étant donné que si le dirigeant d'une société en liquidation judiciaire conserve ses droits propres et notamment celui d'interjeter appel du jugement de liquidation judiciaire qui doit lui être notifié, tel n'est pas le cas lorsqu'un administrateur provisoire est désigné. En effet, le dirigeant statutaire sera alors totalement tenu à l'écart, le jugement ouvrant une procédure collective ne lui sera pas notifié, et même s'il en a connaissance, il n'aura pas qualité pour interjeter appel puisqu'il ne représente plus la société débitrice.

[51] C. com, art L 241-9 s'agissant du dirigeant de fait de la société à responsabilité limitée, C.com, art. L. 246-2, s'agissant du dirigeant de fait de la société anonyme.

[52] L. n° 66-537 du 24 juillet 1966.

[53] C. com., art. L. 241-9, pour les dirigeants de fait des sociétés à responsabilité limitée. – C. com., art. L. 246-2, pour les dirigeants de fait des sociétés par actions. – C. com., art. L. 244-4, pour les dirigeants de fait des sociétés par actions simplifiées.

[54] L'article L. 654-2 du Code de commerce prévoit qu' : « *En cas d'ouverture d'une procédure de redressement judiciaire ou de liquidation judiciaire, sont coupables de banqueroute les personnes mentionnées à l'article L. 654-1 contre lesquelles a été relevé l'un des faits ci-après : 1° Avoir, dans l'intention d'éviter ou de retarder l'ouverture de la procédure de redressement judiciaire ou de liquidation judiciaire, soit fait des achats en vue d'une revente au-dessous du cours, soit employé des moyens ruineux pour se procurer des fonds ; 2° Avoir détourné ou dissimulé tout ou partie de l'actif du débiteur ; 3° Avoir*

responsables sont aussi bien les dirigeants de droit que les dirigeants de fait.

La tentative de définition du « dirigeant de fait » par la doctrine. La doctrine s'est toutefois attelée à définir ce qu'est un chef d'entreprise au travers des fonctions exercées par ce dernier. Pour certains, le dirigeant de fait apparait alors comme « *celui qui, de façon continue, exerce une activité positive de direction, accomplie en toute liberté et indépendance et de façon continue* »[55]. Pour d'autres, le dirigeant de fait apparait comme « *la personne qui se comporte comme si elle détenait un mandat social, en accomplissant des actes positifs de gestion et de direction* »[56].

La tentative de définition du dirigeant de fait par le Conseil constitutionnel. Soulignons tout de même que dans une décision en date du 18 juillet 1977[57], le Conseil constitutionnel a quant à lui perçu la direction de fait comme « *une participation active dans la conduite générale de l'entreprise, régulière et comportant des prises de*

---

frauduleusement augmenté le passif du débiteur ; 4° Avoir tenu une comptabilité fictive ou fait disparaître des documents comptables de l'entreprise ou de la personne morale ou s'être abstenu de tenir toute comptabilité lorsque les textes applicables en font obligation ; 5° Avoir tenu une comptabilité manifestement incomplète ou irrégulière au regard des dispositions légales ». L'article L. 654-1 du Code de commerce prévoit quant à lui que : « *Les dispositions de la présente section sont applicables : 1° A toute personne exerçant une activité commerciale ou artisanale, à tout agriculteur et à toute personne physique exerçant une activité professionnelle indépendante, y compris une profession libérale soumise à un statut législatif ou réglementaire ou dont le titre est protégé ;2° À toute personne qui a, directement ou indirectement, en droit ou en fait, dirigé ou liquidé une personne morale de droit privé ; 3° Aux personnes physiques représentants permanents de personnes morales dirigeants des personnes morales définies au 2° ci-dessus* ».

[55] J.-L. Rives-Lange, « La notion de dirigeant de fait au sens de l'article 99 de la loi du 13 juillet 1967 sur le règlement judiciaire et la liquidation de biens », *D.* 1975, chron. p. 41, D. Tricot, « Les critères de la gestion de fait », *Dr. & patr.* 1998, n° 34, p. 24., G. Notté, « La notion de dirigeant de fait au regard du droit des procédures collectives », *JCP CI* 1980, I, p. 8560 ; N. Dedessus-Le Moustier, « La responsabilité du dirigeant de fait », *Rev. soc.* 1997, p. 499., M. Delmas-Marty, *Droit pénal des affaires*, t. 1, PUF, 1993, p. 55.

[56] L. Grégoire, « L'identification du dirigeant », *in Actes du colloque Les responsabilités du dirigeant social, regards croisés de droit civil et de droit pénal*, Dalloz, 2018, p. 7.

[57] Cons. Const., 18 oct. 1977, *Rev. soc.* 1978, p. 107.

décision ». En l'absence d'une véritable définition légale du chef d'entreprise, il semblerait que le juge pénal soit venu déterminer des critères.

Approche « organique » du statut de chef d'entreprise d'un point de vue de la pratique. Au regard des décisions jurisprudentielles qui feront l'objet d'une analyse tout au long de notre recherche, le chef d'entreprise peut être défini comme l'organe possédant le pouvoir de direction et le pouvoir de prendre des décisions pour la gestion de l'entité[58]. Ces prérogatives sont données par l'organigramme de la personne morale.

L'obligation du juge de déterminer les fonctions exercées par le dirigeant. Pour entrer en voie de condamnation, le juge doit déterminer les fonctions exercées par le chef d'entreprise, à défaut de quoi la cassation est encourue[59]. A titre d'illustration, dans un arrêt de la chambre criminelle en date du 28 mai 2013[60], un dirigeant avait été condamné du chef de travail dissimulé par dissimulation de salariés, sans qu'à aucun moment les juges du fond n'aient précisé même fût-ce succinctement sa qualité au sein de l'établissement. L'arrêt attaqué de la Cour d'appel se bornait simplement à relever que, si le prévenu tentait de minimiser sa responsabilité en produisant un relevé DPAE[61] faisant état des dates d'embauche des personnes concernées, les informations produites étaient contredites par les salariés de l'établissement qui n'avaient pas été déclarés ou alors tardivement. Or, la Cour de cassation avait reproché aux juges du fond de ne pas s'être expliqués sur les fonctions de dirigeant[62]. C'est avant tout aux juges du fond qu'il revient d'apprécier souverainement la direction de droit et de fait afin d'en « *dégager des critères* »[63].

---

[58] *Lamy Droit pénal des affaires*, éd. 2020, V° *La responsabilité pénale du chef d'entreprise.*

[59] *Dr. soc.* 2014, p. 269, obs. R . Salomon.

[60] Cass. crim., 28 mai 2013, n°12-16.879. Inédit.

[61] On fait référence à la déclaration préalable à l'embauche.

[62] La Cour de cassation avait souligné que les juges du fond ne s'étaient pas suffisamment expliqués sur les fonctions du prévenu au sein de l'établissement où il exerçait son activité.

[63] D. Tricot, « Les critères de la gestion de fait », *Dr et patrimoine* 1998, n°34, p. 24.

L'approche fonctionnelle de chef d'entreprise. S'il est de jurisprudence constante que c'est vers « *le sommet de l'entreprise* »[64] qu'est dirigée l'action publique[65], l'analyse de la pratique démontre que les juges sont venus circonscrire la notion de dirigeant social en dépassant l'examen de la régularité de la détention du pouvoir de direction afin d'apprécier sa réalité. Aussi, le juge pénal déduit l'identification du dirigeant de société à l'aune des fonctions qu'il exerce.

L'assimilation du délégataire au chef d'entreprise. En jugeant une délégation de pouvoir valable[66] ou qu'une infraction aux règles d'hygiène et de sécurité ne pouvait, selon les dispositions de l'article L 4741-1 du Code du travail, être imputée à l'employeur ou son délégataire[67], le juge circonscrit la notion de dirigeant en allant au-delà de l'approche organique qui vise la détention de pouvoir de direction. En ce qui concerne l'administrateur judiciaire désigné par le tribunal de commerce, peu de décisions illustrent cette démarche prétorienne[68].

L'assimilation du dirigeant de fait au dirigeant de droit. Dans certains cas, les juges admettent la responsabilité pénale du dirigeant de fait qui exerce réellement le pouvoir au sein de l'entreprise. Ils vont plus loin en utilisant le critère de la réalité de la fonction détenue pour assimiler le chef d'entreprise au dirigeant de fait. Pour les juges du fond,

---

[64] A. Coeuret, « La qualité de responsable pénal dans les dispositions du Code du travail », *in Mélanges Robert*, LexisNexis, 2012, p. 121 et p. 123.

[65] R. Salomon et A. Martinel, *Droit pénal social*, Paris, Economica, 2016, n°108.

[66] La délégation de pouvoir se définit comme un acte juridique par lequel un dirigeant d'entreprise, le délégant, transfère à l'un de ses salariés, le délégataire, une partie de ses fonctions et de son autorité. Ce transfert de pouvoir s'accompagne corrélativement d'un transfert de responsabilité pénale. V. sur ce point, H. Matsoupoulou, « Le salarié, prisonnier de la délégation de pouvoir », *RLDA* 2012/ 72, n° 4108.

[67] Cass. crim., 8 avr. 2008, *Bull. crim.* n°96; *JCP E.*, 1813, n°3, obs. E. Fortis. Cass. crim., 6 nov. 2007, *Bull. crim.* n°266, *Dr. pén* 2008, comm. n°23, obs. J.-H. Robert; *RSC* 2008. 349 obs. A. Cerf- Hollender; 8 déc. 2009, *Bull. crim.* n°210, *JCP E* 2010. Somm. 1380, obs. F. Marmoz, *Rev. soc.* 2010. 332, note H. Matsopoulou.

[68] Il a seulement été retenu dans un arrêt de la chambre criminelle en date du 21 juin 2000 que l'administrateur judiciaire engageait sa responsabilité pénale pour non-convocation de l'assemblée d'actionnaires dans les délais légaux. V. sur ce point, Cass. crim., 21 juin 2000, n°99-85.778, *Bull. crim.* n°241.

le dirigeant de fait apparaît comme la personne a en fait exercé la direction, l'administration ou la gestion de l'entreprise sous le couvert des organes statutaires[69], cela directement ou par personne interposée.

Approche duale des qualités assignées à la fonction de chef d'entreprise. À travers le prisme de la responsabilité pénale, ne peuvent être considérés comme chefs d'entreprise : l'associé majoritaire ou non qui ne possède pas la qualité de gérant, l'actionnaire qui ne possède pas de mandat dans la gestion de la société ou le salarié. C'est ainsi que le chef d'entreprise pourrait être alors défini - selon une conception organique - comme la personne disposant du pouvoir de direction au sein de l'entreprise[70]. Une approche fonctionnelle permettrait alors de voir le chef d'entreprise comme la personne exerçant seulement le pouvoir sans pour autant le détenir.

Délimitation de l'étude. Afin de ne pas embrasser un champ d'investigation trop large, la présente réflexion se limitera à l'étude de la responsabilité pénale des décideurs relevant d'entreprises privées. Si la société est définie à l'article 1832 du Code civil, comme « *un acte juridique par lequel deux ou plusieurs personnes conviennent par un contrat d'apporter à une entreprise commune des biens en nature, en numéraire ou en industrie en vue de partager le bénéfice ou de profiter de l'économie qui pourra en résulter* », l'entreprise privée ne fait pas l'objet d'une définition juridique - elle est une réalité économique avant même d'être appréhendée par le droit. Nous avons fait le choix de nous rapporter à la définition proposée par les économistes selon laquelle l'entreprise apparaît comme « *une organisation productive disposant d'une certaine autonomie et qui combine différents facteurs de production afin de produire des biens et des services destinés à être vendus à des clients sur le marché* »[71]. C'est pourquoi, nous avons fait le choix d'exclure l'association qui apparait comme un contrat par lequel des personnes conviennent de mettre en commun d'une façon

---

[69] Cass. crim., 10 mars 1998, *Bull. crim.* n°94; *RSC* 1998. 764, obs. Bouloc ; crim., 12 mai 2009, n°08-85.047 ; crim., 11 déc. 2012, *Dr.* soc. 2013, 640, note R. Salomon ; crim., 9 mars 2016, n° 14-88.074.

[70] Au sens pénal, il faut alors entendre tout individu exerçant un pouvoir de direction au sein d'une entité : gérant dans les sociétés de personnes et SARL, PDG dans les SA, président du directoire dans les SA dotées d'un conseil de surveillance.

[71] C. Dollo et L. Braquet, *Economie*, Paris, Sirey, 2016, p. 82.

permanente leurs connaissances ou leur activité dans un but autre que le partage des bénéfices[72].

§2- Le choix d'une distinction entre la caractérisation et les conséquences de la responsabilité pénale : le support de la démonstration

Afin de dégager une problématique générale de la responsabilité pénale du chef d'entreprise, le choix a été fait de mettre en avant l'évolution de cette responsabilité à partir de son contenu (A) et des nouvelles méthodes répressives d'autre part (B).

A-Le contenu de la responsabilité pénale du chef d'entreprise

La responsabilité pénale du chef d'entreprise : infraction(s) réalisée(s) par le chef d'entreprise lui-même. Pour la majorité d'entre elles, les infractions pouvant être commises dans l'entreprise appellent à une désignation spécifique de la personne pouvant les commettre. La plupart d'entre elles ont pour auteur l' *« employeur »* ou encore le *« dirigeant »* : elles révèlent alors la portée personnelle sélective des incriminations. Les plus importantes sont localisées dans le Code du travail, le Code de commerce ou le Code de la consommation. Chaque action du chef d'entreprise devient potentiellement la source de commission d'une infraction. Aussi nombreuses soient-elles - il semble alors possible de faire référence à un « éparpillement textuel » - elles sont le plus souvent complétées par des dispositions relatives à des secteurs d'activité, créant des contraintes pour les dirigeants qui se trouvent alors sous la menace d'une sanction pénale[73].

La responsabilité pénale du chef d'entreprise : infraction(s) réalisée(s) par un ou plusieurs salarié(s). En affirmant que *« nul n'est responsable que de son propre fait »*[74], le Code pénal pose le principe selon lequel la responsabilité pénale est individuelle, excluant la responsabilité du fait d'autrui et celle de nature collective[75] qui existe

---

[72] Loi du 1e juillet 1901 relative au contrat d'association, art. 1.

[73] On fait référence aux secteurs d'activité tels que l'agriculture, le commerce, l'industrie.

[74] C. pen. art. 121-1.

[75] F. Desportes F. et F. Gunéhec, *Droit pénal général*, 7e éd., 2000, Economica, § 506.

en droit civil[76]. Il faut bien reconnaître toutefois que ce principe prend une dimension tout à fait singulière en droit pénal lorsque l'auteur est un décideur d'entreprise. En effet, la jurisprudence développe des hypothèses dans lesquelles les infractions commises par un ou plusieurs salariés sont de nature à influencer la responsabilité pénale du chef d'entreprise. Selon la formule classique - récurrente mais évolutive[77] - de la chambre criminelle de la Cour de cassation, « *si en principe nul n'est passible de peines qu'à raison de son fait personnel, la responsabilité pénale peut cependant naître du fait d'autrui dans les cas exceptionnels où certaines obligations légales imposent le devoir d'exercer une action directe sur les faits d'un subordonné... dans les industries soumises à des règlements édictés dans un intérêt de salubrité ou de sécurité publiques qui obligent le chef de l'établissement à les faire personnellement exécuter, et en cas d'infraction, même par la faute de ses préposés, la responsabilité remonte essentiellement aux chefs d'entreprise* »[78]. Cette approche commanderait alors une imputation systématique de l'infraction au dirigeant lorsque celle-ci est commise par un salarié.

La caractérisation de la faute du chef d'entreprise. Par ailleurs, la responsabilité pénale ne peut être retenue que dans le cas où une faute personnelle lui est imputable. Dans un premier temps, la jurisprudence a décidé qu'en considération de la qualité de son auteur, l'existence de

---

[76] O. Dexant- De Bailliencourt, « De quelques spécificités de la responsabilité civile au dirigeant de société in bonis », *Les responsabilités du dirigeant de société, Regards croisés de droit civil et de droit pénal, in Actes de colloque,* sous la direction de O. Dexant de Baillancourt et B. Lapérou-Scheneider, Dalloz, coll. « Thèmes et commentaires », 2018, spéc. p. 53.

[77] Le juge répressif a fait peser sur l'employeur la responsabilité pénale d'agissements commis matériellement par leurs salariés et constituant la violation de prescriptions. S'il est de jurisprudence constante qu'il « *y a nécessité de faire remonter la responsabilité pénale aux chefs d'entreprise parce que les conditions et le mode d'exercice de ces industries leur sont personnellement imposés et qu'ils sont tenus d'assurer l'exécution des règlements* », la jurisprudence pénale relève en 2016 que « *la responsabilité pénale d'une infraction à la législation sociale incombe au premier chef à l'employeur* ». V. sur ce point, Cass. crim. 15 mars 2016, n° 14-87.989.

[78] Cass. crim., 27 sept. 1839 , *Bull. crim.,* n° 313 ; crim., 2 déc. 1882 : *Bull. crim.,* n° 265 ; crim., 28 févr. 1956, *JCP* 1956. II note R. de Lestang ; crim., 16 déc. 1948. *Bull. crim.*, n° 291 ; S. Gehad, « *La responsabilité pénale du dirigeant d'entreprise* », Th., Paris I, 2004, p. 675.

cette faute est présumée de manière irréfragable. Sous l'influence de l'adoption de textes spéciaux exigeant la preuve de la faute, cette présomption est alors devenue une présomption simple. Pour admettre que la responsabilité pénale du chef d'entreprise repose sur une présomption de faute, les juges considèrent que la violation de prescriptions légales ou réglementaires par le salarié suppose en amont une faute de l'employeur. En effet, si le subordonné a pu consommer l'infraction, c'est parce que celui qui a le pouvoir et le devoir de l'en empêcher n'a pas rempli son rôle[79]. L'attitude du chef d'entreprise est révélatrice d'une faute de négligence dans l'exécution de son devoir de contrôle à l'égard de ses salariés. Vu sous cet aspect, cette faute devient alors *ès-qualités.*

Dérogations portées aux canons du droit pénal de fond. Cette responsabilité pénale spécifique, qualifiée par le Professeur Mireille DELMAS-MARTY de responsabilité pénale « fonctionnelle »[80], doit nous amener à nous interroger d'une part sur sa conciliation avec le principe de responsabilité personnelle et d'autre part avec la nature subjective de l'imputation. L'impossibilité de faire cohabiter les règles avec les principes du droit pénal commun invite à théoriser une responsabilité pénale propre et reposant sur la seule fonction de chef d'entreprise. Cette approche de la responsabilité pénale commanderait alors une recherche « objective » voire « inexistante » de l'imputation. Aussi, il semblerait possible d'affirmer que la responsabilité pénale du chef d'entreprise poursuit une fonction ultra répressive. Par voie de conséquence, les mécanismes d'imputation de responsabilité pénale ne s'imposeraient plus avec la même rigueur lorsqu'il s'agit du chef d'entreprise. Vu sous cet aspect, le dirigeant est perçu tant par le législateur que par la pratique comme un individu « à part » ; ce constat

---

[79] La chambre criminelle de la Cour de cassation a précisé que la responsabilité pénale du chef d'entreprise repose bien sur une faute personnelle : « *Il lui appartient de veiller personnellement et à tout moment à la stricte et constante exécution des dispositions édictées par le Code du travail ou les règlements pris pour son application en vue d'assurer l'hygiène et la sécurité des travailleurs* » V. sur ce point, Cass. crim., 19 déc. 1956, *Bull. crim.*, n° 859 ; crim., 4 juin 1957, *Bull. crim.*, n° 456 ; crim., 15 déc. 1976, n°75-91.859 ; crim., 12 juill. 1988, n°87-91.774.

[80] M. Delmas-Marty, « Le droit pénal, l'individu et l'entreprise : culpabilité du fait d'autrui ou du décideur ? », *in JCP* 1985, I, 3218.

devrait peut-être nous amener à qualifier le détenteur du pouvoir de l'entreprise comme un véritable « débiteur de responsabilité pénale ».

Dérogations portées aux garanties procédurales. Ce constat semble d'autant plus renforcé en matière de recherche de la responsabilité pénale. Dans le cadre de la recherche de la responsabilité pénale des dirigeants pour des infractions commises à la réglementation ou à la législation, certaines spécificités sont à relever en ce qu'elles mettent en lumière des conditions de constatation des infractions imputables au décideur spécifique. C'est ainsi qu'il faudrait comprendre un certain dévoiement des garanties procédurales en matière d'enquête, facilitant de ce fait la recherche de la responsabilité pénale du dirigeant. Il conviendra en amont de relever l'existence d'autorités administratives intervenant majoritairement au sein de l'entreprise et faisant usage de pouvoirs exorbitants dans le cadre d'une opération de contrôle ou d'enquête.

Appréciation de la responsabilité pénale du chef d'entreprise. Aussi contestable que cela paraisse, il semble que le droit positif connaisse une responsabilité pénale « *renforcée* »[81] et de ce fait « facilitée » à l'endroit du chef d'entreprise. La répression pénale qui en découle pourrait être alors perçue comme un moyen de pression, complément d'une législation sociale, commerciale, fiscale… jugée insuffisamment efficace.

Fonction de la répression pénale propre au chef d'entreprise. Il convient alors d'insister sur la mise au jour du « soubassement » de la faute pénale, de son fondement nécessaire, à défaut duquel la répression perdrait beaucoup en légitimité. C'est en ce sens que la question de la fonction la répression pénale du dirigeant se pose alors avec acuité.

Fonction « dissuasive » de la répression pénale. Le chef d'entreprise a, de par sa fonction, l'obligation d'agir, puisqu'il est de son rôle de veiller au respect de la réglementation applicable à l'entreprise[82]. Aussi,

---

[81] B. Lapérou-Scheneider, « La responsabilité pénale du dirigeant et la réglementation du travail, une responsabilité renforcée », op. cit, *Les responsabilités du dirigeant de société, Regards croisés de droit civil et de droit pénal.* p. 121.

[82] Ph. Conte et P. Maistre du Chambon, *Droit pénal général*, Paris, LexisNexis, 2004, n°309.

la répression pénale de simples abstentions rappelle au dirigeant l'obligation de vigilance à laquelle il est tenue. Doit-on percevoir le droit pénal comme un simple moyen de pression à l'égard du dirigeant, permettant la préservation de différents intérêts ? Vu sous cet aspect, le recours à la sanction pénale serait alors destiné à produire un effet dissuasif particulièrement fort envers un comportement ignorant ou en marge des textes. Il semble toutefois possible de tempérer cet argument dans la mesure où, il est fréquemment constaté que l'inflation pénale entraîne une dévaluation de l'effet dissuasif de la sanction[83]. L'effet produit par la « *surpénalisation* » actuelle de l'abstention « *n'est pas celui qu'on attend ordinairement du droit pénal, c'est-à-dire la dissuasion des éventuels délinquants, mais au contraire, chez les justiciables, l'indifférence et le mépris à l'égard de la loi* »[84]. Ce constat ne peut qu'être accentué par l'inapplication effective de la plupart de ces textes mis en lumière dans les rapports parlementaires[85].

Fonction « protectrice » de la répression pénale du chef d'entreprise. En ce qui concerne le monde du travail, le droit pénal protège le salarié dans la mesure où ce dernier entretient avec l'employeur une relation de subordination qui se veut source de

---

[83] A. Vitu, *« Regards croisés sur le droit pénal des sociétés », in Aspect actuels du droit commercial français*, Etudes dédiées à René Roblot, LGDJ, coll « Anthologie du droit », 2013, p. 247, spéc. p. 258 ; C. Lazerges, « La fonction déclarative de la loi pénale », *RSC* 2004, p. 194. Selon l'auteur : « *qui dit inflation (...) dit dévalorisation : quand le droit bavarde, le citoyen ne lui prête plus qu'une oreille distraite* ».

[84] J.-H. Robert, « La dépénalisation », *Archives de philosophie du droit*, Dalloz-Sirey, t. 41, *Le privé et le public*, 1997, p. 191 et s., spéc. p. 192.

[85] Les rapports Marini et Coulon, se basent essentiellement sur trois critères venant justifier la dépénalisation. Il convient de s'intéresser au critère quantitatif. Le rapport Marini relève que même si « *les statistiques ne sont pas facile à interpréter* », il n'en demeure pas moins que « *la très grande majorité des infractions de la loi de 1966 n'ont pas reçu d'application effective* ». Le rapport Coulon quant à lui semble plus précis dans la mesure où il s'appuie sur des statistiques. Ainsi, il est fait référence à un reflux de la norme pénale aux motifs qu'entre 1995 et 2006 les condamnations enregistrées avaient diminué de 15%. Le rapport semble également s'orienter sur l'aspect fonctionnel de la peine en précisant que la démarche de dépénalisation s'appuie sur l'idée qu'une sanction n'a de légitimité et d'efficacité si elle est réellement appliquée par les tribunaux. V. sur ce point P. Marini, *La modernisation du droit des sociétés*, La Doc. fr., 1996, p. 112., J.-M. Coulon, *La dépénalisation de la vie des affaires*, La Doc. fr, 2008, p. 22.

déséquilibre[86]. Si cette répression pénale apparaît comme un frein aux abus pouvant naître d'une telle situation, elle participe également au rééquilibrage des forces en présence au sein de l'entreprise. Il s'agit ensuite d'un monde dans lequel les règles techniques de sécurité, d'hygiène, d'organisation du travail, de protection des droits et libertés individuels et collectifs des salariés s'imposant à l'employeur se sont multipliées[87]. À cet effet, le droit pénal vise à garantir l'intégrité physique et morale des salariés dans l'entreprise.

Fonction « moralisatrice » de la répression pénale propre au chef d'entreprise. En ce qui concerne le monde des affaires, outre la protection des consommateurs, des associés, des actionnaires ou de la personne morale, celui-ci se caractérise par une exigence de loyauté, de transparence, de sécurité et de confiance. La répression pénale va alors permettre une garantie effective de la vie des affaires. Plus la répression pénale s'étend, plus elle incarne l'affirmation même de l'éthique d'entreprise[88]. Le droit pénal apparaît alors comme « *un régulateur de la moralité commerciale* »[89] visant à garantir l'effectivité du droit dans l'entreprise.

La répression pénale, facteur de « responsabilisation » des décideurs d'entreprise ? Une piste intéressante consisterait à faire valoir que la répression pénale a pour finalité une « responsabilisation »

---

[86] Les Professeurs CROZIER et FRIEDBERG ont insisté sur le caractère relationnel du pouvoir : « *Le pouvoir peut ainsi se repréciser comme une relation d'échange, donc réciproque, mais où les termes de l'échange sont plus favorables à l'une des parties en présence. C'est un rapport de force, dont l'un peut retirer davantage que l'autre, mais où, également, l'un n'est jamais totalement démuni face à l'autre* », V. sur ce point, M. Crozier et E. Friedberg, *L'acteur et le système*, Paris, Seuil, 1992.

[87] Il a été fait recours au droit pénal ; dans un premier temps, afin de protéger le salarié dans sa sphère individuelle (intégrité physique ou morale notamment). Dans un second temps, les règles pénales ont été utilisées pour protéger le salarié dans le cadre de ses relations de travail collectives et individuelles.

[88] B. Oppetit, « Éthique et vie des affaires », *in Mélanges offerts à André Colomer*, Litec, 1993, p. 321 ; Selon la philosophe, Madame Monique CANTO-SPERBER, il n'y a pas de différence fondamentale entre la morale et l'éthique. V. sur ce point, M. Canto-Sperber, « Ethique », *in Dictionnaire d'éthique et de philosophie morale*, Paris, PUF, 2004.

[89] P. Spitéri, « Le droit pénal régulateur de la morale commerciale », *Annales de la Faculté de droit de Toulouse*, 1972, p. 180 et s.

accrue des décideurs d'entreprises privées. Comme l'a souligné le Professeur Anne-Marie FRISON-ROCHE, la singularité que revêt l'imputation de l'infraction lorsqu'est visé le dirigeant tiendrait alors « *certes à des facteurs techniques liés à des difficultés probatoires nouvelles, mais aussi de façon plus intuitive, à une définition de la rationalité économique qui prête au dirigeant une capacité à tout savoir et à tout considérer* »[90]. Cette approche rejoindrait les deux citations auxquelles il a été fait référence en amont de l'introduction[91] : le dirigeant ne peut tout simplement pas ignorer la législation et la réglementation qui s'appliquent à l'entreprise ; il doit s'atteler à faire preuve d'une grande responsabilité en ce qui concerne l'anticipation et la gestion du « risque » pénal au sein même de l'entreprise.

Interrogation sur le rôle de la répression pénale au regard des conditions d'engagement de la responsabilité pénale et de sa fonction. Il faut alors s'interroger sur le rôle de la répression pénale par rapport au « soubassement » de la faute et aux exigences tant protectrices que moralisatrices : la répression pénale est-elle indispensable ? N'existerait-il pas des alternatives ? Si le phénomène de pénalisation est évident, cela doit être tempéré par une approche pratique. Les infractions majoritairement imputables au dirigeant sont des infractions à la réglementation pour lesquelles les sanctions sont finalement relativement faibles voire parfois inexistantes[92]. Que le droit pénal puisse concourir à des objectifs autres que la répression pure et dure est une idée qui n'est pas nouvelle : les sociologues[93] et les

---

[90] M.-A. Frison-Roche « observations finales », *in Les principes d'une réforme de la justice*, Tribunal de Créteil, 16 octobre 1998.

[91] On fait référence aux citations suivantes : « *Gouverner c'est prévoir* » ; « *Gouverner c'est savoir* ».

[92] E. Fortis, M. Segonds, « La dépénalisation du droit du travail : un objectif caduc ? » *in Rev. droit du travail* 7/8 2012, p. 403. Plus généralement sur la dépénalisation sélective opérée en droit pénal des affaires il faut se référer à l'article du Professeur Mireille DELMAS-MARTY. V sur ce point, M. Delmas-Marty, « Les conditions de rationalité d'une dépénalisation partielle du droit pénal de l'entreprise », *in Bilan et perspectives du droit pénal de l'entreprise*, IXème congrès de l'Association française du droit pénal, Lyon 26 et 28 nov. 1987, Economica, 1989, p. 89.

[93] E. Durkeim, *De la division du travail social*, Paris, PUF, 1978 [1893], 2ème éd., spéc. p. 33 : « *la sanction restitutive n'est pas expiatoire, elle se réduit à une simple remise en état. Une souffrance proportionnée n'est pas infligée à celui qui a violé le droit ou qui le méconnaît. Il est simplement condamné à s'y*

juristes[94] ont démontré que certaines sanctions n'ont pas un but expiatoire mais plutôt correcteur. Toutefois, la correction pourrait ne pas emprunter la voie pénale : elle peut être alors partagée entre plusieurs autorités administratives qui interviennent majoritairement dans l'entreprise.

Développement de la « régulation ». Le terme « régulation » fait généralement référence à la fonction assignée aux autorités administratives indépendantes telles que l'Autorité de la concurrence (ADLC) ou l'Autorité des marchés financiers (AMF) ; celle qui consiste à assurer « *l'interactivité entre le droit et le fait* » par la prévention et la cessation des comportements qui menacent l'équilibre du système[95]. Depuis quelques années, les pouvoirs des autorités administratives indépendantes ne cessent de croitre. Outre leur rôle consultatif[96], leur pouvoir réglementaire[97], décisionnel[98], elles sont parfois dotées d'un pouvoir de répression qui se banalise[99]. Ce sont par ailleurs des autorités administratives classiques telles que la Direction régionale des entreprises, de la concurrence, de la consommation, du travail et de l'emploi (DIRECCTE), la Direction générale de la Concurrence, de la Consommation et de la Répression des

---

soumettre » ; P. Fauconnet, *La responsabilité*, Th., Paris, 1920 qui fait une distinction entre les sanctions répressives et les sanctions approbatives.

[94] Ph. Conte, « Du particularisme des sanctions en droit pénal de l'entreprise », *in Bilan et perspectives du droit pénal de l'entreprise*, Xème congrès de l'Association française du droit pénal, Lyon 26 et 28 nov. 1987, Economica, 1989, p. 55. Selon l'auteur il existe des sanctions à but non répressifs qui ne tendent pas à punir l'infraction mais à la faire disparaître, à l'effacer ». N. Sempe, « Les sanctions à caractère réel », *Gaz. Pal.* 1999. I. doctr. 339. Selon lequel « *les sanctions à caractère réel ne s'attachent pas à faire souffrir ou expier une personne, il s'agit uniquement de faire cesser une situation contraire à la loi* ».

[95] A.-M Frison-Roche, « Le droit de la régulation », *D.* 2001, chron., pp. 610-616.

[96] Le pouvoir confié aux autorités administratives indépendante réside dans une attribution consultative, elles ont le pouvoir d'émettre des avis, recommandations et avis.

[97] Cons. Const. 18 sept. 1986, n°86-217 DC, *JORF* 19 sept. 1986, p. 11294, H. Maisl, *D.* 1987. 381, L. Favoreu, *RD. Publ.* 1989. 399.

[98] On fera référence notamment au pouvoir d'injonction des Autorités administratives indépendantes.

[99] V. sur ce point, O. Dexant- De Bailliancourt, « La contribution des autorités nationales de régulation », *in Soft Law et droit du commerce international, Contribution à l'étude du renouvellement des sources du droit, LexisNexis, 2018,* p. 315 et s.

fraudes (DGCCRF) qui endossent un véritable pouvoir régulateur et sanctionnateur lorsqu'une ou plusieurs infractions sont reprochées au chef d'entreprise.

Fonction assignée à la « régulation ». La fonction de régulation pourrait alors se présenter comme une piste intéressante. Plus largement, si la « répression pénale pure et dure » apparaît comme un moyen de réguler les comportements des dirigeants, d'autres mécanismes régulateurs permettent à tout le moins de développer une culture de la « responsabilisation » du dirigeant, ainsi qu'une « préservation » de l'éthique d'entreprise, cela avec plus d'effectivité, d'efficacité ou de rapidité. De tels mécanismes issus de la *soft law* inciteraient les dirigeants à s' « autoréguler »- contribuant ainsi au déclin de leur responsabilité pénale.

B- Les nouvelles méthodes répressives mises en œuvre en cas d'infractions commises au sein de l'entreprise

Nouveaux modes de répression. La fonction répressive permet de distinguer le droit pénal du droit administratif répressif[100]. La prolifération des autorités administratives est justifiée par la volonté du législateur de moraliser la vie des affaires[101]. La mise à l'écart de l'autorité judiciaire au profit d'autorités spécialisées permet une plus grande efficacité dans la mise en œuvre de l'éthique d'entreprise. Composées d'agents administratifs destinés à mettre en œuvre des opérations de contrôle et ou des enquêtes dans l'entreprise, ces autorités bénéficient d'attributions extrêmement larges, notamment administratives et consultatives, mais également de pouvoirs d'enquête, d'injonction et de sanctions : elles gagnent progressivement en autonomie et contribuent à affaiblir le rôle du juge pénal.

Nouveaux modes de règlement pénal. Si l'application du droit pénal ne peut pas toujours être évitée, il est intéressant de voir comment les dispositions de *soft law*, érigées et acceptées par les entreprises sont prises en considération par le juge répressif. L'assimilation progressive

[100] P. Lascounes, C. Baerberger, « De la sanction à l'injonction. Le droit pénal administratif comme expression du pluralisme des formes juridiques sanctionnatrices », *RSC*, 1988. 45, spéc. 49.
[101] V. Mazeaud, « Propos introductifs », *in Le droit pénal et l'éthique des affaires*, Actes du colloque du 18 mars 2016, éd. Centre Michel de l'Hospital, 2018, p. 13.

par la pratique et le législateur français des normes de *soft law* représente une évolution positive dans la mesure où elle entraînerait le dépassement de la simple responsabilité pénale des dirigeants au profit d'une mise en cause de la personne morale. L'interdit et la sanction prendraient alors une forme managériale, au sens où leur objectif consisterait de moins en moins à délimiter les comportements illicites des comportement licites des dirigeants pour s'orienter vers une gestion du risque de commission des infractions par l'entreprise.

§3- Les enjeux d'une étude de la responsabilité pénale du chef d'entreprise

Énoncé sur l'enjeu d'une étude de la responsabilité pénale du chef d'entreprise. Dans le cadre de notre étude, plusieurs évolutions liées aux nouvelles formes de répression dans l'entreprise invitent à s'interroger sur l'évolution que peut connaître la responsabilité pénale du chef d'entreprise.

Vers un affaiblissement de la responsabilité pénale patronale ? En ce qui concerne les incriminations dont le chef d'entreprise est l'auteur exclusif, la répression pénale a connu de nombreuses mutations. Longtemps pensée comme la peine idéale, elle est aujourd'hui remise en cause et s'inscrit dans un mouvement de dépénalisation dans le domaine de l'entreprise[102]. La loi sur les nouvelles régulations économiques en date du 1er août 2003[103] avait amorcé une évolution en mettant fin aux infractions qui punissaient la violation d'obligations formelles[104]. Par la suite, ce sont différents rapports qui se sont attelés

---

[102] M.-Th. Calais-Auloy, La dépénalisation en droit pénal des affaires, *D.* 1988, chron. 315. V. également *Dépénalisation du droit des affaires : composition et mission du groupe de travail*, communiqué min. Justice, 4 oct. 2007, *JCP G* 2007, act. 453.

[103] L. n° 2003-721 du 1 août 2003 pour l'initiative économique.

[104] On peut citer la loi du 15 mai 2001 relative aux nouvelles régulations économiques, la loi du 1er août 2003 pour l'initiative économique, la loi du 1er août 2003 pour la sécurité financière, l'ordonnance du 25 mars 2004 portant simplification du droit, l'ordonnance du 24 juin 2004 portant réforme du régime des valeurs mobilières, la loi du 26 juillet 2005 pour la confiance et la modernisation de l'économie, la loi du 3 janvier 2008 pour le développement de la concurrence au service des consommateurs, la loi du 4 août 2008 de modernisation de l'économie, la loi du 22 mars 2012 relative à la simplification du droit et à l'allègement des démarches administratives, et d'autres encore. Au

à fustiger le recours du législateur à la sanction pénale dans le monde du travail et des affaires.

Rapports parlementaires en matière de dépénalisation des infractions pouvant être commises dans l'entreprise. En 2004, le Rapport rendu par Monsieur Michel DE VIRVILLE au ministre des Affaires sociales, du travail et de la solidarité, intitulé « *Pour un Code du travail plus efficace* »[105], précisait que le sujet des sanctions en droit du travail méritait de faire l'objet d'une réflexion approfondie que la commission n'avait pas été en mesure de mener à bien dans le délai qui lui était imparti[106]. Quelques années plus tard, le Rapport COULON remis au garde des Sceaux ayant pour intitulé « *La dépénalisation des affaires* »[107] proposait des alternatives à la peine afin de « *réinsuffler l'esprit d'entreprendre en proposant d'autres modes de régulation et de sanctions* ». Il est toutefois possible d'émettre quelques critiques à l'encontre de ces rapports. Tout d'abord, en ce qui concerne les infractions à la réglementation dont le chef d'entreprise est désigné comme auteur, aucune proposition ne s'attelait réellement à proposer de véritables alternatives à la peine. Ensuite, comme le souligne le Professeur Mireille DELMAS-MARTY, aucune politique de dépénalisation, fondée sur des principes directeurs n'a vu le jour tandis que des pays comme l'Allemagne, l'Italie ou encore le Portugal sont déjà dotés de véritables systèmes administratifs répressifs[108].

---

sujet de cette frénésie « dépénalisatrice », le Professeur Wilfried JEANDIDIER fait référence à « *l'extravagant morcellement de cette entreprise de dépénalisation : sept étapes en moins de cinq ans, avec à la fin un véritable emballement de la machine à dépénaliser* ». V. sur ce point, « L'élément matériel des infractions d'affaire ou la prédilection pour l'inconsistance », *in Mélanges offerts à R. Gassin*, PUAM, 2007, p. 245.

[105] M. de Virville, *Pour un Code du travail plus efficace*, Rapport au ministre des Affaires sociales du travail et de la solidarité, 15 janv. 2004.

[106] En ce qui concerne les sanctions en droit du travail le rapport précisait à la page 57, qu'*» une réforme globale du régime des sanctions en droit du travail s'imposait. Mais, compte tenu du temps limité dont elle disposait, elle s'en est tenu à un recensement des difficultés rencontrées, sous l'angle de la sécurité juridique et de l'efficacité en droit du travail, plutôt qu'à de véritables propositions de réforme* ».

[107] Rapport Coulon, Rapport remis au Garde des Sceaux, ministre de la Justice, le 20 février 2008 sur la dépénalisation du droit des affaires.

[108] M. Delmas-Marty, *Grands systèmes de politique criminelle*, Paris, PUF, 1992 ; F. Moderne, *Sanctions administratives et justice constitutionnelle*, Paris,

Tentative de dépénalisation au profit du chef d'entreprise ? Depuis quelques années, il semblerait que l'on assiste de manière progressive à un mouvement de dépénalisation en faveur du chef d'entreprise - les personnes morales peuvent également engager leur responsabilité pénale pour l'ensemble des délits la loi du 9 mars 2004 dite « *Perben II* »[109] ayant généralisé leur responsabilité pénale pour toutes les infractions. Par ailleurs, la loi du 17 mars 2014 relative à la consommation dite « *loi Hamon* »[110] mais également l'ordonnance du 7 avril 2016 relative au contrôle de l'application du droit du travail [111] donnent aux administrations le pouvoir de recourir à des procédures de régularisation et/ou de sanction administrative en lieu et place de la transmission d'un procès-verbal au Parquet lorsqu'une ou plusieurs infractions peuvent être reprochées au chef d'entreprise.

Les nouveaux contours de la responsabilité pénale dans l'entreprise. Plus récemment, il est possible de constater sous l'influence du droit anglo-saxon[112], l'adoption de normes de *soft law* par les entreprises françaises. Cette démarche volontaire engagée par la personne morale viendrait accréditer la thèse d'un dépassement des frontières habituelles de la responsabilité pénale : la répression pénale dirigée la plupart du temps à l'encontre du chef d'entreprise, se

---

Economica, 1993 ; V. également M. Delmas-Marty et C. Teitgen-Colly, *Punir sans juger ? : De la répression administrative au droit administratif pénal*, Paris, Economica, 1992 ; p. 59 et s. ; voir également « les problèmes juridiques et pratiques posés par la différence entre le droit criminel et le droit administratif pénal », *RIDP*, 1988. La réflexion sur la dépénalisation est essentiellement le fait des pénalistes, voir toutefois l'étude du Conseil d'État, *Les pouvoirs de l'administration dans le domaine des sanctions*, La Documentation française, 1995 et plus récemment G. Eveillard, « Les sanctions en droit administratif, entre approfondissement de la soumission à la légalité et recherche de l'efficacité » *in Les sanctions en droit contemporain,* Dalloz, 2012, p. 491 ; *La sanction : regards croisés du Conseil d'État et de la Cour de cassation,* la documentation française, 2015.

[109] L. n° 2004-204 du 9 mars 2004 portant adaptation de la justice aux évolutions de la criminalité.

[110] L. n° 2014-344 du 17 mars 2014 relative à la consommation, *JORF* n°0065 du 18 mars 2014, p. 5400, texte n° 1.

[111] Ord. n° 2016-413 du 7 avril 2016 relative au contrôle de l'application du droit du travail.

[112] P. Deumier, J.-M. Sorel (dir.), *Regards croisés sur la soft law en droit interne, européen et international*, coll. « Contextes – Culture du droit », LGDJ, 2018, p. 14.

déplacerait alors vers la personne morale. Aussi, la loi du 9 décembre 2016 relative à la transparence, à la lutte contre la corruption et à la modernisation de la vie économique dite loi « *Sapin II* »[113] participerait d'un « renouveau » de la responsabilité pénale du chef d'entreprise en ce qu'elle obligerait l'entreprise à se doter d'outils visant à prévenir la commission d'infractions en son sein.

Enfin, l'émergence d'une nouvelle forme de répression dirigée exclusivement à l'égard de la personne morale permettrait de dresser le constat d'un affaiblissement de la responsabilité pénale de son représentant. Dans la mesure où « *convention judiciaire d'intérêt public* »[114] permet au procureur de la République de proposer à la personne morale de payer une amende ou d'exécuter un programme de mise en conformité en échange de l'absence de déclenchement des poursuites pénales, il est intéressant d'en mesurer l'impact sur la répression pénale du dirigeant. En d'autres termes, il convient de déterminer l'influence des nouveaux modes de répression sur la responsabilité pénale du chef d'entreprise. De manière ponctuelle, il sera fait référence au droit comparé, afin de formuler certaines propositions visant à modifier ou améliorer tant le droit positif que prospectif. En raison de l'absence d'étude globale sur la question, il semble nécessaire d'apporter une vision d'ensemble sur l'évolution de la responsabilité pénale du chef d'entreprise et d'en esquisser une théorie.

Le choix d'une confrontation entre le régime de la responsabilité pénale du chef d'entreprise et le développement de nouveaux modes de répression dans l'entreprise permet d'envisager avec plus de lisibilité et de cohérence l'évolution de la responsabilité pénale du chef d'entreprise. Cela permet de dégager deux tendances bien distinctes et d'affirmer que la responsabilité pénale du chef d'entreprise est ambivalente. La première tendance est celle d'une responsabilité pénale du dirigeant facilitée lorsque la responsabilité pénale est fondée sur la culpabilité et l'imputabilité. Ce premier constat atteste une mise en

---

[113] L. n° 2016-1691 du 9 décembre 2016 relative à la transparence, à la lutte contre la corruption et à la modernisation de la vie économique, *JORF* n°0287 du 10 décembre 2016, texte n° 2.
[114] C. proc. pén. art. 41-1-2, I.

œuvre systématique de la responsabilité pénale du chef d'entreprise (**Partie 1**). La seconde tendance consiste en la vision d'une responsabilité pénale en voie d'affaiblissement à l'aune des nouvelles alternatives à la répression pénales, qui peuvent être mis en œuvre à l'égard du chef d'entreprise (**Partie 2**).

PARTIE 1

CARACTÉRISER LA RESPONSABILITÉ PÉNALE DU CHEF D'ENTREPRISE : UNE RESPONSABILITÉ PÉNALE FACILITÉE

« Le chef d'entreprise est comme un promeneur sous l'orage, il sait qu'il peut être foudroyé »[115].

Structure de base de l'économie, l'entreprise apparaît comme une organisation productive disposant d'une certaine autonomie et qui combine différents facteurs de production afin de produire des biens et des services destinés à être vendus à des clients sur le marché[116]. Aussi, à l'intérieur de celle-ci, il a été fait usage, de manière progressive à l'autorité du pénal afin de rendre effective les dispositions qui y sont applicables. Le recours au droit pénal dans l'entreprise s'est accentué sous l'influence de plusieurs facteurs : la révolution industrielle, le développement de la protection de l'économie et notamment celle des travailleurs, tant dans leur dimension individuelle que dans le cadre des relations collectives ou individuelle. Plus encore, l'entreprise perçue comme pièce maîtresse de la politique économique voulu par l'État- c'est aussi ce qui a conduit le législateur à multiplier la spécificité des règles impératives destinées exclusivement aux chefs d'entreprise.

La dérive vers un « tout-répressif » dans l'entreprise ? Cette « instrumentalisation » du droit pénal à l'endroit du monde de l'entreprise- plus particulièrement du dirigeant a fait l'objet de vives critiques doctrinales et parlementaires. Au regard de la faiblesse du nombre de condamnations prononcées à l'encontre des dirigeants, il semblerait que le droit pénal soit finalement utilisé comme moyen de pression, transformant ainsi l'approche traditionnelle qu'on les tribunaux répressif des conditions d'engagement classiques de la responsabilité pénale.

La détermination d'une responsabilité pénale du chef d'entreprise spécifique ? Dans le cadre de notre étude, il conviendra de relever un certain nombre de singularités à l'initiative du législateur ou du juge qui dévoilent un traitement pénal propre au chef d'entreprise par rapport à celle de droit commun. Il sera démonté que le chef d'entreprise est perçu de manière spécifique tant par législateur pénal que la jurisprudence pénale dans la mesure où il exerce un pouvoir de direction de l'entreprise.

---

115 L. Gamet, « Critique du droit pénal du travail », *Dr. Soc.* 2014, n°5, p. 446.
116 C. Dollo et L. Braquet, *Economie*, Paris, Sirey, 2016, p. 82.

Annonce de plan. Le constat de conditions d'engagement de la responsabilité pénale dérogatoires du droit commun qui amène alors à penser une responsabilité pénale facilitée à l'endroit du dirigeant **(Titre 1)**. C'est par ailleurs, la spécificité des dispositions relatives à la constatation des infractions qui vient attester cette facilitation **(Titre 2).**

TITRE 1.
L'ASSOUPLISSEMENT DES CONDITIONS D'ENGAGEMENT DE LA RESPONSABILITÉ PÉNALE À L'ENDROIT DU CHEF D'ENTREPRISE

La méconnaissance de la législation et de réglementation dans l'entreprise constitue la plupart du temps une infraction. Il sera alors facile pour le juge de déterminer qui en est le responsable dans la mesure où le chef d'entreprise est la plupart du temps, désigné comme auteur par les textes. Mais c'est sans doute sous l'angle de la faute que le constat d'un assouplissement des conditions de mise en œuvre de la responsabilité pénale à l'endroit du dirigeant, s'avère le plus saillant. Alors que la caractérisation d'une infraction suppose que soit établie l'intention coupable de la part de son auteur[117], celle-ci, en pratique, sera souvent présumée.

L'analyse textuelle et jurisprudentielle démontre l'existence d'une responsabilité pénale « spécifique » à l'endroit du chef d'entreprise. Désigné systématiquement comme auteur de l'infraction **(Chapitre 1)** sans que le juge n'ait à rechercher la preuve de sa faute **(Chapitre 2)**, le chef d'entreprise viendrait en quelque sorte bouleverser les mécanismes traditionnels d'imputation.

---

[117] C. pén. art. 121-3.

CHAPITRE 1. LES INFRACTIONS LIÉÉS À LA FONCTION DE DIRIGEANT D'ENTREPRISE

Les infractions du Code pénal, y compris celles qui figurent dans le Code du travail, le Code de commerce ou encore le Code de la consommation, font référence de manière assez limitée à la qualité statutaire ou légale du représentant « responsable », si bien que le chef d'entreprise ne semblerait pas faire l'objet d'un traitement particulier. Ainsi, en application du principe de portée générale du droit pénal, l'auteur de l'infraction est désigné par des termes neutres ou ouverts tels que « *celui qui* ». Néanmoins, dans l'entreprise, il convient de désigner celui qui est tenu par l'obligation méconnue, notamment dans les domaines du droit pénal social et en droit pénal des affaires. À cet effet, depuis la fin du XIXe siècle, la montée en puissance des législations techniques s'est accompagnée d'une création de textes visant à prédéterminer le dirigeant d'entreprise privée comme auteur de certaines infractions.

L'action du législateur conjuguée à celle de la pratique met en lumière un système d'imputation de la responsabilité pénale spécifique à l'endroit du chef d'entreprise. Celui-ci est tantôt désigné par le législateur comme auteur sous les vocables d' « *employeur* » ou de « *dirigeant* » **(Section 1)**, assimilé par les juridictions répressives à un « répondant » des infractions commises par un ou plusieurs salarié(s) **(Section 2)** ou encore auteurs d'infractions non intentionnels qui ne cessent de se développer dans l'entreprise **(Section 3).**

SECTION 1.
LES INFRACTIONS ATTITRÉES

Nombreuses sont les infractions tous domaines du droit pénal confondus qui peuvent être commises par quelque auteur que ce soit, abstraction faite de ses qualités ou fonctions particulières. Comme le soulignent les Professeurs Frédéric DESPORTES et Frédéric LE GUHENEC dans leur manuel de droit pénal général, « *l'infraction présente un caractère général et concerne l'ensemble des justiciables, ce qui respecte le principe d'égalité* »[118].

Toutefois, dans certains cas, l'abstraction peut participer à l'applicabilité des lois[119] - elle permet alors l'inévitable adaptation judiciaire des textes d'incrimination à l'égard des délinquants[120]. Pour ce qui est du chef d'entreprise, le législateur a, depuis la fin du XIXème siècle fait le choix de le désigner comme auteur de certaines infractions. Certaines dispositions se démarquent du droit pénal commun en ce qu'elles contiennent des infractions dont seules certaines personnes déterminées, investies au moment des faits d'une fonction particulière, peuvent s'en rendre coupables. Celles-ci appellent à une désignation « *explicite* » ou « *implicite* » du dirigeant pouvant les commettre.

Le juge répressif - tenu par le principe de l'interprétation stricte de la loi pénale - ne saura alors étendre une incrimination à une autre personne que celle que la loi mentionne expressément (A). Or, dans certains cas, celui-ci est amené à déterminer la personne pouvant commettre l'infraction : il profitera à cet effet de la matérialité de l'infraction dans laquelle il est souvent possible de déceler le dirigeant comme auteur (B).

---

118 F. Desportes, F. Le Gunehec, *Droit pénal général,* Paris, Economica, 2009, p. 9.

119 L'article 132-24 du Code pénal prévoit que les peines peuvent être personnalisées.

120 M. Benajat, *La responsabilité pénale professionnelle*, Th., éd. Dalloz, 2012, p. 39.

§1- Les infractions attitrées dites « explicites »

Historique. La progression que connaît le droit pénal spécial depuis la fin du XIXe siècle correspond au développement des législations techniques qui n'ont cessé de croître en intégrant une part de droit pénal. Si la généralité de la règle de droit n'a jamais été un obstacle à l'individualisation juridique, la révolution industrielle et l'émergence des premières sociétés de capitaux[121] ont inévitablement favorisé la « *spécialisation du droit pénal* » [122]. Parmi ces disciplines pénales, le « *droit pénal spécial* »[123] a été le premier affecté par la naissance de droits pénaux spéciaux techniques, ayant eu parfois beaucoup de difficultés à afficher leur particularisme. Ceux-ci donnent le sentiment de regroupements plus ou moins artificiels de qualifications pénales empruntant tantôt au Code pénal, tantôt à d'autres Codes ou textes spéciaux.

La naissance des droits pénaux spéciaux. Sont alors nés des droits pénaux aussi divers que le droit pénal du travail, de la consommation, de l'urbanisme, suivis des droits de l'environnement et du droit pénal fiscal venant accompagner celui du droit pénal des sociétés ou encore un droit pénal des affaires, lequel s'inscrit en contrepoint d'un droit pénal économique dont il est parfois difficile de le distinguer[124]. Les textes sont alors regroupés au sein de différents corpus. Il s'agit principalement du Code pénal, du Code du travail, du Code de commerce, du Code de la consommation, du Code de l'environnement ou encore du Code général des impôts. Par ailleurs, cette diversification

---

121 G Levasseur, « Droit social et droit pénal », *in Études de droit du travail offertes à André Brun*, L.G.D.J, 1974, p 317.

122 B. de Lamy, « *Le droit pénal spécial à l'épreuve du droit pénal et de la procédure pénal* », *Dr. pén.* 2013, Repère 8.

123 Le droit pénal spécial se démarque des droits pénaux spéciaux techniques en ce qu'il ne contient pas d'infraction dont seules certaines personnes déterminées peuvent se rendre coupables. En ce sens, un auteur a suggéré de distinguer parmi les différentes infractions celles qui continuaient à relever du droit pénal spécial tout court ou paradoxalement général et qu'on peut reprocher à tout individu, et celles qui appartiennent à des droits pénaux spécialisés. V. sur ce point, M.-L Rassat, *Droit pénal spécial*, Dalloz, 7ème éd., 2014, n°50.

124 A. Lepage, P. Maistre du Chambon et R. Salomon, *Droit pénal des affaires*, Paris, LexisNexis, 2018, p. 1.

s'est parallèlement accompagnée d'une création d'infractions[125] dont seules certaines personnes déterminées peuvent se rendre coupables.

L'émergence du droit pénal de direction. Dans un premier temps, ce sont les fonctions publiques qui ont été prises en considération par le législateur en raison de la priorité initialement accordée aux infractions contre l'État[126]. Dans un deuxième temps, l'interventionnisme législatif de la seconde moitié du XIXème a transformé l'entreprise. Structure de base de l'économie, l'entreprise apparaît comme une pièce maîtresse de la politique économique voulue par l'État. À cet effet, le législateur a souhaité dicter des conduites aux décideurs d'entreprises privées. Cette attention intéressée s'est traduite par l'augmentation des règles impératives à l'égard des dirigeants.

L'apparition du droit pénal de protection. Ces règles impératives protègent aussi bien des intérêts particuliers que collectifs. C'est tout d'abord la volonté de protection des épargnants contre les manœuvres frauduleuses des dirigeants qui a rendu nécessaire l'adoption du décret-loi en date du 8 août 1935. Ont été incriminés spécifiquement la présentation ou la publication d'un bilan inexact dans les sociétés anonymes ou les sociétés à responsabilité limitée et le délit d'abus de biens sociaux ainsi que ceux d'abus du crédit, des pouvoirs ou des voix. C'est par la suite une volonté de protéger les associés d'entreprise que la loi du 24 juillet 1966 sur les sociétés commerciales[127] - a été introduite une nouvelle logique en ajoutant un nombre important

---

[125] Il a fallu attendre un décret du 8 août 1935 sur les sociétés commerciales, pour que le juge applique la qualification d'abus de bien sociaux au lieu de celle d'abus de confiance et, à ce jour, nombreux sont les pays qui ont créé ce délit spécifique, v. sur ce point, A. Lepage, H. Matsopoulou, *Droit pénal spécial*, Paris, PUF, 2015, p. 5.

[126] On fait référence ici au délit de rébellion, V. sur ce point, J.-H. Robert, « Pour une restauration des contraventions de police », *in Mélanges J. Pradel*, Cujas, 2006, p. 161 et s. spéc. p. 166.

[127] R. Houin et F. Gore, « La réforme des sociétés commerciales », *D.* 1967, chron. p. 123 ; A. Le Tarnec, « Le régime nouveau des sociétés commerciales », *Gaz. Pal.* 1966, doctr. p. 141 et s. J. Derrupé, « La réforme des sociétés commerciales », *Gaz. Pal.* 1966, doctr. p. 170 et s.

d'infractions d'omission en tenant compte de l'évolution des impératifs économiques[128].

Aussi la révolution industrielle et l'émergence des premières sociétés de capitaux qui ont encouragé le législateur à protéger le salarié face à l'employeur dans le contrat de travail[129]. Cette prise de conscience s'est manifestée notamment au travers de la loi du 6 décembre 1976[130] dont la finalité première était de protéger le salarié dans son intégrité physique et dans sa dignité. Pour ainsi dire, il semblerait que les années 1970-1980 marquent l'avènement des infractions des infractions attitrées.

La fonction de dirigeant, « *condition préalable* » de l'infraction ? Certains auteurs invitent à distinguer la « *condition préalable* »[131] des éléments constitutifs de l'infraction qui ne peuvent être réalisés que si certaines conditions existent préalablement[132]. Outre la fourniture d'un élément matériel et d'un élément moral, si l'on se rapporte à la définition donnée par le Professeur Georges LEVASSEUR selon laquelle « *la condition préalable fournit certains éléments supplémentaires qui devront être réunis pour qu'une infraction précise*

---

[128] J. Foyer, « La genèse de la loi sur les sociétés commerciales », *in Actes du colloque du 24 juillet 1996 consacré au trentième anniversaire de la loi du 24 juillet 1966 sur les sociétés commerciales*, *Rev. soc.* 1996, p. 431 et s.

[129] J.-C. Javillier, « Ambivalence, effectivité et adéquation du droit pénal du travail : quelques réflexions en guise d'introduction », *in Dr. soc.* 1975, p. 375. Soulignons qu'en matière de sécurité sociale, il s'agit d'assurer une sécurité matérielle et individuelle des salariés en même temps qu'une intégration des membres de la collectivité. V. sur ce point, J.-J. Dupeyroux, M. Borgetto et R. Lafore, *Droit de la Sécurité sociale*, Paris, Dalloz, 17ème éd., 2011, n°6.

[130] L. n°76-1106 du 6 décembre 1976 relative au développement de la prévention des accidents du travail.

[131] Le terme de condition préalable est apparu pour la première fois dans un arrêt de la chambre criminelle de la Cour de cassation le 30 mars 1971, V. Cass. crim., 30 mars 1971, *Gaz. Pal.* 1971. 406. Son existence a été affirmée par le Professeur René VOUIN ; V. sur ce point, R. Vouin, *Droit pénal spécial*, T.I, n°56, n°97 et n°279.

[132] Y. Mayaud, *Droit pénal général*, 6ème éd., PUF, 2018, p 123 ; M.P. Lucas de Leyssac, *Décision de justice civile et répression pénale*, Th., Paris II, 1975 ; J. Leaute, *Juris-classeur Procédure Pénale, art. 689-693*, 1 er cahier. n°36 ; P. Le Monnier de Gouville, « La responsabilité pénale du dirigeant de la société *in bonis* », Actes du colloque, *La responsabilité du dirigeant de société, regards croisés de droit civil et de droit pénal*, Dalloz, 2018, p. 63.

soit réalisée »[133], il est possible d'affirmer que la fonction de chef d'entreprise est une condition préalable sans laquelle l'infraction ne peut pas être constituée. Cette idée ne peut qu'être renforcée si l'on se rattache également à la proposition du Professeur Emmanuel DREYER selon laquelle la condition préalable s'apparente à une qualité de la victime ou de l'auteur des faits[134]. À notre sens, les infractions attitrées appellent une désignation spécifique du décideur d'entreprise qui peut les commettre, d'une manière qui révèle la portée personnelle sélective des infractions. La fonction de dirigeant pourrait alors être perçue comme condition préalable de l'infraction. Encore faut-il savoir comment le chef d'entreprise est désigné par le législateur.

Le Code de commerce mentionne des infractions qui peuvent être commises uniquement seulement par le « *gérant* »[135] , le « *président, directeur général* »[136] selon qu'il s'agisse d'une société à responsabilité limitée, anonyme en nom collectif ou en commandite[137].

- **L'infraction d'abus de biens sociaux**. Sont également punis les dirigeants de SARL et de sociétés par actions qui, de mauvaise foi, font usage de leurs pouvoirs ou de leurs voix dans un but qu'ils savent contraire aux intérêts de la société, qui à des fins personnelles, favorisent une autre société ou une autre entreprise dans laquelle ils sont intéressés directement ou indirectement[138].

- **L'abus des pouvoirs ou des voix** vise les dirigeants de SARL et de sociétés par actions qui, de mauvaise foi, font des pouvoirs qu'ils possèdent ou des voix dont ils disposent en cette qualité un usage qu'ils savent contraire aux intérêts de la société, à des fins personnelles ou pour favoriser une autre société ou pour

---

[133] G. Levasseur, *Cour de droit pénal spécial*, 1963, p. 25.
[134] E. Dreyer, « L'imputation des infractions en droit pénal du travail », *RSC* 2004, p. 813.
[135] C. com. art. L 241-3.
[136] C. com. art. L 246-2.
[137] B. Saintourens, « Les organes de direction de la société anonyme après la loi NRE », *Rev. Soc.* 2001, p. 515.
[138] C. com. art. L. 241-3, 5° et L. 242-6, 4°.

favoriser une autre société ou entreprise dans laquelle ils sont intéressés directement ou indirectement[139].

- **La présentation ou la publication de comptes infidèles** consiste pour les dirigeants de SARL et de sociétés par actions à présenter aux associés ou, pour les seuls dirigeants de société par action, de publier, même en l'absence de toute distribution de dividendes, des comptes annuels ne donnant pas une image fidèle du résultat des opérations de l'exercice, de la situation financière et du patrimoine de la société, en vue de dissimuler la véritable situation de celle-ci[140].

- **Le défaut d'établissement des comptes** tient au fait pour les dirigeants de SARL ou de sociétés par actions de ne pas établir l'inventaire, les comptes annuels et un rapport de gestion pour chaque exercice[141].

- Les gérants de SARL encourent une amende de 9 000 euros ou plus s'ils **omettent de soumettre à l'approbation de l'assemblée des associés ou de l'associé unique l'inventaire**, les comptes annuels et le rapport de gestion établis pour chaque exercice. Les dirigeants de SA risquent quant à eux un emprisonnement de six mois et une amende de 9 000 euros en cas de non-représentation à l'approbation de l'assemblée générale ordinaire des comptes annuels et du rapport de gestion[142]

- **Les infractions au droit des entreprises en difficulté.** L'état de cessation des paiements s'accompagne fréquemment ou se trouve précédé de manœuvres destinées à retarder ou à masquer sa constatation. Ces manœuvres sont constitutives du délit de **banqueroute**. Les faits répréhensibles sont majoritairement commis par le représentant de la société. L'article L. 654-1 du Code de commerce modifié par l'ordonnance 2008-1345 du 18

---

139 C. com. art. L. 241-3, 5° et L. 242-6, 4°.

140 C.com. art. L. 241-3, 3° (SARL), L. 242-6, 2° (SA) et L. 242-30 al. 1er (SA à directoire et conseil de surveillance) et C. mon. fin. art. L. 231-11, 2.

141 C. com. art. L. 241-4 et L. 242-8.

142 C. com. art L. 242-10.

décembre 2008 portant réforme du droit des entreprises en difficulté vise :
- Toute personne exerçant une activité commerciale ou artisanale, tout agriculteur, toute personne physique exerçant une activité professionnelle et indépendante.
- Toute personne qui a directement ou indirectement, en droit et en fait, dirigé ou liquidé une personne morale de droit privé. Sont ici visés non seulement les dirigeants mais également le liquidateur de la personne morale, qu'il soit amiable ou judiciaire.
- Toutes personnes physiques, représentants permanents des personnes morales, dirigeants des personnes morales de droit. Il convient d'y ajouter, en application des dispositions de l'article L. 657-7 du Code de commerce, les personnes morales en leur qualité de dirigeant de droit ou de fait d'une autre personne morale en redressement ou en liquidation judiciaire.

Cas spécifique du « *dirigeant de fait* » Il est toutefois nécessaire de souligner que certaines dispositions du Code de commerce rendent le « *dirigeant de fait* » responsable dans les mêmes conditions que le « *dirigeant de droit* »[143]. Pour cela, il a fallu attendre la loi du 24 juillet 1966[144] pour que l'abus de bien sociaux soit applicable aux dirigeants de fait. Avant son adoption, le juge répressif se basait sur le fait qu'un « *fondé de pouvoir* » ne pouvait pas être poursuivi du chef d'abus des biens sociaux car il n'avait pas la qualité d'administrateur et n'était que salarié de l'entreprise[145]. Dorénavant, le Code de commerce, soumet les « *dirigeants de fait* » des sociétés commerciales aux mêmes règles que les dirigeants statutaires en ce qu'il désigne comme responsable pénal d'une infraction à la gestion ou à l'administration de

---

[143] Le Code de commerce soumet les dirigeants de fait des sociétés commerciales aux mêmes règles que les dirigeants statutaires puisqu'il désigne comme responsable pénal d'une infraction à la gestion ou à l'administration de la société « *toute personne qui, directement ou par personne interposée, aura, en fait, exercé la gestion d'une société* ».

[144] L. n°66-537 du 24 juillet sur les sociétés commerciales.

[145] Cass. crim., 17 janv. 1956, *Bull. crim.*, n° 68.

la société « *toute personne qui, directement ou par personne interposée, aura, en fait, exercé la gestion d'une société* »[146].

Le Code pénal vise le « *dirigeant de droit ou de fait d'une entreprise* » pour désigner l'auteur du délit d'usage irrégulier de qualité[147]. Plus largement, on peut lire à l'article L. 3315-6 alinéa 2 du Code des transports que « *toute personne chargée à un titre quelconque de la direction ou de l'administration de toute entreprise ou établissement* » peut voir sa responsabilité pénale engagée si cette dernière contrevient à certaines dispositions de ledit code. Le Code de l'environnement prévoit lui aussi la responsabilité pénale de « *ceux qui ont la direction, la gestion ou l'administration de toute entreprise ou établissement de traitement des déchets et qui auront laissé leurs subordonnés commettre des infractions à la réglementation sur la gestion des déchets* »[148]. En toute logique, ce sont aussi bien les dirigeants de droit que les dirigeants de fait auxquels le législateur fait référence. À notre sens, s'il existe une direction de fait dans l'entreprise, le juge répressif engagera alors aussi bien la responsabilité pénale du dirigeant de droit que celle du dirigeant de fait[149].

La désignation de l' « *employeur* » comme auteur de l'infraction. S'agissant des infractions au droit du travail, le dirigeant est tenu de respecter ou de s'assurer du respect des différentes prescriptions. Depuis la recodification du Code du travail opérée en 2008[150], certaines

---

146 C. com. art L. 241-9 s'agissant du dirigeant de fait de la société à responsabilité limitée ; C. com. art L 246-2 pour le dirigeant de fait de la société anonyme ; C. com. art. L. 244-4, pour les dirigeants de fait des sociétés par actions simplifiées.

147 C. pén. art. 433-18.

148 C. env. art. L. 541-48.

149 Cette idée fait l'objet d'un développement ultérieur.

150 En 1810, le Code pénal incriminait spécifiquement des comportements commis par des employés et entendait protéger la valeur travail sous ses deux aspects principaux : outil de production et autorité de l'employeur. L'ancien article L. 263-2 du Code du travail issu de la loi du 7 décembre 1976 prévoyait que : « *Les chefs d'établissement, directeurs, gérants ou préposés qui, par leur faute personnelle, ont enfreint les dispositions des chapitres 1er, II et III du titre III du présent livre ainsi que les autres personnes qui, par leur faute personnelle, ont enfreint les dispositions des articles L. 231-6, L. 231-7, L. 231-7-1, L. 232-2, L. 233-5, L. 233-5-1, II, L. 233-5-3 et L. 233-7 dudit livre et des décrets en Conseil d'État pris pour leur exécution sont punis d'une amende de 3.750 euros. L'amende*

infractions visent l'« *employeur* »[151] comme auteur de certaines infractions. La loi du 17 mai 2011 de simplification et d'amélioration de la qualité du droit[152], l'article L. 4741-1 du Code du travail permet d'engager la responsabilité pénale du seul « *employeur ou de son délégataire* » qui méconnaîtrait par sa faute personnelle certaines dispositions du Code du travail[153]. Les conséquences de cette modification n'ont toutefois pas été perçues comme anodines pour la doctrine travailliste qui les a dénoncées fermement[154] en ce que

---

*est appliquée autant de fois qu'il y a de salariés de l'entreprise concernés par la ou les infractions relevées dans le procès-verbal visé aux articles L. 611-10 et L. 611-13.Conformément à l'article 132-3 du Code pénal, le cumul des peines prévues au présent article et à l'article L. 263-4 avec les peines de même nature encourues pour les infractions prévues par les articles 221-6, 222-19 et 222-20 du Code pénal ne peut dépasser le maximum légal de la peine de même nature la plus élevée qui est encourue ».*C'est précisément la recodification issue de l'ordonnance n° 2007-329 du 12 mars 2007 qui a remplacé la notion de « *chef d'entreprise ou d'établissement* » par celle d' « *employeur* ».

151 Dans le Code du travail, avant que la dimension purement individuelle et patrimoniale de la relation de travail prenne le pas sur toutes les autres et que « *l'employeur* » ne soit visé, le législateur désignait le « *chef d'établissement* » comme responsable. V. sur ce point, A. Fabre, « À la découverte du nouveau Code », *Rev. Trim. Droits de l'Homme*, 2008, p. 145 ; A. Coeuret et E. Fortis, *Droit pénal du travail*, Paris, LexisNexis, 6ème éd., 2016, n°247.

152 L. n° 2011-525 du 17 mai 2011 de simplification et d'amélioration de la qualité du droit.

153 Avant l'adoption de la loi du 17 mai 2011, l'article L. 4741-1 du Code du travail était rédigé comme suit : « *Est puni d'une amende de 3.750 euros, le fait pour l'employeur ou le préposé de méconnaître par sa faute personnelle les dispositions suivantes et celles des décrets en Conseil d'État pris pour leur application : 1° Titres Ier, III et IV ainsi que section 2 du chapitre IV du titre V du livre Ier ; 2° Titre II du livre II ; 3° Livre III ; 4° Livre IV ; 5° Titre Ier, chapitres III et IV du titre III et titre IV du livre V ; 6° Chapitre II du titre II du présent livre. La récidive est punie d'un emprisonnement d'un an et d'une amende de 9.000 euros. L'amende est appliquée autant de fois qu'il y a de salariés de l'entreprise concernés par la ou les infractions relevées dans le procès-verbal prévu à l'article L. 8113-7* ».

154 A. Coeuret, « Le droit pénal du travail depuis la recodification du Code du travail », *SSL suppl.*, 2010, n°1472, p. 75 et s. ; « La qualité du responsable pénal dans les dispositions du Code du travail », *in Mélanges J.-H. Robert*, LexisNexis, 2012, p. 121 et s.

l' « *employeur* » pouvait également viser une personne morale dont « *la qualité est juridique et contractuelle* »[155].

Le vocable « *employeur* » laisse toutefois penser qu'il est possible d'engager la seule responsabilité pénale de la personne morale. Loin d'assurer une meilleure intelligibilité de la règle de droit concernant la responsabilité du chef d'entreprise, le choix du vocable « *employeur* » démontre que le débat amené par la doctrine[156] relatif à la responsabilité pénale dans l'entreprise et particulièrement à la répartition de cette responsabilité entre personnes morales et physiques est toujours d'actualité. Si l'article L. 4741-1 du Code du travail vise l' « *employeur* » en qualité de personne physique dans la mesure où il est fait référence à l'employeur ou à « *son préposé* », certaines dispositions font inévitablement référence à l'employeur personne physique ou moral. L'article R. 427-1 du Code de l'aviation vise l'employeur qui, en ce qui concerne le personnel navigant, contrevient aux dispositions en matière de repos[157].

La désignation des personnes pouvant commettre les infractions inspire naturellement quelques réflexions sur le travail d'interprétation du juge. Quelles que soient les personnes désignées par le texte d'incrimination,

---

155 M. Benajat, *La responsabilité pénale professionnelle*, Th., coll « Nouvelle bibliothèque de thèses », Dalloz, 2012, p. 241.

156 J.-H. Robert, « La responsabilité des personnes physiques et morales en cas d'infractions aux obligations environnementales », *Rev. dr. des affaires de l'Université Panthéon-Assas*, oct. 2008, p. 112, spéc. p. 118. . Benoît-Renaudin, « Recodification du Code du travail et infractions aux règles de santé et de sécurité », *RSC* 2009, p. 331.

157 L'article R. 427-1 du Code de l'aviation dispose que : « Sera puni de l'amende prévue par le 5° de l'article 131-13 du code pénal pour les contraventions de la cinquième classe tout employeur qui, en ce qui concerne le personnel navigant, aura contrevenu aux dispositions des articles L. 3121-18 et L. 3121-27 du code du travail et des décrets mentionnés des articles L. 3121-67 et L. 3121-68 du même code. Les contraventions donneront lieu à autant d'amendes qu'il y aura de navigants employés en méconnaissance des dispositions précitées. Toute infraction à la réglementation relative à la durée du travail du personnel navigant entraîne le retrait de la licence du contrevenant, qui est prononcé par le ministre chargé de l'aviation civile en ce qui concerne les catégories Transport aérien et Travail aérien et par le ministre des Armées en ce qui concerne le personnel de catégorie Essais et receptions, pour une durée qui ne pourrait être inférieure à quinze jours ni supérieure à deux mois.

la meilleure prévisibilité des textes et leur plus grande simplicité d'application semblent être davantage assurées. Le bénéfice revient certes au justiciable dans la mesure où il lui suffit de se reporter à la loi pour savoir quelles personnes peuvent commettre l'infraction. La tâche du juge gagne elle-même en facilité puisque celui-ci n'a pas à sonder *la ratio* de l'incrimination afin de déterminer la portée personnelle de cette dernière.

En somme, dans la mesure où ces infractions spécifiques supposent que leur auteur soit doté de la qualité exigée par la loi pour être constituées[158], l'imputation devient relativement aisée, seule la personne possédant la qualité exigée par le texte peut engager sa responsabilité pénale sur le fondement de l'incrimination en question. Cette désignation étant limitative, le juge ne saurait étendre l'infraction à une personne autre que celles que la loi mentionne[159], ce en vertu de l'interprétation stricte de la loi pénale[160]. Celle-ci est donc immédiatement rattachée au sujet qui concerne notre étude, à savoir le détenteur du pouvoir dans l'entreprise[161]. Force est donc d'admettre que le législateur facilite le travail du juge répressif qui, habituellement, doit rechercher la ou les personnes susceptibles d'être déclarées pénalement responsables[162].

§2- Les infractions attitrées dites « implicites »

En ce qui concerne les droits spéciaux qui relèvent du domaine de l'entreprise, le législateur ne prend pas toujours le soin de désigner

---

[158] L. Saenko, « Brèves réflexions sur la catégorie des infractions attitrées », *Gaz. Pal*, 3 nov. 2015, n°307.
[159] Cass. crim., 3 juin 1966, *JCP G* 1967, II, 14947, note J. Combaldieu.
[160] C. pén., art. 111-4.
[161] A. Coeuret, « La nouvelle donne en matière de responsabilité », *in Dr. soc.* 1994, p. 629 ; H. K. Gaba, « Rentabilité économique et accidents du travail », *LPA* 1998, n° 24, spéc. p. 27 ; A. Coeuret et E. Fortis, *Droit pénal du travail*, Litec, 1998, spéc. n° 234 s.
[162] Le Professeur Agathe LEPAGE précise que « *la tâche du juge y gagne elle-même en facilité puisqu'il n'a pas à sonder la ratio de l'incrimination pour déterminer la portée personnelle de celle-ci* ». V. sur ce point, A. Lepage, « Responsables : Réflexions sur le droit pénal du travail comme droit pénal spécialisé », *in La norme pénale et les relations de travail*, éd. Panthéon Assas Colloques, 2015, p. 56.

explicitement la ou les personne(s) pouvant commettre l'infraction en usant des termes impersonnels tels que *« quiconque »*, « *ceux* », *« celui qui »* ou « *toute personne physique* » : c'est alors au juge pénal qu'il revient de les déterminer.

Les infractions au droit social. Plusieurs atteintes aux dispositions relatives au droit du travail participent à la mise en jeu de la responsabilité pénale des dirigeants sans y faire référence expressément. Il s'agit des règles ayant trait aux points suivants :

- **La durée légale du travail** (C. trav. art. R. 3124-3 et R. 3124-4), les heures supplémentaires (C. trav. art. R. 3124-6, R. 3124-7, R. 3124-11 et R. 3124-12), le travail à temps partiel ou le travail intermittent (C. trav. art. R. 3124-5, R. 3124-8, R. 3124-9 et R. 3124-10)
- **Le repos des salariés** (C. trav. art. R. 3135-1 pour le repos quotidien, R. 3135-2 à R. 3135-4 pour le repos hebdomadaire et dominical, R. 3143-1 pour la prise de congés annuels)
- **La visite médicale d'embauche** (C. trav. art. R. 4745-1)
- **Le salaire,** le non-respect du Smic ou de la garantie de rémunération (C. trav. art. R. 3233-1), des minimas conventionnels (C. trav. art. R. 2263-3, R. 2263-4 et R. 3246-4), les irrégularités dans le paiement du salaire et le bulletin de paie (C. trav. art. R. 3246-1 à R. 3246-3 et R. 3255-1).
- **L'exercice du droit syndical**, l'entrave à l'instauration d'une institution représentative du personnel, à sa libre désignation ou à l'exercice régulier de ses fonctions (C. trav. art. L. 2316-1, L. 2328-1, L. 2328-2 et L. 4742-1), le non-respect des obligations de négocier (C. trav. art. L. 2243-1 et L. 2243-2). On peut citer également le délit d'entrave à l'exercice du droit syndical[163] qui puni « *le fait d'apporter une entrave à l'exercice du droit syndical ou à l'entrave à la constitution d'un comité social et économique, d'un comité social et économique d'établissement ou d'un comité social et économique central »*[164] ou encore « *le fait de ne pas transcrire ou de ne pas mettre à jour les résultats de l'évaluation des risques* »[165].

[163] C. trav. art. L. 2146-1.
[164] C. trav. art. L. 2314-1.
[165] C. trav. art. R. 4741-1.

- **Le recours au travail illégal** L'article L. 8221-3 du Code du travail sanctionne au titre de l'infraction de travail dissimulé la « *personne* » qui n'a pas demandé son immatriculation au répertoire des métiers au registre des entreprises ou au registre du commerce et des sociétés. D'autres actes répréhensibles ont trait au recours à l'emploi illégal des étrangers en France. Il s'agit notamment de l'emploi direct ou indirect d'un étranger sans titre de travail (C. trav. art. L. 8251-1, L. 8256-2 et L. 8256-4) ou de son emploi dans une catégorie professionnelle, une profession ou une zone géographique autre que celles indiquées sur le titre de travail (C. trav. art. L. 8251-1, R. 8256-1 et R. 5224-1). Les employeurs qui ont conclu des accords de **prêt de main d'œuvre à but lucratif** (C. trav. art. L. 8241-1) ou de **marchandage** (C. trav ; art. L. 8231-1).
- La rupture du contrat de travail, l'inobservation de la procédure de licenciement économique peut être également source de mise en jeu de la responsabilité pénale de l'employeur (C. trav. art. L. 1258-2 à L. 1258-5, R 1227-3, D. 1227-4 et R. 1238-2 à R. 1238-6).

Cas spécifique de l'état d'urgence sanitaire. L'employeur doit veiller à respecter les règles édictées par le décret du 25 mars 2020 relatif à l'activité partielle[166]. En premier lieu, les employeurs doivent se garder de tenter de bénéficier du dispositif en soumettant des déclarations fausses ou incomplètes à l'administration. De tels actes sont passibles de poursuites sur le fondement de l'article 441-6 du Code pénal réprimant l'obtention frauduleuse d'une aide publique, délit puni de deux ans d'emprisonnement et 30.000 euros d'amende. Ensuite, les employeurs qui bénéficieraient légitimement du dispositif de chômage partiel tout en faisant travailler leurs salariés pourraient être poursuivis pour l'infraction de travail dissimulé par dissimulation d'emploi salarié, prévu par l'article L8221-5 du Code du travail, et sanctionné de trois ans d'emprisonnement 45.000 euros d'amende.

[166] Décret 25 mars 2020-325 relatif à l'activité partielle.

Le mécanisme d'imputation implicite décrit ci-dessus se retrouve également en **droit des sociétés** à travers :

- Le délit de surévaluation des apports en nature (C. com. art L. 241-3, 1°).
- La négociation en numéraire pour laquelle le versement de la moitié n'a pas été effectué (C. com. art L. 242-3).
- Le défaut de réunion des associés dans les six mois de la clôture de l'exercice (C. com. art L. 241-5 et L. 242-10).
- Le défaut d'établissement et d'envoi aux actionnaires des comptes consolidés (C. com. art. L. 247-1, II).
- L'émission d'obligations ne conférant pas les mêmes droits de créance pour une valeur nominale (C. com. art. L. 245-9) ou encore le délit d'entrave à la participation à une assemblée générale (C. com. art. L. 242-9).

Mais encore, au travers **des infractions au droit fiscal.** L'article 1741 du Code général des impôts sanctionnant le délit général de fraude fiscale constitue le texte répressif le plus fréquemment mis en œuvre. Bien que juridiquement applicable à toutes les catégories d'impôt, il est le plus souvent utilisé en matière d'impôts directs et de TVA. Il est également possible de faire référence à d'autres infractions telles que l'inscription de dépenses sous une rubrique inexacte afin de dissimuler des bénéfices (CGI, art. 1772, 3) ; la production de pièces fausses en vue d'obtenir un dégrèvement (CGI, art. 1772, 1-4°) ; la récidive spéciale aux taxes sur le chiffre d'affaires (CGI art. 1789) ; les ventes sans factures (CGI art. 1751).

L'approche pratique. Ces infractions plus vagues et impersonnelles poussent naturellement le juge répressif à déterminer la personne qui est tenu de remplir une « obligation positive » dans l'entreprise. Bien entendu, il n'appartient pas au juge de faire œuvre de législateur, au sens où il viendrait à déterminer comme bon lui semble les personnes pouvant commettre l'infraction. À l'inverse, il doit se montrer fidèle à la *ratio legis*, et ce même en l'absence de désignation explicite par la loi. En somme, le juge est convié à s'inspirer de la matérialité de l'incrimination dans laquelle il est possible de déceler la désignation implicite du dirigeant. L'élément matériel de ces infractions se consommant généralement par une simple abstention d'une obligation de faire[167], il devient facile pour le juge d'en déduire que le chef d'entreprise ou son délégataire en est le responsable, étant tenu au strict respect de la réglementation et de la législation dans l'entreprise.

A titre d'illustration, L'article 225-1 du Code pénal[168] qui incrimine différents cas de discriminations en matière de relations de travail : l'absence de précision légale quant aux personnes pouvant commettre l'infraction tend à être « compensée » par la description des actes qu'opère l'incrimination et qui désigne implicitement le chef d'entreprise. Aussi, en matière d'entrave et en l'absence de désignation par les textes des personnes pouvant commettre l'infraction, la doctrine considère que « *la cohérence du droit des institutions représentatives conduit à identifier comme premier responsable le chef d'entreprise, personne physique débitrice des principales obligations* »[169].

Bilan. Qu'en conclure ? les infractions sont donc en apparence « ouvertes » mais dans les limites d'un certain contexte, ici celui de l'entreprise, de sorte que les incriminations se révèlent, par la description de la matérialité de l'infraction qu'elles opèrent, source de sélection des personnes pouvant les commettre. S'il arrive parfois au juge pénal de déterminer comme auteurs les « *membres d'une entreprise* »[170], un « *secrétaire d'un comité d'entreprise* »[171] ou une « *présidente d'un comité central d'entreprise* »[172], ces décisions jurisprudentielles demeurent toutefois minoritaires.

Vers la création d'une catégorie d'infractions propres au dirigeant ? En somme, les infractions appartenant aux contentieux techniques sont d'une application circonscrite de droit ou de fait : seuls les dirigeants peuvent s'en rendre coupables. La vocation de certaines infractions à pouvoir être commises par toute personne, dans quelque

---

[167] Pour une liste exhaustive des infractions d'omission en droit pénal des infractions d'omission en droit pénal économique et des affaires, v. W. Jeandidier, « L'élément matériel des infractions d'affaire ou la prédilection pour l'inconsistance », *in Mélanges offerts à R. Gassin*, PUAM, 2007, p. 245.

[168] C. pén. art. 225-2, 3°, 5°, 6°.

[169] A. Coeuret et E. Fortis, *Droit pénal du travail*, Paris, LexisNexis, 5ème éd., 2012, n° 653.

[170] Cass. crim., 9 déc 1986, *Bull. crim.* n° 368.

[171] Cass. crim., 4 nov. 1988, *Bull. crim.* n° 374.

[172] Cass. crim., 10 mai 2011, n°09-87.558.

contexte que ce soit, est de nature à la soustraire du champ du droit pénal spécialisé. Il en va ainsi de l'escroquerie, de l'abus de confiance, du harcèlement sexuel… dont l'incrimination ne comporte pas de précision quant aux personnes pouvant les commettre. Elles sont fondamentalement des infractions de droit commun, au sens où elles sont de portée générale mais avec une proximité certaine avec le contexte de l'entreprise. Plus qu'un simple critère de différenciation à l'égard du droit commun, c'est la fonction même de chef d'entreprise qui semble justifier à elle seule la création d'infractions *sui generis*. À tout le moins, elle se présente comme un facteur d'unification infractionnelle qui témoigne de l'existence d'une criminalité particulière. La fonction de dirigeant peut être alors perçue comme un signe très visible d'émancipation des infractions de droit commun.

SECTION 2. LES INFRACTIONS COMMISES PAR LE(S) SALARIÉ(S), LA RESPONSABILITÉ PÉNALE DE L'EMPLOYEUR DU FAIT D'AUTRUI

La dérogation portée à la responsabilité pénale personnelle – le mécanisme de responsabilité pénale du fait d'autrui propre à l'employeur. Au regard du principe de responsabilité personnelle qui domine le droit pénal[173], le salarié ayant commis une infraction engage sa propre responsabilité pénale[174]. Or, dans le cadre de l'entreprise, la multiplication des dommages causés par le machinisme a entrainé l'élargissement de la responsabilité pénale personnelle au fait d'un ou plusieurs salarié(s). À cet effet, les juges ont mis en place une logique d'imputation infractionnelle singulière : les employeurs voient leur responsabilité pénale engagée à raison d'agissements matériellement commis par leurs salariés[175]. Véritables « débiteurs » de responsabilités pénale (§1), les employeurs sont perçus comme de véritables « répondants » des infractions commises au sein de l'entreprise (§2).

§ 1. L'employeur, « débiteur » de responsabilité pénale

Dans l'entreprise, l'employeur est tenu de veiller - sous la menace d'une peine - à la bonne application des lois et des règlements. Contrairement à la responsabilité civile des commettants et du fait des préposés, la

---

[173] C. pén. art. 111-3.

[174] Y. Pagnerre, *La responsabilité pénale des salariés en quête d'équilibre, Code pénal et Code d'instruction criminelle* : *Livre du bicentenaire*, Paris, Dalloz, 2010, p. 729.

[175] R. Merle et A. Vitu, *Traité de droit criminel*, t. I, *Droit pénal général*, n°526 ; J. Leroy, *Droit pénal général*, 4ème éd., Paris, LGDJ, 2012, n°442 et s. D. Cohen, « Le chef d'entreprise est-il un délinquant ordinaire ? » *in Les enjeux de la dépénalisation de la vie économique*, Dalloz. coll. « *Thèmes et commentaire* », 1997, p. 75. V. en sens contraire : F. Rousseau, « La responsabilité de la personne physique : l'imputabilité de la faute en droit pénal économique », *in Le droit pénal économique, un droit pénal très spécial ?* Actes du colloque organisé le 28 avril 2017 par le Centre de droit économique et du développement de l'Université de Perpignan, coll. » Actes et études », Cujas, 2018, p. 51. L'auteur met en lumière l'absence d'originalité de la nature des règles spéciales d'imputation de l'infraction d'autrui en droit pénal économique.

responsabilité pénale de l'employeur est attachée à l'exercice du pouvoir de direction et non à la fonction juridique de commettant[176]. Aussi, cela est justifié dans la mesure où la jurisprudence, reconnaissant la responsabilité pénale du dirigeant de fait, privilégie avant tout la responsabilité du réel détenteur du pouvoir[177].

Lorsque le juge pénal fait peser sur le chef d'entreprise la responsabilité pénale du fait des infractions commises par ses salariés, c'est essentiellement en raison d'un lien de subordination hiérarchique, caractéristique du contrat de travail unissant l'employeur à son salarié. Vu sous cet aspect, doit-on s'atteler à penser que l'employeur engagera sa responsabilité pénale à chaque fois qu'une infraction sera commise par le salarié qu'il emploie ? Une étude de la pratique semble démontrer que l'employeur est soumis à un traitement relativement sévère – en raison des obligations qui lui incombent, il doit répondre pénalement des faits illicites commis par ses salariés.

Historique. À l'origine, la jurisprudence interprétait strictement la responsabilité pénale en ce qu'elle limitait la responsabilité patronale aux seules entreprises soumises à une police spéciale[178]. De manière progressive, cette conception a fini par être abandonnée au profit d'une logique d'imputation spécifique au sein de toutes les entreprises. Aussi, a été consacrée la responsabilité pénale de l'employeur et ce même en l'absence d'indication expresse du texte d'incrimination énonçant un principe général selon lequel le dirigeant devait être responsable des infractions commises par ses salariés[179]. Comme l'a laissé entendre la notion de « *patronat* »[180], répudiée depuis peu par les chefs

---

[176] Comme le souligne le Professeur G. Viney, « *Cette responsabilité du fait d'autrui largement développée en droit civil a peu à peu forcé les frontières du droit pénal* », G. Viney, *Rapport au congrès de l'Association de droit pénal*, Nantes, 1982.

[177] Cass. crim., 18 janv. 2000, *JCP E* 2001, p. 759, note D. Rebut.

[178] Cass. crim., 13 juillet 1893, *S.* 1893. I. 202.

[179] Cass. crim., 27 sept. 1839, *Bull. crim.* n°313.

[180] La notion de patronat vient du droit romain, où elle désignait les liens d'obligations unissant un affranchi à son ancien maître, celui qui l'avait fait naître à la vie civile et dont il portait depuis le nom. L'ancien maître ainsi devenu patron devait aide et assistance à son affranchi qui devait lui rendre en retour respect (*obsequium*) et certains services (*operæ*).

d'entreprises[181], certains employeurs estimaient avoir à l'égard de leurs ouvriers des responsabilités comparables à celles d'un père vis-à-vis de ses enfants. Ils veillaient sur eux en surveillant leur conduite, en subvenant à leurs besoins et en leur assurant secours et assistance[182]. Cette position sous-entendait déjà l'existence d'une relation contractuelle entre l'employeur et le salarié, faisant naître à la charge de l'employeur un nombre important d'obligations, dont celle consistant à surveiller la bonne exécution de la législation et de la réglementation par tout salarié.

L'exercice d'une « *action directe* » de l'employeur sur l'activité de son ou ses salarié(s). Depuis la fin du XIXème siècle, la chambre criminelle de la Cour de cassation fait référence à l' « action directe »de l'employeur sur l'activité de ses salariés. Précisément, elle affirme que : « « *si, en principe, nul n'est passible de peine qu'a raison de son fait personnel, la responsabilité pénale peut cependant naître du fait d'autrui dans les cas exceptionnels où certaines obligations légales imposent le devoir d'exercer une action directe sur les faits d'un auxiliaire ou d'un préposé ; il en est ainsi, notamment dans les industries ou commerces réglementés, ou la responsabilité pénale remonte aux chefs d'entreprise, à qui sont personnellement imposés les conditions et le mode d'exploitation de leurs industries et de leur commerce* »[183].

La détermination par la doctrine d'une « *obligation de surveillance* » reposant sur l'employeur. Que doit-on alors comprendre par « *action directe* » ? Le Professeur Alain COEURET a expliqué que l'employeur répondait pénalement de l'infraction

---

[181] En 1998, le Conseil national du patronat français (CNPF) a changé de nom pour devenir le Mouvement des entreprises de France (Medef). Ce changement a correspondu à la prise de contrôle de cette organisation par le secteur des services et de la finance.

[182] A. Supiot, M. Delmas-Marty (dir.), *Prendre la responsabilité au sérieux*, éd. Presses Universitaires de France, 2015, p. 10.

[183] Cass. crim., 30 déc. 1892, *S.* 1984, I, p. 201, note M. Villey ; crim., 28 févr. 1956, *JCP* 1956, II, 9304, note R. de Lestang, J. Pradel et A. Varinard. Cass. crim., 18 déc. 1963, *Bull. crim.*, n°368 ; crim., 20 juin 1978, *Bull. crim.*, n°206. Crim. 30 déc. 1982, *Ferrand*, *S.* 1894. 1. 201, note Villey, GAPP ; crim. 28 févr. 1956, *Widerkehr*, *JCP* 1956. II. 9304, note de Lestang ; crim., 29 janv. 1985, *JCP E* 1985, II, 14531.

commise par un préposé en raison d'une « *faute de surveillance commise dans l'exercice du pouvoir de direction* »[184]. C'est donc la violation par l'employeur d'une obligation de surveillance qui justifierait l'engagement systématique de sa responsabilité pénale. La position de Madame Béatrice LAPÉROU-SCHENEIDER met en avant l'obligation de sécurité de résultat à laquelle l'employeur est tenu[185]. Dans son article, l'auteur démontrait qu'il existait une influence de la position des juridictions civiles sur les juridictions répressives. Il est précisé que l'obligation de sécurité redécouverte au sein du contrat de travail par la chambre sociale de la Cour de cassation en 2002[186], n'a cessé de se renforcer pour devenir progressivement une véritable obligation générale de sécurité de résultat[187]. Ainsi, dans le cadre du contrat l'unissant à son salarié, l'employeur serait alors tenu à une « *obligation de sécurité de résultat* » à l'égard des salariés. A notre sens, cet argument doctrinal permettrait de faire émerger la théorie d'un « employeur-répondant » des infractions commises par les salariés au sein de l'entreprise.

§2- La consécration de la théorie d'employeur, « répondant » des infractions à la réglementation commises par les salariés au sein de l'entreprise

La démonstration qui va suivre permet de mettre en lumière l'accroissement des infractions commises par les salariés pour lesquelles l'employeur voit sa responsabilité pénale engagée.

---

[184] A. Coeuret, « Pouvoir et responsabilité en droit pénal », *Dr. soc.* 1975, p. 396 ; F. Rousseau, « La répartition des responsabilités dans l'entreprise », *RSC* 2010, p. 804.

[185] B. Lapérou-Scheneider, « La responsabilité pénale de l'employeur personne physique et la présomption de faute », *Dr. soc.* mars 2012, p. 273.

[186] À propos de la contamination par l'amiante : Soc. 28 févr. 2002, n° 00-11.793, *Bull. civ.* n° 81 ; en matière d'accident du travail : Soc, 11 avr. 2002, n° 00-16.535, *Bull. civ.* n°127, *D.* 2002. 2215, note Y. Saint-Jours ; *ibid.* 2696, note X. Prétot, *RDSS* 2002. 538, obs. P.-Y. Verkindt, *Dr. soc.* 2002, p. 676, obs. P. Chaumette, *RJS* 2002, n° 727.

[187] M. Blatman, « L'obligation de sécurité de résultat de la Cour de cassation en six étapes », *Sem. soc. Lamy* 2007, n° 1295, p. 6 et L'obligation de sécurité, *Dr. soc.* 2011, p. 743 ; P.-Y. Verkindt, « L'acmé de l'obligation de sécurité du chef d'entreprise », *Sem. soc. Lamy* 2008, n° 1346, p. 10.

L'obligation faite au dirigeant de procéder à la vérification du travail effectué par les salariés de l'entreprise. Dans un arrêt en date du 11 mars 1959, la chambre criminelle avait condamné un employeur pour une infraction de fraude à la consommation commise par un salarié au motif qu'il « *n'avait pas fait procéder aux vérifications destinées à éviter la vente de marchandises falsifiées* »[188]. Par la suite, les juges étaient venus préciser que l'employeur *« avait le devoir et la possibilité* »[189] de vérifier si les actes des salariés n'étaient pas constitutifs de délits. Mais plus récemment, la chambre criminelle a condamné un employeur pour escroquerie au motif que celui-ci avait omis de s'assurer de l'exactitude des documents joints aux quittances subrogatoires adressées par le salarié à la société co-contractante[190].

L'employeur, garant de la bonne exécution normative auprès des tiers ? Au travers de ces décisions, le juge pénal semble reprocher à l'employeur de ne pas avoir fait preuve de vigilance à l'égard des actes de ceux qu'il emploie au sein même de son entreprise. C'est donc une « obligation de surveillance renforcée » des salariés pesant sur l'employeur qui est mise en avant. Dans le même sens, l'employeur pourrait être perçu comme un *« garant* » de la bonne exécution de la législation et de la réglementation. Le *« garant* » est, de manière générale, celui qui est amené à gérer et à organiser certains facteurs de risque en fonction de sa sphère de compétence. Aussi, le statut de « *garant* » exprime l'obligation juridique d'empêcher le résultat dans les infractions d'omission qui pourraient survenir dans l'entreprise. C'est finalement l'idée de « *garantie* » de la bonne exécution de la législation et de la réglementation par les salariés à laquelle est tenue le chef d'entreprise auprès des tiers qu'il est possible de mettre en avant.

La position des tribunaux répressifs défavorable à la logique entrepreneuriale ? Cette surveillance de tous les instants ne semble

---

188 Cass. crim., 2 nov. 1963, *Bull. crim.* n°330; crim. 17 oct. 1976, *Bull. crim.* n°250; crim. 28 oct. 1998*, Bull. crim.* n°281.

189 Cass. Crim., 21 nov. 1963, *Bull crim.* n° 330; crim., 27 juill. 1964, *JCP* 1965, II, n°14027, note Vivez ; crim, 6 mai 1996, Juris-Data n°002951. À titre d'illustration, dans l'arrêt de 1996, les juges de la chambre criminelle de la cour de Cassation avait précisé que : « *le directeur du magasin avait le pouvoir, en raison de sa qualité, de s'opposer à l'application d'une opération illégale dans l'établissement dont il était le premier responsable* ».

190 Cass. crim, 17 févr. 2016, n°15-81.150. Inédit.

pas compatible avec la logique entrepreneuriale où les rapports de confiance participent d'une logique de performance d'entreprise. Par voie de conséquent, le dirigeant sous le coup d'une aussi grave menace doit non seulement veiller personnellement et scrupuleusement au respect des lois et règlements qui s'imposent *es-qualités*, mais également veiller à la commission d'actes frauduleux par leurs salariés et ce avec une vigilance renforcée. Cette solution particulièrement sévère qui - à notre sens - met à mal les relations de confiance entre l'employeur et son salarié nuit également au bon développement de l'entreprise.

Vers la consécration jurisprudentielle du statut d'« employeur-répondant » ? Plus récemment, la jurisprudence de la chambre criminelle de la cour de Cassation a fait preuve d'un raisonnement encore plus drastique à l'endroit de l'employeur, dans le sens d'une responsabilité pénale patronale « automatique ». Deux arrêts illustrent notre propos : tout d'abord, dans une décision en date du 15 mars 2016[191], les juges ont précisé que la responsabilité pénale pour une infraction à la législation sociale « *incombait au premier chef à l'employeur* »[192]. Ensuite, le 14 janvier 2020, la Haute juridiction a estimé que « *le dirigeant d'une société était personnellement responsable, sauf à justifier d'une délégation de pouvoir précise, de tous les actes commis dans le cadre de l'activité de la société (...) qu'il avait la responsabilité personnelle de veiller à un respect très strict de la réglementation* »[193]. Dans cet arrêt, le dirigeant d'une société spécialisée dans la préparation et la commercialisation de plats cuisinés était poursuivi pour tromperie et pratiques commerciales trompeuses. Les marchandises présentées comme des rillettes pur canard comportaient de la dinde, des rillettes de foie gras d'oie renfermaient

---

[191] Cass. crim., 15 mars 2016, n°14-87.989, *JCP S.* 2016, n°1164, comm. Y. Pagnerre.

[192] Dans son pourvoi, le dirigeant estimait que le délit d'obstacle à l'exercice des fonctions de l'inspecteur du travail exigeait que son auteur ait participé personnellement à la commission du fait reproché. Or, en l'espèce, le salarié de l'entreprise avait seul communiqué à l'inspecteur du travail des informations erronées. La Cour de cassation rejette l'argument au motif qu'il s'agissait à l'employeur de répondre, « *au premier chef* », aux sollicitations de l'inspecteur du travail pour le respect d'obligations lui incombant.

[193] V. Cass. crim., 14 mars 2020, n°19-83.479, obs. B. Bouloc, « Absence d'indication sur la composition des produits », *RTD com.* 2020, p. 160.

des rillettes de porc et du foie gras de canard, ou des tripes de Caen sans pieds de bœuf. Ces nouveaux raisonnements nous apparaissent très sévères en ce qu'ils font référence à tous les actes commis par les salariés dans le cadre de l'activité de l'entreprise, sans distinguer les actes intentionnels ou non intentionnels.

Bilan - l'employeur, débiteur présumé de la responsabilité pénale. Force est de constater que l'employeur répond de nombreuses infractions commises par les salariés qu'il emploie au sein de son entreprise. Au travers de ces décisions, il semblerait que soit consacré le statut d' « employeur-répondant ». Cette approche jurisprudentielle relativement délétère pour l'entreprenariat démontre l'existence d'une véritable présomption de responsabilité pénale reposant sur l'employeur. Comment celle-ci pourrait être renversée ? Outre la preuve d'une faute du salarié - rarement admise par la jurisprudence - l'employeur pourra se prévaloir d'une délégation de pouvoirs. Encore faut-il que celle-ci soit valable ou « précise », pour reprendre les termes employés dans l'arrêt du 14 janvier 2020[194] évoqué ci-dessus.

---

[194] Il est précisé : « *le dirigeant d'une société était personnellement responsable, sauf à justifier d'une délégation de pouvoir précise, de tous les actes commis dans le cadre de l'activité de la société* ».

SECTION 3.
LA SPÉCIFICITÉ DES INFRACTIONS INVOLONTAIRES

La responsabilité pénale des dirigeants peut être mise en cause sur le fondement d'infractions générales édictées par le Code pénal[195] et qui s'appliquent lorsqu'un accident du travail se révèle être le résultat d'une faute d'imprudence ou de négligence. Dans ce domaine, la loi dite « Fauchon »[196]avait pour objectif premier de procéder à un allègement de la responsabilité des décideurs. Les deux mécanismes mis en place par l'article 121-3 du Code pénal distinguent pour les personnes physiques selon que le lien causal est direct ou non. Dans ce dernier cas, il est prévu la démonstration d'une preuve délibérée ou caractérisée pour retenir la responsabilité pénale du prévenu. Au lendemain de la réécriture de cette disposition, l'on pouvait dès lors légitimement s'attendre à ce que la responsabilité des dirigeants soit plus difficile à engager en cas de causalité indirecte. Toutefois, l'analyse de la pratique actuelle, notamment celle qui relève des infractions au travail, montre que tel n'est pas le cas et que les dispositions adoptées ont été assouplies.

En ce qui concerne la faute délibérée, il convient d'apporter la preuve de l'existence d'une obligation particulière de sécurité ou de prudence imposée par la loi ou le règlement, ce qui est bien le cas en matière de règlementation au travail. En l'espèce, en effet, l'obligation est souvent de sécurité ou de prudence, sachant que ce caractère relève du contenu même de la règle et qu'il n'est pas nécessaire que le législateur l'ait qualifiée telle, ni d'ailleurs que la méconnaissance de l'obligation

[195] On fait référence à l'homicide involontaire : le décès de la victime entraine la qualification d'homicide involontaire (article 221-6 du Code pénal) aux blessures involontaires : couvre plusieurs hypothèses qui varient en fonction de la gravité de l'atteinte à l'intégrité physique. De fait, la peine encourue varie également en fonction de la gravité de cette atteinte : une atteinte à l'intégrité physique avec une ITT supérieure à 3 mois (article 222-19 du Code pénal), une atteinte à l'intégrité physique avec une ITT inférieure ou égale à 3 mois (article R 625-2 du Code pénal) - Une atteinte à l'intégrité physique sans ITT (article R622-1 du Code pénal) et enfin, à la mise en danger d'autrui (article 223-1 et 223-2 du Code pénal).
[196] L. n°2000-647 du 10 juill. 2000.

constitue une infraction. Pour ce qui est du caractère particulier, si la Cour de cassation impose aux juges du fond de rechercher en quoi l'obligation est particulière[197], les cas de refus de cette qualification se font rares.

Le caractère manifestement délibéré de la violation de ladite obligation doit être établi. Cette condition est là aussi très facilement retenue à l'encontre du chef d'entreprise à raison soit du caractère souvent déduit de ce que son non-respect a entraîné une atteinte à l'intégrité physique ou à la vie de la personne, soit de la nature dangereuse des travaux à l'origine de l'infraction, soit de la qualité de représentant de l'entreprise. Le raisonnement est le suivant : sachant ou devant savoir ce que la loi ou le règlement lui autorise ou lui interdit, le chef d'entreprise, s'il viole ces obligations, le fait nécessairement de manière délibérée[198]. Force est d'admettre que les juges du fond ne s'embarrassent pas d'une appréciation *in concreto*, le simple statut de chef d'entreprise entraînant un raisonnement juridique *in abstracto*. Lorsqu'aucune obligation légale n'existe, la faute caractérisée apparaît en droit du travail comme une solution de repli efficace. Dans cette logique, la pratique considère que le chef d'entreprise doit veiller personnellement à tout moment à la stricte et constante application de la réglementation. Elle considère également que le chef d'entreprise du fait de se fonctions ne pouvait ignorer le risque d'une particulière gravité auquel était exposé le salarié.

Cas spécifique de l'état d'urgence sanitaire - la Covid-19, source de mise en jeu de la responsabilité pénale des chefs d'entreprise. Sous l'angle du droit du travail, les dirigeants d'entreprise sont soumis à une obligation de sécurité, en application des dispositions des articles L. 4121-1 et suivants du Code du travail. Cette évolution se trouve aujourd'hui donc consacrée face à un risque nouveau : le risque de la Covid 19. Le Sénat avait en effet pris l'initiative d'instaurer dans le cadre des débats parlementaires sur la loi n°2020-546 du 11 mai 2020 prorogeant l'état d'urgence sanitaire et complétant ses dispositions, un dispositif visant à modifier les conditions d'engagement de la responsabilité pénale des élus locaux et des employeurs dans le cas

---

[197] Cass. crim. 2 sept. 2014, *Bull. crim. n°178 ; AJ pén. 2015*. 43. obs. J. Laserre-Capdeville.

[198] Cass. crim., 17 janv. 2006, n°95-81.765.

d'infractions non-intentionnelles pour tenir compte des difficultés posées, à ces derniers, par la crise sanitaire. Cette démarche n'ayant pas abouti : le texte finalement adopté par la commission mixte paritaire ne modifie pas vraiment la situation de ces décideurs puisque les dispositions applicables jusqu'alors demeurent inchangées. Le texte apporte néanmoins des éclairages sur l'appréciation que devront porter les juges du fond et précise qu'il devra être tenu compte du contexte d'urgence sanitaire et de la situation du décideur.

L'article L. 3136-2 du Code la santé publique créé par l'article 1, II de la loi n °2020-546 finalement adoptée le 11 mai 2020 complète les dispositions pénales prévues par le Code de la santé publique en cas de crise sanitaire grave et dispose que : « *L'article 121-3 du code pénal est applicable en tenant compte des compétences, du pouvoir et des moyens dont disposait l'auteur des faits dans la situation de crise ayant justifié l'état d'urgence sanitaire, ainsi que de la nature de ses missions ou de ses fonctions, notamment en tant qu'autorité locale ou employeur.* » Ces dispositions ont été jugées conformés à la Constitution dans la mesure où « elles ne diffèrent pas de celles de droit commun et s'appliquent de la même manière à toute personne ayant commis un fait susceptible de constituer une faute pénale non intentionnelle dans la situation de crise ayant justifié l'état d'urgence »[199]. Cette modification textuelle semble protéger l'employeur dans la mesure ou devra recourir à une appréciation *in concreto* de la faute : le juge devra alors motiver sa décision au regard des circonstances entourant la contamination.

Conclusion chapitre 1. L'analyse textuelle et jurisprudentielle démontré l'existence d'une responsabilité pénale « spécifique » à l'endroit du chef d'entreprise. Désigné systématiquement comme auteur de l'infraction, le dirigeant voit sa responsabilité pénale engagée plus facilement.

[199] CC n° 2020-800 DC du 11 mai 2020.

CHAPITRE 2.
LE RECOUR GÉNÉRALISÉ À LA PRÉSOMPTION DE FAUTE

L'économie d'État a influencé le législateur dans sa conception – l'exécutif souhaitant diriger l'économie, celle-ci a alors fortement encouragé le législateur à réfléchir à la création d'infractions spécifiques[200]. Ce phénomène a conduit à faire de l'abstention le comportement infractionnel de référence de ceux qui décidaient. L'influence du dirigisme étatique aurait également conduit le juge à forger une conception spécifique de la faute pénale à l'endroit du dirigeant au détriment des exigences posées par l'article 121-3 du Code pénal. Si l'on s'en tient à la responsabilité pénale du dirigeant, la justification du recours à la présomption de faute se posent avec acuité. Ce phénomène s'expliquerait non plus seulement par le seul souci de contrôler les dirigeants, mais par la volonté d'une responsabilisation accrue de ces derniers et donc par le « *juste souci d'obtenir une meilleure incidence de la répression* »[201]. Une étude de la pratique en la matière révèle que lorsqu'il est appliqué au monde de l'entreprise, le régime de la responsabilité pénale, traditionnellement soumis à des principes généraux jugés fondamentaux et d'ordre public, est souvent déformé, voire contourné[202].

Le recours au droit pénal est nécessaire puisqu'efficace en pratique. Toutefois, il ne peut être admis que s'il respecte les principes fondamentaux de la matière. Si le recours à la présomption de faute peut trouver une justification lorsqu'il s'applique aux infractions d'omission **(Section 1),** son extension à certaines infractions d'omission soulève de nombreuses interrogations auxquelles nous tenterons d'apporter une réponse **(Section 2).**

---

[200] A. Vitu, « La définition et le contenu du droit pénal économique », *in Etudes de droit commercial offertes à J. Hamel, Dix ans de conférences d'agrégation,* Dalloz, 1961, p. 71.

[201] M. Costes, « De quelques considérations sur la responsabilité pénale dite du fait d'autrui », *RSC* 1939, p. 629.

[202] X. Pin, « Le travail dans le champ pénal », *in Mélanges R. Ottenhof, Le champ pénal,* Dalloz, 2006, p. 383 et s.

SECTION 1
LA FAUTE DÉDUITE DE L'ABSTENTION

En matière pénale, les infractions peuvent être d'action ou d'omission. Comme l'ont mis en avant les Professeurs Philippe BONFILS et Murielle GIACOPELLI, « *dans la majorité des cas, les comportements infractionnels sont des actions, des comportement positifs et visibles* »[203]. L'action occuperait alors une place prioritaire en droit pénal. La perspective dirigiste a conduit le législateur à élaborer des lois sanctionnant l'abstention du dirigeant d'entreprise. Il convient à cet effet de relever un certain nombre de spécificités significatives qui semblent attester une responsabilité pénale spécifique à l'endroit du chef d'entreprise. Ce constat, observé à travers l'élément matériel de certaines infractions, traduit avant tout une « abstention dans la fonction » (§1), à partir de laquelle le juge pénal fait découler la faute pénale (§2).

§1-Les infractions d'abstention : une catégorie d'infractions propre au dirigeant

L'étude de la structure des infractions dont le dirigeant est l'auteur semble démontrer que la plupart d'entre elles sont le plus souvent réduites à une simple abstention. C'est alors la méconnaissance d'une disposition réglementaire ou légale par le dirigeant qui est réprimée (A). Si en vérité, les infractions d'abstention ne concernent pas exclusivement le dirigeant, la répression pénale de la violation des engagements conventionnels par ce dernier semble faire état d'un traitement spécial de la responsabilité pénale patronale (B).

A- La répression pénale des manquements à la réglementation ou à la législation dans l'entreprise

Le rôle directif du droit pénal. L'incrimination de l'abstention se présente comme la « *marque des régimes juridiques dirigistes* » [204]. On explique cela par le fait que l'exécutif souhaitant diriger l'économie a

---

[203] P. Bonflis, M. Giacopelli, *Droit pénal général*, Paris, Cujas, 2018, p. 108.
[204] D. Rebut, *L'omission en droit pénal ? Pour une théorie de l'équivalence entre l'action et l'inaction*, Th, Lyon, 1993, n°114 et 116.

confié la tâche au législateur d'imposer au dirigeant des comportements positifs. À travers la répression des obligations de faire est dictée une conduite visant les décideurs, dans un sens jugé favorable à l'intérêt général.

La présentation de l'infraction d'omission dont le dirigeant est l'auteur. Lorsqu'elle est le gage d'une réglementation ou d'une législation à laquelle est tenu le chef d'entreprise, l'infraction se consomme généralement par une omission consistant à ne pas respecter « *une obligation de faire* »[205]. Une étude attentive de ces infractions démontre que le législateur se contente de prévoir la répression pénale de « *toute violation* » ou « *tout manquement* ». Sont alors prescrites des obligations positives - la passivité du dirigeant devient donc répréhensible et « *ne pas avoir fait* » est équivalent à avoir commis une infraction[206]. Depuis une cinquantaine d'années, le nombre des infractions d'omission a augmenté, notamment dans la vie des affaires[207].

Les infractions relevant du Code de commerce. Le Code de commerce contient de multiples incriminations en matière de constitution et de fonctionnement des sociétés commerciales. Ont été abrogées, les infractions d'omission de mentions formelles sur les

---

[205] W. Jeandidier, « L'élément matériel des infractions d'affaire ou la prédilection pour l'inconsistance », *in Mélanges R. Gassin*, PUAM, 2007, p. 245.
[206] D. Rebut, op. cit p. 375, n°347 et s.
[207] Nous nous raccordons à la proposition du Professeur Wilfried JEANDIDIER qui tend à retrancher le cadre de l'entreprise comme critère de délimitation du droit pénal des affaires pour le définir exclusivement en fonction de son domaine. Selon cet auteur, le droit pénal des affaires recouvre à la fois le droit pénal économique, qui serait le droit pénal de la production, de la distribution et de la consommation des richesses et le droit pénal financier. V. sur ce point, W. Jeandidier, *Droit pénal des affaires*, Dalloz, coll. « Précis », 6ème éd., 2005. p. 56.

documents sociaux[208], d'omission de tenue des assemblées[209] ou l'omission de communiquer des informations sociales ont été abrogées, le Titre IV du Livre II du Code de commerce consacré aux dispositions pénales relatives aux sociétés commerciales se compose pour sa part d'un tiers de comportements visés par les infractions définies au sein de ce titre, à savoir des abstentions[210]. Ainsi, l'on songe aussi bien à l'article L. 242-10 du Code de commerce qui sanctionne « *le fait pour le président ou les administrateurs d'une société anonyme, de ne pas soumettre à l'approbation de l'assemblée générale ordinaire les comptes annuels et le rapport de gestion* » qu'à l'article L. 242-23 du Code de commerce qui réprime « *le fait pour le président ou ses administrateurs d'une société anonyme de ne pas avoir pris les mesures nécessaires pour veiller à l'égalité entre les actionnaires* ». Il peut être également fait référence au défaut de réunion des associés dans les six mois de la clôture de l'exercice[211], au défaut d'établissement et d'envoi aux actionnaires des comptes consolidés[212] ou au non-respect d'information du fait des participations[213]. On peut citer ensuite les actes matériels punissables de la banqueroute qui apparaissent soit comme des abus de pouvoirs ou des manquements à la réglementation sur les sociétés[214].Enfin, il peut être fait référence au Code de la

---

[208] Les articles L 241-6 2°, L 242-23, L 242-29, L 247-4, L 247-6 et L 247-7, 6° du Code du commerce ayant été abrogés, il reste l'article L 247-1 qui dispose que : « *Est puni d'un emprisonnement de deux ans et d'une amende de 9.000 euros le fait, pour les présidents, les administrateurs, les directeurs généraux ou les gérants de toute société : 1° De ne pas faire mention dans le rapport annuel présenté aux associés sur les opérations de l'exercice, d'une prise de participation dans une société ayant son siège sur le territoire de la République française représentant plus du vingtième, du dixième, du cinquième, du tiers, de la moitié ou des deux tiers du capital ou des droits de vote aux assemblées générales de cette société ou de la prise de contrôle d'une telle société* ».

[209] C. com. art. L. 241-5 (sociétés à responsabilité limitée) et L. 242-10 (sociétés anonymes) du Code de commerce.

[210] D. Dechenaud, « L'élément matériel de l'infraction économique », *in Le droit pénal économique, un droit pénal très spécial*, éd. Cujas, 2018, p. 33.

[211] C. com. art. L. 241-5 et L. 242-10.

[212] C. com. art. L. 247-1, II.

[213] C. com. art. L. 247-2, I et II.

[214] L'article L. 654-2 4° du Code de commerce dispose que : « *En cas d'ouverture d'une procédure de redressement judiciaire ou de liquidation judiciaire, sont coupables de banqueroute les personnes mentionnées à l'article L. 654-1 contre lesquelles a été relevé l'un des faits ci-après : 1° Avoir, dans l'intention d'éviter ou de retarder l'ouverture de la procédure de redressement judiciaire ou de*

consommation dans lequel sont réprimés les manquements aux obligations générales d'informations précontractuelles[215] ou sur les prix et conditions de vente[216].

Les infractions relevant du Code du travail. Longtemps ignoré par le Code pénal de 1810, le monde du travail a eu recours à l'autorité du droit pénal afin de rendre effectives les dispositions de droit social. C'est ainsi qu'ont été réprimées les omissions afin de protéger le salarié dans sa dimension individuelle et - dans le cadre de ses relations de travail collectives. L'article L. 4741-1 du Code du travail qui dispose qu': « *Est puni d'une amende de 10.000 euros, le fait pour l'employeur ou son délégataire de méconnaître par sa faute personnelle les dispositions suivantes et celles des décrets en Conseil d'État pris pour leur application : 1° Titres Ier, III et IV ainsi que section 2 du chapitre IV du titre V du livre Ier ; 2° Titre II du livre II ; 3° Livre III ; 4° Livre IV ; 5° Titre Ier, chapitres II et IV à VI du titre II, chapitre IV du titre III et titre IV du livre V ; 6° Chapitre II du titre II du présent livre* ». Aussi, l'article L 8221-3 du Code du travail désigne comme auteur d'une infraction de travail dissimulé par dissimulation d'activité économique : « *qui s'est soustrait de ses obligations en ne demandant pas son immatriculation au répertoire des métiers ou qui n'a pas procédé aux déclarations qui doivent être faites aux organismes de protection sociale* ». En cas de dissimulation d'emploi salariés, l'élément matériel est consommé par le non-respect par l'employeur des formalités prévues par les articles L. 1221-10 et L. 3243-2 du Code du travail[217].

---

liquidation judiciaire, soit fait des achats en vue d'une revente au-dessous du cours, soit employé des moyens ruineux pour se procurer des fonds ; 2° Avoir détourné ou dissimulé tout ou partie de l'actif du débiteur ; 3° Avoir frauduleusement augmenté le passif du débiteur ; 4° Avoir tenu une comptabilité fictive ou fait disparaître des documents comptables de l'entreprise ou de la personne morale ou s'être abstenu de tenir toute comptabilité lorsque les textes applicables en font obligation ; 5° Avoir tenu une comptabilité manifestement incomplète ou irrégulière au regard des dispositions légales ».

[215] C. consom. art. L. 111-1 à L. 111- 8.

[216] C. consom. art. L. 112-1 à L. 112-7.

[217] Ces deux textes visent la remise d'un bulletin de paye et la déclaration préalable à l'embauche.

Le recours du législateur à la technique de l' « *incrimination par renvoi* ». Le caractère sanctionnateur des infractions que l'on vient d'énumérer prend très souvent la forme d'une incrimination par la réception d'obligations prévues par des branches juridiques de premier degré (lois et règlements) – l'on parle alors d' « *incrimination par renvoi* ». Le droit applicable au sein de l'entreprise est un droit technique qui semble faire appel - plus que d'autres - aux renvois[218]. Nous ne pouvons énumérer toutes les incriminations par renvoi. Il convient seulement d'en citer certaines. Une ordonnance en date du 25 mars 2004[219] portant simplification du droit et des formalités pour les entreprises a supprimé les renvois en droit des sociétés[220]. Néanmoins, le Code du travail en contient de nombreux[221]. À titre d'exemple, l'article L. 4741-1 du Code du travail dispose qu' « *est puni d'une*

---

[218] M. Delmas-Marty, « L'enjeu d'un Code pénal. A propos de l'inflation des lois pénales en France », *in Mélanges R. Legros*, p. 165 ; M. Delmas-Marty, « Rapport général présenté au Colloque international tenu à Fribourg-en-Brisgau du 20 au 23 septembre 1982 », *RID* 1983, p. 41 et s, spéc p. 51.

[219] Ord. n° 2004-274 du 25 mars 2004 portant simplification du droit et des formalités pour les entreprises. V. sur ce point, J.-F Seuvic, « Droit pénal des affaires. Ordonnances du 25 mars 2004. », *RSC* n° 4, 2004, p. 932.

[220] L'ancien article L 242-12 du Code de commerce concernait l'obligation de renseignement du président d'une société anonyme envers les actionnaires avant la tenue des assemblées et renvoyait aux articles 129 et 130 du décret. Par ailleurs, l'article L. 242-13 du Code du commerce sanctionnait les dirigeants d'une société anonyme qui n'avait pas adressé aux actionnaires en ayant fait la demande d'une formule de procuration conforme aux dispositions de l'article 133 du décret.

[221] Avant sa recodification opérée par l'ordonnance du 13 mars 2007, ratifiée par la loi du 21 janvier 2008, l'article L. 263-2 prévoyait que : « *les chefs d'établissement, directeurs, gérants ou préposés qui, par leur faute personnelle, ont enfreint les dispositions des chapitres 1er, II et III du titre III du présent livre ainsi que les autres personnes qui, par leur faute personnelle, ont enfreint les dispositions des articles L. 231-6, L. 231-7, L. 231-7-1, L. 232-2, L. 233-5, L. 233-5-1, II, L. 233-5-3 et L. 233-7 dudit livre et des décrets en Conseil d'État pris pour leur exécution sont punis d'une amende de 3.750 euros* ». La nouvelle codification maintient largement l'incrimination par renvoi. Aussi, l'article L. 4741-1 du Code du travail prévoit qu' : « *Est puni d'une amende de 10.000 euros, le fait pour l'employeur ou son délégataire de méconnaître par sa faute personnelle les dispositions suivantes et celles des décrets en Conseil d'État pris pour leur application : 1° Titres Ier, III et IV ainsi que section 2 du chapitre IV du titre V du livre Ier ; 2° Titre II du livre II ; 3° Livre III ; 4° Livre IV ; 5° Titre Ier, chapitres II et IV à VI du titre II, chapitre IV du titre III et titre IV du livre V ; 6° Chapitre II du titre II du présent livre* ».

amende de 10.000 euros, le fait pour l'employeur ou son délégataire de méconnaître par sa faute personnelle les dispositions suivantes et celles des décrets en Conseil d'État pris pour leur application : 1° Titres Ier, III et IV ainsi que section 2 du chapitre IV du titre V du livre Ier ; 2° Titre II du livre II ; 3° Livre III ; 4° Livre IV ; 5° Titre Ier, chapitres II et IV à VI du titre II, chapitre IV du titre III et titre IV du livre V ; 6° Chapitre II du titre II du présent livre »[222]. Aussi, il est possible de citer les obligations relatives aux équipements de travail, figurant aux articles L 4311-1 à L 4321-5 du Code du travail résultent d'une transposition de la directive du 12 juin 1989 visant la mise en œuvre de mesures permettant la promotion de l'amélioration de la sécurité et de la santé des travailleurs[223].

B- La répression pénale de la méconnaissance des engagements conventionnels

Les engagements conventionnels, source de responsabilité pénale du dirigeant. L'une des spécificités du monde du travail tient à la possibilité reconnue aux différents acteurs d'adapter de manière conventionnelle les règles auxquelles ils sont soumis. Ainsi, les sources du droit pénal du travail peuvent être - de façon surprenante au regard du principe de légalité criminelle - des conventions collectives[224]. Ce

---

[222] Avant sa recodification opérée par l'ordonnance du 13 mars 2007, ratifiée par la loi du 21 janvier 2008, l'article L. 263-2 prévoyait que : « *les chefs d'établissement, directeurs, gérants ou préposés qui, par leur faute personnelle, ont enfreint les dispositions des chapitres 1er, II et III du titre III du présent livre ainsi que les autres personnes qui, par leur faute personnelle, ont enfreint les dispositions des articles L. 231-6, L. 231-7, L. 231-7-1, L. 232-2, L. 233-5, L. 233-5-1, II, L. 233-5-3 et L. 233-7 dudit livre et des décrets en Conseil d'État pris pour leur exécution sont punis d'une amende de 3.750 euros* ». La nouvelle codification maintient largement l'incrimination par renvoi. Aussi, l'article L. 4741-1 du Code du travail prévoit qu' « *est puni d'une amende de 10.000 euros, le fait pour l'employeur ou son délégataire de méconnaître par sa faute personnelle les dispositions suivantes et celles des décrets en Conseil d'État pris pour leur application : 1° Titres Ier, III et IV ainsi que section 2 du chapitre IV du titre V du livre Ier ; 2° Titre II du livre II ; 3° Livre III ; 4° Livre IV ; 5° Titre Ier, chapitres II et IV à VI du titre II, chapitre IV du titre III et titre IV du livre V ; 6° Chapitre II du titre II du présent livre* ».

[223] Cons. UE, dir. 89/391/CEE, 12 juin 1989 : *JORF* L 183, 29 juin 1989, p. 1.

[224] M.-C. Amauger-Lattes, « L'évolution paradoxale de la sanction pénale du droit conventionnel du travail », *in Dr. soc.* 2009, p. 568.

mécanisme d'incrimination met alors en lumière le traitement pénal spécifique des relations de travail et en particulier de la responsabilité pénale du chef d'entreprise. Aux termes de l'article de l'article L. 2263-1 du Code du travail qui dispose que : « *Lorsqu'en application d'une disposition législative expresse dans une matière déterminée, une convention ou un accord collectif de travail étendu déroge à des dispositions légales, les infractions aux stipulations dérogatoires sont punies des sanctions qu'entraîne la violation des dispositions légales en cause* », le juge répressif pourra en cas de non-respect du texte conventionnel, reconnaître la responsabilité pénale du chef d'entreprise[225].

L'approche historique. Ce processus d'inversion des normes a été initié en 1982[226] lorsque la loi a admis la possibilité, dans les domaines de la durée du travail et de la rémunération, que l'accord collectif pouvait déroger à la loi. Par la suite, il a été décidé que les conventions et accords collectifs, mêmes créateurs de droits supplémentaires pouvaient donner lieu à l'application de sanctions pénales dans le cas du délit d'entrave[227]. C'est néanmoins à l'issue d'un arrêt de la chambre criminelle de la Cour de cassation en date de 2012 que la loi a assorti d'une sanction pénale le manquement à une obligation à une convention collective de droit du travail[228] et qu'il a été précisé que l'article L. 2263-1 du Code du travail[229] avait vocation à régir tout le droit pénal des conventions et accords collectifs de travail[230].

---

[225] V. Y. Chalaron, *Négociations et accords collectifs d'entreprise*, Paris, Litec, 1990, p. 257, n° 252 ; E. Jeansen, « La sanction pénale de la violation d'un accord collectif » *in Livre du bicentenaire du Code pénal et du Code d'instruction criminelle*, *D.* 2010, p. 719.

[226] Cass. Crim., 12 janv. 1982, *D.* 1983, *IR,* 167, obs. Y. Reinhardt.

[227] Cass. crim., 14 févr. 1978, *Bull. crim.* 1978, n° 58, *JCP CI* 1978, I, 7087, *n°* 11, obs. B. Teyssié et R. Descottes; *D. 1978, inf. rap., p. 384, obs.* J. Pélissier; *Dr. soc.* 1979, p. 172, obs. J. Pradel.

[228] Cass. crim., 19 juin 2012, n°11-84.884, *RJS* janv. 2013, n°63 ; J. Pelissier, A. Supiot et A. Jeammaud, *Droit du travail*, 2ème éd., Dalloz, coll « Précis », 2008, avec la collaboration de G. Auzero, n°863.

[229] L'article L. 2263-1 du Code du travail dispose que » *lorsqu'en application d'une disposition législative expresse dans une matière déterminée, une convention ou un accord collectif de travail étendu déroge à des dispositions légales, les infractions aux stipulations dérogatoires sont punies des sanctions qu'entraîne la violation des dispositions légales en cause* ».

[230] M-C. Amauger-Lattes, note sous cass. crim., 19 juin 2012, *JCP E* 2012, 1751.

Il est possible de faire référence à un arrêt du 26 janvier 2016[231] dans lequel un salarié, membre de la délégation unique du personnel et délégué syndical, avait demandé le paiement des heures de délégation au-delà du temps de travail. Son employeur lui refusait ce paiement – il lui imposait la récupération de ces heures à jours fixes. La Cour d'appel avait alors déclaré l'employeur coupable du délit d'entrave à l'exercice des fonctions d'un délégué syndical et d'entrave à l'exercice des fonctions d'un délégué du personnel pour refus de paiement des heures de délégation. Elle avait relevé que d'après l'article 18-bis de la convention collective étendue des casinos du 29 mars 2002, les représentants du personnel concernés bénéficient soit d'un repos compensateur correspondant au temps de l'absence rémunéré par l'employeur, soit d'un paiement des heures conformément aux dispositions légales dans la limite du nombre d'heures prévu par ce texte. C'est ainsi que la Cour de cassation a confirmé la position des juges du fond aux motifs que la sanction pénale s'appliquait à la violation de tout accord collectif, qu'il soit moins ou plus favorable que la loi à condition toutefois que cette dérogation ou cette amélioration soit expressément autorisée par la loi. Néanmoins, si ce dispositif permet la protection des droits des salariés, il peut également être perçu comme contraire aux droits fondamentaux.

Les critiques doctrinales de l'incrimination par renvoi. Dans la mesure ou les articles 34 de la Constitution française et 111-2 du Code pénal[232] donnent au législateur la compétence exclusive pour ériger des comportements en crimes et au pouvoir exécutif celui de déterminer les contraventions[233], la technique d'incrimination « *par renvoi ou par référence*[234] » est critiquable - le législateur partage sa compétence avec d'autres pouvoirs. Par voie de conséquent, la doctrine a souvent fait

---

[231] Cass. crim. 26 janv. 2016, n°13-85.770.

[232]. G. Roujou de Boubée, « Les deux sources du droit pénal dans la Constitution », *in JCP* 1961, I, 1638

[233] Le législateur garde néanmoins le pouvoir d'intervenir dans la compétence du pouvoir exécutif dans le domaine contraventionnel : Cons. Const, 30 juillet 1983, JO, 31 juillet 1982, p. 2470.

[234] S. Cimamonti, « Législation par référence et nouveau Code pénal », *Rev. Recherche juridique, Droit prospectif* 1997. 1253 ; M. Delmas-Marty, « L'évolution du droit pénal des affaires », *in Actes du colloque, La vie des affaires et la responsabilité pénale*, 27 mai 1998, *Gaz. Pal.*, 1999, p. 354.

référence à un « *renvoi en blanc*[235] », au profit des autres sources du droit[236], ou à un « *chèque en blanc* »[237], délivré par le pouvoir législatif aux instances représentatives des salariés[238]. Sur le plan du respect du principe de légalité, la technique du renvoi semble, comme nous l'avons vu précédemment, poser une problématique.

L'atteinte portée au principe de légalité pénale ? Si ces dispositifs mettent tout de même en lumière les spécificités de la responsabilité pénale de l'employeur, ils pourraient être perçus comme contraire au principe de la légalité criminelle en ce qu'ils permettent de sanctionner pénalement l'employeur de conventions de droit privé[239]. Saisi d'une telle critique, le Conseil constitutionnel a décidé qu' « *aucun principe ou règle de valeur constitutionnelle n'interdit au législateur d'ériger en infractions le manquement à des obligations qui ne résultent pas directement de la loi elle-même ; que la méconnaissance par une personne des obligations résultant d'une convention ayant force obligatoire à son égard peut donc faire l'objet d'une répression pénale* »[240].

L'interprétation extensive des engagements conventionnels par le juge pénal. Outre la problématique liée au partage de compétence entre le législateur et d'autres pouvoirs, c'est l'interprétation par le juge de la convention collective qui nous interpelle. L'interprétation jurisprudentielle peut être totalement différente des prévisions de ceux qui l'ont négociée. Sur ce point, un arrêt de la chambre criminelle de la Cour de cassation en date 5 mars 2013[241] est particulièrement

---

[235] N. Molfessis, « Le renvoi d'un texte à un autre », *in Les mots de la loi*, Paris, Economica, 1999, p. 55.
[236] R. Merle et A. Vitu, *Traité de droit criminel*, t. 3, n° 160, p. 239.
[237] F. Desportes et F. Le Gunéhec, *Droit pénal général*, Economica, 2016, n°243.
[238] Dans un arrêt en date du 5 mars 2013 qui fera l'objet d'une explication ultérieure, la chambre criminelle de la Cour de cassation visaient deux instances telles que le comité d'entreprise et le comité d'établissement : Cass. crim., 5 mars 2013, *Bull. crim.* n° 59, *D.* 2013. Actu. 715.
[239] P. Delmas Saint-Hilaire, « Les principes de la légalité des délits et des peines. Réflexion sur la notion de légalité en droit pénal », *in Mélanges Bouzat*, 1980, p. 149 et s.
[240] Cons. const., 10 nov. 1982, n°82-145 DC, *JORF* 11 nov. 1982.
[241] Cass. crim., 5 mars 2013, n°11-83.984 ; *Lamy droit pénal des affaires Actualités* 2013, n°218, p. 1, B. Lapérou-Scheneider ; *JCP S* 2013. 1197. obs. F. Dusquenes ; *RTD* 2014. 54. Obs. S. Frossard.

évocateur. Dans cette affaire, la convention collective ne prévoyait pas littéralement la constitution d'un comité d'entreprise mais d'un conseil d'établissement. À cet effet, les juges du fond avaient assimilé le conseil d'établissement au comité d'entreprise afin de condamner le chef d'entreprise. Pour la Cour de cassation, cette assimilation du conseil d'établissement au comité d'entreprise par la Cour d'appel avait été confirmée.

Que pouvons-nous alors en déduire ? À notre sens, le juge a recours à une interprétation par analogie, qui est exclue en matière pénale et qui facilite inévitablement l'engagement de la responsabilité pénale du dirigeant. Toutefois, il semblerait que l'Assemblée plénière de la Cour de cassation soit venue apporter des précisions quant à l'appréciation de la convention par le juge pénal. Il a été précisé le 23 octobre 2015 que « *la convention collective, si elle manque de clarté, doit être interprétée comme la loi, c'est-à-dire d'abord en respectant la lettre du texte, ensuite en tenant compte d'un éventuel texte législatif ayant le même objet et en dernier recours, en utilisant la méthode téléologique consistant à rechercher l'objectif social du texte* »[242]. C'est ainsi que le juge pénal devra sans doute faire preuve de pragmatisme et d'un effort de compréhension en recherchant avant tout l'objectif même du texte. Ceci semble d'autant plus important que, comme l'a souligné Madame LAPEROU-SCHENEIDER, l'appréhension par le droit pénal d'engagements privés pourrait s'étendre à d'autres domaines comme la responsabilité sociétale des entreprises [243].

Après avoir démontré que l'omission était caractéristique des infractions majoritairement imputées au dirigeant, voyons à présent que la faute en découle. Nous tenterons alors de comprendre les raisons qui poussent le juge pénal à déduire la faute de la méconnaissance par le dirigeant de la réglementation ou de la législation, applicables au sein de l'entreprise.

---

[242] Cass. Ass. Plén., 23 oct. 2015, n°13-25.279.

[243] B. Lapérou-Scheneider, « La responsabilité pénale du dirigeant de la société *in bonis* », *La responsabilité du dirigeant de société, regards croisés de droit civil et de droit pénal*, Dalloz, 2018, p. 127.

§2. La faute déduite du manquement à la règlementation ou à la législation

Après avoir caractérisé l'élément matériel de l'infraction, le juge doit rapporter la preuve de l'élément moral. Lorsque le dirigeant a méconnu la réglementation ou la législation qui lui sont applicables, le juge pénal voit en celui-ci une personne qui ne peut en ignorer le contenu, de sorte que la seule fonction de dirigeant est porteuse d'intention. Mais alors, le juge est-il encore tenu de prouver l'élément moral de l'infraction qui est reprochée au dirigeant ? Une analyse attentive de la pratique démontre que la faute du dirigeant est devenue *ès-qualités* en ce qu'elle est constituée par le seul comportement matériel du chef d'entreprise, censé connaître toutes les normes qui s'imposent à lui. Plus précisément, la recherche d'une faute apparaît sommaire - déduite de la simple abstention du dirigeant. Le juge pénal a semble-t-il recours à une présomption de connaissance de la loi (A) et le dirigeant aura sans doute bien du mal à la renverser (B).

A- La présomption de négligence du dirigeant en cas de survenance d'une infraction d'omission

Dans l'entreprise, les infractions à la réglementation sanctionnent avant tout un état de fait, une omission, plutôt qu'un comportement répréhensible. La chambre criminelle s'est donc résolument engagée dans cette voie en jugeant que la faute pouvait être nécessairement établie par la seule preuve de l'inobservation des normes applicables dans l'entreprise par le dirigeant lui-même (1°) ou par les salariés de l'entreprise (2°).

1°- La faute déduite du non-respect de la réglementation par le dirigeant

L'existence de délits matériels avant l'entrée en vigueur du Code pénal de 1992. Avant l'entrée en vigueur du nouveau Code pénal, des délits non intentionnels qui, en raison de l'inexistence de leur élément intentionnel, étaient qualifiés par la doctrine de « *délits matériels* ». Ces délits étaient très fréquents dans des matières techniques (chasse, eaux, forêts, environnement, transport, urbanisme, contributions indirectes, douane, législation du travail) réglementées par d'autres Codes que le

Code pénal ou par des lois non codifiées et se consommaient « sans faute ».

La suppression des délits matériels – nouveau Code pénal. Ce caractère « *matériel* », supprimé par l'article 339 de la loi du 16 décembre 1992[244], devait en toute logique, conduire le juge à s'assurer que le prévenu avait commis une faute, même lorsque la loi ne le prévoyait pas expressément. En dépit de cela, une conception jurisprudentielle a été forgée, selon laquelle le simple constat qu'une prescription obligatoire n'est pas respectée suffit en principe à caractériser l'élément moral en même temps que l'élément matériel de l'infraction - le chef d'entreprise étant tenu de connaître les textes de par la fonction qu'il occupe[245].

Le recours opéré par le juge à une présomption de connaissance de la règlementation applicable à l'entreprise en cas de méconnaissance par l'employeur des prescriptions légales ou réglementaires en matière de droit du travail. Lorsque le dirigeant méconnait des dispositions légales ou règlementaires relevant du droit du travail, le juge a recours à la formule suivante : « *La seule constatation de la violation en connaissance de cause d'une prescription légale ou réglementaire implique, de la part de son auteur, l'intention coupable au sens de l'article 121-3, al 1er* »[246]. Dans le cadre

---

[244] L. n° 92-1336 du 16 déc. 1992.

[245] C. Mascala et M.-C Amauger-Lattes, « Le droit pénal, îlot de résistance », *Cah. Dr.entr.* 2012, n° », dossier 17, p. 53, B. Lapérou-Scheneider, « La responsabilité pénale de l'employeur personne physique et la présomption de faute », *Dr. soc.* Mars 2012, p. 273.

[246] Cass. crim., 25 mai 1994, *Bull. crim.* n° 203, *Dr. pén*, comm. 237, obs. J.-H. Robert, crim., 25 mai 1994, *Bull. crim.* n°203, *RSC* 1995, p. 97, obs. B. Bouloc ; crim., 17 oct. 1995, n°94-83.543 ; *Dr. Ouvrier*, 1997, p. 36 ; crim., 17 juin 1997, *Bull. crim.*, n°237 ; crim., 26 oct. 2010, *GP* 5 et 6 janv. 2011, p. 16, note E. Dreyer. Ce raisonnement peut être transposé à l'infraction de travail dissimulé pour laquelle les juges déduisent une fois de plus l'élément intentionnel de la seule constatation du non-accomplissement des obligations légales d'immatriculation et de déclaration aux organismes sociaux et fiscaux, V. sur ce point, Cass. crim., 23 janv. 2007, n° 06-82.565 ; crim., 20 mars 2007, n° 05-85.253, *D.* 2007. 1275 ; *Rev. Soc.* 2007. 590, note B. Bouloc ; *RSC* 2007. 536, obs. C. Mascala ; *RTD com.* 2007. 843, obs. B. Bouloc, *Dr. pén.* 2007, comm. 88, note J.-H. Robert ; crim., 17 juin 2008, n° 07-87-518, *Dr. pén.* 2008, comm. 132, obs. J.-H. Robert ; crim., 9 nov. 2010, *Dr. pén.* 2011, comm. 39, obs. J.-H. Robert. On relèvera également

des accidents de travail[247], la faute caractérisée est constituée « *du seul fait de la violation d'une règle de sécurité édictée par une loi ou un règlement* »[248] et que l'employeur « *ne pouvait ignorer le risque d'une particulière gravité auquel était exposé autrui* »[249]. Aussi, en matière de délit de mise en danger[250], la défaillance de l'employeur dans la mise en œuvre de la protection du public et des salariés contre l'inhalation de poussières d'amiante produites par les travaux d'une entreprise porte en elle une faute de l'employeur[251].

---

que les juges répressifs ont mis en œuvre ce raccourci probatoire pour caractériser l'élément intentionnel des infractions relevant du droit des affaires. S'il a longtemps été affirmé que la publicité mensongère ou de nature à induire en erreur était un délit d'imprudence. V. sur ce point, Cass. Crim., 15 déc. 2009, n° 09-83.059 ; crim., 5 avr. 2011, n° 10-84.229 ; crim., 30 nov. 2010, n° 09-85.079.

[247] On fait référence ici à l'infraction d'homicide involontaire réprimée par l'article 221-6 du Code pénal qui dispose que : « *Le fait de causer, dans les conditions et selon les distinctions prévues à l'article 121-3 par maladresse, imprudence, inattention, négligence ou manquement à une obligation de prudence ou de sécurité imposée par la loi ou le règlement, la mort d'autrui constitue un homicide involontaire puni de trois ans d'emprisonnement et de 45.000 euros d'amende. En cas de violation manifestement délibérée d'une obligation particulière de prudence ou de sécurité imposée par la loi ou le règlement, les peines encourues sont portées à cinq ans d'emprisonnement et à 75.000 euros d'amende* ». On peut également faire référence aux blessures involontaires réprimées par l'article 222-19 du Code pénal qui prévoit que : « *Le fait de causer à autrui, dans les conditions et selon les distinctions prévues à l'article 121-3, par maladresse, imprudence, inattention, négligence ou manquement à une obligation de prudence ou de sécurité imposée par la loi ou le règlement, une incapacité totale de travail pendant plus de trois mois est puni de deux ans d'emprisonnement et de 30.000 euros d'amende. En cas de violation manifestement délibérée d'une obligation particulière de prudence ou de sécurité imposée par la loi ou le règlement, les peines encourues sont portées à trois ans d'emprisonnement et à 45.000 euros d'amende* ».

[248] Cass. crim., 16 janv 2001, *Bull. crim*, n°14, *Dr. soc* 2001, p. 661.

[249] Cass. crim., 17 janv. 2006., n°05-81. 765, crim., 6 sept. 2016, n°14-86.606. Inédit.

[250] Le délit de mise en danger d'autrui est prévu à l'article 223-1 du Code pénal qui dispose que : « *Le fait d'exposer directement autrui à un risque immédiat de mort ou de blessures de nature à entraîner une mutilation ou une infirmité permanente par la violation manifestement délibérée d'une obligation particulière de prudence ou de sécurité imposée par la loi ou le règlement est puni d'un an d'emprisonnement et de 15.000 euros d'amende* ».

[251] Cass. crim., 19 avril 2017, n° 16-80.695, *D.* 5 mai 2017, obs. S. Fucini ; D. 2017. 869 ; *RDI* 2017. 479, obs. G. Roujou De Boubée ; *AJ pén.* 2017. 340, note

Vers la consécration de la théorie du « dol de fonction » ? S'il est possible de voir une résurgence des anciennes contraventions de police[252], comment expliquer que la moralité apparaît, aux yeux des juges répressifs, comme une donnée secondaire ? Sans aucun doute, c'est la théorie d'une « connaissance obligée » de la réglementation par le dirigeant qui s'impose. C'est en tout cas ce qui avait été mis en avant par le Professeur Marie-Anne FRISON-ROCHE lors d'un colloque sur les enjeux de la pénalisation de la vie économique. L'auteur précisait que ce système d'imputation tenait « *à une définition de la rationalité économique qui prête au dirigeant d'entreprise une capacité à tout savoir et à tout considérer* »[253].

D'autres membres de la doctrine ont tenté de dégager des justifications au recours du juge à la « présomption de connaissance de la loi ». Au regard d'une perspective protectrice du droit pénal, le Professeur Philippe MORVAN a indiqué que ce raisonnement jurisprudentiel, s'il avait pour objectif de réprimer le décideur, tendait à accroître la protection d'intérêts des victimes dignes d'être juridiquement reconnues et protégées[254]. Par ailleurs, comme l'a fait remarquer le Professeur Jean PRADEL, la formule adoptée par les juges répressifs serait pratiquement le seul moyen de faire respecter les dispositions techniques que les dirigeants connaissent bien[255]. C'est alors que la jurisprudence apparaitrait comme un moyen de prévenir les infractions à la réglementation. Nous partageons les points de vue des Professeurs Philippe MORVAN et Jean PRADEL mais nous pouvons formuler une proposition selon laquelle le recours du juge pénal à la présomption de négligence semble justifié par des impératifs d'ordre économique : le dirigeant étant solvable, il convient alors de prononcer une amende pénale à son encontre.

V. Cohen-Donsimoni ; *Dr. soc.* 2017. 774, chron. R. Salomon ; RSC 2017. 285, obs. Y. Mayaud ; *RTD com.* 2017. 443, obs. L. Saenko.

[252] J.-H. Robert, « Pour une restauration des contraventions de police », *in Mélanges J. Pradel*, Cujas, 2006, p. 161 et s., spéc. p. 166.

[253] M.-A. Frison-Roche, « Observations finales », *in Les enjeux de la pénalisation de la vie économique*, 20 et 21 mars 1996, éd Dalloz, coll. « Thèmes et commentaires », p. 198.

[254] P. Morvan, « La responsabilité pénale du chef d'entreprise pour manquement à son obligation de sécurité », *in Entreprise et responsabilité pénale,* coll. « Travaux et recherches Panthéon-Assas Paris II », 1994, p. 95 et s.

[255] J. Pradel, *Droit pénal général*, Paris, Cujas, 22ème éd., 2019, n°530.

2°-Le recours du juge à la présomption de faute de négligence en cas d'infractions commises par un ou plusieurs salarié(s)

Comme nous l'avons évoqué précédemment, le principe de responsabilité pénale du dirigeant est fondé sur une idée de pouvoir. L'infraction commise par le salarié révèle la faute d'organisation du dirigeant[256]. Cela semble attester l'idée d'une faute de surveillance présumée (a) – elle démontre la nature « *participative* » et non « *fautive* » de la responsabilité pénale (b).

a-La faute de surveillance présumée du dirigeant

Le recours du juge pénal à une « présomption du défaut de vigilance » reposant sur l'employeur. Longtemps, la responsabilité pénale du chef d'entreprise du fait d'un salarié a été envisagée comme n'impliquant pas la preuve d'une faute imputable au dirigeant. Depuis la décision du 28 février 1969 de la chambre criminelle de la Cour de cassation, les juges jugent que commettent une faute personnelle engageant leur responsabilité pénale les dirigeants qui ne s'assurent pas eux-mêmes de la stricte et constante exécution des dispositions édictées pour l'hygiène et la sécurité des travailleurs qu'ils emploient[257].

L'intervention législative mettant un frein à l'approche libérale par le juge de la faute. Face à cette sévérité, le législateur a été contraint de réagir. La loi du 6 décembre 1976 relative au développement et à la prévention des accidents du travail[258] laissait penser que le chef d'entreprise ne pourrait plus voir sa responsabilité engagée avec la même automaticité qu'auparavant : était donc posée l'exigence de la démonstration d'une faute personnelle[259]. Or, au fil du temps, les juges répressifs ont continué d'avoir recours à une présomption de faute aux motifs que l'employeur ne s'était pas assuré de la stricte et constante

---

[256] J.-Ch. Saint-Pau, « L'insécurité juridique de la détermination du responsable en droit pénal de l'entreprise », *in Gaz. Pal.* 2005, p. 134.
[257] Cass. crim., 28 oct. 1969, *Bull. crim.*, n°29.
[258] L. n° 76-1106 du 6 décembre 1976 relative au développement et à la prévention des accidents du travail.
[259] Le législateur est tout de même venu préciser à l'article L 263-2 du Code du travail devenu l'article L. 4741-1, la nécessité pour le juge de démontrer une faute personnelle du dirigeant.

exécution des dispositions édictées pour l'hygiène et la sécurité des travailleur[260].

La consécration d'une responsabilité pénale patronale « objective » ? Il convient alors de s'interroger sur la faute commise par le dirigeant. Doit-on retenir l'inaction du dirigeant qui consiste à ne pas avoir empêché l'abstention d'autrui à l'origine de l'infraction faisant présumer la faute de l'employeur ou alors doit-on envisager une responsabilité pénale sans faute ? En réponse à cette interrogation, on cite le Professeur Emmanuel DREYER qui fait état d'une distance entre le fait révélateur et l'attitude reprochée au chef d'entreprise rendant à cet effet incertain l'élément moral de l'infraction[261]. S'il est vrai que d'autres membres de la doctrine soutiennent l'existence d'une faute patronale existant à « *l'état virtuel* »[262] , voire parfois l'existence d'une « *responsabilité pénale sans faute* »[263], il ne nous semble pas vraiment possible d'affirmer l'idée d'une responsabilité pénale du chef d'entreprise « *déconnectée* » de la faute dans la mesure où le juge semble même admettre de manière « infime »[264] un renversement de la présomption de faute.

La proposition doctrinale d'atténuation de la « systématisation » de la responsabilité pénale du chef d'entreprise. Face à cette « *automaticité* »[265] de la responsabilité pénale à l'endroit du chef d'entreprise, certains auteurs ont recommandé de diriger la

---

260 Cass. crim., 16 janv. 1990, n°88-83.193.

261 E. Dreyer, *Droit pénal général*, LexisNexis, 2019, p. 716.

262 S. Frossard, Quelques réflexions relatives au principe de la personnalité des peines, *RSC* 1998, p. 703 ; Y. Reinhard, « La loi du 6 décembre 1976 et la responsabilité des infractions aux règles relatives à l'hygiène et la sécurité au travail », *RSC* 1978, p. 255.

263 A. Legal, « La responsabilité sans faute », *in Mélanges Patin*, p. 147 ; J. Salvaire, « Réflexions sur la responsabilité pénale du fait d'autrui », *RSC* 1964, p. 307.

264 Force est d'admettre tout de même que les juridictions répressives admettent très difficilement de faire tomber la présomption par la preuve de l'absence de faute. Le motif qui ressort le plus souvent est le suivant : « *les chefs d'entreprise doivent s'assurer personnellement et à tout moment de la stricte et constante exécution des règles de sécurité des travailleurs qu'ils emploient* », Crim. 29 janv. 1985, *JCP E* 1985, II, n° 14531, obs. O. Godard.

265 J-CL Soyer, *Droit pénal et procédure pénale*, Paris, LGDJ, 2008, p. 106, n°205.

responsabilité pénale vers la personne morale[266]. Comme le souligne le Professeurs Emmanuel DREYER, « *il serait temps de tirer les conséquences de l'introduction de la généralisation, de la responsabilité pénale des personnes morales. La logique voudrait, que désormais, la responsabilité pénale pour violation de la loi dans l'entreprise soit concentrée sur le groupement organisateur* »[267]. Rappelons à cet effet, qu'une circulaire du garde des Sceaux en date du 13 février 2006[268] prise pour application de la loi du 9 mars 2004 élargissant le domaine des infractions susceptibles d'être reprochés à des êtres moraux[269], avait incité les magistrats, dans l'hypothèse d'une infraction non intentionnelle ou d'une infraction de nature technique à privilégier les poursuites contre la seule personne morale[270]. À cet effet, la responsabilité pénale du dirigeant devait être engagée seulement si

---

[266] Soulignons que la présomption de faute avait été forgée à l'encontre du dirigeant en raison de l'impossibilité d'engager la responsabilité pénale de la personne morale.

[267] E. Dreyer, *Droit pénal général*, Paris, LexisNexis, 2019, p. 758.

[268] Circ. CRIM 200603 E8 du 13 février 2006 Ministère de la Justice NOR: JUSDO630016C.

[269] J.-F., Seuvic, « Responsabilité pénale des personnes morales », *RSC*. 2003, p. 827 ; M.-Ch. Sordino, « La disparition du principe de spécialité de la responsabilité pénale des personnes morales : une fin espérée… adoptée dans la plus grande des discrétions », *Gaz. Pal*., 9 au 10 sept. 2004, n° spécial « Actualité de droit pénal des affaires », p. 13 et s.

[270] Rappelons qu'en 1989 la position du rapporteur à l'Assemblée nationale, Monsieur Philippe Marchand, énonçait qu'il ne s'agissait pas d'exclure la responsabilité pénale du dirigeant, « *la loi ne devant pas exonérer de leur propre responsabilité les auteurs de l'infraction commise pour le compte des dirigeants, en masquant le caractère délictueux de leurs agissements personnels* », *V. Rapport Marchand*, document Assemblée nationale 1988-1989, n°896, p. 123. Malgré les tentatives du Sénat tendant à ne retenir la responsabilité du dirigeant qu'en cas de faute personnelle de sa part, le principe du cumul s'est imposé. Le tribunal correctionnel s'était prononcé la première fois dans une décision du 9 février 1996. Dans cette affaire, il était reproché à la société d'avoir eu recours aux services d'une entreprise qui employait des travailleurs clandestins pour terminer un chantier. Le tribunal, après avoir retenu la culpabilité des dirigeants, a établi par une sorte d'effet automatique la responsabilité de la société et condamné cumulativement ses dirigeants. Comme l'infraction imputée est identique et que la responsabilité de la personne morale ne suppose pas une faute distincte, le cumul de responsabilité semble automatique en raison de l'identité des fautes, V. J-C. Saint-Pau, « L'insécurité juridique de la détermination du responsable en droit pénal de l'entreprise », *in Gaz. Pal.*, 10 févr. 2005, n°41, p. 7.

une faute personnelle suffisamment établie pouvait justifier la condamnation pénale de ce dernier[271].

Or, à l'heure actuelle, une étude de terrain démontre qu'en dépit de cette circulaire, le chef d'entreprise voit toujours sa responsabilité pénale engagée - celle-ci est souvent cumulée à celle de la personne morale[272]. Il semble toutefois possible d'affirmer qu'en matière d'infractions involontaires, la responsabilité pénale des personnes morales est engagée autant que celles des personnes physiques et parfois même, légèrement davantage. Les statistiques fournies par le ministère de la Justice en ce qui concerne les infractions à la législation du travail entre 2014 et 2017[273] le démontrent.

Comme l'indique Madame Béatrice LE RHUN, statisticienne à la Sous-direction de la statistique et des études, parmi les auteurs du contentieux du travail, 64 % sont des personnes physiques majeures et 36 % des personnes morales Ces dernières y sont fortement « surreprésentées », puisqu'elles ne constituent que 4 % des auteurs sur l'ensemble des affaires. Près des deux tiers des affaires d'infraction à la législation sur l'emploi n'impliquent que des personnes physiques (31 %). *A contrario*, la part des affaires n'incluant que des auteurs personnes morales est plus importante dans les affaires d'accident du travail non mortel (51 %) et d'infraction à la règlementation du travail (40 %). Quant aux affaires d'accident mortel au travail, elles sont plus souvent mixtes (38 %).

Si la proposition du Professeur Emmanuel DREYER est convaincante, force est d'admettre que les poursuites qui pourraient être dirigées

---

271 Circulaire relative à l'entrée en vigueur au 31 décembre 2005 des dispositions de la loi n°2004-204 du 9 mars 2004 généralisant la responsabilité pénale des personnes morales, Bull. officiel du Ministère de la justice n°101. H. Matsopoulou, « Généralisation de la responsabilité pénale des personnes morales : présentation de la circulaire Crim-06-3/ E8 du 13 février 2006 », *Rev. Soc* n°3, 2006, p. 488.

272 V. en sens contraire sur la responsabilité civile du dirigeant de société O. Dexant- De Bailliancourt, « De quelques spécificités de la responsabilité civile du dirigeant de la société in bonis », *in Les repsonsabilité du dirigeant de société,* Dalloz, 2018, spéc. p. 53.

273 Les infractions à la législation du travail entre 2014 et 2017, Infostat Justice, n°173, déc. 2019.

contre la seule personne morale dépendent avant tout de la sensibilité de chaque parquet. Il convient à notre sens de formuler une proposition selon laquelle la faute étant en quelque sorte « vidée de sa substance », c'est alors à une dépénalisation de certaines infractions à la réglementation que le législateur devrait procéder.

La négligence du dirigeant, une faute pénale ? Les finalités du droit pénal exigent « *un minimum moral* »[274] correspondant à l'exigence d'une faute pénale. Plus précisément, c'est à raison du degré de culpabilité de l'auteur du délit que la peine est susceptible d'être individualisée[275]. L'intention apparaît comme la volonté de l'agent d'accomplir un acte qu'il sait défendu par la loi pénale, sa volonté tendue vers un but[276].

Plus précisément, une hiérarchie semble exister d'un point de vue du degré de transgression de l'ordre social, « *les enjeux juridiques ne sont pas les mêmes de l'intention à la non-intention. Autant la première se prête à une responsabilité de principe, pour sanctionner une hostilité aux valeurs sociales, autant la seconde, qui n'est qu'une manifestation d'indifférence aux dites valeurs, impose une certaine relativité, afin de la réserver aux hypothèses les plus significatives*[277] ». Aussi, l'infraction intentionnelle suppose que l'auteur ait une volonté tendue vers un but tandis que l'infraction non-intentionnelle consiste en une négligence, une imprudence ou en la violation d'une prescription légale ou réglementaire et suppose que l'agent ait voulu simplement son acte. Il est ainsi possible d'en déduire que c'est la peine qui trouve sa légitimité au travers de l'exigence d'une faute. Toutefois, il semblerait qu'à la base des infractions d'omission jaillisse une certaine conception déontologique, normative, dérivant d'un minimum moral[278]. À notre sens, la négligence reprochée au dirigeant n'implique pas une volonté ou une délibération[279].

---

[274] E. Dargentas, « La norme pénale et la recherche autonome des valeurs dignes de la protection pénale », *RPDP*, 1977, p. 41.

[275] Cons. const., 30 déc. 1997, déc. 97-395, *RSC* 1998, p. 358, obs. J-F. Seuvic.

[276] P. Pageaud, « La notion d'intention en droit pénal », *in JCP* 1950, I, n°876.

[277] Y. Mayaud, « Retour sur la culpabilité non intentionnel en droit pénal, à propos de la loi n°2000-647 du 10 juillet 2000 », *D.* 2000, chron., p. 603 et s.

[278] On fait référence à la négligence.

[279] Dans son ouvrage intitulé *La responsabilité*, le Professeur Paul FAUCONNET, fait référence au courant du spiritualisme indéterministe qui

Vers une proposition de création de sanctions régulatrices au détriment de sanctions pénales ? À notre avis, ces infractions « *formelles* » doivent être sanctionnées par des sanctions régulatrices et l'infraction qui relève d'une intention frauduleuse nécessite une sanction pénale[280].

Proposition formulée par le Professeur Mireille DELMAS-MARTY. Notre proposition rejoint celle formulée par le Professeur Mireille DELMAS-MARTY[281]. En 1985, l'auteur avait démontré que la faute apparaissait comme un critère déterminant à la pénalisation ou à la dépénalisation - chaque modèle devant avoir sa logique propre à savoir une punition selon le modèle pénal, une régulation selon le modèle administratif ou une réparation selon le modèle civil[282]. Par voie de conséquence l'absence de faute doit conduire le législateur à procéder à une dépénalisation.

Proposition formulée par le Professeur Corinne MASCALA. Il convient également de se rapprocher de la proposition du Professeur Corinne MASCALA formulée en 2004 selon laquelle les comportements qui relèvent d'un « *droit pénal matériel* » qui sanctionnent des agissements et qui ne traduisent pas une faute grave doivent être dépénalisés[283]. À notre sens, cette proposition permettrait de recentrer le droit pénal des affaires et le droit pénal social

---

refuse d'assimiler la négligence à une libre création de mal. Il est précisé que « *dans ces conjonctures, les conditions d'une délibération ou d'une volition ont fait défaut : la négligence serait alors en elle-même « inimputable ». En général, on tente de justifier l'imputation de la négligence par un appel au sentiment confus que nous avons de son immoralité* ». V. sur ce point, P. Fauconnet, *La responsabilité*, Paris, 1920, p. 232.

280 C. Mascala, « Propos conclusifs », *in Le droit pénal et l'éthique des affaires*, Actes du colloque du 18 mars 2016, éd. Michel de L'Hospital, 2018, p. 175.

281 Madame Delmas-Marty a consacré plusieurs études à la recherche de critères de dépénalisation. À la suite d'une première approche en 1985, cette dernière a poursuivi son analyse durant les travaux de la Commission de révision du Code pénal et de la Commission « *Justice pénale et droit de l'homme* ».

282 M. Delmas-Marty et C. Teitgen-Colly, *Punir sans juger ? : De la répression administrative au droit administratif pénal*, Paris, Economica, 1992, p. 57.

283 C. Mascala, « L'influence de la doctrine sur l'évolution du droit pénal des affaires », *in Les facultés de droit inspiratrices du droit ?* coll. « Presses de l'université des sciences sociales de Toulouse », 2005, pp. 175 à 182.

sur des fautes graves qui justifient quant à elles la sanction pénale. En tout état de cause, l'on songe à des sanctions régulatrices.

L'opportunité de la consécration légale d'une « imputation participative » - mise en œuvre de sanctions régulatrices au détriment de sanctions pénales. L'imputation pourrait être alors perçue comme une « imputation participative ». À cet effet, il semblerait opportun d'envisager « un manquement à la fonction » du dirigeant qui justifierait le fait que la jurisprudence admet le principe d'un renversement de la présomption de faute de direction au travers d'une délégation de pouvoir effective. Ce manquement qui découle du pouvoir contractuel d'autorité devrait semble-t-il donner lieu à une sanction plus régulatrice que pénale. C'est ainsi que ce mode de participation infractionnel doit faire l'objet d'une codification. Somme toute, il doit être fait référence à une faute de fonction ou contraire à la discipline qui, en tout état de cause, ne peut légitimer le recours au droit pénal. Par voie de conséquence, l'imputation fonctionnelle ne doit plus donner lieu à des sanctions pénales.

b -Vers la codification d'un nouveau mode de participation patronale ?

Longtemps, le Code pénal est resté muet sur la question d'une éventuelle codification de la responsabilité pénale du fait d'autrui[284]. Une partie de la doctrine a finalement fait état « *d'insuffisances des notions du droit pénal classique pour fonder la responsabilité pénale des décideurs*[285] » ou d'une « *occasion manquée qui aurait pu combler*

[284] Tandis que l'article 2001 de l'avant-projet de la loi de 1976 précisait que sous certaines conditions il était possible d'engager la responsabilité pénale du dirigeant pour un fait commis par autrui, l'article 2101-2 de l'avant-projet de 1978 considérait quant à lui comme auteur de l'infraction « *celui qui, par omission volontaire ou incurie, laisse enfreindre par des personnes placées sous son autorité des prescriptions légales ou règlementaires pénalement sanctionnées* ». L'article 25-3 de l'avant-projet de 1983 quant à lui rendait responsable « *celui qui laissait commettre par une personne placée sous son autorité l'acte incriminé, lorsque cet acte consiste en la violation de prescription qu'il avait directement ou par délégation l'obligation légale de faire respecter* ».

[285] A. Coeuret, E. Fortis, F. Duquesne, *Droit pénal du travail*, Paris, LexisNexis, 6ème éd., 2016, p. 177.

le déficit de légalité pénale »[286]. Il semblerait que le législateur se soit enfin décidé à codifier la responsabilité pénale du dirigeant du fait de son salarié. Une disposition mérite d'être soulignée en ce qu'elle prévoit expressément la responsabilité pénale de l'employeur. Dans le domaine des transports, l'article L. 3315-6 du Code des transports dispose qu' : « *Est passible des peines prévues par le présent chapitre et des peines sanctionnant les obligations mentionnées au présent titre ainsi qu'aux titres II et III du livre Ier de la troisième partie du Code du travail toute personne qui, chargée à un titre quelconque de la direction ou de l'administration de toute entreprise ou établissement, a, par un acte personnel, contrevenu aux dispositions précitées du présent titre et du Code du travail ou commis les faits sanctionnés par les articles L. 3315-2, L. 3315-4, L. 3315-4-1 et L. 3315-5. Cette personne est passible des mêmes peines si elle a, en tant que commettant, laissé contrevenir à ces dispositions ou commettre ces faits toute personne relevant de son autorité ou de son contrôle, en ne prenant pas les dispositions de nature à en assurer le respect* ».

Proposition personnelle. Tout manquement du dirigeant à son obligation de de surveillance devrait alors s'apparenter à un « fait de participation » donnant lieu à des sanctions régulatrices. Ce texte pourrait être rédigé de la manière suivante : *« L'employeur ou son délégataire est responsable, sauf cas de force majeure, des infractions aux réglementations qu'il a pour fonction d'appliquer et de faire appliquer dans l'entreprise. Outre les peines spécialement prévues par les textes d'incrimination, le juge peut le condamner sous astreinte, au respect de la réglementation méconnue »*.

Bilan. Aussi contestable que cela puisse paraître, le droit positif semble connaître une responsabilité pénale facilitée à l'endroit du dirigeant. La faute est toujours déduite du non-respect de la réglementation applicable au sein de l'entreprise. Cette présomption de connaissance de la réglementation pourra être très difficilement renversée par le dirigeant.

---

[286] A. Coeuret, « La responsabilité en droit pénal du travail », *RSC* 1992, p. 475 ; Desportes, F. Le Guhanec, *Droit pénal général*, Economica, 16ème éd. 2009, p. 503. Les auteurs soulignent que « *c'est en effet incrimination par incrimination, que devrait être précisée l'éventuelle responsabilité du dirigeant* ».

B-Une présomption de faute quasi irréfragable ?

Face à cette approche sévère du juge, il convient à présent de s'interroger sur les moyens mis à disposition du dirigeant en vue de renverser la présomption de négligence qui pèse sur lui.

La délégation de pouvoir. Pensée avant comme un outil de gestion du risque pénal, la délégation de pouvoir apparaît également comme un moyen pour le dirigeant de s'exonérer de sa responsabilité pénale. Dans la majeure partie des entreprises, l'obligation de garantir la réglementation est parfaitement impossible à respecter pour le chef d'entreprise. Ce dernier doit donc avoir recours à une stratégie ponctuelle d'anticipation du risque pénal : la délégation de pouvoirs. Apparaissant comme un moyen de gestion des entreprises et des administrations *« avant de constituer un mécanisme juridique »*[287], elle se définit comme un acte juridique par lequel un dirigeant d'entreprise, le délégant, transfère à l'un de ses salariés, le délégataire, une partie de ses fonctions et de son autorité. Ce transfert de pouvoir s'accompagne corrélativement d'un transfert de responsabilité pénale du délégant au délégataire[288]. Les tribunaux ont donc fait preuve d'un certain pragmatisme en admettant que le chef d'entreprise ne pouvait pas tout surveiller lui-même et qu'il lui était possible de transférer son pouvoir de surveillance et de contrôle à un salarié pourvu de la compétence, de l'autorité et des moyens nécessaires pour assurer le respect de la réglementation dans le domaine pour lequel ladite délégation a été consentie, comme l'exige une jurisprudence constante[289].

L'absence du recours à délégation de pouvoirs, une faute personnelle du dirigeant ? Ainsi, compte tenu de la taille et de la complexité du fonctionnement de son entreprise, le dirigeant doit faire le constat de son incapacité à pouvoir prendre toutes les décisions nécessitant une anticipation du dommage, que celui-ci soit corporel ou

---

[287] A. Coeuret, « La responsabilité en droit pénal du travail : continuité et rupture », *RSC* 1992, p. 475.

[288] H. Matsoupoulou, « Le salarié, prisonnier de la délégation de pouvoir », *RLDA* 2012/72, n° 4108.

[289] Cass. crim., 28 juin 1902, *Bull. crim.,* 1902, n°237; crim., 11 mars 1993, cinq arrêts, n°s 92-80.773, 91-80.958, 91-83.655, 90-84.931 et 91-80.598, *Bull. crim.*, n° 112, *D.* 1994. 156, obs. G. Roujou de Boubée; *RSC* 1994. 101, obs. B. Bouloc ; *RTD com.* 1994. 149, obs. P. Bouzat, *Bull. Joly* 1993. 666, note M.-E. Cartier.

économique. À cet effet, il a été jugé que l'absence de délégation de pouvoirs au sein d'une structure complexe dans laquelle le chef d'entreprise n'est plus en mesure de veiller lui-même au respect des obligations, peut être considérée comme une faute susceptible d'engager sa responsabilité[290] - voire une circonstance aggravante de sa responsabilité[291]. À ce stade de la réflexion, il est possible d'affirmer que la délégation de pouvoirs apparaît comme un moyen d'exonération efficace, mais encore faut-il que l'employeur établisse qu'il a consenti une délégation de pouvoir valable à l'un ou plusieurs de ses salariés. Sur ce point, la validité de la délégation de pouvoirs fait l'objet d'une appréciation *in concreto* par les juges du fond[292] : ses conditions sont fixées mais demeurent néanmoins aléatoires. C'est en ce sens que les Professeurs Jean PRADEL et André VARINARD ont précisé que l'exonération de responsabilité pénale n'était pas « *automatique* »[293]. Il convient dès à présent de s'interroger sur la pertinence du mécanisme délégation de pouvoirs comme moyen d'exonération de responsabilité pénale.

Le mécanisme de la délégation de pouvoirs inadapté aux réalités de l'entreprenariat ? L'application de la délégation de pouvoirs est plus difficile que l'on ne pourrait le penser. L'absence de texte structurant rend aléatoire la construction de l'acte de délégation. Ainsi, son efficacité étant issue de la jurisprudence, les contours de son existence sont aléatoires et plongent en quelque sorte le dirigeant dans une incertitude juridique. La construction prétorienne de la délégation de pouvoirs peut se révéler dangereuse étant donné que les dirigeant ne sont pas des juristes. Ainsi, toutes les entreprises ne peuvent s'entourer de conseils adéquats en la matière. Pour cela, beaucoup de chefs d'entreprise n'ont pas recours au mécanisme de délégation de pouvoirs

[290] Cass. Crim., 4 janvier 1986, n° 84.94.274 ; crim., 22 mai 1973, *Bull. crim.* n°230 ; crim. 20 mai 2008, n°08-80. 896 ; *JCI Pénal des affaires* n°140 et J.-H. Robert ; crim., 7 juin 2006, n°05-86.804, *Dr. Soc.* 2006, p 1058. Obs. F. Duquesne ; crim. 20 mai 2008, n°08-80. 896 ; *JCI Pénal des affaires* n°140 et J.-H. Robert.

[291] Cass. crim., 1er oct. 1991, n°90-85.024. Inédit.

[292] Cass. crim., 14 févr. 2012, n°11-82.220. Inédit ; crim., 10 mai 2017, n°16-84.288, Inédit.

[293] J. Pradel, A. Varinard, *Les grands arrêts du droit pénal général*, Paris Dalloz, 11ème éd. 2018, p. 555.

ou y consentent parfois sans que celle-ci ne soit valable aux yeux du juge.

L'absence de précision jurisprudentielle quant aux pouvoirs propres du chef d'entreprise ne pouvant faire l'objet d'une délégation de pouvoirs - pouvoirs « délégables » et « indélégables ». Force est de constater que les juges écartent la délégation de pouvoirs lorsqu'elle porte sur les « pouvoirs propres » du chef d'entreprise. En effet, l'efficacité de la délégation est soumise à la notion de « mesures ressortissants au pouvoir propre de direction »[294]. Cette notion pourrait s'entendre si elle venait à faire l'objet de plus de précisions : les juges répressifs se contentent uniquement de viser les mesures ressortissantes au pouvoir propre de direction sans pour autant les définir. Soulignons qu'un arrêt de 2007 faisant état de ce raisonnement est topique. À propos d'un délit d'entrave, la chambre criminelle de la Cour de cassation a jugé qu'un chef d'entreprise qui avait confié à un représentant la tâche de présider le comité central d'entreprise engageait sa responsabilité à l'égard de cet organisme, s'agissant des mesures résultant de son pouvoir propre de direction[295]. Sans référence jurisprudentielle précise, il convient de souligner l'existence d'un pouvoir de direction échappant à toute délégation de pouvoirs voire de pouvoirs non transférables pouvant être perçus comme ceux qui intéressent la direction d'ensemble de l'entreprise et comprennent de ce fait les infractions consistant dans la méconnaissance des obligations dont le chef d'entreprise est l'exclusif débiteur - à savoir la quasi-totalité des infractions à la réglementation. Doit-on alors penser que le législateur doit s'atteler à encadrer le mécanisme de la délégation de pouvoirs ? À notre sens, il n'est pas possible de répondre par l'affirmative. En ce qui concerne les conditions liées au délégataire, du point de vue de sa personne et de ses qualités il n'y pas lieu de légiférer. Rappelons que le législateur s'était lui-même opposé à une quelconque codification des conditions de validité de la délégation de pouvoirs, envisagées à l'occasion du vote de la loi du 6 décembre 1976 relative à la prévention des accidents du travail.

---

[294] A. Cerf-Hollender, « Délit d'entrave : généralisation de l'exclusion du jeu de la délégation de pouvoirs à tous les « pouvoirs propres » du chef d'entreprise, *RSC* 2008. 349.

[295] Cass. crim., 15 mai 2007, n°06-84.318, *Dr. pén.* 2007, comm. 108, obs. J-H. Robert.

L'erreur de droit, une cause de non-imputabilité relevant du droit pénal commun. Se pose alors avec acuité la question de l'erreur sur le droit comme possible cause de non-imputabilité de responsabilité pénale[296]. Si le principe de légalité impose que chaque citoyen puisse connaître à l'avance ce qui est permis ou interdit sous la menace d'une peine, le législateur a tout de même fini par renoncer à tenir la connaissance de la loi pour irréfragable[297]. L'erreur doit encore être « **insurmontable** », « **inévitable** ». En effet, le principe est ici comme ailleurs que **nul n'est censé ignorer la loi** ; l'erreur doit donc avoir été insurmontable pour qu'il puisse être dérogé à ce principe. La plupart du temps il s'agira d'une erreur de droit **provoquée par une information erronée fournie par une autorité compétente** administrative ou notamment judiciaire. Enfin, l'erreur n'est admise que si elle a un **caractère « excusable »**. L'auteur des faits doit avoir légitimement cru en la légitimité de son acte. Il ne doit pas s'agir d'un simple doute, de simples incertitudes.

L'erreur de droit, une cause de non-imputabilité utile au dirigeant ? Si l'erreur de droit est un moyen d'exonération rarement admis par le juge pénal lorsqu'il s'agit d'un sujet de droit commun qui s'en prévaut– les tribunaux font preuve d'une extrême sévérité à l'égard du chef d'entreprise. De par sa fonction, le dirigeant doit connaître toute la règlementation qui s'impose à lui et, à défaut, solliciter les organismes publics afin d'y remédier. C'est ce qui avait été mis en avant par la chambre criminelle de la Cour de cassation dans un arrêt en date du 5 mars 1997 : le chef d'entreprise, poursuivi pour dépassement de la durée légale journalière et hebdomadaire du travail, ne commettait pas d'erreur de droit sur l'interprétation de certaines dispositions légales dans la mesure où ces dispositions pouvaient faire l'objet d'une consultation auprès de l'inspecteur du travail[298]. Cette solution avait été confirmée par un arrêt de la chambre criminelle en date 20 janvier 2015[299]. Dans cette affaire, un chef d'entreprise avait été condamné pour dissimulation d'activité au motif qu'il n'avait déclaré aucun salarié comme l'exigeait l'article L. 1221-10 du Code du

---

[296] C. pén. art. 122-3.

[297] M. Delmas-Marty, « L'enjeu d'un Code pénal, réflexions sur l'inflation des lois pénales en France », *in Mélanges Legros*, éd. Université de Bruxelles, 1985, p. 175.

[298] Cass. crim., 5 mars 1997, *Dr. pén.*, 1997, n°107.

[299] Cass. crim., 20 janv. 2015., n°14-80.532, *Dr. pén.* 2015, n°32, obs. Véron.

travail[300]. Les juges avaient estimé que l'erreur n'était pas « inévitable » et qu'il appartenait au chef d'entreprise de solliciter l'avis de l'inspection du travail en ce qui concernait la réglementation en matière d'embauche. Par ailleurs, le chef d'entreprise disposait d'un comptable (recours aux services d'un expert-comptable) et l'entreprise était implantée en France depuis longtemps.

Le rejet de l'erreur de droit – la consécration prétorienne d'une obligation implicite du dirigeant de se renseigner auprès des différentes autorités compétentes en vue d'une bonne application de la réglementation et de la loi dans l'entreprise. Dans la mesure où le dirigeant devait connaître ou ne pouvait pas ne pas connaître la réglementation applicable dans l'entreprise, il existe alors « *une difficulté à peu près insurmontable de se disculper*[301] ». Reposent sur le chef d'entreprise une obligation de connaissance la loi ainsi qu'une obligation de se renseigner auprès des autorités compétentes ou des professionnels qualifiés. Celui-ci peut et doit avoir recours aux services de renseignement des Directions régionales des entreprises, de la concurrence, de la consommation, du travail et de l'emploi (DIRECCTE), de la Direction générale de la concurrence, de la consommation et de la répression des fraudes (DGCCRF), de l'Autorité de la concurrence ou encore de l'Administration fiscale afin d'appliquer correctement la règlementation et la loi qui s'impose *ès-qualités*. Finalement, seule une information erronée pourrait permettre au chef d'entreprise de s'exonérer de toute responsabilité pénale. C'est ce qui avait été décidé par la chambre criminelle dans un arrêt du 24 novembre 1998[302] qui avait approuvé la Cour d'appel d'avoir retenu l'erreur inévitable puisque l'information en provenance de l'administration était erronée[303].

---

[300] L'article L. 1221-10 du Code du travail dispose que » *l'embauche d'un salarié ne peut intervenir qu'après déclaration nominative accomplie par l'employeur auprès des organismes de protection sociale désignés à cet effet. L'employeur accomplit cette déclaration dans tous les lieux de travail où sont employés des salariés* ».

[301] P. Level, « La faute involontaire de l'employeur et sa responsabilité pénale à la suite d'agissements commis par son personnel *», D.* 1960, I, p. 1559.

[302] Cass. crim., 24 nov. 1998, *RJS* 1999, n°210, *Dr. pén.* 2000, n°22, note J.-H. Robert.

[303] Un gérant avait été poursuivi sur le fondement de la violation de l'article L. 212-7 du Code du travail. Le chef d'entreprise soutenait qu'il avait appliqué « *les*

Cette position est-elle critiquable ? À notre sens il est possible de répondre par la négative, ce dans la mesure où, comme nous le verrons dans la seconde partie de notre thèse, les administrations font traditionnellement usage de leur pouvoir de conseil à l'égard du dirigeant avant de dresser un procès-verbal. Ils enjoignent donc au dirigeant de se conformer à la réglementation et à la législation en vigueur. Par ailleurs, le dirigeant a la possibilité de solliciter les services des administrations compétentes lorsqu'un doute pourrait surgir quant à une norme qui doit être mise en œuvre au sein de l'entreprise. Par exemple, il peut avoir recours aux procédures de rescrit fiscal qui lui permettent de vérifier l'application d'une réglementation fiscale convenable et conforme à la situation de son entreprise auprès de l'administration fiscale. Ainsi, le chef d'entreprise peut interroger l'administration fiscale sur une situation fiscale de fait au regard d'un texte fiscal[304].

Ce dernier a également la possibilité de demander un *« rescrit nouvelle entreprise »* afin de savoir si l'entreprise a droit à un allégement d'impôt sur les bénéfices prévu en faveur des entreprises nouvelles[305]. Le chef d'entreprise pourra également compter sur le commissaire aux comptes qui a un droit d'alerte et une obligation de signaler les irrégularités, en particulier dans les rapports rédigés lors des réunions des assemblées générales de la société. Il est prévu aux termes de l'article L 612-3 du Code de commerce que *« lorsque le commissaire aux comptes d'une personne morale visée à l'article L. 612-1 relève, à l'occasion de l'exercice de sa mission, des faits de nature à compromettre la continuité de l'exploitation de cette personne morale, il en informe les dirigeants de la personne morale dans des conditions fixées par décret en Conseil d'État »*.

S'il n'est guère possible pour le dirigeant de s'exonérer de sa responsabilité pénale en arguant d'une erreur de droit, peut-il rapporter la preuve d'une mise en œuvre de diligences normales au sein de l'entreprise ?

---

clauses d'un accord professionnel élaboré sous l'égide d'un médiateur désigné par le Gouvernement et faisait référence au Code du travail ».

[304] LPF. Art. L. 80 B, 1°.

[305] LPF. Art. L. 80 B, 4°.

L'admission de causes de non-imputabilité propres au dirigeant ? Rappelons que la loi du 10 juillet 2000 dite « *Loi Fauchon* »[306] a fait de l'absence des « *diligences normales* » un élément constitutif de la faute[307]. Par conséquent, le dirigeant devrait pouvoir s'exonérer de sa responsabilité pénale en rapportant la preuve d'une « conduite diligente ». Toutefois, le juge pénal refuse d'écarter la présomption de faute pesant sur l'employeur sur la base de la démonstration par ce dernier qu'il s'est conduit en professionnel prudent, diligent, avisé et qu'il a pris toutes les précautions qui s'imposaient à lui[308]. Ne sont pas davantage reçus les arguments tirés des contraintes pesant sur l'employeur[309], si bien que certains auteurs ont pu affirmer que le chef d'entreprise « *ne peut pas échapper à la répression en démontrant la contrainte* »[310] allant jusqu'à la qualifier « *d 'inopérante* »[311].

Le dirigeant pourrait alors faire valoir la faute du salarié victime pour échapper à la répression pénale. Force est d'admettre que cette exonération est strictement admise par le juge[312] : seule la faute du salarié, cause exclusive de l'accident, entraîne l'exonération de l'employeur[313], ce notamment lorsque celui-ci a changé provisoirement

---

[306] L. n° 2000-647 du 10 juillet 2000 tendant à préciser la définition des délits non intentionnels, NOR : JUSX0003957L.

[307] L'article 121-3, alinéa 3 du Code pénal prévoit en effet : « *Il y a également délit, lorsque la loi le prévoit, en cas de faute d'imprudence, de négligence ou de manquement à une obligation de prudence ou de sécurité prévue par la loi ou le règlement, s'il est établi que l'auteur des faits n'a pas accompli les diligences normales compte tenu, le cas échéant, de la nature de ses missions ou de ses fonctions, de ses compétences ainsi que du pouvoir et des moyens dont il disposait* ».

[308] Cass. crim., 23 nov. 2004, n°04-81.601; crim. 26 oct. 2010, n° 10-80.414.

[309] Cass. crim., 11 févr. 1986, *Bull. crim.* n°54, *D.* 1987, somm., 41 obs. J.-J. Burst ; crim., 15 mars 1988, *Gaz. Pal.* 1988. II. Somm., p. 276.

[310] A. Légal, *RSC* 1965, p. 651.

[311] P. Morvan, « La responsabilité pénale du chef d'entreprise pour manquement à son obligation de sécurité », *in Entreprises et responsabilité pénale*, LGDJ, coll. « Travaux et recherches Panthéon-Assas Paris II », 1994, p. 95 s.

[312] Cass. crim., 1er avr. 2008, n° 07-87.433, *D.* , 13 mai 2008, obs. A. Darsonville ; crim. 14 déc. 2010, n° 10-81.189, *D.*, 3 févr. 2011, obs. M. Léna ; crim. 2 oct. 2012, n° 11-85.032, *D.* 26 nov. 2012, obs. L. Priou-Alibert ; crim. 11 mars 2013, n° 12-86.769, *D.* 28 mars 2014, obs. S. Fucini ; crim. 24 oct. 2017, n° 16-85.975, *D.* ; crim. 22 nov. 2017, obs. L. Priou-Alibert ; *RSC* 2017. 738, obs. Y. Mayaud.

[313] Cass. crim., 14 oct. 1986, *Bull. crim.* n°288; crim., 24 févr. 2015, n° 14-82.350, *D.*, 1er avr. 2015, obs. L. Priou-Alibert.

d'affectation de sa propre initiative[314]. Le juge répressif a refusé de faire « tomber » la présomption de faute alors même qu'est apportée la preuve de l'indiscipline des salariés[315], le refus de la victime d'obéir aux consignes[316] ou l'état d'imprégnation alcoolique d'un salarié[317].

Bilan. Les positions des tribunaux répressifs subissent des critiques doctrinales : le Professeur Patrick MORVAN considère que derrière ces raisonnements jurisprudentiels se dissimulent une véritable présomption d'intention[318]. Sans aller jusqu'à avancer que la présomption de faute est totalement irréfragable - le dirigeant pouvant rapporter la preuve d'une erreur inévitable ou une d'éventuelle faute du salarié victime - il n'est guère envisageable en tout cas d'affirmer que la présomption de faute peut être renversée avec facilité.

Conclusion section 1. A l'issu de cette section, nous pouvons donc affirmer que les juges ne souhaitent pas entrer dans des considérations morales, lesquelles sont systématiquement considérées comme une « anormalité » à l'égard du dirigeant. La chambre criminelle de la Cour de cassation semble présenter une conception « matérielle » voire « abstraite » de la responsabilité pénale. Doit-on alors penser l'omission comme seul fondement de la responsabilité pénale du dirigeant ? La section qui suit nous permet de répondre par la négative.

---

314 Cass. crim., 23 oct. 1990, *Bull. crim.* n°354.
315 Cass. crim., 16 janv. 1989, n°89-82.881; crim., 23 févr. 1993, n°92-80.086.
316 Cass. crim., 1er déc. 1998: *Juris Data* n° 1998-005180.
317 Cass. crim., 30 sept. 2003, n°03-81.554. Inédit.
318 P. Morvan, « L'irrésistible ascension de la faute caractérisée : l'assaut avorté du législateur contre l'échelle de la culpabilité », *in Mélanges J. Pradel*, Paris, Cujas, 2006, p. 449.

SECTION 2.
LA FAUTE DÉDUITE DE L'ACTE DE COMMISSION

Après avoir démontré que le juge avait recours à la présomption de faute pour les infractions d'abstention, il faut s'interroger sur la preuve de la faute lorsque viendrait à être commise une infraction de commission par le dirigeant. Doit-on penser à une généralisation du recours à la présomption de faute ? Une étude attentive de la jurisprudence démontre que les juges n'hésitent pas à affirmer que le dirigeant ne pouvait pas ignorer les faits délictuels commis. Les tribunaux répressifs s'appuient alors sur la fonction de chef d'entreprise pour en déduire que ce dernier ne pouvait ignorer le caractère frauduleux des faits (§1). Il conviendra alors de s'interroger sur l'existence d'un éventuel moyen d'exonération qui somme toute, s'annonce difficile à mettre en œuvre par le dirigeant (§2).

§1-La théorisation prétorienne de l' « *ignorance interdite* » par le dirigeant du caractère frauduleux des actes de l'interdit

La recherche d'une faute du chef d'entreprise semble être devenue artificielle dans la mesure où la mauvaise foi est déduite des infractions *ès-qualités* (A), soit simplement de celles qui relèvent du droit commun (B).

A- Le recours du juge à la présomption de mauvaise foi pour les infractions de commission dont le dirigeant est désigné comme auteur

Le principe de « bonne foi » de l'auteur des faits en droit pénal. Le principe, en droit pénal, est celui de la présomption d'innocence de la personne poursuivie[319] - celle-ci est donc présumée être de bonne foi et c'est au ministère public et, le cas échéant, à la partie civile, d'apporter la preuve de tous les éléments constitutifs de l'infraction, notamment la preuve de la mauvaise foi de l'auteur. Ce premier principe doit par

[319] C. proc. pén. art. préliminaire, § III.

ailleurs s'articuler avec les principes de la liberté de la preuve et de l'intime conviction. Ils signifient, pour le premier, que les infractions peuvent être établies par tout mode de preuve et, pour le deuxième, que les juges du Quai de l'Horloge se prononcent d'après leur intime conviction, laissant ainsi l'appréciation des faits à l'appréciation souveraine des juges du fond.

L'approche théorique – l'exigence d'une preuve de la mauvaise foi du dirigeant. En ce qui concerne les infractions pour lesquelles le chef d'entreprise est désigné comme auteur, le principe de présomption d'innocence est perceptible - la preuve de la « *mauvaise foi* » doit être établie par les tribunaux répressifs. À titre d'illustration, en matière d'abus de biens sociaux, le Code de commerce précise que doit être prouvée la « *mauvaise foi* »[320] du dirigeant. En matière de banqueroute, l'article L. 654-2 du Code de commerce fait référence aux comportement frauduleux des dirigeants[321]. Enfin, en matière de répartition de dividendes fictifs, le juge devra déterminer *« la connaissance de l'absence d'inventaire ou de son caractère frauduleux et du caractère fictif des dividendes répartis »*[322].

L'approche pratique- le recours du juge à la présomption de mauvaise foi. Si la théorie ne contredit donc pas l'exigence - pour la constitution de l'infraction de la mauvaise foi de son auteur - en revanche la pratique a recours à certains raccourcis. Le juge n'hésite pas à porter son raisonnement au-delà du terrain probatoire lorsqu'il lie la preuve de la bonne foi au comportement qu'aurait dû avoir un

---

[320] C. com. art. L. 241-3, 4° et L. 242-6, 3°.

[321] L'article L. 654-2 du Code de commerce dispose qu' » e*n cas d'ouverture d'une procédure de redressement judiciaire ou de liquidation judiciaire, sont coupables de banqueroute les personnes mentionnées à l'article L. 654-1 contre lesquelles a été relevé l'un des faits ci-après : 1° Avoir, dans l'intention d'éviter ou de retarder l'ouverture de la procédure de redressement judiciaire ou de liquidation judiciaire, soit fait des achats en vue d'une revente au-dessous du cours, soit employé des moyens ruineux pour se procurer des fonds ; 2° Avoir détourné ou dissimulé tout ou partie de l'actif du débiteur ; 3° Avoir frauduleusement augmenté le passif du débiteur ; 4° Avoir tenu une comptabilité fictive ou fait disparaître des documents comptables de l'entreprise ou de la personne morale ou s'être abstenu de tenir toute comptabilité lorsque les textes applicables en font obligation ; 5° Avoir tenu une comptabilité manifestement incomplète ou irrégulière au regard des dispositions légales ».*

[322] C. com. art. L. 241-3, 3°, 3° et L. 242-6, 1°.

professionnel diligent, indépendamment de la conscience ou de l'ignorance qu'il a pu effectivement avoir de la violation de l'interdit pénal. En 2007, la chambre criminelle de la cour de Cassation affirmait que « *la répartition des dividendes fictifs aux actionnaires avait été opérée de mauvaise foi, en connaissance de cause du caractère fictif des dividendes et de l'inexactitude de l'inventaire*[323] ».

La preuve facilitée du dol général de l'infraction d'abus de biens sociaux. En ce qui concerne l'infraction d'abus de biens sociaux, les juges ont dans un premier temps eu recours à la présomption de connaissance du fait délictuel par le dirigeant. Dans un arrêt du 5 décembre 2010, la chambre criminelle de la Cour de cassation a approuvé les juges du fond d'avoir retenu que le dirigeant avait *« eu conscience de ce que ces virements constituaient un abus des biens sociaux de la société DPO eu égard à ses compétences »*[324]. Aussi, la mauvaise foi se déduit de l'inertie des dirigeants et celle-ci est parfois affirmée avec force. Sur ce point, un arrêt de la chambre criminelle en date du 16 octobre 2013[325] est particulièrement évocateur sur ce point. La chambre de l'instruction avait confirmé une ordonnance de non-lieu du juge d'instruction au motif que :« *L'élément intentionnel, la volonté consciente et délibérée du président du comité d'entreprise d'enfreindre les prescriptions légales dans le dessein avéré de faire obstacle au fonctionnement du comité, s'avère insuffisamment établie au vu des données de l'espèce* ».

Le recours par le juge à la présomption de mauvaise foi. Quelques années plus tard, la Haute juridiction s'est employée à retenir la mauvaise foi présumée du dirigeant. Dans un arrêt du 31 mai 2017, il avait été précisé que : « *les prévenus qui avaient procédé à des retraits d'espèces à des fins personnelles au sein de la caisse de la pharmacie dont ils étaient les gérants, se sont attribués des rémunérations disproportionnées au regard de la situation financière de leur société*

---

[323] Cass. crim., 31 oct. 2007, n°06-85.676.

[324] Cass. crim., 5 déc. 2010, n°09-87.651. Inédit.

[325] Ass. plén., 28 janv. 1983, n° 80-93.511, Crim. 15 févr. 1994, n° 92-84.088, *Bull. crim.*, n° 68, *RJS* 6/94, n° 713. Crim. 27 mars 1990, n° 89-82.951, *RJS* 6/90, n° 502 et Crim. 6 mai 2008, n° 07-84.416. Inédit. Crim. 23 oct. 2007, n° 06-86.458, *Bull. Joly Sociétés* 2008, p. 226, note G. Auzero ; crim. 26 mars 2008, n° 07-84.308. Inédit. Crim., 16 oct. 2013, n°12-86.915. Inédit.

et ont octroyé des prêts sans intérêt et sans garantie à des salariés contraires aux intérêts de celle-ci, que la régularisation ultérieure intervenue n'emporte pas effacement des infractions, que les prévenus, qui n'ignoraient pas la situation déficitaire de la pharmacie en raison de la procédure de sauvegarde engagée, ont fait en connaissance de cause et de mauvaise foi un usage des fonds sociaux contraire à l'intérêt de la personne morale »[326]. Plus récemment il a été décidé qu'un gérant exploitant un bar de nuit, en utilisant indûment les fonds de sa société pour jouer dans des casinos et financer son train de vie avait fait de mauvaise foi, des biens de la société qu'il dirigeait, un usage « *qu'il savait contraire à l'intérêt de celle-ci, à des fins personnelles et pour favoriser une autre société dans laquelle il était intéressé directement* »[327]. Soulignons également que la preuve du dol spécial est considérablement facilitée. La preuve de l'usage à des fins personnelles qui constitue le dol spécial de l'infraction d'abus de bien sociaux est facilitée par une présomption simple posée par la jurisprudence lorsque le dirigeant a prélevé de façon occulte des fonds sociaux[328]. De manière identique, il est présumé que ces fonds ont été utilisés dans l'intérêt personnel du dirigeant sauf si ce dernier justifie de son utilisation dans le seul intérêt de la société[329].

La preuve facilitée de la faute en ce qui concerne l'infraction de banqueroute. De manière similaire, lorsque qu'est relevé à l'égard du dirigeant un acte constituant un acte matériel de banqueroute, les juges considèrent que l'intention est « *nécessairement incluses dans la constatation du détournement* »[330] ou peut être assimilée à la « *conscience qu'en avait nécessairement le gérant* »[331] . D'ailleurs, ils

---

[326] Cass. crim., 31 mai 2017, n°16-81.847. Inédit.

[327] Cass. crim., 28 mars 2018, n°17-81.114. Inédit.

[328] Cass. crim., 20 juin 1996, *Bull. Joly. Sociétés.* 1997, p. 18 ; crim., 9 juill. 1998, *Bull. Joly Sociétés* 1998, p. 1257, note J.-F Barbiéri ; crim., 24 sept. 2008, *Dr. pén.* 2009, comm. 10, obs. J-H. Robert ; *Rev. Soc.* 2007, p. 136, note B. Bouloc ; crim., 13 déc 2016, n°15-86.654., Inédit. *Dr. soc.* 2017, comm. 53, obs. R. Salomon.

[329] Cass. crim., 14 juin 2006, *Dr. pén* ; 2006, n°127, obs J.-H Robert, crim., 29 juin 2016, n°15-84. 228, *Dr. soc.* 2016, comm. 155, obs. R ; Salomon.

[330] Cass. crim., 8 nov. 2006, *D.* 2007. 1626, obs. Mascala ; CA Toulouse, 16 mars 2005, Juris-Data n° 2005-272417 ; crim., 5 avr. 2006, n°04-87.765, *Dr. soc.* nov. 2006, comm. 171, obs. R ; Salomon.

[331] Cass. crim., 19 déc 2012, n°11-86.702, *Rev. proc. coll.* 2013, comm. 62, obs. C. Mascala ; crim., 2 sept. 2015, *Gaz. Pal*, 1er-3 nov. 2015, p. 35, obs. S. Detraz.

n'hésitent pas à recourir à des présomptions en considérant que l'intention coupable était « *nécessairement incluse dans la constatation du détournement* »[332]ou qu'elle résultait suffisamment de la connaissance de l'état de cessation des paiements de la société[333]. On retrouve également cette amplitude d'interprétation avec l'infraction de banqueroute par la tenue d'une comptabilité irrégulière[334] pour laquelle la chambre criminelle de la Cour de cassation retient que « *l'absence totale de comptabilité démontre en elle-même le caractère manifeste de l'irrégularité et la conscience qu'en avait le dirigeant* »[335] . Ce par quoi la Cour de cassation avait affirmé que la volonté du dirigeant pouvait être déduite des abstentions reprochées.

Vers une définition renouvelée de l'intention coupable ? Le recours à la présomption d'intention ou de mauvaise foi pour les infractions de commission *ès-qualités* est affirmée avec force. C'est donc une répression empreinte d'automaticité qu'il est possible de mettre en avant. En dépit de l'introduction de l'article 121-3, alinéa 1, dans le Code pénal de 1992, les juges déduisent l'intention de l'action. Il semblerait que cette démarche se généralise, laissant penser une disparition de la preuve de la faute.

B- Le recours du juge à la présomption de mauvaise foi pour les infractions de commission de « *droit commun* » imputables au dirigeant

Le recours à la présomption de faute s'affirme également lorsqu'il s'agit d'un acte de commission qui fonde l'infraction et qu'aucune obligation positive ne pèse sur le dirigeant. Il en va de même lorsque le juge pénal s'appuie sur la fonction de chef d'entreprise pour déduire du fait matériel que celui qui la détient « *ne pouvait pas ne pas savoir* ». L'accomplissement d'un acte contraire à la loi par le dirigeant révèle

[332] Cass. crim., 2 mars 1989, n°88-80.850.
[333] Cass. crim., 5 avr. 2006, n°04-87.765, *Dr. soc.* 2006, comm. 17, note R. Salomon.
[334] Cass. crim., 6 avr. 2011, n°10-86.008, *RSC* 2011, p. 621, obs. H. Matsoupoulou.
[335] Cass. crim.,19 déc 2012, n° 11-86.702, *Rev. proc. coll.* 2013, p. 56 ; crim., 2 sept. 2015, n°14-82.980. Inédit. *Dr. soc.* 2015, comm. 204, obs. R. Salomon ; crim. 20 avr. 2017, n°16-82.850. Inédit. *JCP E* 2017, 1373, p. 26, obs. Salomon. R.

alors un manquement dans la fonction suffisant à caractériser son intention ou sa mauvaise foi.

Le recours du juge présomption d'intention dans les infractions de droit commun, une méthode propre au dirigeant ? Le recours du juge à la présomption de mauvaise foi en ce qui concerne les infractions de commission ne semble pas spécifiquement relative au dirigeant. À titre d'illustration, en ce qui concerne les délits de recel et de blanchiment de capitaux, la jurisprudence n'hésite pas à déduire la mauvaise foi de l'auteur des conditions dans lesquelles il est entré en possession des objets ou fonds[336]. À cet effet, il a été mis en avant par le Professeur Bernard BOULOC l'absence de prise en considération de l'élément moral pour de nombreuses infractions[337].

Toutefois, si l'on compare le traitement de l'élément intentionnel par les tribunaux répressifs pour des infractions similaires, commises par le dirigeant ou un sujet sans qualité apparente, les approches sont sensiblement différentes. À la différence des sujets de droit commun, les juges considèrent le fait pour un dirigeant d'accomplir un acte contraire à la loi suffit à caractériser son intention ou sa « mauvaise foi ». En matière d'escroquerie, lorsque l'agent n'a pas de fonction spécifique, la Haute juridiction estime qu'une simple négligence ou imprudence ne saurait suffire à caractériser le délit[338]. À l'endroit du dirigeant, il a été jugé que la seule constatation de moyens matériels, souvent sophistiqués, mis en œuvre par le dirigeant tels que l'émission de fausses factures, faux documents, empreint d'une fausse identité, interposition de sociétés écrans ou de sociétés fictives[339].

Transition. Si la mauvaise foi se déduit de l'inertie des dirigeants alors ceux-ci ne sauraient se prévaloir en toute logique de leur bonne foi pour prétendre à une exonération de leur responsabilité pénale.

---

[336] Cass. crim., 31 janv. 2007, nº 06-86.247. Inédit.

[337] B. Bouloc, « Aspects juridiques du blanchiment », *in Gaz. Pal.* 24 janv. 2004, p. 16.

[338] Cass. crim., 10 nov. 1999, *Bull. crim.* 1999, n° 253 ; *RTD com.* 2000, p. 472, obs. B. Bouloc.

[339] Cass. crim., 31 janv. 2007, *Dr. pén.* 2007, comm. 56, obs. M. Véron.

§2-L'existence d'une possibilité pour le dirigeant de renverser la présomption de mauvaise foi ?

Partant de la règle jurisprudentielle selon laquelle les dirigeants sont bien placés, au regard leur fonction, pour apprécier la situation et la portée de leurs actes, c'est alors une présomption d'imputation *ès-qualités* qui pèse sur ces derniers. En raison du fait qu'ils n'ont pas le droit « *de ne pas savoir* » ou « *d'ignorer* », toute preuve de « *bonne foi* » semble par conséquent inutile. La théorie selon laquelle le dirigeant *« ne pouvait pas ne pas savoir »* ne porte ses effets que sur le terrain probatoire. Elle pose en effet que, compte tenu des circonstances le professionnel avait nécessairement conscience d'agir en violation de la loi pénale ; ce faisant, l'auteur est présumé avoir voulu violer l'interdit pénal. En outre la présomption de faute ainsi posée laisse encore place pour la preuve contraire de la bonne foi. Toutefois, comme en témoigne la pratique, la preuve par le dirigeant de sa bonne foi se révèle bien compliquée. À titre d'exemple, la chambre criminelle de la Cour de cassation avait, le 5 décembre 2010[340], exclu la « bonne foi » des dirigeants aux motifs que ceux-ci avaient nécessairement connaissance du caractère fictif des dividendes et de l'inexactitude de l'inventaire d'entreprise.

L'approche doctrinale. Face à cette sévérité jurisprudentielle, certains auteurs ont pu affirmer que la bonne foi n'avait pas sa place, qu'elle en était même la négation[341] ou qu'elle occupait *« une place ridicule »*[342]. Comme l'a souligné le Professeur Michel VERON, le chef d'entreprise, auquel il est reproché des actes particulièrement graves ne peut difficilement se prétendre de bonne foi dans la mesure où il est bien placé par sa fonction pour apprécier la situation et la portée de ses actes[343]. En tout état de cause, cette logique de moralisation de

---

[340] Cass. crim., 5 déc. 2010, n°09-87.651. Inédit.

[341] W. Feugere, « La bonne foi en droit pénal des affaires : l'espoir d'une résurgence ? », *in Gaz. Pal.* 17 mars 2009, n°76, p. 34.

[342] Y. Muller-Lagarde, « La bonne foi : « Peau de chagrin » du droit pénal des affaires », *in Gaz. Pal.* 17 mars 2009, n°76, p. 26.

[343] M. Veron, *Droit pénal des affaires*, *op. cit.*, n°284.

l'entreprise qui ne semble pas compatible avec la présomption d'innocence[344].

L'approche pratique - nécessité pour les juges du fond de caractériser la mauvaise foi du dirigeant. Dans certaines situations, il semblerait que la présomption d'innocence soit préservée. La Haute juridiction exige parfois des juges du fond qu'ils déterminent la mauvaise foi du dirigeant. Par une décision du 14 janvier 2004, la chambre criminelle de la Cour de cassation faisait alors valoir que l'infraction d'abus de biens sociaux n'était « *constituée qu'en cas de mauvaise foi de son auteur, que la position provisoirement débitrice d'un compte courant d'associé pour l'obtention d'un crédit destiné à financer le rachat de parts sociales ne suffit pas à caractériser l'infraction, que le prévenu pensait de bonne foi pouvoir réabonder son compte courant une fois le crédit mis en place* »[345]. Tel avait été également le cas dans un arrêt en date du 23 juin 2009 où il était reproché à la Cour d'appel de ne pas s'être expliquée sur l'élément intentionnel d'une discrimination syndicale et d'une entrave de l'exercice syndical commise par l'employeur[346].

L'approche théorique. D'un point de vue théorique, il semblerait que le législateur soit davantage soucieux de la préservation de la présomption d'innocence. Rappelons que l'article L. 465-1 du Code monétaire et financier avait instauré une présomption de connaissance pesant sur les dirigeants en raison de leur position au sein de la société, qui leur permettait de détenir des informations privilégiées. Ainsi, les dirigeants de société anonyme[347] étaient considérés par la loi comme

---

[344] Cass. crim. 6 nov. 1991, Bull. crim., n°397; Crim., 9 avr. 1992, *Bull. crim.*, n°155; crim., 16 mars 1993, *Bull. crim.*, n°115. ; B. Bouloc, « Ddroit pénal des affaires », *in RSC*, 1995, p. 465, Déc. n°99-411 du 16 juin 1999, *JORF* du 19 juin 1999, pp. 9018 et 9019, *D.* 1999, p. 589, note Y. Mayaud. ; CEDH, Salabiaku c/ France, 7 oct. 1988, *in Jurisprudence de la Cour européenne des droits de l'Homme*, 8ème ed., Sirey, 2002, n°108.

[345] Cass. crim., 14 janv. 2004, n°03-80394. Inédit.

[346] Cass. crim., 23 juin 2009, n° 08-88.393. Inédit.

[347] Les personnes visées par l'article L. 225-109 du Code de commerce auquel renvoie l'article L. 465-1 du Code monétaire et financier : président, directeurs généraux, membres du directoire d'une société, personnes physiques ou morales exerçant dans cette société les fonctions d'administrateur ou de membre du conseil de surveillance ainsi que les représentants permanents des personnes morales qui exercent ces fonctions.

des initiés directs, car ils étaient susceptibles de détenir des informations privilégiées du fait de leur statut de dirigeant. Le législateur cherchait à éviter que ces personnes, qui de par leur statut de dirigeants au sein d'une société ont accès à des informations privilégiées, ne les utilisent à des fins strictement personnelles, ce qui romprait l'égalité entre les potentiels partenaires du marché boursier. Toutefois, la loi du 21 janvier 2016[348] est venue prévenir le recours aux présomptions de faute pesant sur le chef d'entreprise à raison de sa propre fonction. L'article L. 465-1 B. C du Code monétaire et financier précise désormais que « *le simple fait qu'une personne dispose d'une information privilégiée n'est pas constitutif de l'infraction si son comportement est légitime* ». Il s'agit donc d'une présomption simple, pouvant être combattue par la preuve d'un comportement légitime qui semble s'imposer. Or, que faut-il entendre par « *comportement légitime* » ? Visiblement, aucune décision en la matière n'a été rendue pour y répondre. Soulignons tout de même que la légitimité relève d'un jugement subjectif mais très partagé sur la conformité d'une personne, d'un fait, d'une proposition ou d'un argument par rapport à une loi ou une règle tacite. En effet, si la règle était juridique, l'on dirait simplement qu'il s'agit de légalité et non de légitimité. L'origine du mot est en effet également celui de *lex(gis),* la loi. Mais au contraire de la légalité qui se juge relativement objectivement, la légitimité est une notion plus floue. À cet effet, il reviendra au juge d'en préciser les contours.

Conclusion Section 2. Cette section avait pour but de parachever notre raisonnement – celui d'un recours généralisé du juge à la présomption de faute lorsqu'une infraction est reprochée au dirigeant. Le débat doit selon nous trouver un prolongement naturel dans les réflexions nouvellement nées de l'émergence d'un droit pénal du « risque ». On finit alors par approuver le sociologue Ulrich Beck[349] qui précise dans son ouvrage que nous sommes passés d'une société industrielle centrée sur la question de la répartition des richesses à une société soucieuse de la répartition des risques qui impose une nouvelle approche du risque par le droit et plus particulièrement par le droit pénal. Le risque, a-t-on

[348] L. n° 2016-819 du 21 juin 2016 réformant le système de répression des abus de marché, ORF n°0144 du 22 juin 2016, texte n° 1.

[349] U. Beck, *La société du risque : Sur la voie d'une autre modernité*, Paris, Flammarion, 2008.

écrit, *« deviendrait, à cet égard, une catégorie juridique à part entière dans une optique de « gouvernance des risques »* [350]. Nul doute alors que le développement de la sanction pénale du risque implique, dans le domaine des affaires, une intention spécifique.

Conclusion chapitre 2. Il convient donc de relever plusieurs spécificités significatives qui démontrent le traitement particulier du décideur d'entreprise. Tout d'abord, d'un point de vue de l'élément matériel, la seule incrimination de l'abstention « *tranchant* » avec la place prioritaire de l'action en droit pénal commun suffit à engager la responsabilité pénale en ce qu'il existerait un manquement dans la fonction. En effet, cette « abstention dans la fonction » induit des conséquences d'un point de vue probatoire tant pour le juge que pour le dirigeant.

---

[350] G. Canivet, « Le risque : le droit au risque » , *in Actes de savoir, revue interdisciplinaire de l'Institut universitaire de France*, PUF, 2007, p. 9.

CONCLUSION DU TITRE 1 :

C'est donc aussi bien les dispositions législatives que les positions jurisprudentielles qui amènent au constat d'une souplesse des conditions de mise en œuvre responsabilité pénale par rapport au droit commun. Animée par une logique aussi bien dirigiste que protectrice, la violation des obligations positives dont seuls les dirigeants peuvent être rendus responsables ne cessent de croître, contraignant de ce fait le dirigeant à une vigilance de tous les instants. C'est ainsi que tout manquement constitue une faute, véritable « *machine de guerre contre les décideurs, dirigeants ou fondateurs* »[351]. Le juge pénal s'appuie sur le fait qu'en raison de sa fonction, le chef d'entreprise doit connaître les règles liées au fonctionnement de l'entreprise qu'il dirige et le caractère répréhensible de l'acte illégal qu'il commettra. C'est ainsi que la terminologie de « *généralisation* » de la présomption de faute à l'égard des dirigeants revêt tout son sens. Elle peut naturellement être vue comme une spécificité de la responsabilité pénale du dirigeant. À tout le moins, si ces présomptions de faute s'opposent aussi bien aux canons du droit pénal classique qu'à la présomption d'innocence, il est tout de même envisageable de surmonter la critique si des sanctions régulatrices[352] prennent le pas sur les sanctions répressives.

---

351 W. Jeandidier, « L'élément moral des infractions d'affaires ou l'art de la métamorphose », *Mélanges B. Bouloc*, Dalloz 2007, p. 491 et s., spéc., p. 376.

352 On entend par sanction régulatrice, les injonctions ou les sanctions administratives.

TITRE 2. L'ASSOUPLISSEMENT DES GARANTIES PROCÉDURALES DANS LE CADRE DE LA RECHERCHE DES INFRACTIONS IMPUTABLES AU CHEF D'ENTREPRISE

L'intérêt de la démonstration. Dans le cadre de la recherche de la responsabilité pénale du dirigeant, les principes procéduraux traditionnels ont vocation à s'appliquer comme dans tout autre domaine. En ce qui concerne notre étude, certains particularismes sont à relever – l'analyse du traitement procédural qui va suivre permet de les mettre en lumière.

La revendication d'une spécialisation des enquêteurs face au développement des infractions à la réglementation et à la législation dans l'entreprise. Les infractions imputables au dirigeant nécessitent, pour la grande majorité d'entre elles, des connaissances spécifiques de la part des personnes habilitées à les constater. Déjà en 1989, le Professeur Jacques-Henri ROBERT pointait du doigt le besoin croissant de spécialisation du droit dans l'entreprise ayant conduit le législateur et le gouvernement à doter des fonctionnaires de compétences d'attribution spécifiques[353]. Quelques années plus tard, l'ancien procureur général près la Cour de cassation, Monsieur Jean-Claude MARIN, revendiquait à nouveau le besoin d'une spécialisation accrue des enquêteurs intervenant dans les entreprises. Lors de son allocution prononcée le 29 mai 2015, celui faisait valoir que : « *L'ensemble des activités illégales dont les spécificités essentielles prennent place dans le contexte de l'activité économique, se développent dans les organisations structurées, de type privé ou public, ne font pas appel à la violence ou à la force et qu'elles nécessitent des connaissances et un savoir propre aux acteurs du monde des affaires, entraînant un besoin toujours plus important de spécialisation des organes chargés des poursuites et des enquêtes* »[354].

---

[353] J.-H. Robert, « Les investigations des fonctionnaires investis de certaines fonctions de police judiciaire », *in Mélanges A. Vitu,* 1989, éd. Cujas, p. 431 et s.

[354] Journée de formation organisée à la Cour de cassation sur le rôle du ministère public en matière économique et financière, 29 mai 2015, allocution d'ouverture

Annonce de plan. Le constat de la technicité des infractions pouvant être reprochées au chef d'entreprise apparaît alors comme la pierre angulaire de notre raisonnement. En découle un droit d'enquête « affermi » des agents publics dans l'entreprise **(Chapitre 1)** en contradiction avec certains principes fondamentaux du procès pénal **(Chapitre 2).** C'est naturellement la mise en perspective d'un traitement procédural spécifique et défavorable à l'endroit du dirigeant sur laquelle il convient de s'attarder - elle vient appuyer l'objet de notre démonstration, à savoir un assouplissement des règles probatoires traditionnelles facilitant la preuve des infractions pouvant être reprochées au dirigeant.

---

par l'ancien procureur général près la Cour de cassation, Monsieur Jean-Claude MARIN.

CHAPITRE 1.
LE DROIT D'ENQUÊTE DES AGENTS ADMINISTRATIFS DANS L'ENTREPRISE

La coexistence des autorités administratives et des autorités de droit commun dans l'entreprise. Si l'on se réfère au Code de procédure pénale, les autorités de police judiciaire ont le pouvoir de constater toutes « *les infractions à la loi pénale* »[355]. Quant aux agents des administrations, ceux-ci possèdent également des pouvoirs de police judiciaire[356]. Au regard de cela, une interrogation surgit naturellement : celle ayant trait à la coexistence des autorités de droit commun et des autorités administratives, lors d'enquêtes mises en œuvre au sein de l'entreprise. Si cette coexistence apparaît comme une situation classique dans le paysage pénal[357], elle mérite que l'on y prête attention. Pour cela, il convient avant toute chose de s'intéresser à la spécificité des infractions qui peuvent être reprochées au dirigeant.

L'interrogation sur les autorités en charge de constater les infractions pouvant être reprochées au dirigeant. Ces infractions apparaissent souvent bien trop techniques, les compétences requièrent une spécialisation si bien que l'on ne peut pas réellement faire appel au personnel habituel de la police judiciaire. C'est en tout cas ce qui a été mis en avant par le Professeur Alain COEURET à propos des fonctionnaires de l'Inspection du travail. Selon lui, « *la compétence des inspecteurs du travail n'a jamais été exclusive, mais très vite les particularités du milieu d'intervention firent que le contrôle de la réglementation reposa presque totalement sur eux* »[358] . Il pourrait être

---

[355] L'article 14 du Code de procédure pénale prévoit que la police judiciaire « *est chargée, suivant les distinctions établies au présent titre, de constater les infractions à la loi pénale, d'en rassembler les preuves et d'en rechercher les auteurs tant qu'une information n'est pas ouverte* ».

[356] L'article 28 du Code de procédure pénale dispose que » *les fonctionnaires et agents des administrations et services publics auxquels des lois spéciales attribuent certains pouvoirs de police judiciaire exercent ces pouvoirs dans les conditions et dans les limites fixées par ces lois* ».

[357] R. Merle et A. Vitu, *Traité de droit criminel*, Paris, Cujas, 5ème éd., 2001, n° 247.

[358] A. Coeuret, E. Fortis, F. Duquesne, *Droit pénal du travail*, Paris, LexisNexis, 6ème éd. p. 15.

ajouté à cela qu'en plus de leurs compétences propres, la pratique de terrain des administrations permet des connaissances du domaine de l'entreprise, de la nature de la relation qui y règne.

Annonce de plan. Il conviendra alors de relever l'existence d'autorités administratives qui possèdent des pouvoirs de police judiciaire aux fins de constatation des infractions pouvant être reprochées au dirigeant **(Section 1)** et la manière dont celles-ci peuvent être constatées **(Section 2)**.

SECTION 1.
LES INFRACTIONS IMPUTABLES AU DIRIGEANT MAJORITAIREMENT CONSTATÉÉS PAR LES ADMINISTRATIONS SPÉCIALISÉES

L'état des lieux - technicité de la réglementation et de la législation s'imposant au chef d'entreprise. La multiplication des prescriptions légales et réglementaires dans l'entreprise, marquées par la technicité, a conduit le législateur à se doter de pouvoirs d'enquête des personnels spécialisés. Afin de vérifier l'effectivité normative en matière sociale, fiscale, économique dans l'entreprise, certains fonctionnaires relevant de différentes administrations se sont vu octroyer des droits d'investigation spécifiques. Lorsqu'elles se déroulent au sein de l'entreprise, les enquêtes peuvent être conduites soit par les agents des administrations soit par les autorités de police judiciaire. S'exerce en quelque sorte une « compétence concurrente ». Il s'agit de s'interroger alors sur les enquêteurs qui interviennent en priorité dans l'entreprise afin de constater les infractions qui peuvent être reprochées au chef d'entreprise. À ce sujet, le Professeur Renaud SALOMON avait déjà précisé que les agents des administrations étaient bien souvent à l'origine d'enquête de nature pénale, « *concurrençant ainsi la police judiciaire* »[359].

Objet de la présente section. L'objet de notre étude sera alors de démontrer l'existence d'un « quasi-monopole » d'enquête de la part des administrations et de fournir des explications à cela. C'est principalement en raison de la spécialisation et de la connaissance qu'ils ont du monde de l'entreprise que les agents administratifs se retrouvent à l'origine d'enquête de nature pénale (§1). Mais c'est également en raison de la détention d'une gamme d'informations inépuisables que les agents peuvent intervenir rapidement et en priorité dans l'entreprise (§2).

[359] R. Salomon, A. Martinel, *Droit pénal social*, Economica, 2016, p. 521.

§1- L'extension de compétences d'attribution des administrations

La spécificité et la technicité des infractions pouvant être reprochées au dirigeant nous pousse à nous interroger sur les enquêteurs qui vont être amenés à les constater. C'est notamment en raison de leurs compétences spécifiques que les agents des administrations disposent du pouvoir de procéder à des enquêtes au sein de l'entreprise (A). Cela revient-il à dire que les officiers de police judiciaires voient leur pouvoir d'enquête limités pour ces infractions ? À cela, il serait tentant de répondre que rien n'est moins sûr, notamment lorsque l'on constate le développement des services composés d'officiers de police judiciaire spécialisés dans la détection d'infractions d'affaires. Toutefois, le phénomène d'extension du domaine de compétence des agents des administrations aux infractions non réglementées permettrait de répondre par l'affirmative (B).

A- La spécificité du constat des infractions à la réglementation dans l'entreprise

Les infractions commises dans l'entreprise peuvent *a priori* être constatées par la police judiciaire dans la mesure où celle-ci est « *chargée de constater les infractions à la loi pénale, d'en rassembler les preuves et d'en rechercher les auteurs tant qu'une information n'est pas ouverte* »[360]. Néanmoins, le législateur a pris conscience d'une absence de connaissance et de compétence technique[361] des officiers de police judiciaire afin de vérifier l'application de la « *réglementation spéciale* »[362]. L'étude de la législation en matière d'enquêtes coercitives ne peut que renforcer cette idée dans la mesure où il est prévu que les officiers de police judiciaire soient désignés par le juge

---

[360] C. proc. pén. art. 15.

[361] H. Matsoupoulou, « Les investigations de certains fonctionnaires dans les locaux des entreprises », *Petites. Aff.* 19 juill. 2001, n° 143, p. 4.

[362] J.-H. Robert, « Les investigations des fonctionnaires investis de certaines fonctions de police judiciaire », *in Mélanges A. Vitu*, 1989, éd. Cujas, p. 431 et s ; J.-H. Robert, *Dr. pén.* 2005, comm. 174, note sous Cass. crim., 20 sept. 2005, n°05-82.071. Inédit.

[362] J.-H. Robert, « La répression, in le droit pénal du travail », *in Actes du colloque du 27 mai 2000*, *Dr. social* 2000, p. 954.

afin d'assister aux opérations[363], mais ne peuvent y participer activement[364], notamment en dressant procès-verbal de déclaration[365]. Outre les compétences spécifiques des administrations, il convient de s'interroger sur le sens d'une telle démarche législative. À l'instar du Professeur Haritini MATSOUPOULOU qui voit dans cette démarche un moyen de satisfaction aux exigences de l'ordre public économique[366], il pourrait à notre sens être relevé l'influence de l'État sur le législateur dans l'octroi de compétences propres aux administrations dans le seul et unique but de s'assurer de la bonne exécution du droit par les dirigeants.

Dans un premier temps, la loi du 2 novembre 1892 instaurant une Inspection du travail d'État avait octroyé aux agents qui en dépendaient, une compétence spécifique pour faire appliquer la règlementation relative à l'emploi des travailleurs dans l'industrie[367]. Dans un deuxième temps, c'est l'ordonnance du 30 juin 1945[368] qui a donné des pouvoirs nécessaires aux agents de la Direction générale du commerce intérieur et des prix afin que ceux-ci constatent les infractions en matière de prix ou de facturation[369]. Puis, l'ordonnance du 1er décembre 1986[370] a donné compétence aux agents de la concurrence, de la consommation et de la répression des fraudes pour constater les

---

363 Ils apportent seulement leur concours en procédant le cas échéant aux réquisitions nécessaires (par exemple, les services d'un serrurier) et informe le juge pénal du déroulement des opérations.

364 À titre d'illustration, C. com. art. L 450-4 al. 3, C. consom. art. L. 512-52, al. 4.

365 Cass. com., 20 févr. 1996, n°94-19.284.

366 H. Matsoupoulou, « Les investigations de certains fonctionnaires dans les locaux des entreprises », *Petites. Aff.* 19 juill. 2001, n° 143, p. 4.

367 Rapp. CES-CE, n°7, 24 janv. 1996, « L'Inspection du travail » ; C'est seulement en 1947 que la convention n°81 sur l'inspection du travail dans l'industrie et le commerce a précisé que l'Inspection du travail serait chargée d'assurer l'application des dispositions légales relatives aux conditions de travail et à la protection des travailleurs dans l'exercice de leur profession. V. sur ce point, Conv. OIT. n°81, 1947 art. n°3.1. a.

368 Ord. n°45-1484 du 30 juin 1945 relative à la constatation, la poursuite et la répression des infractions à la législation économique.

369 H. Matsoupoulou, « Les investigations de certains fonctionnaires dans les locaux des entreprises », *op. cit.*, p. 5.

370 Ord. n° 86-1243 du 1 décembre 1986 relative à la liberté des prix et de la concurrence, *JORF* 9 déc.

infractions en matière d'ententes, d'abus de domination et de prix abusivement bas, de facturation irrégulière, de revente à perte, de prix imposés[371].

Le domaine spécifique de l'article 28 du Code de procédure pénale. Désormais, c'est l'article 28 du Code de procédure pénale[372] qui opère un renvoi aux lois spéciales posant les conditions d'exercice des pouvoirs d'enquête des agents administratifs. Ces dispositions auxquelles l'article 28 fait référence sont dispersées dans différents Codes[373] - elles n'ont cessé de se développer, notamment en raison de l'extension des autorités administratives classiques mais également en raison de la création d'autorités administratives indépendantes. Nous ne ferons pas référence à toutes ces dispositions mais seulement à certaines d'entre elles[374].

---

[371] La procédure prévue par les articles L 450-1 et suivant du Code de commerce est applicable à la recherche et la constatation des manquements et infractions aux dispositions prévues par le livre IV du Code de commerce intitulé « *De la liberté des prix et de la concurrence* ». À ce stade, il est également possible de faire référence aux agents de l'Autorité de la concurrence. Qualifié d'autorité administrative indépendante par le Conseil constitutionnel (Cons. const., 23 janv. 1987, n°86-224 DC), le Conseil de la concurrence devenu par la suite Autorité de la concurrence en 2008, a dans un premier temps doté ses fonctionnaires de pouvoirs spéciaux en matière d'enquête de concurrence afin de veiller au respect des règles relatives aux pratiques anti-concurrentielles et à la concentration économique.

[372] L'article 28 du Code de procédure pénale dispose que » *les fonctionnaires et agents des administrations et services publics auxquels des lois spéciales attribuent certains pouvoirs de police judiciaire exercent ces pouvoirs dans les conditions et dans les limites fixées par ces lois. Lorsque la loi prévoit que ces fonctionnaires et agents peuvent être requis par commission rogatoire du juge d'instruction, ils exercent, dans les limites de la commission rogatoire, les pouvoirs qui leur sont conférés par les lois spéciales mentionnées au premier alinéa du présent article. D'office ou sur instructions du procureur de la République, ces fonctionnaires et agents peuvent concourir à la réalisation d'une même enquête avec des officiers et agents de police judiciaire* ».

[373] Cet éparpillement procède de l'éclatement des textes d'incriminations. Sur ce point V. notamment E. Dreyer, *Droit pénal général*, Paris, LexisNexis, 2019.

[374] En ce qui concerne les infractions relevant de la fraude sociale, les agents de l'URSAFF sont dotés de compétences spécifiques pour contrôler l'exécution du paiement des cotisations sociales par les employeurs et les travailleurs indépendants (CSS, art. L. 213-1 et L. 243-7). Soulignons que depuis la loi

L'article 28 du Code de procédure pénale opère des renvois aux dispositions suivantes :

- L'article L. 8112-1 du Code du travail charge « *les agents de contrôle de l'inspection du travail sont membres soit du corps des inspecteurs du travail, soit du corps des contrôleurs du travail* »[375] de constater les infractions aux dispositions du Code du travail et des autres dispositions légales relatives au régime du travail, ainsi qu'aux stipulations des conventions et accords collectifs de travail.

---

n°2011-267 du 14 mars 2011, certains agents de Pôle emploi, agrées et assermentés sont habilités à lutter contre les fraudes et le travail dissimulé.
En matière de fraude fiscale, les agents des impôts peuvent sans avoir à justifier d'indices préalables, faire usage des articles L. 10 et suivants du Livre des procédures fiscales relatives au contrôle de l'impôt afin de procéder à la vérification de la comptabilité (LPF, art. L 13 et L. 47) et de la facturation auxquelles sont soumis les assujettis à la TVA (LPF, art. L 80 F et s.). À l'inverse, ils disposent d'un véritable droit de visite et de saisie pour la recherche des infractions en matière d'impôts directs et de taxe sur le chiffre d'affaires (LPF, art. L 16 B). On fera également référence au Défenseur des droits qui a été créé par la loi du 29 mars 2011 (L. n°2011-334 relative au Défenseur des droits, *in JORF* n°0075 du 30 mars 2011 p. 5504). Véritable enquêteur, son domaine d'action recouvre la défense des droits dans le cadre des relations avec les administrations, la défense et promotion de l'intérêt supérieur et des droits de l'enfant, la lutte contre les discriminations, directes ou indirectes, prohibées par la loi ou par un engagement international ratifié ou approuvé par la France, la promotion de l'égalité, enfin, le respect de la déontologie par les personnes exerçant des activités de sécurité. Afin de remplir ces missions, les agents placés au service du Défenseur des droits et les délégués de ce défenseur peuvent procéder à des enquêtes dans les entreprises (L. n° 2011-333 du 19 mars 2011, art 22). Enfin, le droit pénal de l'environnement semble être le domaine dans lequel la créativité législative s'est le plus exprimée. En effet, le chef d'entreprise est soumis à certaines règles en la matière. L'article L.172-1 du Code de l'environnement crée une catégorie fonctionnelle d'agents spécialement missionnés pour constater les infractions aux dispositions du Code de l'environnement et au Code pénal relatives à l'abandon d'ordures, de déchets et de matériaux. Mais c'est également la création de nouvelles administrations qui astreint le législateur à attribuer des compétences spécifiques aux agents qui y sont attachés.

[375] Depuis l'ordonnance n°2016-413 du 7 avril 2016, les termes remplacent la dénomination « d'inspecteur du travail ».

- Depuis une ordonnance du 14 mars 2016[376], les agents de la Direction générale de la concurrence, de la consommation et de la répression des fraudes (DGCCRF) sont habilités à rechercher et à constater les infractions ou les manquements relatifs aux règles du Code de la consommation liés à l'information des consommateurs et des pratiques commerciales, à la formation et l'exécution des contrats, à la conformité et à la sécurité des produits et service. L'article L. 511-3 du Code de la consommation précise que les agents de la DGCCRF sont habilités à constater certaines infractions au code rural et de la pêche maritime et aux textes pris pour son application, au code de l'environnement lorsqu'elles concernent des produits destinés aux consommateurs, au code de la propriété intellectuelle. Le Code de commerce donne quant à lui compétence également à ces agents de constater les infractions en matière d'ententes, d'abus de domination et de prix abusivement bas, de facturation irrégulière, de revente à perte et de prix imposés[377].
- Les agents qui relèvent de l'Autorité de la concurrence[378], le législateur leur octroie un pouvoir d'investigation visant à veiller au respect des règles relatives aux pratiques anti-concurrentielles et à la concentration économique[379]. L'on songe également à l'Autorité des marchés financiers qui, depuis la loi n°2003-706 du 1er août 2003[380], a pour mission de veiller

---

[376] Ord. n° 2016-301 du 14 mars 2016 relative à la partie législative du Code de la consommation.

[377] La procédure prévue par les articles L 450-1 et suivant du Code de commerce est applicable à la recherche et la constatation des manquements et infractions aux dispositions prévues par le livre IV du Code de commerce intitulé « *De la liberté des prix et de la concurrence* ». Ils peuvent également contrôler l'application de textes relatifs à la concurrence, à la contrefaçon et aux pratiques restrictives de concurrence et anticoncurrentielles, à l'information et à la protection des consommateurs et à la sincérité et la loyauté des relations commerciales.

[378] Les titulaires du pouvoir d'enquête sont, en priorité, les agents de l'Autorité de la concurrence habilités par le rapporteur général. Il peut également s'agir de fonctionnaires habilités par le ministre de l'Économie ou de fonctionnaires spécialement habilités par le ministre de la Justice sur proposition du ministre de l'Économie ou du rapporteur général de l'Autorité de la concurrence.

[379] C. com. art. L. 450-1.

[380] L'Autorité des marchés financiers (AMF) procède de la fusion, opérée par la loi n°2003-706 du 1er août 2003, de la Commission des opérations de bourse, du

« *à la protection de l'épargne investie dans les instruments financiers et tous actifs mentionnés au II de l'article L. 421-1 donnant lieu à une offre au public ou à une admission aux négociations sur un marché réglementé et dans tous les autres placements offerts au public* » et également « *à l'information des investisseurs et au bon fonctionnement des marchés d'investissement financiers* »[381]. Conséquemment, les agents de l'AMF peuvent donc procéder à des contrôles visant à « *s'assurer que les professionnels régulés par l'AMF ainsi que les personnes physiques placées sous leur autorité ou agissant pour leur compte, respectent bien leurs obligations professionnelles* »[382] ou à des enquêtes permettant d'identifier les auteurs d'éventuels manquements boursiers[383].

- En ce qui concerne les infractions relevant de la fraude sociale, les agents de l'URSAFF sont dotés de compétences spécifiques pour contrôler l'exécution du paiement des cotisations sociales par les employeurs et les travailleurs indépendants (CSS, art. L. 213-1 et L. 243-7). Soulignons que depuis la loi n°2011-267 du 14 mars 2011, certains agents de Pôle emploi, agrées et assermentés sont habilités à lutter contre les fraudes et le travail dissimulé.

- En matière de fraude fiscale, les agents des impôts peuvent sans avoir à justifier d'indices préalables, faire usage des articles L.

Conseil des marchés financiers et du Conseil de la discipline de la gestion financière.

381 C. mon. fin, art. L. 621-1.

382 J. Lassere-Capdeville, « Les pouvoirs d'enquête de l'AMF », *AJ pénal* 2015. 67. Comme le souligne Monsieur Jérôme LASERRE-CAPDEVILLE, le contrôle permet de s'assurer que les professionnels régulés par l'AMF ainsi que les personnes physiques placées sous leur autorité ou agissant pour leur compte, respectent bien leurs obligations professionnelles, conformément au Code monétaire et financier, au règlement général ou aux règles approuvées par l'AMF.

383 Les enquêtes réalisées par les agents de l'AMF permettent de relever le constat de faits susceptibles de constituer des abus de marché (opération d'initié, manipulation de cours ou diffusion de fausses informations), des manquements de nature à porter atteinte à la protection et à l'information des investisseurs ou au bon fonctionnement du marché. L'objectif assigné à ces enquêtes est l'identification des auteurs des manquements boursiers, qu'ils soient le fait d'une société cotée, d'un investisseur particulier, ou d'un professionnel du marché.

10 et suivants du Livre des procédures fiscales relatives au contrôle de l'impôt afin de procéder à la vérification de la comptabilité (LPF, art. L 13 et L. 47) et de la facturation auxquelles sont soumis les assujettis à la TVA (LPF, art. L 80 F et s.). À l'inverse, ils disposent d'un véritable droit de visite et de saisie pour la recherche des infractions en matière d'impôts directs et de taxe sur le chiffre d'affaires (LPF, art. L 16 B). On fera également référence au Défenseur des droits qui a été créé par la loi du 29 mars 2011 (L. n°2011-334 relative au Défenseur des droits, *in JORF* n°0075 du 30 mars 2011 p. 5504). Véritable enquêteur, son domaine d'action recouvre la défense des droits dans le cadre des relations avec les administrations, la défense et promotion de l'intérêt supérieur et des droits de l'enfant, la lutte contre les discriminations, directes ou indirectes, prohibées par la loi ou par un engagement international ratifié ou approuvé par la France, la promotion de l'égalité, enfin, le respect de la déontologie par les personnes exerçant des activités de sécurité. Afin de remplir ces missions, les agents placés au service du Défenseur des droits et les délégués de ce défenseur peuvent procéder à des enquêtes dans les entreprises (L. n° 2011-333 du 19 mars 2011, art 22). Enfin, le droit pénal de l'environnement semble être le domaine dans lequel la créativité législative s'est le plus exprimée. En effet, le chef d'entreprise est soumis à certaines règles en la matière. L'article L.172-1 du Code de l'environnement crée une catégorie fonctionnelle d'agents spécialement missionnés pour constater les infractions aux dispositions du Code de l'environnement et au Code pénal relatives à l'abandon d'ordures, de déchets et de matériaux. Mais c'est également la création de nouvelles administrations qui astreint le législateur à attribuer des compétences spécifiques aux agents qui y sont attachés.

B- Le constat spécifique des infractions non réglementées de droit commun

L'extension progressive des textes donnant compétences de constater les infractions non réglementées dans l'entreprise. Progressivement, le gouvernement et le législateur ont multiplié les textes visant à déterminer certaines administrations compétentes pour relever des infractions non réglementées, « nichées » au sein du Code pénal. Le législateur donne compétence aux agents du fisc de constater des infractions de commission présentes au sein du Code pénal. Si la loi du 29 décembre 2010[384] leur permet de dresser des procès-verbaux lorsqu'ils relèvent des infractions telles que le recel, l'escroquerie à la TVA, le faux et usage de faux ou encore l'abus de biens sociaux, la loi du 6 décembre 2013[385] leur octroie le pouvoir de dresser le constat d'une infraction de blanchiment des délits relevant de l'article 1743 du Code général des impôts[386].Par ailleurs, depuis la loi du 6 août 2012[387], les agents de l'Inspection du travail peuvent constater les infractions de harcèlement sexuel ou moral prévues par le Code pénal[388]. Si, en règle générale, les victimes (majoritairement des salariés) recueillent les moyens de preuve nécessaires à la caractérisation de ces infractions, le Parquet demandera à l'Inspection du travail de procéder à une enquête au sein de l'entreprise dans la mesure où les agents qui en dépendent détiennent une formation et des compétences spécifiques pour détecter de tels faits.

Le renforcement des moyens mis à disposition des autorités administratives pour constater les infractions non réglementées. Les infractions de droit commun pourraient être davantage constatées par les autorités administratives – celles-ci jouissent de formations spécifiques et de prérogatives importantes qui leur permettent de constater plus facilement une infraction portant atteinte à la dignité du salarié. Par ailleurs, le législateur leur octroie des moyens

---

[384] L. n°2010-1658 du 29 déc. 2010 de finances rectificatives pour 2010.

[385] L. n°2013-1117 du 6 déc. 2013 relative à la lutte contre la fraude fiscale et la grande délinquance économique.

[386] L'article 1743 du Code général des impôts dispose que : « *Est également puni des peines prévues à l'article 1741 :1° Quiconque a sciemment omis de passer ou de faire passer des écritures ou a passé ou fait passer des écritures inexactes ou fictives au livre-journal prévu par les articles L123-12 à L123-14 du Code de commerce, ou dans les documents qui en tiennent lieu.2° Quiconque, en vue de faire échapper à l'impôt tout ou partie de la fortune d'autrui, s'entremet, soit en favorisant les dépôts de titres à l'étranger, soit en transférant ou faisant transférer des coupons à l'étranger pour y être encaissés ou négociés, soit en émettant ou en encaissant des chèques ou tous autres instruments créés pour le paiement des dividendes, intérêts, arrérages ou produits quelconques de valeurs mobilières. Quiconque, dans le même but, a tenté d'effectuer l'une quelconque des opérations visées au premier alinéa est puni des mêmes peines* ».

[387] L. n° 2012-954 du 6 août 2012 relative au harcèlement sexuel.

[388] C. pén, art. 222-33 et 222-33-2.

considérables, parfois supérieurs à ceux des officiers de police judiciaire. A titre d'illustration, la loi du 16 novembre 2001 relative à la lutte contre les discriminations[389] donne pouvoir aux agents de contrôle de l'Inspection du travail de se faire communiquer tout document ou tout éléments utiles tels que des fiches d'appréciation ou de notation des salariés, comptes rendus des entretiens annuels d'évaluation permettant d'établir l'existence ou l'absence d'une méconnaissance des textes relatifs aux discriminations. Ce droit de communication concerne également les documents relatifs à l'égalité professionnelle et à l'exercice du droit syndical[390]. Plus récemment, une ordonnance du 7 avril 2016[391] étend le droit de communication des agents de contrôle de l'Inspection du travail à tout « *support utile à la constatation la bonne application des dispositions en matière de harcèlement moral, sexuel et de discrimination* »[392].

Transition. Outre le constat d'une extension des compétences d'attribution, ce sont les informations reçues par les autorités administratives qui permettraient de penser que les investigations menées au sein de l'entreprise ne sont pas en concurrence avec celles des officiers de police judiciaire.

---

389 L. n°2001-1066 du 16 novembre 2001 relative à la lutte contre les discriminations.

390 C. trav. art. L. 8113-5.

391 Ord. n° 2016-413 du 7 avril 2016 relative au contrôle de l'application du droit du travail.

392 L'article L. 8813-5 du Code du travail prévoit que : « *les agents de contrôle de l'inspection du travail mentionnés à l'article L. 8112-1 peuvent se faire communiquer tout document ou tout élément d'information, quel qu'en soit le support, utile à la constatation de faits susceptibles de vérifier le respect de l'application : 1° Des dispositions des* articles L. 1132-1 à L. 1332-4 du *Code du travail et de celles de l'article 225-2 du Code pénal, relatives aux discriminations ; 2° Des dispositions des articles L. 1142-1 et L. 1142-1, relatives à l'égalité professionnelle entre les femmes et les hommes ; 3° Des dispositions des articles L. 2141-5 à L. 2141-8, relatives à l'exercice du droit syndical ; 4° Des dispositions des articles L. 1152-1 à L. 1152-6 et L. 1153-1 à L. 1153-6., relatives aux harcèlements moral et sexuel ; 5° Des dispositions de la quatrième partie, relatives à la santé et la sécurité au travail* ».

§2-La réception d'informations privilégiées par les administrations

Outre la détention de compétences spécifiques, il faut dès à présent s'interroger sur ce qui va conduire les agents des administrations à intervenir en priorité et de manière quasi exclusive dans les entreprises. Les administrations reçoivent de nombreux signalements (A) – c'est sans compter les informations que leur transmet le Parquet (B).

A- Les plaintes des salariés et des particuliers

Dans l'entreprise, les agents des administrations peuvent avoir recours à des interventions inopinées[393]. C'est donc en ce sens qu'il convient de s'interroger sur les raisons qui amènent ces derniers à pénétrer dans l'entreprise de manière instantanée. Dans la mesure où ils sont tenus de veiller à l'effectivité du droit dans l'entreprise[394], les agents peuvent naturellement contrôler la bonne application du droit par le dirigeant. Rappelons que les agents administratifs exercent une véritable mission d'intérêt général[395]. C'est ici un pouvoir de « *surveillance administrative* »[396] qui s'exerce et qui doit être distingué du droit de perquisition dont bénéficient les officiers de police judiciaire[397].

Aussi, il est nécessaire de garder à l'esprit que la plupart des opérations de contrôle sont mises en œuvre à raison de signalement émanant de profanes (consommateurs, salariés par exemple) ou de dirigeants d'autres entreprises (concurrents).

L'instauration du statut de « lanceur d'alerte ». Depuis 1982, le législateur français reconnaît aux salariés le droit de s'exprimer sur leurs conditions de travail sans s'exposer au risque disciplinaire. Sous

---

393 On fait référence aux simples contrôles dans les entreprises.

394 H. Matsoupoulou, « Les investigations de certains fonctionnaires dans les locaux d'entreprise », *in Petites Aff.*, 19 juill. 2001, n°143, p. 4 ; P. Auvergnon, Inspection du travail, *Dictionnaire des risques psychosociaux*, Paris, Seuil, 2014, pp. 391-395.

395 J. Waline, *Droit administratif*, Paris, Dalloz, 22ème éd., 2008, p. 1.

396 A. Coeuret, *Droit pénal du travail*, Lexis Nexis, 6ème éd., p. 27.

397 F. Chopin, « Les pouvoirs d'enquête de l'inspection du travail », *in AJ pén.* 2015, p. 116.

l'influence du droit international et du droit européen, le législateur a instauré une procédure de lanceur d'alerte. La loi du 9 décembre 2016 dite loi « *Sapin II* »[398] rend désormais obligatoire la mise en place de dispositifs de recueil d'alerte[399] à la charge des entreprises d'au moins cinquante salariés pour les dénonciations, notamment de délits ou d'atteintes graves à l'intérêt général[400].

Le rôle du Comité social et économique en matière de dénonciation dit « CSE ». Enfin, les membres de la délégation du personnel du Comité social et économique (CSE)[401] ont le pouvoir de saisir l'inspection du travail de toutes les plaintes et observations relatives à l'application des dispositions légales dont elle est chargée d'assurer le contrôle[402]. Il peut s'agir, par exemple, du respect des règles relatives à la prévention des risques professionnels, aux règles de sécurité, à la lutte contre le harcèlement ou les discriminations. Rappelons que

---

[398] L. n°2016-1691, 9 déc 2016, relative à la transparence, à la lutte contre la corruption et à la modernisation de la vie économique : *JORF* 10 déc. 2016, texte n°2 ; *JCP E* 2016, act. 1008 ; *JCP* E 2016, 1622, M.-E. Boursier, *Rev. int. Compliance* 2017, comm. 47, E. Garault.

[399] Soulignons que le droit bancaire et financier imposait déjà la mise en place de dispositifs d'alertes aux établissements de crédit (Art. 36 et 37 de l'arrêté du 3 novembre 2014 relatif au contrôle interne) et aux sociétés de gestion de portefeuille (RG AMF, art. 313-71), notamment pour prévenir les abus de marché.

[400] Cet article s'adresse aux entreprises de plus de cinquante salariés, de sorte qu'un nombre significatif d'entreprises auront à mettre en place ce dispositif. La pratique démontre toutefois qu'il existe une grande disparité entre les grandes entreprises et les PME, ces dernières manquant souvent de moyens. Le décret d'application précise que l'entreprise détermine l'instrument juridique le mieux à même de répondre à l'obligation d'établir une procédure de recueil des signalements et l'adopte conformément aux dispositions législatives et réglementaire qui le régissent. N. Lenoir et A. Jacquin, « Les lanceurs d'alerte dans le projet de la loi Sapin II », *in JCP. E.* 2016, act. 291., F ; Verdun, « Projet de loi Sapin 2 : statut du lanceur d'alerte et programme anticorruption au regard du droit social », *in JCP E.* 2016, p. 1647.

[401] L'ordonnance n° 2017-1386 relative à la nouvelle organisation du dialogue social et économique dans l'entreprise et favorisant l'exercice et la valorisation des responsabilités syndicales a été ratifiée par la loi n° 2018- 2017 du 29 mars 2018- elle a fusionné les trois les trois instances représentatives du personnel (délégués du personnel, comité d'entreprise, comité d'hygiène, de sécurité et des conditions de travail) en une seule instance, le comité social et économique (CSE).

[402] C. trav.art. L. 2312-5.

depuis une loi du 5 septembre 2018[403], le CSE doit désigner parmi ses membres, élus ou suppléants, **un référent en matière de lutte contre le harcèlement sexuel et les agissements sexistes**, quelle que soit la taille de l'entreprise, pour une durée qui prend fin avec celle des mandats des membres élus du comité[404]. Ce sont également les informations reçues par le Parquet qui permettent aux administrations d'intervenir en priorité dans l'entreprise.

B- Les informations émanant du Parquet

Les administrations apparaissent comme des interlocuteurs privilégiés du Parquet, dans le sens où celles-ci reçoivent de précieuses informations qui permettent d'intervenir en priorité au sein des entreprises.

Les plaintes reçues par Parquet puis transmises aux administrations. Tout d'abord, les plaintes émanant de salariés[405], d'organisations syndicales, de consommateurs ou de concurrents peuvent être adressées au Parquet. À ce moment précis, le parquetier peut faire le choix de dépêcher des officiers de police judiciaire dans l'entreprise. Or, en raison du manque de compétence de ces derniers à constater les infractions à la réglementation, il est plus judicieux pour le Parquet de faire appel aux administrations.

La procédure d'informations entre le Parquet et les administrations. Il est ensuite nécessaire de souligner que le législateur est venu renforcer les procédures de communication d'informations entre l'autorité judiciaire et les administrations d'État. L'existence d'une telle coopération permet aux agents des administrations d'intervenir dans l'entreprise au détriment des officiers de police judiciaire.

En matière de fraude fiscale, le Parquet est désormais habilité à communiquer à l'administration des finances toute indication qu'il

---

[403] L. n° 2018-771 du 5 septembre 2018 pour la liberté de choisir son avenir professionnel, *in JORF* n°0205 du 6 septembre 2018, texte n° 1.
[404] C. trav. art. L. 2314-1.
[405] Sur le recueil des plaintes et l'obligation de respect de l'anonymat de leurs auteurs, v. Conv. OIT n°81, 129 et 178 – BIT Genève, www. Ilo.org.

détient, de nature à faire présumer une fraude commise en matière fiscale ou une manœuvre quelconque. Concrètement, le juge transmet à l'administration fiscale tout renseignement qu'il peut recueillir pouvant conduire à faire présumer la fraude commise en matière fiscale ou une manœuvre quelconque ayant eu pour objet ou de compromettre un impôt[406], qu'il s'agisse d'une instance civile ou commerciale ou d'une procédure criminelle ou correctionnelle même terminée par un non-lieu[407].

En matière de fraude sociale, le Parquet communique aux organismes de protection sociale toute indication qu'il pourrait recueillir, de nature à faire présumer une fraude commise en matière sociale ou une manœuvre quelconque ayant eu pour objet ou pour résultat de frauder ou de compromettre le recouvrement des cotisations sociales, qu'il s'agisse d'une instance civile ou commerciale ou d'une information, même terminée par un non-lieu[408]. C'est d'ailleurs en ce sens que le Conseil constitutionnel avait été saisi d'une question le 24 septembre 2010 par la Cour de cassation, dans les conditions prévues à l'article 61-1 de la Constitution, question prioritaire de constitutionnalité relative à la conformité des articles L. 114-16 du Code de la sécurité sociale[409] et L. 8271-8-1[410] du Code du travail aux droits et libertés que la Constitution garantit. Le requérant soutenait notamment que ces articles portaient atteinte à la présomption d'innocence et au respect des droits

---

[406] A. Lepage, P. Maistre du Chambon et R. Salomon, *Droit pénal des affaires*, Paris, LexisNexis, 3ème éd., 2013, n°1577.
[407] LPF., art. L. 101.
[408] CSS., art. L. 114-16. V. sur ce point, J.-C. Ranc, « Les pouvoirs des agents de l'URSAFF dans la lutte contre le travail illégal », *Gaz. Pal.*, 10-11, 2001, p. 2.
[409] L'article 114-16 du Code de la sécurité sociale dispose que » *l'autorité judiciaire est habilitée à communiquer aux organismes de protection sociale toute indication qu'elle recueille, à l'occasion de toute procédure judiciaire, de nature à faire présumer une fraude commise en matière sociale ou une manœuvre quelconque ayant eu pour objet ou pour résultat de frauder ou de compromettre le recouvrement des cotisations et contributions sociales* ».
[410] L'article L. 8271-8-1 du Code du travail dispose que « *les agents de contrôle mentionnés à l'article L. 8271-1-2 communiquent leurs procès-verbaux de travail dissimulé aux organismes de recouvrement mentionnés aux articles L. 213-1 et L. 752-1 du Code de la sécurité sociale et à l' article L. 723-3 du Code rural et de la pêche maritime, qui procèdent à la mise en recouvrement des cotisations et contributions qui leur sont dues sur la base des informations contenues dans lesdits procès-verbaux* ».

de la défense. Ce à quoi, dans une décision en date du 26 novembre 2010[411], le Conseil constitutionnel a relevé que les dispositions contestées se bornaient à faciliter la communication aux organismes d'informations relatives aux infractions qui ont pu être relevées en matière de lutte contre le travail dissimulé.

Enfin, il est important de souligner la loi du 6 décembre 2013 relative à la lutte contre la fraude fiscale et la grande délinquance économique et financière[412] qui confère un droit de communication au Parquet au profit de l'administration fiscale[413]. Ainsi, à l'occasion de toute instance

---

[411] Cons. Const., déc. 26 nov. 2010, n°2010-69 QPC, *RJS* 2011, n°172 ; *JCP E,* n° 124, note A. Bugada. Il avait été précisé qu' « *elles n'ont pas pour effet d'écarter les dispositions législatives ou règlementaires instituant une procédure contradictoire en cas de redressement de l'assiette de ces cotisations ou contributions après constatation du délit de travail dissimulé. Elles n'ont pas non plus pour effet d'instituer une présomption de culpabilité ni d'empêcher l'intéressé de saisir le juge compétent d'une opposition à recouvrement* ».

[412] L. n°2013-1117 relative à la lutte contre la fraude fiscale et la grande délinquance économique et financière.

[413] Il convient de souligner qu'en matière de fraude fiscale un droit de communication a été donné à l'administration fiscale envers l'Autorité des marchés financiers (LPF art. L. 84 E) Cette transmission a lieu à la demande de l'administration et peut porter sur tout document ou information que l'AMF possède dans le cadre de ses missions qui apparaissent utiles à l'établissement et au contrôle de l'impôt. De manière réciproque, les agents des impôts sont tenus de communiquer à l'AMF les informations utiles à sa mission (LPF, art. L. 135 F). Les inspecteurs du recouvrement de l'URSAFF quant à eux, collaborent également étroitement avec l'inspection du travail, en attirant notamment l'intention de celle-ci sur l'existence d'emplois dissimulés ou sur des infractions concernant la délivrance du bulletin de paie, la réglementation sur le SMIC et le respect des salaires minimaux conventionnels. Par ailleurs, l'article L. 114-14 du Code de la sécurité sociale organise des échanges d'informations entre les agents de l'administration fiscale et ceux des administrations chargées de l'application de la législation sociale et du travail afin de se signaler de manière réciproque des infractions de nature fiscale ou sociale. Plus particulièrement, en matière de lutte contre le travail illégal, de nombreux fonctionnaires se communiquent « *réciproquement tous renseignements et tous documents utiles à l'accomplissement de leur mission* ». À ce titre, ils reçoivent également tout renseignement et document en possession des agents de la concurrence, de la consommation et de la répression des fraudes. Ainsi, les agents de l'URSAFF communiquent aux services fiscaux toute infraction qu'ils pourraient relever en matière d'application des lois et règlements relatifs aux impôts et aux taxes. Par ailleurs, la loi du 23 décembre 2016 de financement de la Sécurité sociale pour

devant les juridictions civiles ou criminelles, le Ministère public a la possibilité de communiquer tout dossier à l'administration des finances[414]. Cette loi prévoit également l'établissement d'un rapport annuel au Parlement sur le traitement des dossier transmis à la DGFIP par le Parquet. Il s'agit globalement d'informer le Parquet du suivi des informations transmises dans le cadre du droit de communication[415] en indiquant l'état des procédures de vérification du dossier fiscal soit sur demande de ce dernier, soit de manière spontanée dans un délai de six mois à partir de la transmission[416].

Conclusion de la Section 1. C'est finalement l'intrication, la technicité du droit applicable à l'entreprise, mais également le renforcement des compétences d'attribution de certains agents administratifs qui, comme le met en avant le Professeur Jacques-Henri ROBERT, leur permettent de cultiver « *une indépendance non négligeable à l'égard de tous les autres corps de l'État* »[417]. À la question qui faisait l'objet du titre de cette section - les infractions imputables au dirigeant majoritairement constatées par les administrations ? - il est possible de répondre que les

---

2017 a prévu deux mesures en vue d'améliorer le niveau d'information des organismes de Sécurité sociale, notamment à des fins de contrôle. En ce sens, elle a élargi à de nouveaux organismes la possibilité de consulter le répertoire national de la protection sociale et permis à l'Agence de gestion et de recouvrement des avoirs saisis et confisqués de communiquer aux organismes de protection sociale toute information utile à l'accomplissement de leur mission de recouvrement.
Il appartient également aux organismes de protection sociale, aux caisses de sécurité sociale ainsi qu'aux caisses de mutualité sociale agricole de transmettre à l'administration des impôts des faits susceptibles de constituer des infractions qu'ils relèvent en ce qui concerne l'application des lois et règlements relatifs aux impôts, taxes en vigueur et aux cotisations, contributions sociales. Parallèlement, l'administration des impôts doit transmettre aux mêmes organismes les faits susceptibles de constituer les infractions qu'elle relève en ce qui concerne l'application des lois et règlements relatifs aux cotisations et contributions sociales.

[414] LPF., art. L. 82 C.

[415] LPF., art. L. 82 C et L. 101.

[416] Un rapport annuel au Parlement est également prévu afin de communiquer le nombre de dossier transmis dans le cadre du droit de communication auprès de l'autorité judiciaire en mentionnant le nombre d'enquêtes menées, le montant des impositions établies et le nombre de plaintes déposées pour poursuite correctionnelle.

[417] J.-H. Robert, « Les investigations des fonctionnaires investis de certaines fonctions de police judiciaire », *in Mélanges Vitu*, 1989, éd. Cujas, p. 431 et s.

agents des administrations jouissent d'un « quasi-monopole »[418] d'enquête dans les entreprises.

SECTION 2.
LES POUVOIRS EXORBITANTS DES AUTORITÉS ADMINISTRATIVES

Chaque fonctionnaire, que celui-ci relève de l'Inspection du travail (DIRECTTE), de la Direction générale de la Concurrence, de la Consommation et de la Répression des fraudes (DGCCRF) ou encore d'Autorités administratives indépendantes (Autorité de la concurrence, Autorité des marchés financiers), est soumis à des règles propres - celles-ci figurant dans différents Codes ou règlements. L'étude du traitement procédural des infractions commises dans l'entreprise pour chaque administration nous permet de dégager une idée selon laquelle les conditions de constatation des infractions par les administrations sont spécifiques. Qu'entendons-nous par « spécifiques » ? Une analyse des opérations d'entrée (§1) et de visite des locaux de l'entreprise (§2), lorsque celles-ci sont mises en œuvre par les administrations, fait émerger un constat : celui d'un « assouplissement » des conditions de constatation des infractions par rapport aux règles probatoires traditionnelles, facilitant ainsi la preuve des infractions commises par le dirigeant.

§1- Le droit d'accès facilité dans les locaux de l'entreprise

Lorsqu'ils souhaitent procéder à un contrôle dans l'entreprise, les agents administratifs agissent sans en informer le Parquet. Cette absence de contrôle du juge pénal des opérations d'entrée des agents publics dans l'entreprise (A) corroborée par des moyens propres visant à les faciliter (B) consacre l'idée d'un droit d'entrée facilité au sein des locaux à des fins de contrôle ou de perquisitions.

---

[418] Il conviendra d'employer le terme « *quasi-monopole* » dans la mesure ou le monopole s'apparente à un privilège dont dispose un individu à l'exclusion de certains concurrents. V. sur ce point, *Le Petit Robert*, éd. 2014.

A- **Des opérations d'entrée non soumises à l'autorisation du juge pénal**

En droit commun, les mesures d'investigation ressortissent exclusivement au procureur de la République ou du Juge d'instruction qui doit les autoriser ou les prescrire. Dans le cadre de la recherche de la responsabilité pénale des dirigeants pour des infractions commises au sein de l'entreprise, les principes procéduraux traditionnels ont vocation à s'appliquer comme dans tout autre domaine. Toutefois, certains particularismes sont à relever qui mettent en évidence une absence de contrôle de l'autorité judiciaire sur le déroulement des opérations de contrôle réalisées par les agents des administrations dans les entreprises. Cette approche peut être justifiée tant par le pouvoir de surveillance administrative (1°) que par l'autorisation systématique donnée par le juge pénal aux autorités administratives de recourir à une enquête coercitive au sein des locaux de l'entreprise (2°).

1°-L'absence de contrôle du Parquet lors des opérations de contrôle mises en œuvre par les autorités administratives

Les autorités de police judiciaire peuvent, en application de l'article 53 du Code de procédure pénale, réaliser des investigations en flagrance lorsque se présentent des cas de figure particuliers[419]. Il est aussi naturellement fait recours à l'enquête préliminaire[420] qui, si elle ne nécessite pas une situation de flagrance, suppose bien évidemment que les officiers de police judiciaire aient pu acquérir la conviction de la commission possible d'une infraction.

Quel que soit le type d'enquête, les officiers de police judiciaire doivent dans tous les cas informer le Parquet de l'ouverture d'une enquête. Celles-ci se déroulent sous le contrôle de ce dernier[421] puisqu'elles

---

[419] On vise le crime ou le délit flagrant qui est en train de se commettre, le crime ou le délit qui vient de se commettre, la personne soupçonnée par la clameur publique. L'absence de tout indice apparent ne permet pas aux officiers de police judiciaire d'accomplir des actes coercitifs propre à l'enquête de flagrance. V. sur ce point, Cass. crim., 22 janv. 1953, *Bull. crim.*, n° 24, *D.* 1953, p. 533, note Lapp, *JCP* 1953, II, 7456, Rapp. Brouchot.

[420] C. proc. pén. art. 75.

[421] Si la police judiciaire dispose d'un important pouvoir d'initiative, l'article 53 du Code de procédure pénale énonce que la police judiciaire procède en flagrance « sous le contrôle » du procureur de la République.

relèvent du champ d'application de l'article 66 de la Constitution en ce qu'elles sont exercées dans un but répressif, pouvant conduire à la détention ou à la rétention d'un individu.

De manière différente, les agents administratifs ont recours à des opérations de contrôle[422], désignées comme des enquêtes « *simples* »[423]. Celles-ci peuvent consister en des demandes de renseignements, de communication de documents ainsi que des auditions dans les locaux de l'administration ou de l'entreprise. Ces contrôles inopinés donnent avant tout aux agents publics un droit d'accès aux locaux d'entreprises[424], à investiguer[425] en vue de « *s'assurer de la bonne application de la réglementation* »[426] dans les domaines du droit social, économique et fiscal. À la différence des enquêtes policières[427], ces investigations ne sont ni subordonnées à une présomption d'infraction, ni soumises à l'autorisation et au contrôle de l'autorité judiciaire[428]. Cela est d'autant plus frappant lorsque l'on

---

[422] Les fonctionnaires de l'inspection du travail sont chargés d'une mission d'intérêt général, ainsi ils ne peuvent pas pratiquer de perquisitions et de saisies. La chambre criminelle de la Cour de cassation souligne que l'exercice de leur attribution ne porte aucune atteinte à la liberté individuelle, à la protection des lieux ou aux droits de la défense (Cass. crim 5 févr. 2013, n° 12-90.068. Inédit), C. com. art. L 450-3, C. consom. art. L. 512-5 al. 1.

[423] M. Giner-Asins, A. Sanz, « Enquêtes simples de concurrence : des enquêtes pas si simples », *JCP. Ent et aff.* n°4, 23 janv. 2014, p. 1029 ; A. Decocq, M. Pédamon, « L'ordonnance du 1er décembre 1986 », *in J.-Cl. Conc. Consom.*, n° spéc. 1987, n° 98 et 99.

[424] T. Kapp, P. Ramackers et J.-P. Terrier, *Le système d'inspection du travail en France : missions, organisation et prérogatives*, Rueil-Malmaison, Editions Liaisons, 2013, p. 385 et s.

[425] A. Germon, *Le rôle d'initiative des administrations dans la mise en mouvement de l'action publique*, Paris, L'Harmattan, Bibliothèque de droit pénal, 2014.

[426] H. Matsoupoulou, « Les investigations de certains fonctionnaires dans les locaux d'entreprise », *Petites Aff.*, 19 juill. 2001, n°143, p. 4.

[427] Dès lors qu'il commande à lui seul l'octroi d'un fort pouvoir de coercition sur les personnes et les choses au profit de l'officier de police judiciaire, le constat d'une infraction flagrante doit être à la fois objectif et préalable, ce pour assurer le respect des droits de l'homme et des garanties de la personne. L'enquête préliminaire a pour objet des investigations destinées à fournir au procureur de la République les renseignements relatifs à un fait susceptible de constituer une infraction, afin qu'il puisse décider de la suite à lui donner.

[428] De manière différente, les membres de la police judiciaire sont placés sous la direction du procureur de la République (C. pr. pén., art. 12), sous la surveillance

songe à l'article 78-2-1 du Code de procédure pénale qui subordonne l'entrée des officiers de police judiciaire dans les locaux professionnels à l'autorisation du juge. Mais alors, comment une telle différence se justifie-t-elle ?

Tout d'abord, la mission des agents administratifs ne consiste pas à rechercher des infractions mais plutôt à veiller à la bonne application des lois et des règlements. Transposée au monde de l'entreprise, la mission des agents administratifs consiste à s'assurer avant tout de la bonne application des lois et des règlements par le dirigeant. Ensuite, force est de constater que les opérations administratives se rattachent à la prévention des infractions et non à leur répression – elles n'impliquent alors ni rétention, ni détention et n'entrent pas dans le champ de la liberté individuelle au sens de l'article 66 de la Constitution[429]. Rappelons à ce titre que depuis une décision du 16 juin 1999[430], le Conseil constitutionnel ne fait plus entrer toutes les dimensions de la liberté personnelle dans celle de la « *liberté individuelle* » au sens de l'article 66 de la Constitution. Ainsi, dans sa décision du 19 janvier 2006[431], le Conseil constitutionnel distingue la liberté individuelle des autres libertés protégées par d'autres normes constitutionnelles. Seule la première relève de la compétence exclusive du juge judiciaire tandis que les autres - le respect de la vie privée ou d'aller et venir peuvent être aussi bien contrôlées par le juge administratif que par le juge judiciaire. Par voie de conséquence, seules les opérations de police judiciaire relèvent du champ d'application de l'article 66 de la Constitution, puisqu'elles seules sont exercées dans un but répressif pouvant conduire à la détention ou à la rétention d'un individu.

---

du procureur général de la Cour d'appel et sous le contrôle de la chambre d'instruction (C. pr. pén., art. 13).

[429] L'article 66 de la Constitution dispose que » *nul ne peut être arbitrairement détenu. L'autorité judiciaire, gardienne de la liberté individuelle, assure le respect de ce principe dans les conditions prévues par la loi* ».

[430] Déc. n°99-411 DC du 16 juin 1999, Loi portant diverses mesures relatives à la sécurité routière et aux infractions sur les agents des exploitants de réseau de transport public de voyageurs.

[431] Déc. n° 2005-532 DC du 19 janvier 2006, Loi relative à la lutte contre le terrorisme et portant dispositions diverses relatives à la sécurité et aux contrôles frontaliers.

Néanmoins, force est d'admettre que ces opérations de contrôle sont pratiquées au sein des entreprises[432] - si elles ne poursuivent pas un but répressif[433], peuvent parfois donner lieu à la découverte d'infractions pénales débouchant sur un jugement pénal. En matière de concurrence, il est courant que les enquêtes simples se suffisent à elles seules, et permettent au juge pénal de sanctionner des pratiques anticoncurrentielles, voire des infractions en matière de contrôle des concentrations, sans qu'aucune enquête coercitive n'ai été diligentée[434]. Le propos du Professeur Jacques-Henri ROBERT selon lequel les administrations jouissent d'une indépendance à l'égard tous les autres corps de l'État[435] prend ici tout son sens. Les administrations peuvent enquêter sans en avertir le Parquet - elles semblent jouir d'une complète autonomie. Parce que ces opérations peuvent aboutir au déclenchement des poursuites pénales sans autre élément d'enquête, cette situation n'est pas sans conséquence sur les droits de la défense du prévenu. C'est ce qui expliquerait pourquoi, lorsqu'ils recherchent une infraction commise par le dirigeant, les agents publics doivent solliciter une autorisation préalable de l'autorité judiciaire.

2°-L'absence de contrôle effective du juge des libertés et de la détention dans le cadre de la mise en œuvre d'enquêtes coercitives par les autorités administratives

Lorsqu'ils décident de recourir à des perquisitions au sein d'une entreprise[436], les agents administratifs doivent obligatoirement solliciter

---

432 À titre d'illustration, les enquêtes simples constituent 60% des mesures d'enquête en concurrence, Propos d'André Marie, chef du bureau de la politique et de la concurrence DGCCRF, « Enquête de concurrence : état des lieux », *RLC*, janv-mars 2013, n°14.

433 Tout d'abord, l'absence du contrôle du Parquet semble se justifier dans la mesure où c'est ici le pouvoir de surveillance administrative qui s'exerce et doit être distingué du droit de perquisition dont bénéficient les officiers de police judiciaire.

434 Cons. conc., déc. n°06-D-13, 6 juin 2006, Stade Armand Cesari à Furiani.

435 J.-H. Robert, « Les investigations des fonctionnaires investis de certaines fonctions de police judiciaire », *in Mélanges Vitu*, 1989, éd. Cujas, p. 431 et s.

436 Depuis la loi du 2 août 1989, l'Autorité de régulation boursière a reçu le pouvoir non seulement d'enquêter sur place, mais également de faire procéder à des visites domiciliaires et des saisies sous contrôle de l'autorité judiciaire. À cette fin, l'article L. 621-1 du Code monétaire et financier, dans sa rédaction issue de la loi « Sapin II » du 9 décembre 2016 prévoit que : « *pour la recherche des*

une autorisation préalable auprès de l'autorité judiciaire[437]. Le juge des libertés et de la détention devra alors vérifier le bien-fondé de la

---

infractions définies aux article L. 465-1 à L. 465-3-3 et des faits susceptibles d'être qualifiées de délit contre les biens et d'être sanctionnés. Par la commission des sanctions de l'Autorité des marchés financiers en application de l'article L. 621-15, le juge des libertés et de la détention du tribunal de grande instance. » En matière fiscale, l'article L. 16 B du livre des procédures fiscales accorde aux agents un droit de visite et de saisie afin de rechercher la preuve d'agissements frauduleux en matière d'impôts directs ou de TVA. En ce qui concerne l'impôt sur le revenu, la fraude doit concerner exclusivement un revenu professionnel tel que des bénéfices industriels et commerciaux ou des bénéfices agricoles. L'on songe au droit de la concurrence qui prévoit que les perquisitions et saisies ne peuvent être effectuées que dans le cadre d'enquêtes demandées par le ministre de l'économie, le rapporteur général de l'Autorité de la concurrence sur proposition du rapporteur ou la Commission européenne Il convient également de souligner que le pouvoir de perquisition a été étendu aux agents de la DGCCRF en matière de recherche et de constatation des infractions de tromperie et de falsification. Soucieuse d'intégrer dans le Code de la consommation des modalités d'enquête déjà prévues dans le Code de commerce, la loi du 17 mars 2014 relative à la consommation a accordé aux agents de la DGCCRF des pouvoirs similaires en matière de protection économique du consommateur et de régulation des marchés et de qualité/sécurité des produits. Conséquemment, pour la recherche et la constatation des infractions de tromperie et de falsifications, les agents habilités peuvent procéder à des visites domiciliaires ou encore recevoir une commission rogatoire.

[437] Notons que cette démarche était similaire, dans le cadre d'une enquête préliminaire pour les officiers de police judiciaire investis de pouvoirs propres en matière de travail dissimulé et d'emploi d'étrangers sans titre. Sur ce point, l'article L 8271-13 du Code du travail prévoit que « *dans le cadre des enquêtes préliminaires diligentées pour la recherche et la constatation des infractions aux interdictions de travail dissimulé, les officiers de police judiciaire assistés, le cas échéant, des agents de police judiciaire, peuvent, sur ordonnance du président du tribunal de grande instance dans le ressort duquel sont situés les lieux à visiter ou d'un juge délégué par lui, rendue sur réquisitions du procureur de la République, procéder à des visites domiciliaires, perquisitions et saisies de pièces à conviction dans les lieux de travail relevant des articles L. 4111-1 du présent Code et L. 722-1 du Code rural et de la pêche maritime, y compris dans ceux n'abritant pas de salariés, même lorsqu'il s'agit de locaux habités. Le juge vérifie que la demande d'autorisation qui lui est soumise est fondée sur des éléments de fait laissant présumer l'existence des infractions dont la preuve est recherchée. Ces dispositions ne dérogent pas aux règles de droit commun relatives à la constatation des infractions par les officiers et agents de police judiciaire* ». Toutefois le Conseil Constitutionnel, sur transmission d'une question prioritaire de constitutionnalité par la Cour de Cassation a jugé que les dispositions de

demande de l'administration[438] de manière concrète et motiver son ordonnance en fait et en droit[439]. Dans le cadre de notre étude, il s'agit

l'article L. 8271-13 du Code du travail étaient contraires à la Constitution comme méconnaissant les exigences découlant de l'article 16 de la déclaration de 1789 aux motifs que « *l'absence de mise en œuvre de l'action publique conduisant à la mise en cause d'une personne intéressée par une visite domiciliaire, une perquisition ou une saisie autorisées en application des dispositions contestées, aucune voie de droit ne permet à cette personne de contester l'autorisation donnée par le président du tribunal de grande instance ou son délégué et la régularité des opérations de visite domiciliaire, de perquisition ou de saisie mises en œuvre en application de cette autorisation ; que, par suite, les dispositions contestées méconnaissent les exigences découlant de l'article 16 de la Déclaration de 1789 et doivent être déclarées contraires à la Constitution* ». Tirant les conséquences de cette absence de recours effectif, le Conseil constitutionnel a censuré ces dispositions qui n'ont pas été modifiées à ce jour. En attendant, les enquêteurs peuvent utiliser la procédure de flagrance de droit commun si les indices rassemblés sont suffisants Cette impossibilité pour les autorités de police judiciaire de procéder à une enquête préliminaire dans l'entreprise en vue du constat d'une infraction de travail dissimulé, renforce l'argument tiré d'un quasi-monopole d'investigation des agents publics. Reste la possibilité tenant à l'article 78-2 du Code de procédure pénale qui prévoit que » *sur réquisitions du procureur de la République, les officiers de police judiciaire et, sur l'ordre ou la responsabilité de ceux-ci, les agents de police judiciaire et agents de police judiciaire adjoints mentionnés aux articles 20 et 21 (1°) sont habilités à entrer dans les lieux à usage professionnel, ainsi que dans leurs annexes et dépendances, sauf s'ils constituent un domicile, où sont en cours des activités de construction, de production, de transformation, de réparation, de prestation de services ou de commercialisation, en vue : de s'assurer que ces activités ont donné lieu à l'immatriculation au répertoire des métiers ou au registre du commerce et des sociétés lorsqu'elle est obligatoire, ainsi qu'aux déclarations exigées par les organismes de protection sociale et l'administration fiscale ;de se faire présenter le registre unique du personnel et les documents attestant que les déclarations préalables à l'embauche ont été effectuées ; de contrôler l'identité des personnes occupées, dans le seul but de vérifier qu'elles figurent sur le registre ou qu'elles ont fait l'objet des déclarations mentionnées à l'alinéa précédent ».* V. sur ce point, Déc. n° 2014-387 QPC du 4 avril 2014, *in JORF* n°0081 du 5 avril 2014 page 6480, texte n° 3.

[438] Depuis une ordonnance de 1986, les agents de la DGCCRF doivent agir en exécution d'une ordonnance du juge des libertés et de la détention les autorisant à pratiquer des visites domiciliaires. Extension en droit de la consommation.

[439] Cass. ch. mixte, 15 déc. 1988, n°87-16.576, 87-16.577, 87-19.759 et 87.760.

de visites domiciliaires aux fins de constat des infractions en matière fiscale[440], en droit de la concurrence[441] ou, encore au droit boursier[442].

L'obligation faite aux autorités administratives de solliciter l'autorisation du juge pénal aux fins de constatations d'infractions dans l'entreprise. La requête présentée au juge des libertés et de la détention par les agents administratifs doit être appuyée par tous les éléments de nature à justifier la visite et doit caractériser l'existence de présomptions et permettre au juge de fonder sa décision[443]. Elle doit par ailleurs comporter tous les éléments d'informations que l'Administration peut posséder de nature à justifier la visite[444]. À cet effet, le juge doit vérifier si les pièces produites par l'administration fondent bien sa demande d'autorisation et en contrôle par la même occasion la licéité[445] en s'appuyant notamment sur un procès-verbal établi dans le cadre d'une enquête simple[446]. Ce dernier peut également s'appuyer sur des déclarations anonymes à condition toutefois que celles-ci soient soumises au moyen de documents établis et signés de l'administration permettant d'en apprécier la teneur et, d'autre part, corroborées par d'autres éléments d'informations[447].

En ce qui concerne les présomptions qui fondent la demande d'autorisation, celles-ci ne doivent pas forcément être graves, précises et concordantes, ni permettre d'établir la réalité d'un fait inconnu à partir d'un fait connu mais doivent être établies de manière claire et indiscutable[448]. Le juge des libertés et de la détention peut également s'appuyer sur des présomptions simples de pratiques anticoncurrentielles, étayées par un faisceau d'indices provenant de diverses sources, pour fonder son ordonnance d'autorisation. Par

---

[440] LPF, art. L. 16 B.
[441] C. com. art. L. 450-4.
[442] C. mon. fin. art. L. 621-12.
[443] R. Salomon, A. Martinel, *Droit pénal social*, Economica, 5ème éd. 2016, p. 478.
[444] Cass. crim., 22 févr. 2006, n° 04-87.467. Inédit.
[445] Cass. crim., 22 mars 2006, n°04-84.936.
[446] Cass. crim., 7 sept. 2011, n°10-85.309. Inédit.
[447] Cass. crim., 19 oct. 2011, n°10-85.269. Inédit. Aussi, une ordonnance d'autorisation de visite et de saisie peut être fondée sur un procès-verbal de réception de demande de clémence, qui ne s'assimile pas à une déclaration anonyme V. sur ce point, Cass. crim., 24 avr. 2014, n°12-80.331.
[448] CA Paris, ord., 16 juin 2009, n°09-5893, *RJF* 1/ 10, n°43 ; CA Paris, ord., 30 juin 2009, n°08-20726, *RJF* 1/ 10.

exemple, l'existence d'un parallélisme de comportement constitue une présomption sérieuse de pratique anticoncurrentielle qui suffit à justifier la visite et la saisie[449].

L'interrogation sur le rôle joué par le Juge des libertés et de la détention. À de nombreux égards, il semble indispensable de s'interroger sur le véritable rôle joué par le juge des libertés et de la détention dans la mesure où la requête des administrations qui fonde bien la demande d'autorisation d'entrée dans les locaux de l'entreprise comporte souvent beaucoup de pièces[450].

Dans un premier temps, la Cour de cassation s'est penchée sur le cas d'une ordonnance du juge des libertés et de la détention rendue le même jour que la présentation de la requête par les fonctionnaires habilités. La requête des agents du Fisc contenait un nombre de pièces si important qu'il paraissait impossible pour le juge de toutes les examiner dans la journée. En dépit de cela, la Haute juridiction a jugé que cet argument ne signifiait pas que le juge n'avait pas vérifié si les présomptions d'agissements frauduleux existaient bel et bien[451].

Dans un deuxième temps, si elle avait semblé fléchir sa position dans un arrêt en date du 15 décembre 2009[452] en annulant une ordonnance au motif qu'elle était « *rigoureusement identique au texte signé par des juges à Marseille, Aix-en-Provence et Evry, la Cour d'appel n'a pas tiré les conséquences légales de ses propres constatations au regard des articles L. 16 b du livre des procédures fiscales et de l'article 6 § 1 de la Convention européenne des droits de l'Homme* ». Elle a néanmoins repris sa position initiale en précisant par la suite que « *les motifs et le dispositif de l'ordonnance sont réputés avoir été établis par le juge qui l'a rendue et signée* »[453], peu importe que la décision

---

[449] CA Paris, 5 fevr. 2017, 2013/13058.

[450] Interrogation soulevée lors du colloque « Les enquêtes fiscales et du travail », organisé sous l'égide du CRDE de l'université de Cergy-Pontoise et du CERAP de l'université de Paris XIII du 20 novembre 1999.

[451] Cass. crim., 14 nov. 2004, n°04-80.005

[452] Cass. crim., 15 déc. 2009, n° 09- 12.734.

[453] Cass. com., 14. déc. 2010, n°10-13.601, *RJF* 4/11 n°454, décision rendue en matière fiscale mais transposable en droit de la concurrence, de la consommation et en droit boursier, Cass. crim., 27 févr. 2013, n°11-88. 471. Inédit ; *RJDA* 6/13 n°551 ; crim., 27 sept. 2013, n°12-85.829. Inédit.

d'autorisation ait été rendue dans les mêmes termes que d'autres décisions visant les mêmes personnes et rendues par d'autres magistrats dans les limites de leur compétence.

La résistance des juges du fond. Les juges du fond ont quant à eux mis en relief la dangerosité des ordonnances pré-rédigées de l'Administration. La Cour d'appel de Metz, dans une décision du 25 novembre 2011, a censuré l'ordonnance d'un juge qui n'avait pas relevé des erreurs dans l'ordonnance pré-rédigée[454]. Elle avait déduit à cet effet que le juge n'avait pas procédé à une relecture correcte de l'ordonnance[455]. Soulignons que dans un arrêt en date du 8 novembre 2011[456], la Cour d'appel d'Orléans était allée plus loin en énonçant que *« la pratique des ordonnances pré-rédigées par l'Administration qui, sous couvert de faciliter la tâche du magistrat, tend en réalité à orienter sa décision, est à proscrire absolument en ce qu'elle constitue une ingérence de l'Administration dans les pouvoirs dévolus à l'autorité judiciaire et est ainsi contraire au droit du justiciable à un tribunal indépendant et impartial »*.

Bilan - position des juges du fond. Malgré la position des juges du fond, les juges du quai de l'Horloge ont considéré que la technique des « *ordonnances pré-rédigées*[457] » permettait d'alléger le travail du magistrat saisi et que l'absence de contrôle effectif du juge des libertés et de la détention ne saurait être présumée[458]. Ils considèrent à cet effet que le juge pénal s'est approprié les motifs et le dispositif de l'ordonnance qu'il accepte de signer[459]. Cette résistance de la Cour d'appel n'aura été finalement que de courte durée ; dans une décision

---

[454] CA Metz, ord. 25 nov. 2011, n°10/04248, SA Coved-Collectes Valorisation Énergie Déchets.

[455] Le contrôle que doit exercer le juge « suppose d'une part une lecture attentive de l'ordonnance préparée par l'Administration, d'autant plus qu'il n'en est pas le rédacteur [...] et d'autre part un examen attentif des pièces annexées à la requête et au projet d'ordonnance [...], ainsi que de la pertinence de ces pièces.

[456] CA Orléans, ord. 8 nov. 2011, n° 11/00288, Cars Dunois.

[457] B. Ruy, « Perquisitions en matière économique et fiscale et ordonnance pré rédigées par l'Administration », *JCP G* 2013, n°1005.

[458] Cass. crim., 16 juin 2011, n°10-80.017. Inédit.

[459] J. Catala- Marty, L. Nouvel, « Conciliation des droits de la défense et des intérêts de l'enquête dans les perquisitions en concurrence », *JCP Ent et aff.*, 5 juill. 2012, n°27, p. 1142.

du 5 septembre 2013[460], les juges du fond ont en quelque sorte validé la technique des ordonnances pré-rédigées en ayant recours à la formule suivante : « *le fait que l'ordonnance du juge des libertés et de la détention soit pré-rédigée par le requérant et reprenne certaines erreurs matérielles de la requête est sans portée sur la validité de l'ordonnance* ».

B- Les procédés légaux facilitant l'accès des agents au sein de l'entreprise

Afin que l'administration puisse s'assurer de la bonne application de la réglementation et de la législation par le chef d'entreprise, le législateur confère aux agents administratifs des moyens spécifiques. À en observer les horaires d'accès à l'entreprise (1°) et la faculté des agents administratifs à ne pas décliner leur identité (2°), les opérations d'entrée des agents publics aux locaux d'entreprise font l'objet d'un véritable assouplissement.

1°-Le contournement des contraintes horaires de droit commun

Les horaires dérogatoires du droit commun. Le législateur pénal encadre rigoureusement les horaires durant lesquels les autorités de police judiciaire peuvent pénétrer au sein du domicile. Aux termes de l'article 59 du Code de procédure pénale il est précisé que « *sauf réclamation faite de l'intérieur de la maison ou exceptions prévues par la loi, les perquisitions et les visites domiciliaires ne peuvent être commencées avant 6 heures et après 21 heures* »[461].

Le droit d'entrée des autorités administratives plus large que celui des autorités de police judiciaire. Les agents administratifs bénéficient quant à eux d'un droit d'entrée dans les établissements plus large que celui des autorités de police judiciaire puisqu'ils peuvent y pénétrer sans être soumis aux horaires contraignants de droit commun. À titre d'illustration, on peut relever que les agents de contrôle de l'Inspection du travail bénéficient d'un droit d'entrée dans les entreprises bien plus étendu que celui des autorités de police judiciaire

460 CA Aix-en-Provence, Ord. Premier président, 5 sept. 2013, n°RG : 12/ 12642, Onyx Méditerranée et Sud Est assainissement.

461 C. proc. pén. art. 59.

puisqu'ils peuvent, en application de l'article L. 8113-1 du Code du travail, y entrer sans être soumis aux horaires de droit commun[462] et sans même la présence de l'employeur ou son assentiment[463]. Le législateur a également assoupli les conditions d'accès à l'entreprise pour les agents de la DGCCRF. Ceux-ci peuvent procéder à des opérations en dehors des horaires de droit commun dans les entreprises ayant en cours « *des activités de production, de fabrication, de transformation, de conditionnement, de transport ou de commercialisation* »[464]. Il convient alors de s'interroger sur la nature de ses activités qui, à notre sens, apparaissent relativement larges et qui touchent de nombreuses entreprises. Sur ce point, le législateur et la pratique n'apportent aucune précision. Comme le souligne Madame Frédérique CHOPIN, cette élasticité des opérations d'entrée s'explique par le fait que c'est ici le pouvoir de surveillance administrative qui s'exerce et non un droit de perquisition[465]. Une autre explication pourrait être liée à la nature de l'activité professionnelle. Il est vrai que certaines entreprises ont des horaires d'ouverture nocturnes. En ce sens, la jurisprudence a considéré qu'à partir du moment où l'activité de l'établissement n'est pas exclusivement diurne[466], le droit d'entrée des agents administratifs pouvait s'exercer la nuit notamment dans les établissements dans lesquels s'effectuent ordinairement un travail de nuit[467]. Le législateur a également permis aux agents publics de ne pas

---

[462] L'article 12, 1., a). de la Convention OIT de 1947 prévoit que les inspecteurs du travail peuvent « *pénétrer librement sans avertissement préalable à toute heure du jour et de la nuit dans tout établissement assujetti au contrôle de l'inspection* »,

[463] En dehors de certaines situations visées, le Code de procédure pénale impose aux officiers de police judiciaire d'obtenir l'autorisation préalable de l'intéressé (Art. 76 C. proc. pén).

[464] C. consom. art. L. 512-5, al. 3.

[465] F. Chopin, « Les pouvoirs d'enquête de l'inspection du travail », *in AJ pén.*, 2015, p. 116.

[466] Aux termes de l'article 12 de la convention n°81 sur l'inspection du travail (mines et transports) de 1947, les inspecteurs peuvent « *pénétrer librement sans avertissement préalable à toute heure du jour et de la nuit dans tout établissement assujetti au contrôle de l'inspection* ».

[467] Cass. crim., 14 déc. 1912, *S.* 1914. 1. 120. À cette fin, la chambre criminelle de la Cour de Cassation avait précisé qu' « ayant pour mission de veiller à l'observation des prescriptions de ces lois, aussi bien en ce qui concerne le travail de nuit qu'en ce qui touche le travail de jour, les inspecteurs du travail peuvent, par suite, pour l'accomplissement de leur mission, pénétrer à toute heure dans les

décliner leur identité, facilitant ainsi leur accès au sein des établissements.

2°-L'absence de déclinement d'identité par les autorités administratives

Lorsqu'ils pénètrent dans l'entreprise, les agents publics n'ont pas l'obligation de décliner leur identité. Dans un premier temps, la jurisprudence du Conseil constitutionnel est venue préciser que les agents n'étaient pas tenus de produire une habilitation nominative[468] ou un mandat précis[469] pour entrer dans l'entreprise.

La consécration légale du « droit à l'anonymat » des autorités administratives lors des opérations d'entrée. Dans un deuxième temps, le législateur est venu consacrer le droit à l'anonymat des autorités administratives. La loi du 17 mars 2014 dite « Loi Hamon »[470] et l'ordonnance du 14 mars 2016[471] ont permis aux agents de la DGCCRF de différer le moment où ils déclinent leur qualité, au plus tard jusqu'à la notification à la personne contrôlée de la constatation de certaines infractions « *lorsque l'établissement de la preuve de l'infraction ou du manquement en dépend et qu'elle ne peut être établie autrement* »[472]. Plus spécifiquement, en ce qui concerne les agents habilités à constater les infractions en matière de concurrence, le législateur leur permet de faire usage d'une identité d'emprunt pour le contrôle de la vente de biens et de la fourniture de services sur internet[473].

établissements soumis à leur surveillance, et notamment la nuit dans ceux, comme les boulangeries, ou le travail des ouvriers est organisé pendant la nuit ». V. sur ce point, Cass. crim., 12 juill. 1902, *DP* 1903, 1, p. 427.

[468] Cons. conc., déc. n° 03-D-54, 28 nov. 2003, Marché des énergies renouvelables, *BOCCRF* 13 févr. 2004, p. 42, *Recueil Lamy*, n° 932, comm.V. Sélinsky ; Cons. conc., déc. n° 06-D-04, 13 mars 2006, Secteur de la parfumerie de luxe, *RLC* 2006/8, n° 557, obs. M.D.

[469] Cons. conc., déc. n° 00-D-08, 4 avr. 2000.

[470] L. n°2014-344 du 17 mars 2014 relative à la consommation.

[471] Ord. n° 2016-301 du 14 mars 2016 relative à la partie législative du Code de la consommation, *in JORF* n°0064 du 16 mars 2016, texte n° 29.

[472] C. com. art. L. 450-3-2, I et C. consom. art. L. 512-7.

[473] C. com. art. L. 450-3-2, II.

L'absence de consécration du droit à l'anonymat des agents de contrôle de l'Inspection du travail au sein du Code du travail. De manière différente, le Code du travail reste muet sur la question relative à la justification d'identité de la part des enquêteurs. Normalement, l'agent de contrôle de l'inspection du travail se doit de justifier sa qualité auprès du chef d'entreprise en présentant une carte professionnelle nominative qui leur est délivrée lors de leur entrée en fonction. Cette obligation semble se déduire de l'article 12 de la Convention n°81 qui consacre l'entrée des agents de l'inspection munis « *de pièces justificatives de leurs fonctions* ». Or, la pratique démontre que les agents de contrôle n'ont pas l'obligation de prévenir de leur visite et de justifier de leur qualité auprès du chef d'entreprise[474]. Dans un arrêt en date du 13 juin 1999, la chambre criminelle a précisé que la non-présentation de la carte professionnelle n'apparaît pas comme une condition nécessaire à l'exercice par un contrôleur de ses fonctions et ne saurait justifier le refus par l'employeur de laisser les enquêteurs pénétrer sur les lieux de travail, sauf à commettre un délit d'obstacle dès lors qu'il ne pouvait y avoir « *aucun doute ni sur l'identité ni sur la qualité du fonctionnaire venu effectuer un contrôle dans son établissement* »[475].

Bilan. Le législateur octroie davantage de prérogatives aux autorités administratives. Sommes toutes, les difficultés qui pourraient naître d'une opposition du chef d'entreprise apparaissent moindres et facilitent inévitablement l'accès des enquêteurs aux locaux professionnels pour la découverte d'infractions. Toutefois, l'absence de déclin d'identité soulève une problématique, celle qui a trait à la loyauté de la preuve.

L'interrogation liée à la question de la loyauté de la preuve. Rappelons qu'aux termes de l'article 427 du Code de procédure pénale, le juge ne peut fonder sa décision que sur des preuves qui lui sont apportées au cours des débats et contradictoirement discutées devant lui. Le principe de loyauté dans la recherche de la preuve a pour objet d'interdire à celui qui administre la preuve l'utilisation de procédés déloyaux, de ruses ou de stratagèmes[476]. À cet effet, le Code de

---

[474] Cass. crim., 1er mars 2011, n°10-82.636. Inédit.

[475] Cass. crim., 13 juin 1999, n°89-80.979.

[476] C. Ambroise-Casterot, « La preuve une question de loyauté ? », *AJ. pén.* 2005, p. 261 et s.

procédure pénale précise que ces types d'actes ne peuvent être constitutifs de provocation, à peine de nullité[477]. C'est ainsi que la chambre criminelle de la Cour de Cassation avait jugé qu'un juge d'instruction ne pouvait cacher sa qualité à un suspect et engager avec lui une conversation téléphonique destinée à obtenir des charges suffisantes à son encontre[478]. Ainsi, on peut légitimement s'interroger sur le cas d'un agent public occultant sa qualité et amenant le dirigeant à s'auto-incriminer. Si ces opérations d'entrée sont facilitées, les agents publics bénéficient logiquement d'un droit de visite étendu. Ainsi, ces prérogatives exorbitantes ne font que renforcer l'argument tiré d'un quasi-monopole d'investigation dès lors que les agents publics peuvent avoir recours à des actes d'enquête conséquents et parfois plus contraignants que ceux de la police judiciaire. En tout état de cause, la recherche de la responsabilité pénale du dirigeant est facilitée.

§2- Le droit de visite étendu des autorités administratives au sein des locaux de l'entreprise

Il convient ici de relever l'existence d'un droit de visite des locaux d'entreprise qui pourrait bien apparaitre spécifique aux administrations. Après avoir étudié les nombreuses dispositions qui donnent des pouvoirs spécifiques aux agents, nous avons pu dégager deux idées principales qui permettaient de mettre en lumière des opérations de visite relativement souples par rapport à celles qui sont menées par les autorités de police judiciaire. Ce sont avant tout le droit de réquisition (A) et le droit d'audition (B) des autorités administratives qui démontrent l'existence d'une souplesse procédurale.

A- Le droit des autorités administratives d'obtenir des opérateurs de communication électronique des données sans avoir à solliciter l'autorisation du juge pénal

Le droit de réquisition des officiers de police judiciaire. En droit commun, un certain nombre de textes spéciaux confèrent un pouvoir de réquisition aux officiers et agents de police judiciaire, aux fins d'obtenir

[477] C. proc. pén. art. 706-47-3, al. 2.
[478] Cass. ch. Réunies, 31 janv. 1988, aff. Wilson, *S.* 1889, 1, 241.

la communication d'informations[479]. Les dispositions du Code de procédure pénale précisent toutefois que les autorités de police judiciaire doivent y être préalablement autorisées par ordonnance du juge des libertés et de la détention, saisi à cette fin par le procureur de la République.

Le droit des autorités administratives à solliciter la communication de données sans autorisation du juge pénal. Les autorités administratives ont également, pour les besoins de la recherche ou de la constatation des infractions, le pouvoir de solliciter des informations auprès des opérateurs de communications électroniques. À la différence des autorités de police judiciaire, ils n'ont toutefois pas à solliciter une quelconque autorisation du juge pénal. L'on songe à la loi du 5 septembre 2018 dite loi « *Pour la liberté de choisir son avenir professionnel* »[480] qui a étendu les pouvoirs des agents de contrôle de l'Inspection du travail. À cet effet, l'article L. 8113-5-2 alinéa 3 du Code du travail[481] permet aux agents de contrôle de l'Inspection du travail d'obtenir des données par les opérateurs de communications électroniques en cas de suspicion d'infraction de travail illégal sans que ceux-ci n'aient à demander l'autorisation du juge pénal. Il convient toutefois d'évoquer les dangers d'une telle méthode au regard du droit au respect de la vie privée. Rappelons-nous de l'article L. 450-3 du Code de commerce modifié par la loi pour la croissance, l'activité et l'égalité des chances économiques[482] qui permettait aux agents de la DGCCRF de se faire communiquer « *les données conservées et traitées par les opérateurs de communications électroniques en application de*

---

[479] C. proc. pén. art. 60-2 al 2 et art. 77-1-1 al. 2.

[480] L. n°2018-771 du 5 septembre 2018 **pour la liberté de choisir son avenir professionnel,** ***in*** *JORF* n°0205 du 6 septembre 2018, texte n° 1.

[481] L'article L. 8113-5-2 alinéa dispose que « *pour les données conservées et traitées par les opérateurs de communications électroniques dans le cadre de l'article L. 34. 1 du Code des postes et des communications électroniques et par les prestataires mentionnés aux 1 et 2 du I de l'article 6 de la loi n°2004-575 du 21 juin 2004 pour la confiance dans l'économie numérique, le droit de communication institué par le présent article ne s'applique qu'aux seules données permettant l'identification des personnes proposant un travail, une prestation ou une activité pouvant relever des infractions constitutives de travail illégal mentionnées à l'article L. 8211-1 du présent Code* ».

[482] L. n°2015-990 du 6 aout 2015, *JORF* 7 août. V. sur ce point, P. Arhel, « Volet « concurrence » de la loi Macron pour la croissance, l'activité et l'égalité des chances économiques », *LPA* n°194, 29 sept. 2015, p. 7 et s.

l'article L.34-1 du Code des postes et des communications électroniques et par les prestataires mentionnés aux 1 et 2 du I de l'article 6 de la loi n°2004-575 du 21 juin 2004 ». Le Conseil constitutionnel avait alors déclaré cette disposition non-conforme à la Constitution[483] aux motifs qu'elle n'opérait pas une conciliation équilibrée entre le droit au respect de la vie privée et la prévention des atteintes à l'ordre public et la recherche des auteurs d'infractions.

Rappelons également qu'une directive de 2003 relative aux abus de marché[484], reprise par le règlement n°596/ 2014 du 16 avril 2014[485], imposait aux États que soit reconnu aux autorités compétentes le droit « *d'avoir accès à tout document et à toute donnée, sous quelle que forme que ce soit, et en recevoir ou en prendre une copie ».* À cet effet, l'article L. 621-10 du Code monétaire et financier prévoyait également que les enquêteurs puissent faire communiquer les données conservées et traitées par les opérateurs de télécommunication dans le cadre de l'article L. 34-1 du Code des postes et des communications électroniques et les prestataires mentionnés aux 1 et 2 de l'article 6 de la loi du 21 juin 2004[486] et en obtenir la copie. Or, par une décision du 21 juillet 2017[487], le Conseil constitutionnel a jugé que le législateur n'avait pas assorti la procédure de communication des données de connexion aux enquêteurs de l'AMF de garanties suffisantes, de nature à assurer une conciliation équilibrée entre le droit au respect de la vie privée et les objectifs de valeur constitutionnelle de sauvegarde de l'ordre public et de recherche des auteurs d'infractions[488]. Soulignons que l'article 24 du projet de loi relatif à la croissance et à la transformation des entreprises[489] devait préciser le cadre juridique de l'exploitation des données de connexion par l'Autorité des marchés

---

[483] Cons. const. 5 août 2015, n°2015-715 DC.

[484] Directive 2003/6/CE du Parlement européen et du Conseil sur les opérations d'initiés et les manipulations de marché.

[485] Règlement (UE) n° 596/2014 du Parlement européen et du Conseil sur les abus de marché (règlement relatif aux abus de marché).

[486] L. n°2004-575 du 21 juin 2004 pour la confiance dans l'économie numérique.

[487] Déc. n° 2017-646/647, QPC du 21 juillet 2017.

[488] N. Martial-Braz, « Inconstitutionnalité du droit de communication des données de connexion », *Rev. soc.* 2017, p. 582 ; J.-H. Robert, « Les fadettes cloîtrées », *Dr. pén.* 2017, n°10, comm. 149.

[489] Projet de loi relatif à la croissance et la transformation des entreprises, n° 1088, 19 juin 2018, art. 24.

financiers au cours de ses enquêtes afin de concilier l'efficacité de ses investigations avec la protection du droit à la vie privée. Afin de renforcer le niveau de garantie, il a été proposé de soumettre les demandes d'accès aux données de connexion à l'autorisation préalable d'un « *contrôleur des données de connexion* » qui en apprécierait le bien fondé[490]. Le décret entré en vigueur le 21 décembre 2018[491] pris pour l'application de l'article 13 de la loi du 23 octobre 2018 relative à la lutte contre la fraude[492] ne prévoit rien en ce sens.

Bilan. Le droit de communication des autorités administratives est disparate suivant les domaines. Preuve en est, il n'existe plus en matière de concurrence. Il n'est toujours pas entouré des garanties suffisantes. Il convient toutefois de tempérer cet argument : pour les besoins de la recherche ou de la constatation des infractions aux règles de facturation ou d'exercice d'une activité illicite, l'article L. 96 G du Livre des procédures fiscales issu de la loi du 18 décembre 2019 impose aux

[490] En outre, il a été prévu de limiter le recours à ces données aux manquements les plus graves (les abus de marché), de limiter leur conservation dans le temps et d'interdire leur utilisation à d'autres fins. Le droit français serait ainsi conforme non seulement aux exigences posées par le Conseil constitutionnel mais également à la jurisprudence de la Cour de Justice de l'Union européenne. Ce dernier prévoyait alors que « *le contrôleur des demandes de données de connexion est nommé par décret parmi les membres du Conseil d'État ou parmi les magistrats de la Cour de cassation, en activité ou honoraire, pour une durée de trois ans renouvelables une fois. Un suppléant est désigné dans les mêmes conditions* ». En outre, afin de garantir l'indépendance de la personne désignée, le texte prévoyait qu' « *il ne peut être mis fin aux fonctions du contrôleur des demandes de données de connexion que sur sa demande ou en cas d'empêchement constaté selon le cas par le vice-président du Conseil d'État ou par le premier président de la Cour de cassation ou le procureur général près ladite Cour, sur saisine du ministre chargé de l'économie* ». Le contrôleur des demandes de données de connexion ne peut recevoir ou solliciter aucune instruction de l'AMF ni d'aucune autre autorité dans l'exercice de sa mission. Il est tenu au secret professionnel. Sur le plan procédural, c'est le secrétaire général ou le secrétaire général adjoint de l'AMF qui saisit le contrôleur des demandes de données de connexion. Cette demande doit notamment comporter les éléments de nature à en justifier le bien-fondé.

[491] D. n° 2018-1188 du 19 décembre 2018 relatif à la procédure de communication des données de connexion aux enquêteurs de l'Autorité des marchés financiers, *in JORF*, 21 déc.

[492] L. n° 2018-898 du 23 octobre 2018 relative à la lutte contre la fraude, *in JORF* n°0246 du 24 octobre 2018.

agents des impôts de solliciter l'autorisation préalable du procureur de la République près le tribunal de grande instance du siège de la direction des finances publiques dont dépend le service chargé de la procédure[493]. Il reste à espérer une modification des articles L. 8113-5-2 alinéa 3 du Code du travail et L. 621-10 du Code monétaire et financier.

B- L'encadrement partiel du droit d'audition des salariés ou du dirigeant

Le droit d'audition des officiers de police judiciaire. Le droit d'audition apparaît comme une manifestation du droit d'enquête, le législateur octroie ce pouvoir aux officiers de police judiciaire – l'audition libre[494] et la garde à vue[495] en sont les exemples.

La spécificité du droit d'audition des autorités administratives. Dans l'entreprise, l'originalité tient au fait que les agents administratifs peuvent recourir à des auditions à « tout moment » dans l'entreprise ou sein des locaux des administrations dont ils dépendent[496]. Peuvent être alors auditionnés le dirigeant mais également un ou plusieurs salarié(s) de l'entreprise. Il convient alors de s'interroger sur les garanties procédurales qui entourent l'audition des salariés ou du chef d'entreprise lorsqu'elle est réalisée par les autorités administratives. C'est au regard des exigences européennes que législateur est venu

[493] La demande d'autorisation, qui doit émaner du directeur de cette direction ou de son adjoint, doit être formulée par écrit et être motivée.

[494] C. proc. pén. art. 61-1.

[495] C. proc. pén. art. 62-2.

[496] Aux termes de l'article L 450-4 alinéa 7 du Code de commerce : « *Les agents administratifs peuvent procéder au cours de la visite à des auditions de l'occupant des lieux ou de son représentant en vue de recueillir les informations ou explications utiles aux besoins de l'enquête. Par ailleurs, ils ne sont pas tenus d'informer le dirigeant de la possibilité de désigner un ou plusieurs représentants pour le remplacer lorsque les opérations de visite se prolongent tardivement* ». En matière de consommation, l'article L 512-60 du Code de la consommation précise que » *les agents habilités peuvent procéder au cours de la visite à des auditions de l'occupant des lieux, de son représentant ou de toute autre personne, en vue d'obtenir les informations ou explications utiles aux besoins de l'enquête* ».

modifier - avec la loi du 3 juin 2016[497] - les articles L. 8271-6-1 du Code du travail[498], L. 172-8 du Code de l'environnement, L. 450-4 du

[497] L. n°2016-731 du 3 juin 2016 renforçant la lutte contre le crime organisé, le terrorisme et leur financement, et améliorant l'efficacité et les garanties de la procédure pénale, *in JORF* n°0129 du 4 juin 2016.

[498] En droit social, le droit d'audition des agents administratifs est faiblement encadré. Ce n'est qu'en matière de travail dissimulé que le législateur reconnaît de manière explicite un droit d'audition aux contrôleurs de l'inspection du travail seulement en matière de travail dissimulé. À cet effet, l'article L. 8271-6-1 du Code du travail dispose en effet que les inspecteurs du travail « *sont habilités à entendre, en quelque lieu que ce soit et avec son consentement, tout employeur ou tout représentant et toute personne rémunérée, ayant été rémunérée ou présumée être ou avoir été rémunérée par l'employeur ou par un travailleur indépendant, afin de connaître la nature des activités de cette personne, ses conditions d'emploi et le montant des rémunérations s'y rapportant, y compris les avantages en nature. De même, ils peuvent entendre toute personne susceptible de fournir des informations utiles à l'accomplissement de leur mission de lutte contre le travail illégal* ». Hormis ce cas, le droit d'audition peut être déduit du leur droit d'enquête de la Convention OIT n°81 qui précise que « *les inspecteurs du travail munis de pièces justificatives de leurs fonctions seront autorisés à procéder à tous examens, contrôles ou enquêtes jugés nécessaires pour s'assurer que les dispositions légales sont effectivement observées, et notamment à interroger, soit seuls, soit en présence de témoins, l'employeur ou le personnel de l'entreprise sur toutes les matières relatives à l'application des dispositions légales* ».

Code de commerce[499] et L. 512-60 du Code de la consommation[500]. Désormais, l'article 28 du Code de procédure pénale qui renvoie à ces

---

[499] Ce droit d'audition des agents de la concurrence a soulevé quelques interrogations, dans la mesure où la personne interrogée ne bénéficiait d'aucune garantie procédurale notamment en ce qui concerne le droit d'avoir connaissance de l'information de l'objet de l'enquête avant de répondre aux questions posées par les enquêteurs. Ainsi, cette dernière était en mesure de s'auto-incriminer. À titre d'illustration, l'ordonnance du 1er décembre 1986 codifiée dans le Code de commerce ne contenait aucune disposition obligeant les enquêteurs à justifier de leur qualité et indiquer l'objet de l'enquête. Le Conseil de la concurrence et la Cour de Paris l'avaient expressément affirmé dans une affaire ou des enquêteurs des services extérieurs de la DGCCRF avaient présenté à des entreprises l'objet de leur visite comme étant la vérification des prix de vente des carburants, les personnes entendues ne pouvant supposer que leurs déclarations pourraient être utilisées comme moyens de preuve de pratiques anticoncurrentielles. Le Conseil de la concurrence avait écarté les procès-verbaux d'audition du dossier (Cons. conc., déc. n°93-D-24, 15 juin 1993, Carburants dans le département d'Eure-et-Loir, Recueil Lamy, n°539, *D.* 1994, somm. p. 173) la Cour d'Appel de Paris avait considéré que l'enquête administrative » *ne pouvait avoir pour effet de compromettre irrémédiablement l'exercice des droits de la défense* » et que les enquêteurs étaient tenus à une « *obligation de loyauté qui doit présider à la recherche des preuves* » et étaient « *tenus de faire connaître aux personnes interrogées l'objet de leur enquête* » conformément à « *l'article 14 du Pacte international relatif aux droits civils et politiques qui garantit le droit de toute personne à ne pas être forcée de témoigner contre elle-même ou de s'avouer coupable* » (CA Paris, 8 avr. 1994, BOCCRF 18 mais, *D.* 1994, I. R., p. 121, *LPA* 1994, n°99, p. 1 ; *Gaz. Pal.* 1994, 1, somm., p. 189, note A. Decocq). Dans un premier temps, c'est le Conseil constitutionnel qui a précisé que le procès-verbal d'audition devait établir que l'objet de l'enquête avait été relevé aux personnes interrogées (Cons. Conc., déc. n°95-D-63, 14 nov. 1995, Produits en béton préfabriqués, BOCCRF 12 févr. 1996, p. 27, Cass. com., 14 janv. 2003, n°00-16. 962) Et dans un second temps, la chambre commerciale de la Cour de cassation qui est venu préciser que les enquêteurs ne pouvaient entendre la personne soupçonnée de pratiques anticoncurrentielles et lui demander de fournir des renseignements factuels, que si celle-ci avait été clairement informée de l'étendue et de l'objet de l'enquête et que la recherche des preuves ait été réalisée avec loyauté et qu'il fallait écarter d'office des débats les déclarations recueillies sans que les intéressés n'aient été préalablement informés de la nature et de l'objet de l'enquête. V. sur ce point, Cass. com., 14 janv. 2003, n°00-16.692. V. également V.-M Mousseron, V. Sélinsky, *Le nouveau droit français de la concurrence*, Paris, Litec, 1987, p. 177, n°207.

[500] Le contenu de ces réformes a été abordé à l'occasion de deux circulaires antérieures de la direction des affaires criminelles et des grâces : circulaire du 23 mai 2014 (CRIM-2014-12/E8/23.05.2014) présentant les dispositions de

dispositions dispose que « *lorsque ces fonctionnaires et agents sont autorisés à procéder à des auditions, l'article 61-1 du Code de procédure pénale est applicable dès lors qu'il existe à l'égard de la personne entendue des raisons plausibles de soupçonner qu'elle a commis ou tenté de commettre une infraction* »[501].

À notre sens, cette disposition qui contraint les autorités administratives à rappeler à la personne auditionnée ses droits soulève des problématiques qu'il convient d'identifier. Rappelons que les garanties de l'article 61-1 du Code de procédure pénale sont celles qui ont trait à l'audition libre. Transposé au monde de l'entreprise, les dirigeants et les salariés auditionnés au motif des raisons plausibles de soupçonner qu'ils ont commis ou tenté de commettre une infraction pourront être entendus seulement après en avoir été informé : *« 1° De la qualification, de la date et du lieu présumés de l'infraction qu'elle est soupçonnée d'avoir commise ou tenté de commettre ; 2° Du droit de quitter à tout moment les locaux où elle est entendue ; 3° Le cas échéant, du droit d'être assistée par un interprète ; 4° Du droit de faire des déclarations, de répondre aux questions qui lui sont posées ou de se taire ; 5° Si l'infraction pour laquelle elle est entendue est un crime ou un délit puni d'une peine d'emprisonnement, du droit d'être assistée au cours de son audition ou de sa confrontation, selon les modalités*

---

procédure pénale applicables le 2 juin 2014 de la loi portant transposition de la directive 2012/13/UE du Parlement européen et du Conseil, du 22 mai 2012 relative au droit à l'information dans le cadre des procédures pénales ; circulaire du 17 juin 2016 (CRIM-2016-03/II-2016/06/17) relative aux dispositions de procédure pénale immédiatement applicables de la loi du 3 juin 2016 renforçant la lutte contre le crime organisé, le terrorisme et leur financement, et améliorant l'efficacité et les garanties de la procédure pénale.

[501] L'article 28 alinéa 2, dans sa rédaction issue de la loi du 3 juin 2016, et l'article 61-1 du Code de procédure pénale résulte de la transposition de la directive 2012/13/UE du Parlement européen et du Conseil du 22 mai 2012 relative au droit à l'information dans le cadre des procédures pénales. L'article 3 de la directive impose aux États membres de veiller « *à ce que les suspects ou les personnes poursuivies reçoivent rapidement des informations concernant, au minimum, les droits procéduraux qui figurent ci-après, tels qu'ils s'appliquent dans le cadre de leur droit national, de façon à permettre l'exercice effectif de ces droits* ». Cette obligation « *s'applique dès le moment où des personnes sont informées par les autorités compétentes d'un État membre qu'elles sont soupçonnées d'avoir commis une infraction pénale ou qu'elles sont poursuivies à ce titre, et jusqu'au terme de la procédure* » (article 2).

prévues aux articles 63-4-3 et 63-4-4, par un avocat choisi par elle ou, à sa demande, désigné d'office par le bâtonnier de l'ordre des avocats ; elle est informée que les frais seront à sa charge sauf si elle remplit les conditions d'accès à l'aide juridictionnelle, qui lui sont rappelées par tout moyen ; elle peut accepter expressément de poursuivre l'audition hors la présence de son avocat ; 6° De la possibilité de bénéficier, le cas échéant gratuitement, de conseils juridiques dans une structure d'accès au droit ».

L'interrogation sur les justifications liées à la mise en œuvre de l'audition du dirigeant ou des salariés. Avant tout chose, il convient de souligner que ces garanties ne peuvent s'appliquer à un ou plusieurs salariés en mesure de fournir des éléments en qualité de témoin par exemple. Celles-ci s'appliquent à l'égard de la personne pour laquelle il existe des raisons plausibles de soupçonner qu'elle a commis ou tenté de commettre une infraction. Par voie de conséquence, seuls les salariés ou les dirigeants concernés par cette situation pourront bénéficier des garanties susvisées. Ensuite, il est important de distinguer les auditions réalisées en l'absence de suspicion de raisons plausibles laissant à penser que le dirigeant a commis une infraction, des auditions pour lesquelles il existe des raisons plausibles de soupçonner la tentative ou la commission d'un fait pénalement répréhensible. Dans le cadre de l'entreprise, le dirigeant et les salariés de l'entreprise pourront bénéficier de telles garanties seulement s'il existe des raisons plausibles de soupçonner que ces dernières ont commis une infraction. En dehors de cette condition, les agents administratifs pourraient, semble-t-il, continuer de procéder librement à des auditions sans rappeler à la personne les garanties et en dehors de toute suspicion d'infraction. Une circulaire en date du 20 mars 2017[502] précise tout de même que les règles de l'audition trouvent également à s'appliquer *« aux auditions réalisées hors des hypothèses pour lesquelles l'article 83 de la loi du 3 juin 2016 a prévu une mention spécifique renvoyant à l'article 61-1 du Code de procédure pénale, l'article 28 de ce même Code ayant vocation à s'appliquer à l'ensemble des polices spéciales »*.

[502]Circ. 20 mars 2017 relative à l'audition de personnes soupçonnées par les fonctionnaires et agents dotés de pouvoirs de police judiciaire en vertu de lois spéciales, suite à la modification de l'article 28 du Code de procédure pénale par la loi n°2016-731 du 3 juin 2016, NOR : JUSD1708944C

Il faut alors nécessairement s'interroger sur la manière de procéder des administrations. Rappelons qu'une circulaire n'a en principe pas de valeur réglementaire et ne fait que préciser comment doivent être appliqués les textes. Elle donne en quelque sorte « le mode d'emploi » pratique de la loi ou du règlement[503] et apparaît dépourvue de force obligatoire vis-à-vis des tiers. Par conséquent, rien n'oblige les enquêteurs à faire bénéficier la personne des garanties procédurales issues de l'article 61-1 du Code de procédure pénale, s'il n'existe pas de raisons plausibles de soupçonner que cette dernière a commis une infraction.

L'interrogation sur la présence de l'avocat lors des auditions réalisées par les autorités administratives. Ensuite, il s'agit de s'interroger sur la présence de l'avocat durant les auditions. Rappelons que l'alinéa 5 de l'article 61-1 du Code de procédure pénale précise que l'auditionné peut être assisté d'un avocat si l'infraction pour laquelle il est entendu est un crime ou un délit puni d'une peine d'emprisonnement. Toutefois, comme nous avons pu le démontrer précédemment, la majorité des infractions imputables au dirigeant sont des infractions commises dans le cadre de la réglementation au travail, à la consommation, à la concurrence, aux sociétés, et ne sont généralement pas sanctionnées par peine d'emprisonnement. Cela laisse donc à penser que, dans la grande majorité des cas, le dirigeant ou les salariés auditionnés ne pourront pas compter sur la présence d'un avocat lorsqu'une infraction à la réglementation leur sera reprochée.

Bilan. Que doit-on en conclure ? La loi du 3 juin 2016, renforçant la lutte contre le crime organisé, le terrorisme et leur financement, et améliorant l'efficacité et les garanties de la procédure pénale amorce une évolution intéressante en ce qui concerne les droits de la défense des personnes auditionnées, qu'il s'agisse du dirigeant ou des salariés ayant commis une infraction. À notre sens, des carences subsistent : d'une part celle qui a trait à l'absence de garanties procédurales dans le cadre d'une audition spontanée et d'autre part, celle qui a trait à l'absence d'avocat dans le cadre d'une audition mise en œuvre en cas de suspicion d'infraction. Visiblement, les risques d'auto-incrimination sont loin d'être résorbés.

---

[503] M. Lombard, G. Dumont, J. Sirinelli, *Droit administratif*, Paris, Dalloz, 12ème éd., p. 59.

<u>Conclusion de la Section 2.</u> Dans cette section, nous avons démontré que les opérations d'entrée et de visite des autorités administratives étaient facilitées par rapport à celles des autorités de police judiciaire. Cet assouplissement, justifié avant tout par la mission préventive des administrations, pourrait révéler l'émergence d'un régime de responsabilité pénale dérogatoire du droit commun, particulièrement sévère et facilitant la répression pénale du chef d'entreprise.

Conclusion chapitre 1. L'étude du droit d'enquête des autorités administratives au sein de l'entreprise fait émerger plusieurs constats. Tout d'abord, ont été mises en lumière des investigations m menées par les autorités administratives en raison notamment de compétences spécifiques et des moyens étendus dont ils disposent. Ensuite, a été mise en avant une certaine élasticité des opérations d'entrée et de visite des locaux d'entreprise. Nous avons pu fournir une explication à cela : un pouvoir des autorités administratives visant à s'assurer de l'effectivité du droit dans l'entreprise. Ainsi comme le souligne Monsieur Frédéric CHOPIN, ce droit de surveillance administrative doit être distingué du droit de perquisition dont bénéficient les officiers de police judiciaire[504]. Toutefois, cette « élasticité » des opérations d'enquête facilite la découverte d'une ou plusieurs infractions et par conséquent le déclenchement des poursuites pénales à l'encontre du dirigeant pourrait compromettre les droits de la défense de ce dernier.

[504] F. Chopin, « Les pouvoirs d'enquête de l'inspection du travail », *in AJ pén.* 2015. p. 116.

CHAPITRE 2.
LES ATTEINTES PORTÉES AUX DROITS DE LA DÉFENSE DU CHEF D'ENTREPRISE DANS LE CADRE DE LA RECHERCHE DE SA REPSONSABLITÉ PÉNALE

Pour ce qui est de la recherche de la responsabilité pénale du chef d'entreprise pour des infractions commises au sein de l'entreprise, les garanties procédurales doivent s'appliquer comme dans les autres domaines. Il en va ainsi et particulièrement en matière de droits de la défense. Dans le cadre de notre étude, nous proposons d'aborder certains particularismes repérés lors d'opérations de contrôle ou d'enquête des administrations lorsque celles-ci sont mises en œuvre au sein des locaux d'entreprises.

Annonce de plan. Ces particularismes qui ne cessent d'être renforcés par de récentes lois démontrent à tout le moins que les dirigeants n'ont pas d'autre choix que de collaborer avec les administrations en vue de la recherche de la preuve de l'infraction, à défaut de quoi leur responsabilité pénale est engagée **(Section 1).** Une fois le procès-verbal dressé, ceux-ci ne pourront que faiblement contester la preuve de l'infraction rapportée par les administrations **(Section 2).**

SECTION 1.
LE RECOURS À LA CONTRAINTE DANS L'OBTENTION DE LA PREUVE DE L'INFRACTION PAR LES AUTORITÉS ADMINISTRATIVES

Ici, il s'agira de démontrer, sous l'action conjuguée du législateur et du juge pénal, que c'est à un véritable devoir de coopération dans la recherche de la preuve auquel doit répondre le dirigeant (§1). À notre sens, cette exigence qui ne cesse d'être renforcée constitue une atteinte au droit de ne pas s'auto-incriminer (§2).

§1. La soumission du dirigeant à un devoir de collaboration avec les administrations dans la recherche de la preuve

Lors des opérations d'entrée et de visite des locaux d'entreprise, les autorités administratives doivent pouvoir mener des investigations sans y être empêchées. Cela se traduit par une collaboration entre le dirigeant et l'administration (A) qui à défaut, est sanctionnée par une peine (B).

A- Le domaine étendu de l'obligation de collaboration du dirigeant

En reprenant la formule du Professeur Bernard BOULOC selon laquelle « *dans l'État de droit, il est légitime que certains agents de contrôle, à qui la loi a confié une mission de surveillance administrative, puissent accomplir leur travail, sans être gênés ni entravés par la réaction des citoyens*[505] », il est possible d'affirmer que les administrations, lorsqu'elles souhaitent mettre en œuvre des opérations de contrôles au sein de l'entreprise, doivent pouvoir y pénétrer sans connaître la moindre entrave. Cela obligerait alors le dirigeant et/ou les salariés à coopérer avec les agents des administrations. Cette obligation est particulièrement mise en lumière par le règlement général de l'AMF[506]

---

[505] B. Bouloc, « Les infractions d'opposition aux fonctions au regard des droits fondamentaux », *RLC*, avril-juin 2013, n°35.

[506] Le règlement européen n° 596/2014 du 16 avril 2014 sur les abus de marché (dit « *règlement MAR* ») est entré en application le 3 juillet 2016. Ce règlement,

qui prévoit que « *les personnes contrôlées apportent leur concours avec diligence et loyauté* »[507]. En outre, la charte de l'AMF[508] précise qu'afin d'assurer le bon déroulement du contrôle, il est attendu des personnes contrôlées, ses collaborateurs ou des personnes physiques placées sous sa responsabilité une orientation des contrôleurs dans la conduite de leurs travaux[509].

---

qui est d'application directe, a rendu nécessaires des modifications du règlement général de l'Autorité des marchés financiers, en particulier la suppression du Livre VI de ce règlement relatif aux abus de marché et l'introduction de plusieurs aménagements des dispositions du Livre II relatif aux émetteurs et à l'information financière concernant la publication des informations privilégiées. En ce qui concerne les dispositions visées par ces modifications, la présente charte fera donc référence à la fois aux dispositions du règlement général de l'Autorité des marchés financiers applicables aux faits antérieurs au 3 juillet 2016, date d'entrée en application du règlement MAR et aux dispositions du règlement MAR applicables aux faits intervenus à compter du 3 juillet 2016. Pour une parfaite exécution de ses missions, l'AMF publie un règlement général qui fixe les règles et les modalités d'application de la loi. Ce règlement évolue constamment au gré des conclusions des groupes de travail mis en place par l'institution, des textes nationaux et des directives européennes. L'AMF participe d'ailleurs activement à de nombreuses initiatives européennes et internationales en faveur d'une meilleure régulation des marchés financiers. À chaque modification, le règlement général est soumis à consultation publique avant d'être adopté par le Collège, puis présenté au ministre de l'Économie qui l'homologue par un arrêté publié au Journal officiel de la République française.

507 Art. 143-3 du règlement général de l'AMF, maj. 9 févr. 2019, www.amf.france.org.

508 Charte de l'AMF, maj. 17 oct. 2017, www.amf.france.org, La présente charte de l'enquête ne se substitue pas aux règlements européens et dispositions législatives et règlementaires applicables aux enquêtes. Elle n'a pas vocation à décrire de manière exhaustive tous les points de détail d'une enquête mais tend à en expliciter le processus. Elle n'a qu'un objet informatif à l'égard des pratiques d'usage et renvoie, le cas échéant, aux textes applicables en vigueur. La charte contribue ainsi à assurer le bon déroulement des missions en les faisant mieux connaître et en précisant un certain nombre de principes de bonne conduite que les enquêteurs de l'AMF appliquent, mais également les comportements qui sont attendus des personnes sollicitées au cours des investigations. À cette fin, la charte se présente en deux parties : la première partie précise les droits et obligations des enquêteurs et des personnes sollicitées dans le cadre de l'enquête, la seconde expose les règles de bonne conduite applicables aux enquêteurs et le comportement attendu des personnes sollicitées lors de l'enquête.

509 *Ibid.*, art 2. 2.

La transmission des documents nécessaires à l'exercice de la mission des administrations. Par ailleurs, la facilitation des opérations de contrôle semble également signifier que les dirigeants et les salariés doivent communiquer les documents nécessaires aux administrations permettant le contrôle de l'effectivité du droit. Sur ce point, le législateur reconnaît aux agents des administrations le pouvoir d'exiger la communication de documents propres à faciliter l'exercice de leur mission et la recherche de la responsabilité pénale du dirigeant. Comme le souligne une partie de la doctrine, ce droit de communication d'informations ne connaît pas de limites *« incompressibles »*[510].

L'approche historique du droit de communication des administrations. Déjà, l'article 11-3 de la loi du 1er aout 1905[511] sur les fraudes et falsifications en matière de produits et de services prévoyait que les agents pouvaient exiger la communication ou procéder à la saisie des documents de toute nature, entre quelques mains qu'ils se trouvent, propres à faciliter l'accomplissement de leur mission et la mise à leur disposition des moyens indispensables pour effectuer leurs vérifications. Plus tard, c'est la Convention n°81 OIT qui est venu préciser que les inspecteurs et contrôleurs du travail pouvaient se faire présenter, au cours de leurs visites, l'ensemble des livres, registres et documents rendus obligatoires par le Code du travail ou par une disposition de loi ou de règlement relative au régime du travail[512].

Le domaine des documents saisissables par les administrations. *A priori*, ce droit de communication concerne tous les documents propres à faciliter l'accomplissement de la mission des fonctionnaires habilités. On entend par documents professionnels, les documents dont un texte

---

[510] A. Coeuret, E. Fortis, F. Duquesne, *Droit pénal du travail*, Paris, LexisNexis, 6ème éd. 2016, p. 31.

[511] L'article 11-3 de la loi de 1905 précisait que « *les agents peuvent exiger la communication ou procéder à la saisie des documents de toute nature, entre quelques mains qu'ils se trouvent, propres à faciliter l'accomplissement de leur mission et la mise à leur disposition des moyens indispensables pour effectuer leurs vérifications. Ils peuvent également consulter tout document nécessaire à l'accomplissement de leur mission auprès des administrations publiques, des établissements et organismes placés sous le contrôle de l'État et des collectivités locales, ainsi que dans les entreprises ou services concédés par l'État, les régions, les départements et les communes* ».

[512] Convention n°81 sur l'inspection du travail (mines et transports), 1947, art 12, 1.

rend la détention obligatoire par les entreprises ainsi que toute documentation liée au fonctionnement de l'entreprise tels que les livres de comptes, factures, correspondances professionnelles, contrats, conditions de vente, circulaires, agendas professionnels, notes internes, comptes rendus de réunion, etc.

L'extension des documents saisissables - le cas spécifique des données informatiques. Néanmoins, la législation actuelle démontre que cette liste fait l'objet d'une extension. Dans un premier temps, la loi prévoyait que les agents de contrôle de l'Inspection du travail avaient seulement le pouvoir d'exiger la présentation des livres, registres et documents rendus obligatoires par le Code du travail[513]. Désormais, le développement de l'informatique dans l'entreprise a conduit le législateur à étendre le droit de communication aux données informatiques contenues le plus souvent dans les messageries électroniques des logiciels des ordinateurs[514]. Sur ce point, l'article 41 de la loi nouvelle régulation économique de 2001[515] est venu modifier l'article L 450-3 du Code de commerce en remplaçant par « *demander la communication des livres, factures et tous autres documents professionnels et en prendre copie*[516] » par « *exiger la communication*

---

[513] C. trav. art. L. 8114-1.

[514] Des lois successives sont venues apporter des précisions quant à la technique de captation des données informatiques. En matière fiscale, l'article 14 de la loi du 29 décembre 2012 a rendu obligatoire pour l'ensemble des entreprises tenant une comptabilité informatisée, la présentation des documents comptables aux enquêteurs sous forme dématérialisée. L'on songe également à la loi Hamon du 17 mars 2014 qui est venue préciser que « *pour le contrôle des opérations faisant appel à l'informatique, ils ont accès aux logiciels et aux données stockées ainsi qu'à la restitution en clair des informations propres à faciliter l'accomplissement de leurs missions. Ils peuvent en demander la transcription par tout traitement approprié des documents directement utilisables pour les besoins du contrôle* V. sur ce point, C. com. art. L. 450-3, C. consom. art. L. 512-11. De façon différente, la charte de l'AMF permet plus d'amplitude dans la mesure où « *les documents et fichiers de réponse doivent être transmis dans un format facilement exploitable à déterminer avec les contrôleurs ».* Enfin, l'article L. 8113-5-2 du Code du travail qui prévoit la communication de documents en matière de travail dissimulé ne fait aucunement référence à la méthode pour la transcription des données.

[515] L. n° 2001-420 du 15 mai 2001 relative aux nouvelles régulations économiques.

[516] « *Les enquêteurs peuvent accéder à tous locaux, terrains ou moyens de transport à usage professionnel, demander la communication des livres, factures*

et obtenir ou prendre copie, par tout moyen et sur tout support, des livres, factures et autres documents professionnels de toute nature ». Par la suite, l'ordonnance du 5 octobre 2006[517] a doté du même droit les agents de la DGCCRF en matière de consommation. Ainsi, l'on peut lire dans le Code de commerce[518] et le Code de la consommation[519] que « *les agents peuvent exiger la communication et obtenir ou prendre copie, par tout moyen et sur tout support, des livres, factures et autres documents professionnels de toute nature, entre quelques mains qu'ils se trouvent, propres à faciliter l'accomplissement de leur mission. Ils peuvent exiger la mise à leur disposition des moyens indispensables pour effectuer leurs vérifications. Ils peuvent également recueillir, sur place ou sur convocation, tout renseignement, document ou toute justification nécessaire au contrôle* ».

Bilan. À cet endroit, c'est donc une véritable obligation de collaboration dans la recherche de la preuve à laquelle le dirigeant est soumis. À cet effet, rappelons que la chambre commerciale de la Cour de cassation s'est ralliée le 8 mars 2018[520] à la même solution que celle du Conseil constitutionnel en refusant de lui transmettre une question prioritaire de constitutionnalité relative au droit pour les enquêteurs de l'AMF de se faire communiquer tous documents sur le fondement de l'article L. 621-10 du Code monétaire et financier et au délit d'entrave à l'action des enquêteurs de l'AMF[521] aux motifs que cette communication permet aux enquêteurs de l'Autorité des marchés financiers de se faire remettre les documents nécessaires et ne leur confère ni un pouvoir d'exécution forcée pour obtenir la remise de ces documents, ni un pouvoir général d'audition ou un pouvoir de perquisition.

---

et tous autres documents professionnels et en prendre copie, recueillir sur convocation ou sur place les renseignements et justifications ».

[517] Ord. n° 2006-1224 du 5 octobre 2006 prise pour l'application du II de l'article 71 de la loi n° 2006-11 du 5 janvier 2006 d'orientation agricole.

[518] C. com. art. L 450-3.

[519] C. consom. art. L 512-8.

[520] Cass. com., 8 mars 2018, n° 17-23.223, *Dr. pén.* 2018, comm. 84, note Robert J.-H., *in Dr. soc.* 2018.

[521] Le fait pour toute personne de mettre obstacle à une mission de contrôle ou d'enquête de l'AMF ou de lui communiquer des renseignements inexacts est puni d'un emprisonnement de deux ans et d'une amende de 300.000 euros.

Dès à présent, constatons que le législateur est venu renforcer progressivement l'obligation de coopération en durcissant la répression des délits d'obstacle à l'accomplissement des devoirs des administrations.

B- La répression du manquement au devoir de collaboration, le délit d'obstacle à l'accomplissement des devoirs des administrations

L'approche historique d'une nécessaire collaboration entre les administrations et les personnes faisant l'objet d'un contrôle. Afin d'assurer la protection des agents de l'autorité, à qui la loi a confié une mission de contrôle ou de recherche de manquements à la réglementation, l'ancien Code pénal prévoyait déjà que l'opposition à l'exécution de leurs missions de manière violente constituait un délit[522]. Par la suite, les rédacteurs du nouveau Code pénal ont conservé l'outrage consistant dans les paroles, gestes ou menaces, écrits ou images adressées à une personne chargée d'une mission de service public[523]. Mais, c'est animé d'une logique dirigiste que le législateur a finalement crée des infractions permettant aux agents des administrations d'accomplir leur mission de surveillance dans l'entreprise, sans que la personne contrôlée puisse y faire obstacle[524].

La première étape – la création du délit d'obstacle à l'accomplissement des missions des administrations. Dans un premier temps, le législateur a créé le délit d'opposition aux fonctions des autorités administratives. L'ordonnance du 30 juin 1945[525] a instauré un délit d'opposition aux fonctions que l'ordonnance du 1er

[522] L'article 209 de l'ancien Code pénal sanctionnait toute attaque ou résistance avec violences et voies de fait envers les officiers ministériels, les gardes champêtres ou forestiers, la force publique, les préposés à la perception des taxes et des contributions, les préposés des domaines, les officiers ou agents de la police administrative ou judiciaire, agissant pour l'exécution des lois, des ordres ou ordonnances de l'autorité publique, des mandats de justice ou jugements.
[523] C. pén, art. 433-5.
[524] Généralisée en 1954, en réaction aux mouvements antifiscaux de l'époque, la répression de l'obstacle au contrôle fiscal a pour origine le droit des contributions indirectes, et plus précisément la réaction des pouvoirs publics au commerce de l'absinthe.
[525] Ord. n°45-1484, 30 juin 1945.

décembre 1986[526] mais c'est désormais l'article L. 450-8 du Code de commerce[527] prévoit que le fait pour quiconque de s'opposer, de quelque façon que ce soit, à l'exercice des fonctions des agents de la DGCCRF ou de l'Autorité de la concurrence est puni d'un emprisonnement de deux ans et d'une amende de 300.000 euros. Ce sont également, les agents de contrôle de l'Inspection du travail qui peuvent accomplir leur contrôle sans entrave puisque tout obstacle est punissable au sens de l'article L. 8114-1 du Code du travail. De la même manière, la loi du 20 décembre 2010 relative au financement de la Sécurité sociale pour 2011[528] a prévu une amende pénale en cas de refus de répondre aux demandes d'information des organismes de Sécurité sociale[529].

La seconde étape - le durcissement de la répression des délits d'obstacle à l'accomplissement des devoirs des administrations. Dans un deuxième temps, le législateur est venu renforcer les peines des délits d'obstacle à l'accomplissement des missions des administrations. La certitude d'une punition attachée à la violation de la loi pénale est normalement de nature à la faire redouter par l'ensemble des citoyens qui seront de ce fait dissuadés d'adopter un comportement répréhensible[530]. Comme le précise certains auteurs, « *dans la mesure où elle est instaurée par la loi puis prononcée par un juge, elle dissuade la majorité des gens qui restent habités par la peur du gendarme*[531] ». En amont de l'ordonnance du 7 décembre 2005[532], le délit d'obstacle à la fonction des agents de l'administration fiscale était réprimé par une amende pénale qui pouvait aller de de 75 à 7.500

---

[526] Ord. n°86-1243, 1er déc. 1986.

[527] En outre, l'article L. 464-2 du Code de commerce prévoit que lorsqu'un dirigeant ne défère pas à une convocation ou ne répond pas dans le délai prescrit à la demande de renseignements ou de communication de pièces formulée par un des agents habilités, l'Autorité peut, à la demande du rapporteur général, prononcer à son encontre une injonction assortie d'une astreinte.

[528] L. n° 2010-1594 du 20 décembre 2010 de financement de la Sécurité sociale pour 2011, *in JORF* n°0295 du 21 décembre 2010 p. 22409.

[529] CSS., art. L. 114-19 al. 4

[530] R. Merle et A. Vitu, *Traité de droit criminel*, t. 1, Paris, Cujas, 7ème éd., 1997, n°56.

[531] E. Bonis-Garçon, *Droit de la peine*, Paris, LexisNexis, 3 éd., 2019, p. 2.

[532] Ord. n°2005-1512 du 7 décembre 2005 relative à des mesures de simplification en matière fiscale et à l'harmonisation et l'aménagement du régime des pénalités, art 13.

euros[533]. On constate depuis qu'elle est passée à 25.000 euros[534]. Plus récemment, la loi du 17 mars 2014 dite « *loi Hamon* »[535] a porté l'amende à 300.000 euros tout en conservant la peine d'emprisonnement [536]. Enfin, l'ordonnance du 7 avril 2016[537] a durci la répression du délit d'obstacle à fonction des agents de contrôle de l'inspection du travail en portant la peine d'amende de 3.700 euros à 37.500 euros[538].

L'élément matériel du délit d'obstacle à l'accomplissement des devoirs des administrations, un acte de commission ? L'examen de la jurisprudence démontre que le droit d'obtenir communication fait l'objet d'une appréciation large par le juge répressif. À priori, la formulation de l'incrimination laisse à penser que le juge répressif doit retenir un acte de commission. C'est ainsi que l'exclusion de l'omission coupable a été mise en relief dans un arrêt de la Cour de cassation du 13 mai 1986[539] dans lequel un dirigeant s'était vu condamner par la Cour d'Appel pour ne pas avoir empêché ses salariés de ne pas laisser entrer un inspecteur et un contrôleur du travail au motif que ces entraves visent avant tout « *une obstruction de quelque nature que ce soit, apportée aux demandes d'un fonctionnaire de contrôle tendant à l'empêcher de procéder aux enquêtes dont il est chargé* ».

L'approche jurisprudentielle extensive de l'élément matériel. Si le délit est classiquement constitué en cas d'obstacle physique à l'entrée des fonctionnaires, mis dans l'impossibilité de visiter les locaux de travail, le juge répressif qualifie également d'obstacle à fonction les manœuvres qui consistent à perturber le contrôle ou l'enquête des fonctionnaires [540]. La jurisprudence tend également à considérer que

---

[533] CGI., art. 1746.
[534] CGI., art. 1737.
[535] L. n° 2014-344 du 17 mars 2014 relative à la consommation, *in JORF* n°0065 du 18 mars 2014 p. 5400, texte n° 1.
[536] C. com. art. L 450-8, L. n°2014-344 du 17 mars 2014, art 112, III.
[537] Loi n°2016-413 du 7 avril 2016. Auparavant 3.700 euros d'amende.
[538] Sous l'empire du Code du travail de 1906, la Cour de Cassation avait jugé que l'entrave aux devoirs d'un inspecteur du travail ne s'appliquait pas au contrôleur. Toutefois, les contrôleurs avaient le droit d'exiger la communication de registres, ce qui était sanctionné par une contravention, Cass. crim., 6 mai 1964, *Bull. crim.* n°153.
[539] Juri-soc. 1986, *SJ* 159.
[540] Cass. crim., 24. fevr. 2009, n°08-84.410. Inédit.

l'obstacle aux fonctions d'agents investis d'un pouvoir d'investigation est suffisamment caractérisé par la constatation d'une attitude psychologique d'opposition ou de ruse, quelles qu'en soient les manifestations extérieures, pourvu que le juge puisse en déduire de manière univoque la volonté délictueuse[541]. Par ailleurs, le refus de communiquer le registre du personnel à l'inspecteur du travail et de ne pas le conserver à l'endroit où il doit être tenu constitue un obstacle au contrôle de l'inspecteur du travail qui en requiert la consultation[542]. Cette communication doit être immédiate[543] même si l'employeur est absent de l'entreprise[544]. De plus, le juge répressif considère que la communication de renseignements volontairement inexacts ou incomplets, par exemple la présentation d'un registre du personnel ne mentionnant pas tous les salariés occupant l'entreprise[545] ou présentant de fausses déclarations en vue de dissimuler l'absence de versement de la subvention de fonctionnement du comité d'entreprise[546] est constitutif d'un délit d'obstacle aux fonctions des administrations. Il en va de même lorsqu'un gérant occulte les mentions relatives aux coordonnées personnelles et bancaires des clients, des démarcheurs ou des livreurs[547].

L'assimilation de l'action à l'omission. La chambre criminelle a progressivement admis que le délit d'obstacle à fonction pouvait résulter de l'inaction de l'employeur. Ainsi, elle a retenu que le refus d'audition dans une entreprise était constitutif d'un délit[548]. Notons que dans un arrêt en date du 14 octobre 2008[549], un employeur faisait valoir que le délit d'accomplissement des devoirs d'un inspecteur du travail n'était caractérisé que par un acte positif commis par le prévenu. C'est ainsi que les juges du fond ne pouvaient légalement justifier leur décision en se fondant sur le fait que le prévenu s'était doublement

---

[541] Cass. crim., 26 nov. 1980, n° 80-92.226, *Bull. crim*, n° 322; Cass. crim., 28 sept. 1993, n°92-86.528, *Bull. crim*, n° 269, *Dr. pén.* 1994, comm. 44.
[542] Cass. crim., 31 janv. 2012, n°11-85.226.
[543] Cass. crim., 21 déc. 1955, *JCP* 1956 IV-14.
[544] Cass. crim., 18 avr. 1956, *Bull. crim.* n°315.
[545] Cass. crim., 27 oct. 1987, n° 87-80.432.
[546] Cass. crim., 15 mars 2016, n° 14-87.989.
[547] Cass. crim., 24 févr. 2009, n°08-84.410.
[548] Cass. crim., 22 juill. 1981, *Bull. crim.* 1981, n°237.
[549] Cass. crim., 14 oct. 2008, n° 07-84.365, *AJ. pén* 2008, p. 508, obs. M.-E Charbonnier, *RSC*. 2009, p. 393, note A. Cerf-Hollender.

abstenu de produire les documents et de se présenter aux rendez-vous fixés par l'inspecteur du travail. Ce à quoi la Cour de cassation a répondu que caractérisait le délit d'obstacle à l'accomplissement des devoirs d'un inspecteur du travail toute obstruction apportée aux demandes d'un fonctionnaire de contrôle, en vue de l'empêcher d'exercer sa mission. Peut ainsi être condamné le chef d'entreprise qui refuse de transmettre les documents nécessaires au décompte de la durée du travail[550], les plannings permettant de vérifier le temps de travail effectif des salariés au sein de l'entreprise[551]. Mais la Cour de cassation semble aller plus loin en assimilant l'inaction à l'action. Dans un arrêt en date du 14 avril 2015[552], le juge pénal a condamné le dirigeant pour délit d'obstacle au motif qu' « *il avait fait l'objet de rappels réitérés d'avoir à satisfaire à ses obligations afin de permettre le contrôle de l'application des dispositions relatives à la durée et à l'aménagement du temps de travail dans l'exploitation agricole qu'il dirigeait, et alors que ces rappels étaient demeurés sans effet* ».

Transition. L'analyse de la théorie et de la pratique démontre que c'est effectivement une obligation de coopération à laquelle le dirigeant est tenue. Il est décidé qu'une simple abstention constitue le délit d'obstacle à l'accomplissement des missions de l'agent. Cette situation est d'autant plus sévère en raison du durcissement de la répression et pourrait être dénoncée comme portant atteinte à ne pas contribuer à sa propre incrimination.

§2- Les atteintes portées au droit de se taire et à ne pas s'auto-incriminer

Il convient dès à présent de s'interroger sur la conformité de l'obligation de coopération au droit de ne pas contribuer à sa propre incrimination reconnue par les textes européens.

La reconnaissance légale et jurisprudentielle européenne du droit de se taire et ne pas contribuer à sa propre incrimination. L'exigence de collaboration dans la recherche de la preuve a été dénoncée comme constituant une atteinte au droit de toute personne,

---

[550] Cass. crim., 8 nov. 2005, n° 05-81.269.

[551] Cass. crim., 25 avr. 2017, n°16-81.793.

[552] Cass. crim., 14 avr. 2015, n°14-83.267

tiré de l'article 6 de la Convention européenne des droits de l'homme, de ne pas contribuer à sa propre incrimination. Rappelons à cet effet que la Cour européenne des droits de l'homme avait jugé que l'équité du procès équitable trouvait un fondement à travers le droit de se taire et de ne pas contribuer à sa propre incrimination[553]. Elle avait toutefois précisé que les droits de la défense n'avaient pas vocation à s'appliquer lorsque cela pouvait entraver « *le contrôle par les administrations de la réglementation efficace, dans l'intérêt public, d'activités financières et commerciales complexes* »[554]. C'est à notre sens ce qui expliquerait les positions des juges français qui vont suivre.

En dépit des exigences textuelles européennes, la chambre criminelle de la Cour de cassation a jugé que l'obligation de collaboration à laquelle était tenu le dirigeant n'était pas contraire au droit de ne pas contribuer à sa propre incrimination. Dans un arrêt du 24 février 2009[555], les juges sont venus préciser que le droit au silence ne s'opposait pas à l'exigence de communication de documents à des agents de la direction générale de la concurrence, de la consommation et de la répression des fraudes - la communication de documents contractuels dans leur intégralité permettait aux enquêteurs de vérifier la bonne application de la réglementation par le dirigeant. Cette solution a été en partie confirmée dans un arrêt de la chambre criminelle du 25 avril 2017[556]. Il a été affirmé que l'absence de présentation des documents permettant de vérifier le temps de travail effectif des salariés par l'employeur constituait un obstacle à fonctions de l'agent de contrôle de l'Inspection du travail – « *sans porter atteinte au droit à ne pas s'auto-incriminer* » dans la mesure où cela répondait *« à l'objectif d'intérêt général de protection des salariés ».* Dans cet arrêt, la Haute juridiction réaffirme implicitement l'obligation de surveillance à laquelle sont tenues les administrations – celle qui consiste à veiller à l'effectivité du droit. Elle précise néanmoins la finalité de cette

---

553 CEDH 25 févr. 1993, Funke c/ France, req. n° 10828/84, *AJDA* 1993. Dans cet arrêt, il était précisé que l'obligation faite au requérant par l'administration des Douanes de produire des documents bancaires sous peine d'astreinte et de sanction pénale apparaissait comme une tentative de contraindre le requérant à fournir lui-même la preuve de l'infraction commise et était contraire au droit de ne pas s'auto-incriminer.

554 *Ibid.*, §62.

555 Cass. crim., 24 févr. 2009, n°08-84.410.

556 Cass. crim., 25 avr. 2017, n°16-81.793.

obligation : la protection des salariés. Saisi par la Cour de cassation d'une question prioritaire de constitutionnalité posée par une société, relative à la conformité du droit de communication des agents des douanes[557], le Conseil constitutionnel - dans une décision du 27 janvier 2012[558] - s'est contenté de répondre que la procédure de communication ne conférait pas un pouvoir général d'audition de la personne intéressée par les actes d'enquête, mais visait à l'obtention des documents nécessaires à la conduite de l'enquête.

Ainsi, le droit de ne pas s'auto-incriminer n'impliquait pas le droit de faire obstacle aux pouvoirs d'enquête en retenant par-devers soi des documents susceptibles de fonder sa propre mise en cause. La disposition en cause ne méconnaissait donc pas le principe selon lequel nul n'est tenu de s'accuser. Ces arrêts laissent donc à penser que c'est avant tout une mission d'ordre public qui justifie que les garanties procédurales traditionnelles soient contournées. Ainsi, l'on pourrait également songer à la défense du modèle économique et social notamment dans le cadre de la lutte contre la fraude[559].

Les décisions précitées nient le caractère pénal de la sanction qui peut être prononcée par une juridiction pénale à l'encontre du dirigeant. Ces enquêtes de police administrative peuvent déboucher sur la mise en œuvre de l'action publique par le Parquet. Rappelons-nous de l'arrêt *Fayed* contre le Royaume-Uni du 21 septembre 1994[560] dans lequel les juges européens avaient précisé que les administrations avaient *« en pratique, comme en théorie, essentiellement une mission*

---

[557] En vertu de l'article 65 du Code des douanes, certains agents des douanes peuvent exiger la communication de papiers et de documents de toute nature relatifs aux opérations intéressant leur service. Précisément, la communication porte, suivant le 4° de cet article, sur « *l'ensemble des livres, registres, notes et pièces justificatives (comptabilité, registres, factures, correspondances, copies de lettres, etc.) relatives à l'activité professionnelle de l'entreprise* », l'article précisant, dans sa version en vigueur à compter du 1 er janvier 2005, « *quel qu'en soit le support* ».

[558] Déc. n°2011-214 QPC, Société COVED SA, Droit de communication de l'administration des douanes. V. également, déc. n°2016-553 QPC, Société Natixis, Application du régime fiscal des sociétés mères aux produits de titres auxquels ne sont pas attachés des droits de vote.

[559] P. Dingeon, « Présentation de la politique de lutte contre le travail illégal », *Dr. soc*, n°11, nov. 2014, p. 888.

[560] CEDH, 21 sept. 1994, *Fayed* c. Royaume-Uni, série A no 294-B.

d'investigation » et que leurs enquêtes avaient pour finalité *« l'établissement et la consignation de faits qui pourraient par la suite servir de base à l'action d'autres autorités compétentes de poursuite, réglementaires, disciplinaires, voire législatives*[561]. Par ailleurs, comme le souligne Monsieur Paul RAMACKERS, Directeur du travail Unité départementale du Gard DIRECCTE Occitanie, les simples opérations de contrôle apparaissent comme « *la meilleure source de départ d'enquête »*[562] - elles peuvent conduire au prononcé d'une sanction pénale ou administrative. D'ailleurs, le Conseil constitutionnel n'a-t-il pas précisé que les droits de la défense ne concernent pas seulement les peines prononcées par les juridictions répressives mais s'étendent à toute sanction ayant le caractère d'une punition même si le législateur a laissé le soin de la prononcer à une autorité de nature non judiciaire[563] ?

Conclusion Section 1. Cette présente section avait pour objectif de démontrer que le dirigeant était soumis à une obligation de communication des documents avec les administrations en matière de recherche de la preuve de l'infraction. Cette originalité démontre une fois de plus le traitement spécifique et sévère réservé au chef d'entreprise et les limités importantes apportées au droit de se taire et à ne pas s'auto-incriminer.

---

[561] *Ibid.* § 61.

[562] P. Ramackers, « La recherche et le constat des infractions en matière de travail illégal par l'inspection du travail : un exemple d'enquête », *Dr. soc*, nov. 2014, n°11, p. 899.

[563] Cons. const. 17 janv. 1989, n°88-248 DC, consid. 36.

SECTION 2.
LA DIFFICILE CONTESTATION DE LA PREUVE DE L'INFRACTION PAR LE DIRIGEANT

Approche de Droit commun. Durant l'enquête judiciaire, si la garde à vue doit constituer l'unique moyen de parvenir au moins à l'un des six objectifs limitativement énumérés par l'article 62-2 du Code de procédure pénale[564], elle apparaît tout de même comme une possibilité reconnue au suspect de s'exprimer sur les faits reprochés avant tout jugement pénal. Or, admettant que ce sont majoritairement les administrations qui mettent en œuvre des enquêtes dans l'entreprise, le chef d'entreprise sera-t-il placé en garde à vue et sera-t-il en mesure de s'expliquer sur les faits si une infraction venait à lui être reprochée ? À cela, il est possible de répondre par la négative – d'où l'idée d'un contradictoire limité en amont des poursuites pénale (§1) mais également lors du jugement dans la mesure où les procès-verbaux dressés par les agents administratifs font foi jusqu'à preuve du contraire (§2).

[564] Rappelons que l'article 62-2 du Code de procédure pénale dispose que : « *La garde à vue est une mesure de contrainte décidée par un officier de police judiciaire, sous le contrôle de l'autorité judiciaire, par laquelle une personne à l'encontre de laquelle il existe une ou plusieurs raisons plausibles de soupçonner qu'elle a commis ou tenté de commettre un crime ou un délit puni d'une peine d'emprisonnement est maintenue à la disposition des enquêteurs. Cette mesure doit constituer l'unique moyen de parvenir à l'un au moins des objectifs suivants : 1° Permettre l'exécution des investigations impliquant la présence ou la participation de la personne ; 2° Garantir la présentation de la personne devant le procureur de la République afin que ce magistrat puisse apprécier la suite à donner à l'enquête ; 3° Empêcher que la personne ne modifie les preuves ou indices matériels ; 4° Empêcher que la personne ne fasse pression sur les témoins ou les victimes ainsi que sur leur famille ou leurs proches ; 5° Empêcher que la personne ne se concerte avec d'autres personnes susceptibles d'être ses coauteurs ou complices ; 6° Garantir la mise en œuvre des mesures destinées à faire cesser le crime ou le délit* ».

§1-L'impossibilité pour le chef d'entreprise de s'exprimer sur les faits reprochés avant tout jugement pénal

Le droit commun. Lorsqu'une personne suspectée d'avoir commis ou tenté de commettre une infraction est placée en garde à vue, son avocat a accès à certaines pièces de la procédure[565] et peut à l'issue de chaque audition présenter des observations écrites[566], consigner les questions refusées par l'officier ou l'agent de police judiciaire lors des auditions. En matière d'instruction, l'avocat peut également demander au juge d'instruction, lorsque cela est nécessaire, d'ordonner des actes d'enquête complémentaires (expertises, auditions de témoins etc.). Le juge pénal se basera alors sur les auditions du suspect pour forger son intime conviction.

Lorsqu'une infraction est reprochée au dirigeant, la juridiction de jugement fondera sa décision sur les seuls éléments fournis par les agents administratifs. S'il n'est cependant pas interdit au ministère public de faire procéder à une enquête préliminaire dans les conditions prévues aux articles 75 et suivants du Code de procédure pénale[567] ou de demander éventuellement l'ouverture d'une information judiciaire[568], les investigations complémentaires sont assez rares. En effet, le parquet place une grande confiance dans l'action des agents publics et se limite aux enquêtes réalisées par ces derniers. Hormis les infractions en matière d'accident de travail, l'état factuel des dossiers de la procédure ne nécessite pas l'ouverture d'une enquête préliminaire ou d'une information judiciaire dans la mesure ou les constats réalisés par les agents administratifs sont souvent suffisants pour en saisir directement une juridiction de jugement. Par voie de conséquence, le chef d'entreprise sera informé seulement à la fin de l'enquête

---

565 C. proc. pén. art. 63-4-1.

566 C. proc. pén. art. 63-4-3.

567 L'objectif de cette enquête est de faire entendre les différents protagonistes, et notamment l'employeur, sur les faits qui lui sont reprochés.

568 Cette nomination reste rare, quoique non exceptionnelle, et concerne davantage les dossiers d'accident du travail mortel ou les dossiers complexes (travail dissimulé), faisant intervenir de nombreux protagonistes dont il convient de déterminer le rôle exact.

administrative[569] ou quelques temps plus tard des faits retenus à son encontre [570]. Ainsi, il ne pourra quasiment jamais s'en expliquer en amont et ne pourra compter que sur le jugement pour s'expliquer[571].

A titre d'illustration, l'article L. 8113-7 du Code du travail issu de la loi du 22 mars 2012 relative à la simplification du droit et à l'allégement des démarches administratives[572], prévoit qu' « *avant la transmission au Procureur de la République, l'agent de contrôle informe la personne visée au procès-verbal des faits susceptibles de constituer une infraction pénale, ainsi que des sanctions encourues* ». En ce qui concerne la procédure d'enquête de l'AMF, l'article L. 621-12 du Code monétaire et financier prévoit que *« les originaux du procès-verbal de visite et de l'inventaire sont, dès qu'ils ont été établis, adressés au juge qui a délivré l'ordonnance ; une copie de ces mêmes documents est remise à l'occupant des lieux ou à son représentant, ou en leur absence, adressée par lettre recommandée avec avis de réception à l'occupant des lieux et le cas échéant à la personne visée par l'autorisation donnée dans l'ordonnance mentionnée au premier alinéa du présent article qui pourrait avoir commis une infraction ou un fait mentionnés au même premier alinéa ».* Par ailleurs, l'article 144-2-1 du règlement général de l'AMF précise qu'avant la rédaction finale du rapport d'enquête, une lettre circonstanciée relatant les éléments de fait et de droit recueillis par les enquêteurs est communiquée aux personnes susceptibles d'être ultérieurement mises en cause et que ces personnes peuvent présenter des observations écrites dans un délai qui ne peut être supérieur à un mois. Si les chances de s'expliquer sur les faits sont réduites en amont

---

[569] Une copie des procès-verbaux est transmise aux parties. (C.com. art L 450-2 al 2.). V. sur ce point, Cass. crim., 8 mars 2017, n°15-87.010.

[570] Par exemple, les agents de contrôle de l'inspection du travail n'ont pas l'obligation de rédiger sur-le-champ un procès-verbal.

[571] Ce n'est qu'en matière de consommation, suite aux essais ou analyses effectués par les agents, que ceux-ci constatent par procès-verbal les infractions commises et transmettent le rapport d'essai ou d'analyse à l'auteur présumé de l'infraction. Ce dernier est informé qu'il dispose d'un délai de trois jours francs à compter de la réception du rapport pour leur indiquer s'il souhaite présenter ses observations au procureur de la République et s'il sollicite la mise en œuvre de l'expertise contradictoire (C. consom. art. L 215-9).

[572] L. n° 2012-387 du 22 mars 2012 relative à la simplification du droit et à l'allégement des démarches administratives, *in JORF* n°0071 du 23 mars 2012 p. 5226.

du jugement, il est possible de dresser le même constat lors du jugement pénal.

§2. L'extension à la phase de jugement

Lorsque l'agent administratif constate une infraction pénale dans l'entreprise, il peut dresser un procès-verbal. Celui-ci revêt une force particulière en ce qu'il fait foi jusqu'à preuve du contraire. Le législateur attribue donc aux procès-verbaux des agents publics une valeur probante renforcée, alors qu'ils valent à titre de simples renseignements lorsque ce sont les officiers de police judiciaire qui les dressent (A). Le fait que ces procès-verbaux fassent foi jusqu'à preuve du contraire signifie que les agents des administrations n'ont pas l'obligation de rapporter la preuve des faits pour lesquels ils relèvent procès-verbal. En ce sens, leur simple constat suffit à établir la réalité des faits. Cette force probante jusqu'à preuve du contraire attachée aux procès-verbaux des agents administratifs ne pourra qu'être très difficilement combattue par le chef d'entreprise lors du jugement (B).

A- La force probante renforcée des procès-verbaux

Le pouvoir des agents administratifs de dresser des procès-verbaux. S'ils constatent une infraction, les agents des administrations comme les officiers de police judiciaire ont le pouvoir de dresser des procès-verbaux en vue de les transmettre au Procureur de la République. À ce titre, ils sont tenus de transmettre au Parquet les procès-verbaux relevant la commission d'un délit ou d'un crime[573]. Néanmoins, les constatations qui figurent dans les procès-verbaux ne revêtent pas la même force selon l'agent qui les dresse. En matière contraventionnelle les procès-verbaux des agents administratifs ont la même valeur probante que ceux dressés par les officiers de police judiciaire en ce qu'ils « *font foi jusqu'à preuve du contraire*[574] ».

La force probante des procès-verbaux des administrations. De façon différente, en matière délictuelle, les procès-verbaux dressés par les officiers et les agents de police judiciaire ne valent qu'à titre de simple

[573] C. proc. pén. art 40 al. 2.
[574] C. proc. pén. art. 537.

renseignement, « *sauf dans les cas où la loi en dispose autrement* [575]» tandis que ceux dressés par les agents administratifs apparaissent comme « *un outil de contrainte*[576] » en ce qu'ils font « *foi jusqu'à preuve du contraire* [577] ». Par voie de conséquence, les procès-verbaux de l'administration revêtent une force probante supérieure à celle des procès-verbaux des officiers de police judiciaire. Néanmoins, ils doivent être regardés au sens de l'article 7 du Code de procédure pénale comme un acte d'instruction ou de police et interrompent dès lors le délai de prescription de l'action publique[578].

La justification au renforcement de la force probante des procès-verbaux. Ce renforcement de la force probante du procès-verbal n'apparaît pas forcément lié à la qualité de son auteur mais à la nature des infractions concernées. À titre d'illustration, un procès-verbal dressé par un agent de contrôle de l'Inspection du travail ne fera foi jusqu'à la preuve du contraire que s'il porte sur des infractions dont la constatation a été expressément attribuée à ces derniers. Ainsi, la raison d'être de ces procès-verbaux doit être recherchée notamment dans la nature des matières pour lesquelles des catégories spéciales de procès-verbaux ont été instituées. Par ailleurs, cette force probante trouve son fondement dans la nature des infractions propres au monde de l'entreprise qui n'ont souvent aucun témoin et ne laissent aucune trace. Tout au plus, certains auteurs arrivent au constat que ces infractions laissent bien souvent le public très largement indifférent. Conséquemment « *on ne peut guère compter sur sa collaboration à l'établissement de la preuve*[579] » parce qu'elles « *ne choquent pas profondément le sentiment populaire*[580] ». D'autres avancent l'idée que ces procès-verbaux revêtent une force particulière parce qu'ils permettent de lutter contre la délinquance

---

[575] C. proc. pén. art. 430.
[576] B. Teyssié, « Note relative au droit pénal du travail », *in Livre du bicentenaire du Code pénal et Code d'instruction criminelle*, Dalloz, 2010, p. 695.
[577] C. trav., art. L 8113-7, C.com. art. L 450-2, al. 2, C. consom. art. L. 512-2, LPF. Art. L. 238 du Livre des procédures fiscales ; CSS, art. L. 243-7.
[578] Cass. crim., 26 nov. 1985, n°84-93.304 ; crim. 2 juill. 1997, n°96-85.755, *TJDA* 4/98 n°526, decision rendue dans le cas d'un délit de tromperie, crim., 19 mars 2013, n°11-88.552 à propos d'un employeur poursuivi pénalement des chefs de blessures involontaires dans le cadre du travail et de travail dissimulé.
[579] M.-L. Rassat, *Procédure pénale*, 2ème ed., Paris, Ellipses, 2013, p. 281.
[580] P. Bouzat, J. Pinatel, *Traité de droit pénal et de criminologie*, t. 2 , Paris, Dalloz, 2ème éd. 1970, p. 1175.

économique et sociales[581]. Pour ces différentes raisons, le procès-verbal doit se suffire à lui-même pour asseoir un jugement.

Comme le précise l'article 429 du Code de procédure pénale : « *Tout procès-verbal ou rapport n'a de valeur probante que s'il est régulier en la forme, si son auteur a agi dans l'exercice de ses fonctions et a rapporté sur une matière de sa compétence ce qu'il a vu, entendu ou constaté personnellement. Tout procès-verbal d'interrogatoire ou d'audition doit comporter les questions auxquelles il est répondu.* » Aussi, l'auteur du procès-verbal n'a pas à rapporter la preuve des faits pour lesquels il a dressé le procès-verbal. Le simple fait d'avoir vu ou entendu suffit donc à établir les faits. Compte tenu de la force probante qui leur est attachée, les constats de l'agent des agents publics revêtent une importance capitale pour la suite du procès pénal. À ce titre, les constatations des agents de l'inspection du travail, faites par procès-verbal, ont une force probante dans la mesure où elles portent sur des faits matériels que l'agent de contrôle a personnellement vus, entendus ou constatés. En ce sens, la chambre criminelle de la Cour de cassation, dans un arrêt du 9 mars 2013, est venue préciser que « *les procès-verbaux des inspecteurs et contrôleurs du travail font foi jusqu'à preuve contraire de ce qu'ils ont vu et donc personnellement constaté dans l'exercice de leur fonction et sur une matière de leur compétence* »[582].

Aussi, la portée de cet arrêt tend à démontrer que le champ de la force probante renforcée des procès-verbaux doit être bien délimité. En effet, si la relation des entretiens que le contrôleur a personnellement eu avec les membres de l'entreprise a force probante jusqu'à preuve du contraire, une telle valeur probatoire ne saurait toutefois être conférée aux déductions personnelles de l'agent de contrôle. Effectivement, si l'auteur du procès-verbal rapportait seulement les choses qu'il a entendues dire, ou des déductions personnelles, son procès-verbal ne vaudrait qu'à titre de simple renseignement. Par ailleurs, l'objet théorique du procès-verbal n'est que la constatation des faits et non la qualification des faits[583]. À la vérité, ni la qualification juridique ni le

---

[581] J.-C. Lautru, « Le rôle du parquet dans la lutte contre la fraude sociale », *Dr. soc*, n°11, nov. 2014, p. 884.
[582] Cass. crim., 29 mars 2013, n°11-86.552.
[583] C. Lazerges, La constatation de l'infraction et les poursuites pénales, *Dr. soc*, n°7-8, Juillet-Aout 1984, p. 481.

type de sanction encourue ou encore le nombre d'amendes[584] ne lient la juridiction. Toutefois, un arrêt récent de la chambre criminelle de la Cour de cassation[585] a précisé que la force probante des procès-verbaux d'infraction de l'inspection du travail, lesquels font foi jusqu'à preuve du contraire, est attachée non seulement aux constatations personnelles des agents lors de leur visite de contrôle mais encore à celles qui résulteraient des documents fournis par l'employeur. Ce qui met une fois de plus en lumière la difficulté de la preuve contraire.

B- Les difficultés de contestation du dirigeant durant le jugement né de la force probante renforcée des procès-verbaux

Il convient d'étudier la spécificité du procès-verbal des agents publics à l'aune de deux composantes essentielles de l'équité du procès que sont les principes du contradictoire et de l'égalité des armes. Sur ce point, la Cour européenne des droits de l'homme a jugé que la présomption de véracité attachée au procès-verbal n'est pas contraire à l'exigence du procès équitable mais c'est à condition toutefois, que la possibilité d'une preuve contraire soit aménagée au contrevenant[586]. Or, la difficulté de contestation par le chef d'entreprise de la preuve rapportée par les agents publics conduit inévitablement à penser une limite au principe de la libre discussion des preuves tenant à la force probante des procès-verbaux des agents publics (1°) mais également à l'égalité des armes (2°).

1° Les limites portées au principe du contradictoire

Le procès-verbal se présente comme un acte de procédure judiciaire pouvant être contesté devant le juge judiciaire. À cette fin, celui-ci dispose d'un pouvoir souverain d'appréciation pour admettre la preuve contraire[587] ou la refuser[588]. Avant de se prononcer, le juge répressif a l'obligation de faire débattre des constatations qui figurent dans le procès-verbal ne pouvant se contenter des seules dénégations du

---

584 Cass. crim., 15 mai 1990, n°90-80.827.
585 Cass. crim., 30 oct. 2018, n°17-87.520.
586 CEDH, 7 oct. 1998, n°10519/ 83, Salabiaku c/ France.
587 Cass. crim., 27 mai 1898, *S.* 1898, 1, p. 479.
588 Cass. crim., 1er mars 1913, *Bull. crim.* n°220.

prévenu pour prononcer une relaxe[589]. Pour l'appréciation des preuves qu'il confie au juge répressif, « *notre droit a préféré au système dit des preuves légales dans lequel est établie une forme de tarification des preuves qui s'impose au juge, le système dit de l'intime conviction qui laisse au juge la liberté d'apprécier librement la valeur des preuves qui lui sont fournies*[590] ». C'est ainsi que, comme le prévoit l'article 427 alinéa 2 du Code de procédure pénale, le juge ne peut fonder sa décision que sur des preuves qui lui sont apportées au cours des débats et contradictoirement discutées devant lui, soumises à la libre discussion des parties[591]. Une fois discutées, elles doivent être librement appréciées par le juge d'après son intime conviction[592].

La possibilité de discuter la valeur des preuves est un droit élémentaire découlant du principe du contradictoire[593]. Pour reprendre une formule de la Cour européenne des droits de l'homme, le principe du contradictoire « *implique, pour une partie, de prendre connaissance des observations ou pièces produites par l'autre, ainsi que de les discuter*[594] ». De plus, « *les éléments de preuve doivent en principe être produits devant l'accusé en audience publique, en vue d'un débat contradictoire*[595] ». Toutefois, la discussion entre le dirigeant et le juge semble affectée en raison des énonciations contenues dans les procès-verbaux concernés. Celles-ci ne peuvent être combattues librement et de l'intime conviction du juge qui va tenir pour avérés les éléments contenus dans les procès-verbaux. Par exemple, la force probante renforcée attachée à ce type de procès-verbal interdit à l'employeur de contester les faits que par écrit[596] ou témoignage, de même que celle-ci ne peut - de sa propre initiative - entreprendre de combattre la force probante du procès-verbal. Aussi, les moyens de la preuve contraire sont limitativement énumérés ou leur production enfermée dans des

---

589 Cass. crim., 10 avr. 1959, *Bull. crim.* n°207.

590 S. Guinchard, J. Buisson, *Procédure pénale*, Paris, LexisNexis, 2019, p. 577.

591 Cass. crim., 29 mars 1960, *Bull.crim.* n°176; crim. 2.oct. 1981, *JCP* 1981, IV, p. 389.

592 C. proc. pén. art. 427 al. 1er.

593 F. Desportes, L. Lazergue-Cousquer, Traîté de procédure pénal, Economica, 4ème éd, p. 532.

594 CEDH, n°15764/89, 20 févr. 1996, Lobo et Machado c/ Portugal, 24 nov. 1997, Werners c/ Autriche.

595 CEDH, n° 69116/01, Mayali c. France, 14 juin 2005, §31.

596 Cass. crim., 10 mai 1995, n°94-84.988, 25 nov. 2009, n°09-84.792.

règles procédurales particulières[597]. De plus, la force probante renforcée signifie donc qu'un simple doute manifesté par le juge sur la réalité des infractions ne peut constituer la preuve contraire des faits établis[598]. Tout au plus, les simples dénégations ou allégations du dirigeant visé par le procès-verbal ne peuvent suffire à apporter la preuve contraire[599]. Par ailleurs, la jurisprudence a adopté une position particulièrement stricte puisqu'elle considère que les simples dénégations du chef d'entreprise visé par le procès-verbal ne sauraient suffire[600]. La preuve contraire ne peut être rapportée que par écrit ou par témoins[601]. Plus spécifiquement, en droit de la concurrence, les énonciations que contiennent les procès-verbaux ne peuvent être combattues par la seule attestation de la personne concernée[602].

Par voie de conséquence, « *cette fenêtre de contradictoire ouverte à l'employeur suppose qu'il apporte des preuves concrètes et précises, puisque le doute ne lui profitera pas*[603] ». Malheureusement, le chef d'entreprise rencontre de nombreuses difficultés pour apporter la preuve contraire des constatations établies par procès-verbal par les agents administratifs, et in fine renverser la charge de la preuve. Ainsi il ne pourra donc attendre aucune aide de la juridiction dans l'établissement de cette preuve contraire, puisque le juge ne pourra se livrer à aucune appréciation selon son intime conviction. Le juge répressif étant lié par le contenu d'un tel procès-verbal, il ne sert à rien de de plaider le doute qui profite au prévenu. En tout état de cause, si la preuve contraire aux énonciations du procès-verbal de l'agent administratif ne peut être rapportée, il est possible d'en déduire que le juge répressif ne prononcera jamais la relaxe du dirigeant.

---

597 LPF., art L. 238.

598 Cass. crim., 28 mai 1991, *Bull. crim.* n°227.

599 À titre d'illustration en matière fiscale, Cass. crim. 28 juin. 1976, *Bull. crim.* 1976, n°232; crim., 24 févr. 2010, *Bull. Crim.* 2010, n°39; crim., 29 sept. 1992, n°91-86.851.

600 Cass. crim., 23 mai 1950, *D.* 1950, 470 ; Cass. crim., 28 mai 1991, n°90-82.359.

601 C. proc. pén., art 431.

602 Cons. Conc. n°92-D-69 du 16 déc. 1992, Lingerie féminine, BOCCRF 30 janv. 1993., Cons. Conc. N°01-D-07 du 11 avr. 2001, Répartition pharmaceutique, BOCCRF 24 juill. 2001.

603 E. Daoud, « Les droits de la défense en matière de droit pénal social », *in AJ pén.* 2016, p. 367.

Il semble également possible de faire un parallèle avec les moyens de preuve fournis par le salarié. La fenêtre du contradictoire de l'employeur est également limitée. Le principe de liberté de la preuve tiré de l'article 427 du Code de procédure pénale justifie, selon une jurisprudence constante, qu'il n'y a pas entre les parties à un procès pénal d'irrecevabilité de principe d'une preuve obtenue déloyalement[604]. Ainsi, la chambre criminelle a jugé de façon plus favorable au salarié que ce dernier, « *lorsque cela est strictement nécessaire à l'exercice des droits de sa défense dans le litige l'opposant à son employeur* », pouvait produire en justice des documents dont il a eu connaissance à l'occasion de ses fonctions[605]. Ainsi, comme le souligne Monsieur Stéphane DETRAZ, « *en attribuant au juge la faculté de repousser l'offre de preuve contraire, les constatations du procès-verbal deviennent à cette occasion irréfutables*[606]». Ainsi, il faut nécessairement se demander si les droits découlant du principe d'égalité des armes sont bien réels.

2°-Les limites portées au principe de l'égalité des armes

L'égalité des armes apparaît comme l'expression autonome du procès équitable la plus anciennement mise en valeur par la Cour européenne des droits de l'homme[607]. Ainsi, « *toute partie à une action doit avoir une possibilité raisonnable d'exposer sa cause au tribunal dans des conditions qui ne le désavantagent pas d'une manière appréciable par rapport à la partie adverse*[608] ». En outre, l'exigence de l'égalité des armes « *implique alors l'obligation d'offrir à chaque partie une possibilité raisonnable de présenter sa cause, y compris ses preuves dans des conditions qui ne la placent pas dans une situation de net désavantage par rapport à son adversaire*[609] ». Or, la force probante attachée au procès-verbal des agents publics crée un déséquilibre significatif dans la mesure où le chef d'entreprise ne détient pas une

---

604 E. Fortis, « La surveillance au travail », *in Gaz. Pal.* 2006, doctr. p. 13.

605 Cass. crim., 11 mai 2004, n°03-80.254, *JCP G* 2004, II, 10124, note C. Girault.

606 S. Detraz, note sous Cass. crim., 8 janv. 2014, *D.* 2014, p. 464.

607 Comm. CEDH, avis, 30 juin 1959, req. 434/ 58, aff. Szabowicz c. Suède, Annulaire II, p. 535.

608 Comm. CEDH, rapp. N°434/ 58, 30 juin 1959 : Annuaire II, p. 535.

609 CEDH, 27 oct. 1993, série A, n°274, *Gaz. Pal.* 19 juill. 1994, JCP, 3742, n°14, obs. Sudre.

réelle possibilité de présenter une preuve contraire. Sur ce point, la chambre criminelle a considéré qu'il n'y avait pas rupture de l'égalité des armes dès lors que chacune des parties se voit imposer les mêmes modes de preuve pour combattre le contenu du procès-verbal[610].

Il semble tout de même possible de relativiser cet argument dans la mesure où le procès-verbal correspond à une intervention de police judiciaire, qui place ses actes sous le contrôle de l'autorité judiciaire, car ils sont des actes de la procédure pénale. De ce fait, le chef d'entreprise n'aura donc d'autre choix que de soulever une exception de nullité en amont du jugement pénal. C'est seulement si ses droits ont été clairement violés, par le non-respect d'un délai, d'une mention, ou d'une information, que l'employeur pourra faire annuler la procédure en invoquant une nullité. Si les agents peuvent intervenir de manière inopinée, la pratique démontre tout de même que certaines autorités administratives annoncent dans un courrier adressé au dirigeant que leurs agents vont procéder à un contrôle dans l'entreprise.

À la vérité, l'Inspection du travail a souvent recours à ce type de procédé afin de s'assurer au maximum de la présence du chef d'entreprise ainsi que de celle des représentants du personnel. Mais dans certains cas c'est la loi qui exige des administrations qu'elles délivrent un avis de vérification[611] au représentant légal de l'entreprise afin qu'il se prépare et s'organise au mieux dans sa défense lors du contrôle des agents. Sur ce point, en matière fiscale, l'autorité administrative a pour obligation d'informer préalablement le dirigeant de la faculté de se faire assister du conseil de son choix[612]. Cet avis doit préciser les années soumises à vérification et mentionner expressément, sous peine de nullité de la procédure[613] que le contribuable a la faculté de se faire assister par un conseil de son choix[614]. Par ailleurs, l'article L 47 alinéa 4 issu de la loi

---

[610] Cass. crim., 10 juill. 1996, *Bull. crim.* n°289; crim.,12 nov. 1997, *Bull. crim.* n°380.
[611] LPF, art. L. 47, al. 1er.
[612] LPF, art. L. 47, al. 3.
[613] Cass. crim., 4 déc. 1978, *Bull. crim.* 1978, n°340. Soulignons que les dispositions de l'article L.47 du Livre des procédures fiscales sont à l'origine d'un contentieux soumis à la Cour de Cassation qui a affirmé sa compétence. L'exception de nullité doit être présentée avant toute défense au fond, en application de l'article 385 du Code de procédure pénale.
[614] LPF. art. L. 47, al. 3.

du 29 décembre 2015[615] renforce les droits du contribuable puisqu'il précise qu' « *en cas de contrôle inopiné tendant à la constatation matérielle des éléments physiques de l'exploitation ou de l'existence et de l'état des documents comptables, l'avis de vérification de comptabilité et la charte des droits et obligations du contribuable vérifié sont remis au contribuable au début des opérations de constatations matérielles. L'examen au fond des documents comptables ne peut commencer qu'à l'issue d'un délai raisonnable permettant au contribuable de se faire assister par un conseil.* »[616]

De la même manière, le décret du 28 mai 1999[617] prévoit que le contrôle des agents de l'URSAFF soit soumis à un avis préalable de contrôle adressé à l'employeur ou au travailleur indépendant qui ne doit pas être nécessairement motivé[618]. Aussi, cet avis doit mentionner, depuis le décret du 11 avril 2007[619], qu'une « *Charte du cotisant contrôlé*[620] » présente au cotisant la procédure de contrôle et les droits dont il dispose pendant son déroulement[621]. À la lumière du contrôle en matière fiscale, cet avis doit - sous peine de nullité - mentionner que l'employeur ou le travailleur indépendant a la possibilité de se faire assister du conseil de

---

615 L. fin. n° 2015- 1785, 29 déc. 2015.

616 LPF., art. L. 47, al. 4.

617 Décret n° 99-434 du 28 mai 1999 portant diverses mesures de simplification et d'amélioration des relations avec les cotisants et modifiant le Code de la Sécurité sociale, *in JORF* n°123 du 30 mai 1999 p. 7981.

618 Cass. 2ème civ., 2 oct. 2008, n°07-17.936, *Bull. civ.* II, n°204, *RJS* 12/08, n°1237.

619 Décret n°2007-546 du 11 avril 2007 relatif aux droits des cotisants et au recouvrement des cotisations et contributions sociales et modifiant le Code de la Sécurité sociale.

620 Cette charte présente le déroulement du contrôle (sur place ou sur pièces), les conséquences possibles du contrôle, ainsi que les voies de recours qui s'offrent à l'employeur en cas de désaccord avec la décision de l'organisme de recouvrement. Depuis le 1er janvier 2017, les dispositions contenues dans la charte sont opposables à l'URSSAF. Cette charte a été mise à jour suite à la modification du taux des majorations de retard et la mise en place d'un taux de majoration réduit à 0,1% en cas de paiement dans les 30 jours de la notification du redressement. Cette dernière disposition s'applique aux majorations complémentaires rendues exigibles par une mise en demeure émise à compter du 1er avril 2018. Cf. Arrêté du 9 avril 2018 fixant le modèle de la charte du cotisant contrôlé prévue pour les organismes en charge du recouvrement des cotisations et contributions sociales au 1er avril 2018, *JORF* n°0111 du 16 mai 2018.

621 CSS, art. R. 243-59 al 1er.

son choix durant le contrôle[622]. Par ailleurs, les poursuites pénales sont obligatoirement précédées d'une mise en demeure adressée à l'employeur ou au travailleur indépendant par lettre recommandée avec accusé de réception, l'invitant à régulariser sa situation dans un délai d'un mois[623]. L'avertissement ou la mise en demeure étant des conditions préalables à l'exercice des poursuites pénales, de sorte que l'absence constitue un vice de procédure[624].

Toutefois, en raison de l'application du principe d'indépendance des procédures pénales et fiscales[625], les moyens tirés des irrégularités affectant la procédure fiscale sont par nature irrecevables devant le juge pénal[626]. Par ailleurs, le Conseil constitutionnel est venu préciser que le défaut d'indication de l'objet de l'enquête ne constitue pas une cause de nullité des procès-verbaux d'audition de témoins, ceux-ci n'étant pas accusés d'une infraction[627]. En tout état de cause, s'il est difficile de remettre en cause la parole des agents publics, c'est par la violation d'un délai ou d'une obligation de transmission que l'on pourra le plus souvent faire annuler les procès-verbaux. Le contradictoire joue donc davantage sur la forme plus que sur le fond. En pratique, il faut souligner que la puissance des agents administratifs en conduit parfois certains à bâcler leurs enquêtes sur le terrain de la production des preuves matérielles. De plus, le justiciable et son avocat auront également des difficultés à s'opposer à l'accusation en démontrant que les éléments constitutifs de l'infraction poursuivie ne sont pas réunis.

Conclusion de la section 2. L'ensemble des éléments auxquels nous venons de faire référence met une fois de plus en évidence, les limites importantes apportées à certains principes fondamentaux du procès

[622] CSS, art. R. 243-59 al. 2.
[623] CSS, art. L. 244-2.
[624] Cass. crim., 13 juillet 1951., *D.* 1951, p. 661; crim., 12 fevr. 1958, *Bull. crim.* n°153.
[625] Le principe prétorien d'indépendance des procédures pénale et fiscale est fondé sur la différence de nature et d'objet des deux procédures. R. Bousta, « De la créativité du juge fiscal : l'exemple de l'indépendance des procédures pénale et fiscale », *Dr. fisc.* 2011, n°16, 310. D. Gutmann, « La véritable signification de l'indépendance des procédure fiscale et pénale », *FR* 6/ 2011, inf. 23, p. 29, M. Sieraczek, « L'indépendance des procédures pénal et fiscale : un principe prétorien contestable », *Dr. fisc.* 2007, n°50, 1039.
[626] Cass. crim. 22 févr. 2006, n°05-85.092, *Dr. fisc.* 2007, n°12, comm. 316.
[627] Cons. Conc. n°4-D-15 du 28 avril 2004.

pénal que sont le principe du contradictoire et l'égalité des armes. Cette démonstration aura permis de voir plus large et d'affirmer que le chef d'entreprise subit l'enquête d'administrations « toutes-puissantes ».

Conclusion chapitre 2. L'ensemble des éléments énoncés met en avant les atteintes à certains principes européens fondamentaux du procès pénal, notamment les droits de la défense. À cet effet, il est possible d'affirmer que le chef d'entreprise fait l'objet d'un traitement sévère. L'approche libérale qu'ont le législateur et le juge pénal des droits et auquel pourrait prétendre le dirigeant dans le cadre des poursuites semble avant tout influencée par un État dirigiste soucieux de l'effectivité du droit dans l'entreprise.

CONCLUSION DU TITRE 2 :

L'étude du traitement réservé au dirigeant dans le cadre des conditions de recherche de sa responsabilité pénale, nous a fait prendre conscience de singularités procédurales. Dans un premier temps, nous avons pu constater que les opérations d'entrée et de visite des locaux d'entreprise étaient mises en œuvre majoritairement par des administrations « toutes puissantes » dans la mesure où celles-ci jouissaient de prérogatives d'enquête exorbitantes à tout le moins, dérogatoires du droit commun. Dans un deuxième temps, nous avons démontré que le législateur et le juge répressif foulaient au pied certains principes fondamentaux du procès pénal contraignant de ce fait, le dirigeant à collaborer dans la recherche de la preuve et à ne pas pouvoir bénéficier du principe du contradictoire tant en amont que durant le procès pénal. Enfin, nous avons tenté de trouver une justification au traitement procédural dont faisait l'objet le dirigeant. A notre sens, il faut distinguer les opérations de contrôle de la bonne application du droit des perquisitions menées par les officiers de police judiciaire. Dans l'entreprise c'est avant tout un pouvoir de surveillance administrative qui s'exerce. Toutefois, dans la mesure où ces opérations de contrôle peuvent aboutir au prononcé d'une sanction pénale, le législateur devrait s'atteler à renouer avec les principes traditionnels du procès pénal.

CONCLUSION DE LA PARTIE I :

La première partie de l'étude avait pour objectif d'analyser et de caractériser la responsabilité pénale au regard de l'imputation infractionnelle. Cette dimension attributive et objective de la responsabilité pénale démontre à elle seule que le chef d'entreprise fait l'objet d'un traitement légal et prétorien particulier en raison du pouvoir qu'il exerce au sein de l'entreprise. À l'heure actuelle, la réflexion sur la caractérisation de la responsabilité pénale du chef d'entreprise se pose naturellement. L'on songe avant tout à une responsabilité pénale dérogatoire du dirigeant automatique en ce que la répression est facilitée tant par le législateur que par le juge mais également à un dirigeant « *débiteur de responsabilité pénale* ». Sommes toute, cette responsabilité pénale peut être qualifiée de responsabilité pénale autonome en ce qu'elle s'affranchit, d'un point de vue du droit substantiel et procédural, des principes de droit pénal les plus élémentaires. En conclusion, la première partie de la recherche a abouti à la démonstration d'une responsabilité pénale du chef d'entreprise « systématique » au travers de l'imputation. Cette caractéristique est d'autant plus marquée lorsque les moyens employés par les administrations pour détecter l'infraction sont renforcés. L'analyse des textes et de la jurisprudence n'atteste-t-elle pas de la nécessité d'inscrire les contours de la responsabilité pénale du chef d'entreprise et de rassembler les infractions et les pouvoirs d'enquête spécifiques au sein d'un Code spécifique ?

PARTIE 2

PENSER L'ÉVOLUTION DE LA RESPONSABILITÉ PENALE DU CHEF D'ENTREPRISE :

UNE RESPONSABILITÉ PÉNALE EN VOIE D'AFFAIBLISSEMENT

« Le présent ouvrage ne se propose pas un but théorique, comme les autres ; car notre recherche ne vise pas à déterminer la nature de la vertu mais le moyen à employer pour devenir vertueux, faute de quoi son utilité serait nulle »[628].

L'éthique individuelle en entreprise est un « chemin », un processus en mouvement plutôt qu'une attitude rigide et intangible à un certain moment. Les valeurs sont confrontées en permanence à l'expérience quotidienne, qui nous donne parfois raison parfois tort, et cette confrontation agit sur nos principes d'action qui évoluent et se transforment »[629].

L'instrumentalisation du droit pénal dans l'entreprise. Le monde de l'entreprise a de manière progressive eu recours au droit pénal afin de rendre effectives la réglementation et la législation foisonnante, dense et évolutive auxquelles le chef d'entreprise est soumis. Comme l'a mis en avant Madame Béatrice LAPÉROU-SCHENEIDER, ce réflexe pénal à l'endroit du monde de l'entreprise prendrait la dérive d'un « *tout répressif* »[630].

L'interrogation sur l'effectivité de la sanction pénale. C'est au regard de ce phénomène qu'il nous apparaît nécessaire de nous interroger sur l'effectivité de la répression pénale en matière de manquements à la législation ou à la réglementation commis par le chef d'entreprise. Pour cela, il semble pertinent de se référer à la définition de l' « effectivité » donnée par le Professeur Philippe CONTE selon laquelle « *l'effectivité d'une règle dépend de son application : elle a été conçue pour cela et tel est donc son effet caractéristique* »[631]. Vu sous cet angle, il nous est alors apparu intéressant de se rapprocher de la théorie du Professeur Paul FAUCONNET. Dans sa thèse intitulé *La*

---

[628] Aristote, *Éthique à Nicomaque*, Paris, Flammarion, 1998, liv.II, 2.

[629] M. Grassin, « L'éthique individuelle à l'épreuve de l'éthique collective. À l'horizon de la personne », *L'éthqie individuelle, Un nouveau défi pour l'entreprise*, Paris, L'Harmattan, 2005, p. 25.

[630] « La responsabilité pénale du dirigeant et la réglementation du travail, une responsabilité renforcée », *in Actes du colloque Les responsabilités du dirigeant social, regards croisés de droit civil et de droit pénal*, Dalloz, 2018, p. 121.

[631] P. Conte, « Effectivité, inefficacité, sous-effectivité, sur efficacité... : variations pour droit pénal », *in Etudes offertes à Pierre CATALA, Le droit privé français à la fin du XXème siècle*, Litec, 2001, p. 128.

responsabilité[632], l'auteur voit un lien inextricable entre la responsabilité pénale et l'effectivité de la peine - il précise sur ce point qu'« *il ne semble pas qu'on puisse assigner à la responsabilité pénale d'autre fonction que celle-ci : rendre possible la réalisation de la peine en lui fournissant un point d'application et, par suite, permettre à la peine de jouer son rôle utile* ».

Le développement d'alternatives à la répression pénale ? Tout d'abord, la question de l'effectivité de la répression pénale n'a d'intérêt que si l'on s'intéresse au développement d'alternatives à la voie pénale aux mains des administrations. Force est de constater que les autorités administratives se sont vues dotées de pouvoirs de plus en plus étendus en raison de la technicité croissante des législations dans l'entreprise. Doit-on alors penser que le législateur a pris conscience d'une ineffectivité de la peine dans la mesure où sont octroyés de larges pouvoirs aux autorités administratives ? Ces mêmes pouvoirs qui leur permettent de contraindre le dirigeant à régulariser la situation infractionnelle ou de prononcer d'une amende administrative à son égard.

La transformation du pouvoir et de la responsabilité dans l'entreprise sous l'influence des normes de *soft law*. Ensuite, l'effectivité de la sanction pénale des infractions imputables au dirigeant peut être réfléchie au regard du développement des normes et des procédures de *soft law* dans l'entreprise. La *soft law* découle assez naturellement de la *common law* anglo-saxonne qui laisse une large place à l'interprétation et à la négociation. Afin de prévenir la commission d'infraction et/ou d'éviter une condamnation pénale si celle-ci venait à se réaliser, l'entreprise élabore des règles de bonne conduite qui pourraient avoir une répercussion sur la responsabilité pénale du chef d'entreprise.

Annonce de plan. La répression pénale dirigée à l'égard du dirigeant pourrait alors subir une mutation. Notre étude propose une réflexion sur l'évolution de la responsabilité pénale du chef d'entreprise compte tenu

---

632 P. Fauconnet, *La responsabilité*, éd. Corpus des œuvres de philosophie en langue française, 2ème éd., 1928, p. 304.

du développement de la répression administrative **(Chapitre 1)** et des normes de *soft law* **(Chapitre 2).**

TITRE 1.
LA MAÎTRISE PROGRESSIVE DE LA RÉPRESSION PÉNALE PAR LES ADMINISTRATIONS

L'interrogation liée à l'effectivité de la répression pénale dans l'entreprise. La répression pénale dirigée contre le dirigeant semble faire « bonne figure » dans la mesure où des lois récentes ont renforcé les sanctions pénales des infractions *ès-qualité* [633]. Si cette approche nourrit le débat sur le « tout-répressif » dans l'entreprise, elle ne peut toutefois masquer la réalité : l'effectivité du droit dans l'entreprise se heurte toutefois au faible taux de réponses pénales lorsqu'une infraction peut être reprochée au dirigeant.

L'existence d'un lien entre le renforcement des outils de régulation aux mains des administrations et l'ineffectivité de la répression pénale dans l'entreprise. L'ineffectivité de la réponse pénale et l'octroi de larges pouvoirs aux administrations visant à contraindre le dirigeant à régulariser toute situation infractionnelle qui viendrait à

---

[633] La loi consommation du 17 mars 2014 renforce les sanctions pénales applicables aux délits les plus graves pour les consommateurs : pour les pratiques commerciales trompeuses, les tromperies et falsifications, ainsi que les infractions de gravité équivalente, le montant maximal des amendes pour les personnes physiques a été porté à 300.000 euros (contre 37.500 euros précédemment) et pourra aller jusqu'à 10 % du chiffre d'affaires, de manière proportionnée aux avantages tirés du manquement, pour les personnes morales. Par ailleurs, l'ordonnance n°2016-413 du 7 avril 2016 et le décret n°2016-510 du 25 avril 2016, tous deux relatifs au contrôle de l'application du droit du travail, viennent en effet alourdir considérablement les sanctions en cas de manquements et infractions aux dispositions prévues par le Code du travail. À cet effet, en cas d'infraction aux règles de santé et de sécurité au travail, l'article L. 4741-1 du Code du travail prévoit désormais une amende de 10.000 euros en cas de faute personnelle de l'employeur ou de son délégataire, contre 3.750 euros antérieurement, avec la même peine d'emprisonnement. La récidive fait l'objet d'une amende de 30.000 euros au lieu des 9.000 euros précédemment prévus. L'amende reste applicable autant de fois qu'il y a de travailleurs concernés dans l'entreprise. La sanction applicable au maître d'ouvrage en matière d'opération de bâtiment et de génie civil a été également revue à la hausse, passant de 9.000 euros à 10.000 euros.

avoir lieu au sein l'entreprise. En effet, les administrations font très généralement le choix de la prévention au détriment de la voie pénale.

La répression administrative aux mains des administrations, facteur d'ineffectivité de la répression pénale ? Plus récemment, c'est un pouvoir de répression qui est accordé aux administrations[634]. La sanction pénale prend alors une déviation ; elle suit la voie administrative et peut être prononcée par les administrations. Cette option de la voie administrative semble privilégiée par les pouvoirs publics et tend à neutraliser l'action publique. Empreinte d'effectivité et d'efficacité, la répression administrative démontre à tout le moins une volonté sous-jacente du législateur de faire de la voie pénale un « dernier recours ».

Annonce de plan. Les développements présents ont pour objectif de démontrer que la voie pénale est altérée et ce, aussi bien par l'action préventive des administrations **(Chapitre 1)** que par l' « itinéraire bis » que prend la sanction pénale, soit la voie administrative **(Chapitre 2).**

---

[634] Depuis plus d'un demi-siècle des pays comme l'Allemagne, l'Italie ou le Portugal se sont dotés de véritables systèmes administratifs répressifs. V. sur ce point, M. Delmas-Marty, *Les grands systèmes de politique criminelle*, Paris, PUF, 1992 ; F. Moderne, *Sanctions administratives et justice constitutionnelle*, Paris, Economica, 1993.

CHAPITRE 1. LA PARALYSIE DE LA VOIE PÉNALE PAR L'ACTION PRÉVENTIVE DES AUTORITÉS ADMINISTRATIVES

La plupart des infractions imputables au dirigeant sont celles qui consistent en une violation à la législation et/ou à la réglementation applicable à l'entreprise. Majoritairement constatées majoritairement par des agents administrations qui, en vertu de leur large pouvoir discrétionnaire, disposent d'un large pouvoir d'appréciation des suites à donner lorsqu'ils constatent de telles infractions, ce qui diffère largement du droit commun. Le choix de la voie pénale, qui se traduit par la transmission d'un procès-verbal au Parquet, apparaît avant tout comme un choix « dissuasif ». C'est en effet un mode de sanction que les dirigeants craignent davantage.

Annonce de plan. Les administrations en sont bien conscientes : notre étude tend à démontrer que sont uniquement dénoncées au Parquet les infractions les plus graves ou celles qui sont réitérées dans le temps. À la vérité, les agents des administrations ont la plupart du temps recours à la voie préventive : ils disposent à cet effet d'outils qui permettront au dirigeant de régulariser la situation infractionnelle et d'éviter de ce fait un procès pénal **(Section 1)**. Animé par un souci d'effectivité de la règle de droit et de la pérennité économique des entreprises[635], le

[635] L'étude d'impact relative au projet de loi relative à la consommation (adopté par la loi n° 2014-344 du 17 mars 2014 relative à la consommation, *JORF* n°0065 du 18 mars 2014 p. 5400, texte n° 1) affichait la préoccupation du législateur à l'égard de l'amélioration et de l'adaptation du droit de la consommation, notamment aux nouvelles règles et à la jurisprudence communautaires, mais aussi de la garantie de l'effectivité de la règle de droit et l'efficacité de l'action régulatrice de l'autorité administrative chargée de la protection des consommateurs. De ce fait, il s'inscrit pleinement dans l'objectif plus large de retour à la croissance économique, v. sur ce point, *Fiche d'impact, projet de texte réglementaire,* NOR : EFIX1307316L/Bleue-1. D'une manière quasi similaire, l'étude d'impact relative au projet d'ordonnance relative au dispositif de contrôle de de l'application du droit du travail (adopté par ord. n° 2016-413 du 7 avril 2016 relative au contrôle de l'application du droit du travail, *JORF* n°0083 du 8 avril 2016 , texte n° 20) et au projet de décret relatif au dispositif de contrôle de l'application du travail (adopté par décret n° 2016-510 du 25 avril 2016 relatif au

législateur a récemment renforcé les moyens d'évitement de la voie pénale. Nous n'évoquerons pas dans ce chapitre les sanctions administratives dans la mesure où elles ne paralysent pas à elles seules la répression pénale. Seront examinés les moyens de régularisation des situations infractionnelles mis à disposition des administrations. Ceux-ci n'ont eu de cesse de se développer durant les dernières années **(Section 2)**.

contrôle de l'application du droit du travail, *JORF* n°0099 du 27 avril 2016, texte n° 29) précise que, conformément à l'article 261 de la loi n° 2015-990 du 6 août 2015 pour la croissance, l'activité et l'égalité des chances économiques, le projet d'ordonnance prévoit que les projets s'inscrivent dans une logique de renforcement des prérogatives du système d'inspection du travail en vue de garantir une meilleure effectivité du droit du travail et une plus grande efficacité des contrôles. V. sur ce point, *Fiche d'impact, projet de texte réglementaire*, NOR : ETST1600072R / ETST1600068D.

SECTION 1.
LE CHOIX DE LA VOIE PRÉVENTIVE : UNE VOLONTÉ DE FAIRE DE LA VOIE PÉNALE UN « DERNIER RECOURS »

La réaffirmation du pouvoir de surveillance des administrations. C'est au travers d'une opération de contrôle dans l'entreprise que le pouvoir de « *surveillance administrative* »[636] des agents administratifs s'exerce. À cet effet, il incombe à ces derniers de « *veiller à l'application des lois* »[637], qu'elles soient pénalement sanctionnées ou non.

Le choix des poursuites. En vertu de leur pouvoir discrétionnaire, les agents publics auront soit la possibilité d'avoir recours à « *un éventuel préliminaire* » [638] consistant à prononcer des mesures correctives à des fins préventives, soit la possibilité de dénoncer l'infraction au Parquet (§1). Cependant, bien que la fonction première du contrôle des administrations ne soit pas de réprimer, on peut tout de même en mesurer les conséquences qui pourraient en découler à l'égard du dirigeant et de son activité économique. Vu sous cet aspect, l'analyse de la pratique démontre que les administrations doivent poursuivre des objectifs implicites qui tendent à paralyser l'action publique – il est fait recours la plupart du temps à la voie préventive (§2).

§1- Le large pouvoir discrétionnaire des administrations dans le choix des suites à donner aux enquêtes

Au terme de leurs investigations, les agents administratifs détiennent, à l'instar des autorités de police judiciaire, le pouvoir de constater par procès-verbal les infractions commises par le dirigeant ou son salarié. Si le recours à cet écrit est obligatoire pour les autorités de police

---

[636] B. Lapérou-Scheneider, « La responsabilité pénale du dirigeant et la réglementation du travail, une responsabilité renforcée », *in Actes du colloque Les responsabilités du dirigeant*, Dalloz, p. 121.

[637] J.-H. Robert, « Les investigations des fonctionnaires investis de certaines fonctions de police judiciaire (article 15, 3ème du Code de procédure pénale) », *in Mélanges Vitu*, 1989, éd. Cujas, p. 431 et s.

[638] A. Coeuret, F. Duquesnes, *Droit pénal du travail*, LexisNexis, 2016, p. 40.

judiciaire lorsqu'elles constatent une infraction, les autorités administratives jouissent quant à elles d'une certaine « *liberté d'appréciation* » des suites à donner. En exerçant leurs prérogatives, les agents des administrations réalisent majoritairement des actions dont les rapports avec la fonction de prévention sont étroits (B).

A- **Le pouvoir minimal de constat par procès-verbal**

En 1959, le Code de procédure pénale a introduit un ensemble de nouvelles dispositions susceptibles d'assujettir les investigations des fonctionnaires à des principes communs et de réduire les particularismes de chaque administration[639]. Il est précisé à cet effet que la police judiciaire comprenait des officiers et agents de police judiciaire[640] et que certains fonctionnaires et agents des administrations se voyaient attribuer « *certaines fonctions de police judiciaire* »[641], *en sus* de leur fonction préventive. Désormais, une section spécifique[642] leur est consacrée et forme les articles 22 à 29 du Code de procédure pénale[643]. Ces agents possèdent donc des pouvoirs de police aux côtés des autorités de droit commun en vue de la constatation des infractions aux législations applicables dans l'entreprise. Si une telle coexistence ne constitue pas une situation exceptionnelle dans le paysage pénal[644], elle mérite cependant que l'on y prête regard dans la mesure où les agents sont soumis à des règles issues de corpus différents.

---

[639] J.-H. Robert, « Les investigations des fonctionnaires investis de certaines fonctions de police judiciaire (article 15, 3ème du Code de procédure pénale) », *in Mélanges Vitu*, 1989, éd. Cujas, p. 431 et s.

[640] L'article 15 du Code de procédure pénale dispose que » *la police judiciaire comprend : « 1° Les officiers de police judiciaire, 2° Les agents de police judiciaire et les agents de police judiciaire adjoints ; 3° Les fonctionnaires et agents auxquels sont attribuées par la loi certaines fonctions de police judiciaire* » ».

[641] Cet éparpillement des textes procède de l'éclatement des textes d'incrimination, pour une critique v. E. Dreyer, *Droit pénal général*, Paris, LexisNexis, 2019.

[642] On fait référence à la section IV du Chapitre 1 du titre 1 du Livre 1er du Code de procédure pénale intitulé « *Des fonctionnaires et agents chargés de certaines fonctions de police judiciaire* ».

[643] G. Roussel, « Les multiples pouvoirs d'enquête des administrations », *AJ pén.* 2015, p. 64

[644] R. Merle et A. Vitu, *Traité de droit criminel*, Paris, Cujas, 5ème éd., 2001, n°247.

Le pouvoir de police judiciaire prévu dans le Code de procédure pénale. Comme il est précisé à l'article 28 alinéa 1 du Code de procédure pénale[645], les agents des administrations ont une fonction de « spécialiste »[646] et sont chargés en vue, de leurs pouvoirs de police judiciaire, d'une mission de constatation des infractions dans une visée répressive[647]. C'est ainsi que l'attribution des prérogatives d'enquête à d'autres agents que les policiers ou les gendarmes dans l'entreprise permet de qualifier d'opération de police judiciaire toute investigation accomplie par ces agents qui viserait un objectif répressif[648].

Le renvoi du Code de procédure pénale aux dispositions issues de différents corpus. Toutefois, n'ayant qu'une compétence d'attribution, ils ne détiennent aucun pouvoir de police judiciaire en dehors de ceux qui leur sont expressément conférés par les textes particuliers[649]. Plus précisément, l'article 28 alinéa 1er du Code de procédure pénale opère

[645] L'article 28 alinéa 1 du Code de procédure pénale précise que » *les fonctionnaires et agents des administrations et services publics auxquels des lois spéciales attribuent certains pouvoirs de police judiciaire exercent ces pouvoirs dans les conditions et dans les limites fixées par ces lois* ».

[646] J. Pradel, *Procédure pénale*, Paris, Cujas, 19ème éd., 2017, p. 375.

[647] F. Chopin, « Les pouvoirs d'enquête de l'inspection du travail », *AJ pén.* 2015, p. 116

[648] *AJ pén.* 2013. 226, obs. G. Roussel ; *RSC* 2013. 587, obs. S. Detraz.

[649] F. Desportes, L. Lazerges-Cousquer, *Traité de procédure pénale*, Paris, Economica., 2015, p. 616. Soulignons que les fonctionnaires habilités à faire œuvre de police judiciaire pour certaines infractions particulières sont évoqués dans les particulières ou dans le Code de procédure pénale. Soulignons que ces fonctions ne peuvent être exercées que dans les limites prévues par les textes. V. sur ce point, Cass. crim. 18 déc. 1989, n°89-81659. On distingue les fonctionnaires visés par le Code de procédure pénale et ceux qui le sont dans les lois particulières. Notre étude qui se concentre sur les fonctionnaires qui interviennent dans l'entreprise - aux termes de l'article 28-1 du Code de procédure pénale, les agents des douanes de catégorie A et B sont compétents sur l'ensemble du territoire national, pour rechercher et constater les infractions prévues par le Code des douanes, les infractions en matière de contribution indirecte, d'escroquerie sur la taxe sur la valeur ajoutée. Ce sont encore les agents du fisc de catégorie A et B évoqués par l'article 28-2 du Code de procédure pénale désignés par arrêté des ministres de la Justice et du budget qui sont compétents en matière de délits fiscaux prévus par les articles 1741 et 1743 du Code général des impôts.

un renvoi à des dispositions issues de Codes différents[650]. Une lecture attentive de ces dispositions permet de comprendre que le législateur confère un pouvoir principal d'investigation aux fonctionnaires : celui qui consiste à dresser « procès-verbal »[651] ou des « rapports »[652].

La spécificité de l'article 28 du Code de procédure pénale. La technique de renvoi met tout de même en exergue une spécificité : les pouvoirs d'enquête des agents administratifs peuvent être localisés ailleurs qu'au sein du Code de procédure pénale. C'est donc en ce sens qu'il est possible d'affirmer que les agents administratifs agissent en vertu de pouvoirs d'enquête qui leur sont propres. En revanche, s'ils restent soumis à l'article 40 alinéa 2 du Code de procédure pénale selon lequel « *toute autorité constituée, tout officier public ou fonctionnaire qui, dans l'exercice de ses fonctions, acquiert la connaissance d'un crime ou d'un délit est tenu d'en donner avis sans délai au procureur de la République et de transmettre à ce magistrat tous les renseignements, procès-verbaux et actes qui y sont relatifs* », à la différence des officiers de police judiciaire, ces derniers sont libres de dénoncer ou non l'infraction et d'apprécier les suites à donner à sa constatation[653]. À l'issue de leurs investigations, plutôt que de dresser un procès-verbal, à

---

650 L'on songe au Code du travail, au Code de commerce, au Code de la consommation ou encore au Code monétaire et financier.

651 L'on songe à l'article L. 8112-1 alinéa 4 du Code du travail qui charge les agents de contrôle de l'Inspection du travail de constater les infractions à la législation du travail. En matière de consommation, l'article L. 512-2 du Code de la consommation prévoit que » *les infractions et les manquements sont constatés par des procès-verbaux, qui font foi jusqu'à preuve du contraire* ». Aussi, l'article L. 450-2 du Code de commerce prévoit que les enquêtes en matière de concurrence donnent lieu à l'établissement de procès-verbaux et de « rapports ».

652 Soulignons que certains agents relevant des autorités administratives indépendantes peuvent adresser des « *rapports* » aux administrations dont ils dépendent. Il est également possible d'envisager les résultats des enquêtes et des contrôles des agents de l'AMF font l'objet d'un rapport écrit par les agents. L'article R. 621-36 du Code monétaire et financier prévoit que : » *Les résultats des enquêtes et des contrôles font l'objet d'un rapport écrit. Ce rapport indique les faits relevés susceptibles de constituer des manquements au règlement général de l'Autorité des marchés financiers, des manquements aux autres obligations professionnelles ou une infraction pénale.*

653 À titre d'illustration, l'article 17 de la convention internationale n°81 de l'OIT prévoit « *qu'il est laissé à la libre décision des inspecteurs du travail de donner des avertissements ou des conseils au lieu d'intenter ou de recommander des poursuites* ».

supposer qu'ils aient constaté une quelconque infraction imputable au dirigeant, les agents des administrations ont la faculté de rappeler le droit et d'inviter le dirigeant à régulariser sa situation en s'appuyant sur les outils dont il sera question plus loin.

La dérogation portée aux dispositions du Code de procédure pénale. S'il relève de la seule compétence des agents des administrations de dresser procès-verbal des infractions constatées, il ne leur appartient pas - dans le silence des textes - de le transmettre à l'autorité judiciaire. Cette prérogative spécifique nous apparaît en contradiction avec les dispositions du Code de procédure pénale.

Tout d'abord, force est d'admettre que le pouvoir de transmission facultative des procès-verbaux au Parquet ne fait pas l'objet d'un encadrement légal[654]. C'est donc vers la pratique qu'il faut se tourner. Dans plusieurs décisions, le Conseil d'État a confirmé que les fonctionnaires des administrations habilitées sont chargés de faire respecter la réglementation et détiennent à cet effet le pouvoir d'apprécier les moyens à mettre en œuvre et conséquemment de décider des suites à donner à l'enquête[655]. Ensuite, ce pouvoir de transmission facultative nous apparaît fortement contradictoire avec l'article 40 du Code de procédure pénale qui crée une véritable obligation de dénonciation des infractions au Parquet[656]. Aussi, le principe de séparation des pouvoirs, dans des conditions affectant le principe d'indépendance de l'autorité judiciaire semble être mis à mal. Cet argument pourrait être soulevé pour contester la constitutionnalité des

---

[654] Seul l'article L. 8112-1 du Code du travail dans sa nouvelle rédaction issue de l'ordonnance du 7 avril 2016 consacre expressément le principe de libre appréciation. À cet effet, il est prévu que les agents de contrôle de l'Inspection du travail sont « *libres d'organiser et de conduire des contrôles à leur initiative et décident des suites à leur apporter* ».

[655] CE, 9 oct. 1996, *RDP* 3/ 1997, 894, *Dr. soc.* 1997, p. 207, obs. Prétot. C'est par la suite qu'une décision du 3 octobre 1997 du Conseil d'État est venue préciser que si l'administration du travail est chargée de faire respecter la réglementation, elle a tout de même le pouvoir d'apprécier les moyens à mettre en œuvre et conséquemment à prendre des décisions. Dans un arrêt du 27 octobre 1999, le Conseil d'État reconnaît à l'administration un pouvoir d'appréciation, soumis à un contrôle restreint, dans la mise en œuvre de cette disposition qui n'est assortie d'aucune sanction pénale au demeurant. CE, 27 oct. 1999, n°196306, publié au Recueil Lebon.

[656] G. Chalon, *op. cit.*, p. 31.

articles susvisés dans le cadre d'une question prioritaire de constitutionnalité.

La transmission indirecte des procès-verbaux au Parquet. Par ailleurs, s'ils décident d'avoir recours à la voie répressive, les agents communiquent leur procès-verbal à leur hiérarchie et non au Parquet. C'est une lecture attentive de l'article R. 8122-1 alinéa 5 du Code du travail[657] qui permet d'affirmer que les procès-verbaux des agents de l'Inspection du travail sont communiqués à la DIRECCTE avant d'être transmis au procureur de la République et empruntent de ce fait la voie hiérarchique[658].

Vers une généralisation de la transmission indirecte des procès-verbaux au Parquet. Aussi, fait-on observer que le problème se pose à l'identique dans d'autres domaines. En matière de pratiques contraires aux règles de concurrence, les agents de la DGCCRF[659] et des services d'instruction de l'Autorité de la concurrence transmettent, en vertu de l'article L. 450-2 du Code de commerce, leurs procès-verbaux à « *l'autorité compétente* ». Le texte restant vague, la formulation laisse à penser que l'on peut entendre par « *autorité compétente* » le Parquet, la DGCCRF, l'Autorité de la concurrence ou le ministre de l'Économie. Plus restrictivement en matière boursière, l'article L. 621-10 du Code monétaire et financier prévoit qu'à l'issue de l'enquête, un rapport soit

---

[657] L'article R. 8122-1 alinéa 5 du Code du travail prévoit que « *dans le cadre des directives du directeur général du travail, le directeur régional des entreprises, de la concurrence, de la consommation, du travail et de l'emploi (...) 5° Est chargé des relations avec les autorités judiciaires, sous réserve des attributions confiées par la loi aux inspecteurs du travail* ».

[658] Cass. crim., 28 janv. 1997, *Dr. soc.* 1997, 456, obs. M. Cohen. C'est dans un premier temps l'instruction ministérielle du 14 mars 1986, abrogée depuis lors, qui prévoyait qu'une fois rédigé par l'agent de contrôle, le procès-verbal devait être transmis au directeur départemental qui procédait lui-même ou faisait procéder par un directeur adjoint à son examen (Instr. TR 86/15-16 du 14 mars 1986, §3.1.) Désormais, on fait référence à l'instruction du 12 septembre 2012 qui prévoit un contrôle de la DIRECCTE aussi bien sur la légalité du procès-verbal que sur la qualité rédactionnelle. V. sur ce point, Instr. DGT n°11 du 12 sept. 2012 sur les procès-verbaux de l'inspection du travail, v. 3.3.

[659] Les agents de la concurrence, de la consommation et de la répression des fraudes sont habilités par le ministre de l'économie à procéder à des enquêtes nécessaires à l'application du livre IV du Code de commerce intitulé « *De la liberté des prix et de la concurrence* » (C. com. art L. 450-1, II et A 450-1).

présenté par les agents à l'une des trois commissions spécialisées du Collège, voire au Collège siégeant en séance plénière, qui décide, au vu des conclusions du rapport d'enquête et des observations éventuellement reçues, des suites à lui donner[660].Cette transmission indirecte des procès-verbaux par les administrations au Parquet semble trouver plusieurs justifications de nature pratique.

La première consiste à faire valoir que la transmission indirecte permet un examen de la légalité, singulièrement l'applicabilité des textes invoqués par les administrations auxquelles sont rattachés les agents. Comme le souligne Monsieur Emmanuel DAOUD, la pratique du droit pénal des affaires confirmerait que les dénonciations effectuées par les agents des administrations ne sont pas toujours circonstanciées et sont plutôt en réalité des suspicions de commission d'un crime ou d'un délit[661].

La seconde met en avant une transmission indirecte permettant une logique de contrôle par la hiérarchie en vue d'une harmonisation et d'une garantie d'égalité de traitement. En effet, dans la mesure où il n'existe pas de véritables modalités et de critères, les différentes suites à apporter à chaque affaire peut varier d'un agent à un autre. C'est ainsi que les autorités administratives peuvent alerter le dirigeant du non-respect d'une norme applicable dans l'entreprise.

---

660 Plus précisément, la charte de l'AMF de 2017 prévoit que « *les enquêteurs rédigent un rapport qui est présenté à l'une des trois commissions spécialisées du Collège, voire au Collège siégeant en séance plénière, qui décide, au vu des conclusions du rapport d'enquête et des observations éventuellement reçues, des suites à lui donner telles que la notification de griefs aux mis en cause et l'ouverture d'une procédure de sanction devant la Commission des sanctions de l'AMF, dans le respect des dispositions de l'article L. 465-3-6 du Code monétaire et financier et de son décret d'application, la notification de griefs aux mis en cause assortie d'une proposition d'entrée en voie de composition administrative, dans le respect des dispositions de l'article L. 465-3-6 du Code monétaire et financier et de son décret d'application, la transmission du dossier au procureur de la République financier, dans le respect des dispositions de l'article L. 465-3-6 du Code monétaire et financier et de son décret d'application, l'envoi d'une lettre d'observation* ».

661 E. Daoud, « Obligation de dénonciation dans l'Administration et loi Sapin II : quel avenir pour l'article 40 en droit pénal public et en droit pénal des affaires ? », *Rev. Lamy droit des affaires*, déc. 2018, n° 143.

B- La fonction d'alerte des administrations

À l'issue de leurs investigations, plutôt que de dresser un procès-verbal, à supposer qu'ils aient constaté quelconque infraction, il revient aux agents des administrations d'agir, non sur le terrain de la sanction pénale, mais sur celui de la prévention au titre de laquelle ils sont dotés de moyens non négligeables et relativement persuasifs. À cet effet, ils disposent de la faculté de recourir à des outils préventifs de nature « *extra-pénale* » ou pénale.

La distinction des missions (mission préventive / répressive) des agents administratifs. Comme l'a mis en avant le Professeur Gérard MARCOU, les autorités administratives « *n'ont pas de dimension répressive* »[662]- elles agissent donc à des fins réglementaires et préventives dans la mesure où elles sont liées à une fonction de contrôle qui comporte habituellement une dimension de conseil dans le but de permettre une bonne application de la loi[663].

[662] G. Marcou, « Modes de répression et action administrative », *in Les sanctions administratives dans les secteurs techniques*, Recherche effectuée avec le soutien de la Mission de recherche Droit et justice, http://hal.archives-ouvertes.fr/hal-01448559, 30 janv. 2017, p. 66.

[663] Dans une décision du 9 juillet 2007, le Conseil d'État précise que « *lorsque l'inspecteur des installations classés a constaté, selon la procédure requise par le Code de l'environnement, l'inobservation de conditions légalement imposées à l'exploitant d'une installation classée, le préfet, sans procéder à une nouvelle appréciation de la violation constatée, est tenu d'édicter une mise en demeure de satisfaire à ces conditions dans un délai déterminé* », CE 9 juill. 2007, n°288367, Ministre de l'Écologie et du Développement durable. Par ailleurs, l'article R. 8124-3 du Code du travail issu du décret du 12 avril 2017 dispose que « *chaque agent affecté au sein du service public de l'inspection du travail veille, compte tenu de son emploi et de ses attributions, à l'application des dispositions du Code du travail et des autres dispositions légales relatives au régime du travail, ainsi qu'aux stipulations des conventions et accords collectifs de travail répondant aux conditions fixées au livre II de la deuxième partie de ce Code et notamment des dispositions et stipulations assurant le respect des droits et libertés fondamentaux du travailleur et de la personne humaine. Dans l'exercice de ses missions, il contribue à la mise en œuvre des principes constitutionnels particulièrement nécessaires à notre temps proclamé par le Préambule de la Constitution de 1946* ».

La distinction par le législateur de la « mission préventive » et de la « mission répressive » des administrations - approche théorique. En théorie, les textes distinguent ces deux missions au travers des différents corpus. La mission préventive consiste pour les administrations à rappeler la règle ignorée au dirigeant. C'est donc à cet égard que la fonction de surveillance et la fonction de contrôle doivent être distinguées l'une de l'autre. Si la première intervient *a priori* et répond à un objectif préventif, la seconde s'exerce *a posteriori* et sert un impératif répressif. L'une s'assure du respect de la réglementation afin d'éviter la survenue d'une infraction, l'autre permet de dénoncer les éventuelles violations de la législation ou de la réglementation du travail au Parquet.

En matière de concurrence et de consommation, l'alinéa 1 de l'article L. 450-1 du Code de commerce prévoit que les agents peuvent procéder à toute enquête nécessaire *« à l'application des dispositions des titres II et III du présent livre »*[664] et l'alinéa 2 dispose que les agents peuvent « *également mettre en œuvre les pouvoirs d'enquête* ». D'une manière plus formelle, le Code du travail dédie une partie au « *contrôle de l'application de la législation du travail* »[665] dans laquelle l'article L.

---

[664] L'article L. 450-1 du Code de commerce se décompose comme suit : *« I. -Les agents des services d'instruction de l'Autorité de la concurrence habilités à cet effet par le rapporteur général peuvent procéder à toute enquête nécessaire à l'application des dispositions des titres II et III du présent livre.*
« Ils peuvent également, pour l'application du titre VI du présent livre, mettre en œuvre les pouvoirs d'enquête définis à l'article L. 450-3 ».

[665] La huitième partie du Code du travail est intitulée « *Contrôle de l'application de la législation du travail* », C. trav. p. 1668. C'est dans un premier temps l'article 427 de la partie XIII du traité de Versailles de 1919 qui prévoyait que « *chaque État devra organiser un service d'inspection, qui comprend des femmes, afin d'assurer l'application des lois et règlements pour la protection des travailleurs* ». C'est par la suite la recommandation n°20 de l'Organisation internationale du travail de 1923 qui énonce des principes généraux pour l'organisation de services d'inspection destinés à assurer l'application des lois et règlements pour la protection des travailleurs. Mais c'est surtout la convention n°81 de 1947 qui prévoit que le « *le système d'inspection du travail sera chargé : a) d'assurer l'application des dispositions légales relatives aux conditions de travail et à la protection des travailleurs dans l'exercice de leur profession, telles que les dispositions relatives à la durée du travail, aux salaires, à l'hygiène et au bien-être, à l'emploi des enfants et des adolescents »*. Soulignons toutefois que c'est dans un premier temps, l'article 3 de la Convention n°81 de 1947 sur l'inspection du travail dans l'industrie et le commerce qui énonçait que la

8112-1 précise que la mission préventive précède la mission répressive des agents de contrôle de l'Inspection du travail[666]. Visiblement, la logique est similaire en matière boursière : l'Autorité des marchés financiers a élaboré une Charte[667] dans laquelle un chapitre est dédié aux contrôles[668] et un autre aux enquêtes[669]. De là naît alors l'idée selon laquelle le législateur reconnaît aux administrations un pouvoir répressif fortement concurrent à celui des autorités de polices judiciaires. Toutefois, il semblerait que l'administration ne soit pas de nature à s'accommoder d'une logique purement répressive. Celle-ci semble user de stratégies de dialogue et de négociation en vue d'une régularisation de la situation infractionnelle par le dirigeant. Elle s'emploie alors à faire usage aussi bien d'outils préventifs de nature *extra-pénale* (1°) ou pénale (2°).

1°-Le recours aux outils préventifs à caractère non répressif

Le recours des administrations à la procédure dite des « observations ». Concrètement, les interventions des agents administratifs se caractérisent pour l'essentiel par la présentation

---

première mission pour l'organisation de services d'inspection est celle qui consiste à « *assurer l'application des lois et règlements pour la protection des travailleurs* ».

[666] Précisément l'alinéa 3 de l'article L. 8112-1 du Code du travail dispose que « *les agents de contrôle sont chargés de veiller à l'application des dispositions du Code du travail et des autres dispositions légales relatives au régime du travail, ainsi qu'aux stipulations des conventions et accords collectifs de travail répondant aux conditions fixées au livre II de la deuxième partie. Ils sont également chargés, concurremment avec les officiers et agents de police judiciaire, de constater les infractions à ces dispositions et stipulations* ».

[667] Charte d'enquête AMF, amf.france.org, maj. 17 oct. 2017.

[668] Il est prévu, aux termes de l'article 134-1 de la Charte d'enquête de l'AMF, que pour s'assurer du bon fonctionnement du marché et de la conformité de l'activité des entités ou personnes mentionnées au II de l'article L. 621-9 du Code monétaire et financier aux obligations professionnelles résultant des lois, des règlements et des règles professionnelles qu'elle a approuvés, l'AMF effectue des contrôles sur pièces et sur place dans les locaux à usage professionnel de ces entités ou personnes.

[669] Les enquêtes portent sur « *tout fait susceptible de caractériser un abus de marché (opérations d'initiés, manipulations de cours, diffusions de fausses informations) ou, plus généralement, un manquement de nature à porter atteinte à la protection et à l'information des investisseurs ou au bon fonctionnement du marché* ».

d'observations au chef d'entreprise et d'activités de conseil et de conciliation. La formulation d'observations par les agents administratifs donne traduction à leur mission première : celle qui consiste à faire respecter le droit applicable à l'entreprise au dirigeant[670]. Aussi, le prononcé d'un avertissement est fréquent en droit de la consommation[671] - les agents de la DGCCRF ont souvent recours à ce procédé pour informer le dirigeant du constat d'un manquement ou d'une infraction mineure résultant soit d'une méconnaissance du droit applicable à l'entreprise, soit d'une négligence dans son application[672]. Toutefois, si les autorités administratives trouvent un équilibre dans une connaissance et un contrôle des dispositions applicables à l'entreprise autres que ce que les textes prévoient, la réalité de ce type d'interventions[673] laisse perplexe.

L'aspect « pratique », et non « théorique » de la procédure dite des « observations ». Une étude attentive des dispositions nous permet d'affirmer que seul le Code du travail fait brièvement référence aux observations[674]. Il semblerait toutefois que le législateur ait pris conscience de cette faiblesse textuelle : l'article R. 8124-27 alinéa 2 du Code du travail issu du décret du 12 avril 2017[675] prévoit désormais que « *lorsqu'il constate des infractions ou des manquements à la réglementation, l'agent de contrôle agit en faisant preuve de discernement et de diligence dans le choix de ses modalités d'action. Il*

---

[670] A. Gaudemet, « Les limites des pouvoirs des inspecteurs du travail », *Dr. soc* 1984, p. 465.

[671] Parmi les outils juridiques disponibles pour donner à un contrôle les suites jugées appropriées, figurent en premier lieu les informations, avertissements et conseils. Ils permettent de communiquer les constats effectués, mais aussi de constater, par des observations écrites, les anomalies ou manquements constatés.

[672] Dans les mois qui suivent l'envoi de l'avertissement, les enquêteurs procèdent à un nouveau contrôle dans l'entreprise afin de *voir* si le chef d'entreprise a bien pris les mesures nécessaires à sa mise en conformité.

[673] En ce sens, V. A. Coeuret et E. Fortis, *Droit pénal du travail*, Paris, LexisNexis, 5ème éd., 2012, p. 32, n°59.

[674] Il est fait référence à la pratique des observations dans l'article R. 4614-5, alinéa 3 du Code du travail selon lequel « *le président informe le comité d'hygiène, de sécurité et des conditions de travail des observations de l'inspecteur* ». L'article D. 4622-7 quant à lui précise que « *le comité d'entreprise est informé des observations formulées (...) par l'inspecteur du travail* ».

[675] D. n° 2017-541 du 12 avril 2017 portant Code de déontologie du service public de l'inspection du travail, *JORF* n°0089 du 14 avril 2017, texte n° 40.

décide librement des suites à donner à ses interventions et aux constats qu'il a réalisés. Il peut ainsi formuler des conseils ou des observations, saisir l'autorité judiciaire ou engager des suites administratives ». Plus récemment la loi pour un « *État au service d'une société de confiance* » en date du 10 août 2018[676] donne la possibilité aux agents de contrôle de l'Inspection du travail de prononcer un avertissement à l'encontre de l'employeur[677].

À notre sens, cette faiblesse textuelle résultant de l'absence de mention des observations ou des avertissements dans la partie réglementaire ou législative d'autres Codes que celui du travail, confirme l'existence d'un vide juridique qu'il serait indispensable de combler dans la mesure où des statistiques révèlent l'importance du recours à ces pratiques.

---

[676] L. n°2018- 727.

[677] L'article L. 8115-1 du Code du travail dispose que » *l'autorité administrative compétente peut, sur rapport de l'agent de contrôle de l'inspection du travail mentionné à l'article L. 8112-1 et sous réserve de l'absence de poursuites pénales, (L. n° 2018-727 du 10 août 2018, art. 18) » soit adresser à l'employeur* ***un avertissement****, soit prononcer à l'encontre de l'employeur une amende en cas de manquement : 1° Aux dispositions relatives aux durées maximales du travail fixées aux articles (L. n° 2016-1088 du 8 août 2016, art. 115) L. 3121-18 à L. 3121-25 » et aux mesures réglementaires prises pour leur application*

2° Aux dispositions relatives aux repos fixées aux articles (L. n° 2016-1088 du 8 août 2016, art. 115) et aux mesures réglementaires prises pour leur application ;

3° A l'article L. 3171-2 relatif à l'établissement d'un décompte de la durée de travail et aux dispositions réglementaires prises pour son application ;

4° Aux dispositions relatives à la détermination du salaire minimum de croissance prévues aux articles L. 3231-1 à L. 3231-11et aux dispositions relatives au salaire minimum fixé par la convention collective ou l'accord étendu applicable à l'entreprise, et aux mesures réglementaires prises pour leur application,

5° Aux dispositions prises pour l'application des obligations de l'employeur relatives aux installations sanitaires, à la restauration et à l'hébergement prévues au chapitre VIII du titre II du livre II de la quatrième partie, ainsi qu'aux mesures relatives aux prescriptions techniques de protection durant l'exécution des travaux de bâtiment et génie civil prévues au chapitre IV du titre III du livre V de la même partie pour ce qui concerne l'hygiène et l'hébergement ».

2°-Le recours aux outils préventifs à caractère répressif

C'est principalement en fonction de la nature de l'infraction que l'administration choisit d'entrer dans une procédure plus contraignante qui se traduit par l'émission d'un acte dont l'objet est de rappeler le droit et d'inviter le dirigeant à régulariser sa situation.

La procédure de régularisation obligatoire avant le recours des agents des administrations au procès-verbal. Dans certains cas, c'est le législateur qui contraint les administrations à faire usage de la voie préventive. Il en va de tel en ce qui concerne les agents de contrôle de l'Inspection du travail ou de l'URSAFF. Ceux-ci ont l'obligation de mettre en demeure l'employeur de régulariser certaines situations infractionnelles ayant trait à l'hygiène et/ou la sécurité[678]ou aux cotisations sociales[679] avant de dresser procès-verbal[680].

---

[678] C'est la loi du 6 décembre 1976 (L. n°76-1106 du 6 décembre 1976 sur l'amélioration de la prévention des accidents au travail) qui a contraint les agents de contrôle de l'Inspection du travail à mettre en demeure l'employeur, avant de dresser procès-verbal et de se conformer aux prescriptions des décrets mentionnés aux articles L. 4111-6 et L. 4321-4 du Code du travail. Cette procédure prévue à l'article L. 4721-1 du Code du travail prévoit que : « *seul le directeur régional des entreprises, de la concurrence, de la consommation, du travail et de l'emploi, sur le rapport de l'agent de contrôle de l'inspection du travail mentionné à l'articl L. 8112-1 constatant une situation dangereuse, peut mettre en demeure l'employeur de prendre toutes mesures utiles pour y remédier, si ce constat résulte : 1° D'un non-repect par l'employeur des principes généraux de prévention prévus par les articles L. 4121-1 à L. 4121-5 et L.4522-1, 2° D'une infraction à l'obligation générale de santé et de sécurité résultant des dispostions de l'article L.4221-1* ».

[679] L'article L. 244-2 du Code de la Sécurité sociale dispose que « *toute action ou poursuite effectuée en application de l'article précédent ou des articles L. 244-6 et L. 244-8-1 est obligatoirement précédée, si elle a lieu à la requête du ministère public, d'un avertissement par lettre recommandée de l'autorité compétente de l'État invitant l'employeur ou le travailleur indépendant à régulariser sa situation dans le mois. Si la poursuite n'a pas lieu à la requête du ministère public, ledit avertissement est remplacé par une mise en demeure adressée par lettre recommandée à l'employeur ou au travailleur indépendant* ».

[680] La rédaction d'un procès-verbal doit être obligatoirement précédée d'une mise en demeure, datée, signée, et explicitant les circonstances de fait. Soulignons qu'a également été instituée une procédure de mise en demeure confiée au directeur départemental du travail agissant sur rapport de l'agent de contrôle.

Les mises en demeure de l'administration du travail. Par ailleurs, en cas d'infractions aux dispositions des articles L. 4121-1 à L.4121-5 et L. 4522-1 du Code du travail énonçant des principes généraux de préventions et en cas d'infraction à l'obligation générale de santé et de sécurité résultant des dispositions de l'article L. 4221-1 du Code du travail, aucun texte ne semble permettre à l'agent de contrôle de l'Inspection du travail d'adresser une mise en demeure à l'employeur. Le DIRECTTE peut quant à lui, mettre en demeure l'employeur de prendre toutes les mesures nécessaires pour remédier à la situation constatée[681].

Les objectifs assignés à la procédure de mise en demeure. De manière générale, la procédure de mise en demeure semble répondre principalement à plusieurs objectifs.

Vers un objectif de « responsabilisation » du dirigeant ? Le premier objectif vise à améliorer de façon plus ponctuelle la connaissance des lois pénales par les employeurs en vue d'une protection accrue des salariés. Avec la mise en demeure, les employeurs prennent rapidement connaissance des manquements qu'ils ont commis et de la loi ou de la réglementation qui s'impose à eux. En vertu du principe du contradictoire, c'est un espace de négociation entre les agents des administrations et l'employeur qui aura vocation à se créer : celui-ci pourra faire part d'observations à l'administration dans des délais propices au dialogue et à la régularisation de la situation[682].

---

[681] C. trav. art. L. 4721-1.

[682] La mise en demeure doit être datée et signée, mentionner les infractions constatées et fier un délai à l'expiration duquel celles-ci devront avoir disparu. Ce délai, qui doit tenir compte des circonstances, ne peut pas être inférieur à 4 jours et est généralement fixé à 8 jours pour les infractions en matière de santé et de sécurité au travail. Si, à l'expiration du délai imparti, les mesures n'ont pas été exécutées ou lorsque les faits constatés présentent un danger grave ou imminent pour l'intégrité physique des travailleurs, l'article L. 4721-5 du Code du travail prévoit que » *par dérogation aux dispositions de l'article L. 4721-4 les agents de contrôle de l'inspection du travail mentionnés à l'article L. 8112-1 sont autorisés à dresser immédiatement procès-verbal, sans mise en demeure préalable, lorsque les faits qu'ils constatent présentent un danger grave ou imminent pour l'intégrité physique des travailleurs. Le procès-verbal précise les circonstances de fait et les dispositions légales applicables à l'espèce* », l'agent de contrôle peut constater la

Vers un objectif d'évitement de la voie pénale ? Le second objectif a trait à la responsabilité pénale de l'employeur. La mise en demeure apparaît, nous semble-t-il, comme une véritable alternative à la voie pénale dans la mesure où elle va inciter l'employeur à régulariser la situation infractionnelle. Elle vient éteindre en quelque sorte la voie pénale si l'employeur s'exécute dans le délai imparti. Aussi, elle permet de prévenir des infractions d'une certaine importance qui pourraient être amenées à se réaliser à défaut de régularisation. On pense particulièrement aux infractions involontaires (homicides et blessures involontaires) et plus récemment à l'infraction de mise en danger d'autrui[683]. L'article L. 4721-8 du Code du travail issu de l'ordonnance du 7 avril 2016[684] donne du pouvoir aux agents de contrôle de l'inspection du travail afin de prononcer une mise en demeure à l'encontre de l'employeur ou remédier à une situation où le travailleur est exposé à un agent chimique cancérogène, mutagène ou toxique et qu'il se trouve dans une situation dangereuse[685]. À tout le moins, ce procédé permet au dirigeant de pallier les carences qui pourraient s'avérer source d'infractions.

La prise de conscience du législateur d'une législation finalement impossible à respecter intégralement par le dirigeant ? Le troisième objectif nous fait prendre conscience que l'entreprise est un secteur dans lequel la législation est dense, complexe et évolutive. En rendant obligatoire la mise en demeure avant toute répression, le législateur ne se rendrait-il pas compte qu'il existe une inadéquation de l'expansion normative de nature pénale à la réalité du terrain ? À notre sens, c'est une logique législative contradictoire qu'il est possible de mettre en avant : d'un côté le législateur semble reconnaître que le dirigeant ne peut pas avoir une connaissance totale des normes applicables dans l'entreprise. De l'autre côté il multiplie les normes pénales s'il ne pas

---

ou les infractions par procès-verbal. V. sur ce point, CA Paris, 22 oct. 1990, JurisData n° 1990-025756.

683 L'article 223-1 du Code pénal définit le risque causé à autrui par « *le fait d'exposer directement autrui à un risque immédiat de mort ou de blessures de nature à entraîner une mutilation ou une infirmité permanente par la violation manifestement délibérée d'une obligation particulière de sécurité ou de prudence* ».

684 Ord. n°2016-413 du 7 avr. 2016.

685 C. trav. art. L. 4721-8.

durci la répression. C'est ainsi que nous pouvons en déduire que le droit pénal intervient comme outil de pression.

Bilan et transition. Il semblerait donc que les administrations jouent un rôle essentiel de filtrage et d'aiguillage des affaires qui leur permet de prendre des mesures alternatives à voie pénale. C'est donc à cet effet qu'il est possible d'affirmer que la rédaction d'un procès-verbal se heurte naturellement à la mission première des agents administratif qui consiste à faire appliquer la réglementation dans l'entreprise. Toutefois, cette dualité de fonctions soulève une difficulté et non des moindres : la question se pose en effet de savoir comment les administrations vont pouvoir œuvrer afin de maintenir un certain équilibre entre ces deux impératifs contradictoires.

§2- Les nombreux facteurs d'inhibition de la voie pénale : le choix de la voie préventive par les administrations

Dans l'hypothèse où les autorités administratives font la découverte d'une infraction dans l'entreprise, celles-ci choisissent ou non de la considérer comme « sanctionnable ». Toutefois, force est de constater que les motifs qui poussent les autorités administratives à entrer en voie de répression ne font pas l'objet d'une véritable communication (A). Si la voie pénale n'est pas une priorité, elle nous fait comprendre que l'administration est guidée par des objectifs implicites lié au tissu économique de chaque département ou région (B).

A- L'absence de critère explicite déterminant le choix d'action des administrations

Comme évoqué précédemment, les officiers de police judiciaire doivent, lorsqu'ils constatent une infraction, la dénoncer systématiquement au Parquet. Inversement, lorsqu'ils constatent des infractions ou des manquements à la règlementation dans l'entreprise, les agents de contrôle relevant des administrations doivent seulement agir en faisant preuve de discernement et de diligence dans le choix de leurs modalités d'action. C'est alors que l'on peut légitimement s'interroger sur ce qui conduit les agents des administrations à opter pour la voie préventive ou répressives, à l'exception des cas où la mise en demeure préalable est obligatoire au procès-verbal[686].

Le constat du nombre limité de statistiques. Les textes contemporains n'étant d'aucun secours en la matière[687], il est alors judicieux de se tourner vers la pratique. Certaines statistiques démontrent que le recours à la voie préventive en matière d'infractions relevant du droit du travail est minoré : pour l'année 2017, l'Inspection du travail a dénombré plus de 161 000 lettres d'observations[688] et moins

---

686 La mise en demeure adressée par les agents de contrôle de l'Inspection du travail notamment celle prévue par l'article L. 4721-4 du Code du travail en matière d'hygiène et sécurité, est une mise en demeure de « mise en conformité », visant à contraindre le dirigeant à se conformer à la règlementation. La mise en demeure est souvent précédée d'une lettre d'observations, lesquelles résultent de la seule pratique professionnelle des agents de contrôle. La mise en demeure est contraignante puisque, si elle n'est pas suivie d'effets, l'agent de contrôle peut alors dresser procès-verbal des infractions qu'il a constatées et qui n'ont pas disparu.

687 Le Bureau international du travail avait adopté une position nuancée en rappelant que la mission de conciliation confiée à l'inspecteur du travail n'était pas indispensable mais qu'il convenait de limiter parallèlement la mission de contrôle qui lui revient, v. sur ce point, Y. Gaudemet, « Les limites des pouvoirs des inspecteur du travail », *in La sanction pénale du droit du travail*, XIème colloque de droit social du 20 avril 1984, p. 446.

688 Les observations sont porteuses d'un avis, d'un conseil, d'un rappel des règles applicables. Lorsqu'elles sont écrites, elles font l'objet d'une lettre adressée au chef d'entreprise et lui rappellent les prescriptions légales, réglementaires ou conventionnelles applicables, qu'elles soient ou non pénalement sanctionnées. Les observations sont également communiquées au CHSCT. Aussi, le prononcé d'un avertissement est fréquent en droit de la consommation. Les agents de la DGCCRF ont effectivement souvent recours à ce procédé pour informer le dirigeant du constat d'un manquement ou d'une infraction mineur résultant soit d'une méconnaissance du droit applicable à l'entreprise, soit d'une négligence dans son application. Dans les mois qui suivent l'envoi de l'avertissement, les enquêteurs procèdent à un nouveau contrôle dans l'entreprise afin de constater si le chef d'entreprise a bien pris les mesures nécessaires à sa mise en conformité.

de 16 000 procès-verbaux[689]. Par ailleurs, d'après nos entretiens[690] et un entretien réalisé entre Monsieur Thomas PERROUD et le Directeur de l'école nationale de la concurrence, de la consommation et de la répression des fraudes, les avertissements à l'égard du dirigeant constituent 83% des suites apportées à chaque affaire[691]. Si les approches pratiques sont riches de sens, elles ne concernent que le contentieux pénal relevant du droit de la consommation et du travail.

L'existence de circulaires administratives « non communicables ». Par ailleurs, notre étude révèle que seule une circulaire en date du 18 décembre 1893 relative à l'application de la loi du 21 janvier 1893 précise que les conseils et les avertissements doivent toujours précéder les mesures répressives[692]. Or, à l'heure actuelle, aucune circulaire n'indique clairement les infractions devant faire l'objet d'un traitement prioritaire ainsi que les modalités de traitement répressifs de certains manquements[693]. Il existe des circulaires « non communicables »[694] -

---

[689] Rapport et bilan annuel, « L'inspection du travail en 2017 », Ministère du travail, de l'emploi, de la formation professionnelle et du dialogue social, éd. 2019. Il également possible de faire référence au bilan de 2013 qui précise que sur 256 127 interventions, seuls 5382 procès-verbaux ont été dressés alors que 183 529 lettres d'observation ont été rédigées. V. sur ce point, « L'inspection du travail en France en 2013, Bilans et rapports », Ministère du travail, de l'emploi, de la formation professionnelle et du dialogue social, DGCT, 2015.

[690] Entretiens réalisés par moi-même (DIRECCTE et DGCCRF). Les enquêteurs souhaitent garder l'anonymat.

[691] T. Perroud, « Les sanctions techniques en droit de la consommation, à partir de l'entretien réalisé avec M. Guy Lopez le 17 mars 2015 et son successeur, M. Thierry Borghese », *in Les sanctions administratives dans les secteurs techniques*, HAL Id : hal-01448559, http://hal.archives-ouvertes.fr/hal-01448559, p. 220.

[692] Bulletin de l'inspection du travail, 1ère année, 1893, n° 1, p. 47, spéc. p. 59. Invitant certains agents administratifs à n'utiliser « *l'arme* » du procès-verbal qu'à titre résiduel, le ministère du Travail considérait que le procès-verbal était le constat d'un échec personnel de l'agent administratif. V. sur ce point, M. Cohen, *Dr. soc.* 1997, p. 458, R. Dhoquoi-Cohen, « Idéologie conciliatrice et répression des récalcitrants dans l'Inspection du travail 1892-1970 », *Dr. ouvrier* 1993, p. 87.

[693] V. sur ce point, C. Teitgen-Colly, G. Marcou, T. Perroud, « Les sanctions administratives dans les secteurs techniques », *in Recherche effectuée avec le soutien de la Mission de recherche Droit et Justice*, 2016, p. 162.

[694] C'est nous qui soulignons.

seules les autorités administratives indépendantes communiquent vaguement sur leur politique[695].

La proposition doctrinale. Face à cette absence de communication, la doctrine[696] a eu recours à une proposition : chaque ministère pourrait communiquer clairement sa politique répressive aux administrations en charge des contrôles dans les entreprises. Chacune des administrations pourrait alors communiquer sur sa politique répressive en transmettant à ses agents de contrôle les orientations générales et les priorités d'action de cette administration en matière de répression. C'est ainsi que la politique répressive resterait entre les mains de l'exécutif et les agents de contrôle recevraient des instructions générales afin d'appliquer cette politique répressive définie au niveau national. Toutefois, cette proposition doit supporter des tempéraments dans la mesure où, sur le plan local, la stratégie répressive des administrations dépend d'objectifs implicites tels que l'emploi et la compétitivité.

B- La poursuite d'objectifs implicites par les administrations

Les éléments qui vont suivre tendent à nous éclairer sur ce qui détermine les agents des administrations à opter pour la voie préventive ou répressive à l'encontre du dirigeant. Cette proposition résulte avant tout d'une enquête de terrain menée au sein des différentes administrations[697].

---

[695] L'Autorité des marchés financiers publie sur son site internet ses priorités et sa stratégie. En 2018, elle insistait sur le fait que l'AMF « *doit rester fondamentalement une autorité qui protège et qui contribue à la confiance des investisseurs. Cela passe notamment par des exigences claires vis-à-vis des professionnels régulés et un dialogue constant sur les enjeux de régulation. Cela implique aussi une action de supervision efficace et juste, axée sur la prévention et la dissuasion, tout en utilisant les moyens répressifs lorsque cela est nécessaire* ». Il est précisé par ailleurs que L'AMF continuera à utiliser l'action répressive pour sanctionner les manquements et comme élément de dissuasion, même si la prévention reste privilégiée par le régulateur.

[696] C. Chassang, » La communication des administrations sur leur politique répressive : prendre modèle sur le droit pénal ? », *in RSC* n° 1, 2019, p. 55.

[697] On fait référence à la DIRECCTE, DGCCRF, l'Autorité de la concurrence.

Les inconvénients liés à la voie pénale. La décision de recours à la voie pénale à l'encontre d'un dirigeant dépend essentiellement de critères spécifiques liés à la gravité de l'infraction[698] ou à la persistance des faits[699]. Ce constat est particulièrement prégnant en droit du travail[700] dans la mesure où la voie pénale ne sera mise en œuvre qu'après l'échec des mises en demeure ou en cas de manquements graves ou répétés de l'employeur[701]. Toutefois, force est d'admettre que l'existence de nombreux facteurs d'inhibition, retardent ou éteignent volontairement la voie pénale. En réalité, le choix de la voie pénale apparaît aux yeux des administrations comme un choix « dissuasif ».

Le risque d'un classement sans suite par les Parquet. Premièrement, le risque le plus important est celui d'un classement sans suite par les parquets. Le manque de formation des juges dans les domaines techniques les rend fortement dépendants de l'administration avec un risque de sous-répression. De plus, le choix de la voie pénale introduirait un élément supplémentaire d'immixtion possible du politique, en raison de la dépendance des parquets vis-à-vis du pouvoir. Force est d'admettre que les préfets et les procureurs constituent deux moyens de transmission du politique dans l'action administrative.

L'objectif de préservation de l'emploi et de la compétitivité des entreprises. Deuxièmement, c'est une préservation de l'emploi et de la compétitivité des entreprises localisées sur un territoire donné qui domine. En effet, chaque autorité administrative poursuit des objectifs implicites qui paralysent la répression pénale : elles ne peuvent pas pénaliser l'emploi et la compétitivité des entreprises. Rappelons que le juge pénal peut prononcer une peine complémentaire d'interdiction de gérer à l'égard du dirigeant. L'on songe à l'article L. 249-1 du Code de commerce qui prévoit qu'en cas de condamnation pour certaines infractions telles que l'abus de biens sociaux, le juge pénal à le pouvoir de prononcer une peine d'interdiction de gérer. Cette situation serait préjudiciable pour le dirigeant, la personne morale et les salariés.

---

698 On peut faire référence à l'article L. 8115-4 du Code du travail.

699 Les faits dont a eu connaissance l'administration revêtent-ils un caractère de gravité et de persistance de nature à porter « atteinte à la mission que cette autorité est chargée d'assurer » ?

700 CE 3 oct. 1997, n° 161520, *Mme Gaillard-Bans*, Lebon, *D.* 1997 p. 244.

701 B. Silhol, « L'inspection du travail et le choix de l'action pénale », *Dr. soc.* 2000 p. 959.

Enfin, l'appréciation en opportunité des administrations peut être faite au regard d'une approche économique essentiellement locale - les suites données à l'enquête dépendent essentiellement du lieu de l'infraction et du tissu économique. À la vérité, l'existence d'objectifs locaux peuvent apparaître comme étant en contradiction avec les politiques publiques à mener. Dans la mesure où les administrations ont avant tout comme objectif la préservation de l'emploi et la compétitivité du territoire, les recommandations ne peuvent qu'être déclinées au niveau local en fonction des spécificités du tissu économique de chaque région ou département comme l'expliquent certains agents administratifs[702]. Comme le met en avant le Rapport national d'enquête[703], chaque région va s'inscrire dans une démarche spécifique en l'adaptant aux caractéristiques de son économie. Par exemple, en droit de la concurrence, la cessation rapide des pratiques anticoncurrentielles de dimension locale peut constituer un enjeu sensible et concret pour les acteurs économiques et les consommateurs. Elle apparaît donc comme un moyen de régulariser et de maintenir la loyauté dans les relations commerciales.

Vers un impératif de transparence ? À notre sens, chaque administration, à l'échelon régional, devrait faire preuve de transparence en communiquant sur les objectifs de leur programme. S'il existe des objectifs de contrôle fixés à l'échelon national, chaque région s'inscrit en toute logique dans cette démarche tout en l'adaptant aux spécificités de son économie locale : cela permettrait à tout le moins d'instaurer une culture de confiance entre les dirigeants et les administrations.

Conclusion de la section 1. Lorsque les autorités administratives constatent une infraction dans l'entreprise, celles-ci n'ont pas à dresser automatiquement un procès-verbal. Si leur mission première est préventive, les autorités administratives sont incitées à faire preuve de pédagogie à l'égard du dirigeant. Le législateur donne-t-il la priorité à

[702] Les suites données à une affaire dépendent du lieu de l'infraction, du tissu économique. Cet élément explique que la politique d'une administration soit différente d'une région à l'autre. Chaque région s'inscrit dans une démarche préventive ou répressive en l'adaptant aux spécificités de son économie.

[703] V. Le programme national d'enquête 2015, http://www.economie.gouv.fr/files/files/directions-services/dgccrf/pne/2015/pne2015.pdf

la prévention plutôt qu'à la répression – la finalité étant avant tout l'effectivité du droit dans l'entreprise. Cet argument ne peut qu'être renforcé lorsque l'on constate le développement des outils de régulation qui vont contraindre le dirigeant à corriger la situation infractionnelle.

SECTION 2. LE CHOIX DU LÉGISLATEUR DE FAIRE DE LA VOIE PÉNALE UN DERNIER RECOURS

Attaché à la fonction de la peine, le législateur pénal est longtemps demeuré réfractaire à l'idée de « cessation » des situations infractionnelles. Peut-être en raison de la finalité, distincte, de la répression pénale qui emporte des conséquences sur la responsabilité pénale. Or, au fil des lois, l'élargissement successif des outils de régularisation de la situation infractionnelle a démontré en quelque sorte la volonté législative de limiter le recours à la voie pénale. Conçues comme de véritables « mesures préalables » au procès-verbal et permettant le plus souvent de faire l'économie de celui-ci, les mesures correctives peuvent être appréhendées comme de véritables « alternatives » à la voie pénale dans la mesure où elles permettent au dirigeant ou à la personne morale de régulariser la situation infractionnelle. Si la décision sur un terrain préventif revient avant tout aux agents des administrations, terrain préventif à partir duquel ces derniers sont dotés de moyens « *relativement persuasifs* »[704], alors la voie pénale est semble-t-il relayée au second rang - les administrations peuvent enjoindre au dirigeant de régulariser la situation infractionnelle.

Initialement proposée par le Ministère public pour certaines infractions de droit commun, la procédure de régularisation a été mise aux mains des administrations et étendue à de nombreuses infractions (§1). En renforçant les pouvoirs des administrations, le législateur cherche à inciter les agents qui en relèvent à faire usage de cette procédure. Dans le cadre de leur enquête, les agents des administrations pourront alors être amenés à contraindre les dirigeants à la bonne application du droit

---

[704] J.-F. Cesaro, *Droit pénal- Infractions. Constatation. Poursuite :* Jurisc. Travail Traité, fasc. 82-10, 2013, n°123.

dans l'entreprise[705]. Conscient de l'efficacité de tels procédés, le législateur a également souhaité inciter davantage les dirigeants à une collaboration avec les administrations : grâce à leur vertu dissuasive, les nouvelles sanctions de l'inexécution des procédés « injonctionnels » semblent démontrer la volonté législative de faire du procès pénal un dernier recours (§2).

§1- La progression des moyens d'évitement de la voie pénale

L'effectivité de la sanction semble être devenue une préoccupation majeure du législateur. L'accroissement des mesures préventives semble à tout le moins démontrer la volonté du législateur de garantir l'effectivité du droit dans l'entreprise (A). Outre cet objectif, l'argument selon lequel le législateur redouble de moyens en vue de retarder ou d'éviter la voie pénale par le dirigeant peut à notre sens être défendu (B).

A- L'extension des situations infractionnelles pour lesquelles la régularisation par le dirigeant est rendue possible

La proposition de régularisation de la situation infractionnelle de droit commun par le Ministère public. Le droit pénal peut parfois concourir à d'autres objectifs que la répression. Il a été démontré que certaines sanctions n'avaient pas un but expiatoire mais correcteur[706]. Dans la mesure où celles-ci visent à remettre la situation en conformité avec le droit[707], elles ont trouvé leur place dans le Code de procédure

---

[705] Ph. Conte, « "Effectivité", "ineffectivité", "sous-effectivité ", "surefficacité"... Variations pour droit pénal », in *Mélanges Catala*, Litec, 2001, p. 125.

[706] Ph. Conte, « Du particularisme des sanctions en droit pénal de l'entreprise », *in Bilan et perspective du droit pénal de l'entreprise*, PUAM, 1989, p. 55 ; N. Sempe, « Les sanctions à caractère réel », *in Gaz. Pal.* 1999. I. doctr. 339.

[707] E. Durkheim, *De la division du travail social*, Paris, PUF, 1978 [1893], 2ème éd., spéc. p. 33 : « *La sanction restitutive n'est pas expiatoire, elle se réduit à une simple remise en état. Une souffrance proportionnée n'est pas infligée à celui qui a violé le droit ou qui le méconnaît. Il est simplement condamné à s'y soumettre* ».

pénale. Depuis l'adoption de la loi du 23 juin 1999[708], l'article 41-1, 3° du Code de procédure pénale[709] fait de la régularisation de la situation infractionnelle une mesure alternative aux poursuites proposées par le ministère public à la personne mise en cause[710]. Concrètement, à la suite d'un procès-verbal dressé par les autorités de police judiciaire, le Parquet fait le choix d'enjoindre à l'auteur de régulariser sa situation délictuelle au regard de la loi et des règlements, en échange de l'abandon des poursuites pénales. La procédure de régularisation apparaît donc comme une véritable alternative à la peine dans la mesure où l'auteur bénéficie d'un classement sans suite de l'affaire s'il régularise la situation infractionnelle dans le délai imparti[711].

La proposition régularisation de la situation infractionnelle par les administrations. Transposée récemment au monde de l'entreprise, la procédure de régularisation a pris dans un premier temps la forme d'une « *injonction de faire* »[712] puis celle d'une « *injonction* » ou d'une

---

[708] L. n°99-515 du 23 juin 1999 renforçant l'efficacité de la procédure pénale, *in JORF* n°144 du 24 juin 1999, p.9247-9252.

[709] L'article 41-1 °3 dispose que : « *s'il lui apparaît qu'une telle mesure est susceptible d'assurer la réparation du dommage causé à la victime, de mettre fin au trouble résultant de l'infraction ou de contribuer au reclassement de l'auteur des faits, le procureur de la République peut, préalablement à sa décision sur l'action publique, directement ou par délégation :*
1° Procéder au rappel auprès de l'auteur des faits des obligations résultant de la loi ;
2° Orienter l'auteur des faits vers une structure sanitaire, sociale ou professionnelle ;
3° Demander à l'auteur des faits de régulariser sa situation au regard de la loi ou des règlements ;
4° Demander à l'auteur des faits de réparer le dommage résultant de ceux-ci ;
5° Faire procéder, avec l'accord des parties, à une mission de médiation entre l'auteur des faits et la victime. La procédure prévue au présent article suspend la prescription de l'action publique ».

[710] C'est notamment en raison de la forte augmentation des affaires pénales qu'est né le souci d'alléger la charge des parquets et des tribunaux, V. sur ce point. J. Pradel, *Procédure pénale*, 19ème éd., Paris, Cujas, 2017, p. 639, H. Haenel, « Justice de proximité. Premier bilan », *in Pouvoirs*, 1995, n°74, p. 93.

[711] La procédure prévue à l'article 41-1 du Code de procédure pénale suspend la prescription de l'action publique.

[712] La loi n°2001-240 du 15 mai 2001 relative aux nouvelles régulations économiques a substitué aux sanctions pénales une procédure de référé-injonction de faire sous astreinte ou encore la désignation d'un mandataire chargé de la

« *contrainte* » à la correction vis-à-vis du dirigeant. Il a en effet été octroyé aux agents des administrations un pouvoir d'injonction qui consiste à contraindre le dirigeant à adopter, dans un délai défini, les mesures correctives nécessaires pour se mettre en conformité avec la règlementation applicable à l'entreprise ou de faire cesser tout agissement illicite[713].

L'étude de la fonction de l'injonction administrative. Il est possible de faire référence brièvement à la pyramide répressive élaborée par AYRES et BRAITHWAITE[714]. Au bas de la pyramide, on trouve l'ensemble des stratégies de dialogue et de négociation que l'administration met en place avec le dirigeant afin de le faire rentrer dans le rang. On trouve ensuite l'ensemble des actes qui constituent un rappel formel au droit et une injonction à le respecter. Véritable moyen de pression destiné à faire cesser une action ou une abstention illégale, les injonctions administratives[715] participent de l'effectivité du droit

---

communication des documents. Dans cette perspective, le législateur a procédé à une dépénalisation tout en permettant au juge d'enjoindre les dirigeants sociaux de produire, de communiquer ou de transmettre des documents ou de libérer le capital social.

[713] L'ensemble de ces dispositions constituaient des mesures d'adaptation nécessaires à la mise en œuvre du règlement communautaire n° 2006-2004 du 27 octobre 2004 relatif à la coopération entre les autorités nationales chargées de veiller à l'application de la législation en matière de protection des consommateurs. Dans un premier temps, il était prévu que les agents de la DGCCRF disposent à l'égard des professionnels d'un pouvoir d'injonction de mise en conformité de leurs obligations avec les dispositions légales et de suppression de clause ou comportement illicite.

[714] I. Ayres, J. Braithwaite, *Responsive Regulation : transcending the deregulation debate*, Oxford, Oxford University Press, 1992.

[715] L'injonction de faire doit être toutefois distinguée du « *référé injonction de faire* ». Il existait en droit des sociétés des cas pour lesquels le président du tribunal de commerce pouvait être saisi par la voie du référé pour procéder à la désignation de certaines personnes. Soulignons que la possibilité d'agir en référé s'impose comme l'un des traits les plus importants depuis l'adoption de la loi NRE du 15 mai 2001[715]. Une fois l'impulsion donnée, le législateur n'a eu cesse de développer cette pratique – on fait alors référence aux lois de sécurité financière et d'initiative économique du 1er août 2003, l'ordonnance portant simplification du droit du 25 mars 2004. À cet effet, la procédure d'injonction de faire mise en place à l'article L. 238-1 du Code de commerce englobe l'injonction de communiquer qui émane du président du tribunal statuant en référé et qui vise,

dans l'entreprise : elles permettent de « *corriger, de rétablir une situation, de remettre en quelque sorte les intéressés dans le droit chemin juridique, économique* »[716].

Les injonctions de la DGCCRF en matière d'infractions à la consommation. Jusqu'à l'adoption de la loi dite « *loi Hamon* »[717], les agents de la DGCCRF disposaient d'un pouvoir d'injonction en matière d'infractions ou de manquements au Code de la consommation. Ce pouvoir avait été conféré à l'autorité chargée de la concurrence, de la consommation et de la répression des fraudes par l'ordonnance du 1er septembre 2005[718], modifiant l'article L. 141-1 du Code de la consommation afin de permettre aux agents de la DGCCRF de disposer, à l'égard des professionnels, d'un pouvoir d'injonction de mise en conformité de leurs obligations avec les dispositions légales et de suppression de clauses ou comportements illicites. C'est ainsi qu'en cas d'infraction ou de manquement au Livre V du Code de la consommation, le dirigeant pourra se voir enjoindre par les agents habilités, après une procédure contradictoire, de se conformer à ces dispositions, de cesser tout agissement illicite ou de supprimer toute clause illicite ou interdite dans le délai raisonnable qui lui est imparti. L'ensemble de ces dispositions constituaient des mesures d'adaptation nécessaires à la mise en œuvre du règlement communautaire n° 2006-2004 du 27 octobre 2004 relatif à la coopération entre les autorités nationales chargées de veiller à l'application de la législation en matière de protection des consommateurs[719].

---

par l'astreinte qui l'assortit, à contraindre le débiteur de l'obligation à procéder à l'obligation.

716 N. Decoopman, « Le pouvoir d'injonction des autorités administratives indépendantes », *in JCP* 1987. I. 3303, spéc. n°13.

717 L. n°2014-344 du 17 mars 2014 relative à la consommation, *in JORF* n°0065 du 18 mars 2014, p. 5400, texte n° 1.

718 Ord. n°2005-1086 instaurant un règlement transactionnel pour les contraventions au Code de commerce et au Code de la consommation et portant adaptation des pouvoirs d'enquête et renforcement de la coopération administrative en matière de protection des consommateurs, *in JORF* n°204 du 2 septembre 2005, p. 14255, texte n° 11.

719 Règlement (CE) N° 2006/2004 du Parlement européen et du Conseil du 27 octobre 2004 relatif à la coopération entre les autorités nationales chargées de veiller à l'application de la législation en matière de protection des consommateurs (« Règlement relatif à la coopération en matière de protection des consommateurs »).

L'extension de l'injonction aux infractions en matière de concurrence. Depuis l'adoption la loi du 17 mars 2014, les agents de la DGCCRF peuvent prononcer une injonction à l'encontre du dirigeant, si ceux-ci venaient à constater des comportements contraires aux règles de la transparence tarifaire et des pratiques restrictives de concurrence[720]. Ce pouvoir d'injonction profitait seulement à l'Autorité de la concurrence qui, en vertu de l'article L. 464-2 du Code de commerce, pouvait ordonner aux intéressés de mettre fin aux pratiques anti-concurrentielles dans un délai qu'elle déterminait, éventuellement en imposant des conditions particulières. Il s'agit d'injonctions qui permettent de s'adapter aux situations les plus variées, ce qui ne comprend pas le prononcé de la nullité d'une convention par exemple. L'injonction qui peut être d'abstention ou de modification est d'interprétation stricte et doit être formulée en des termes rigoureux, exempts d'incertitude[721]. En l'état actuel, l'article L. 470-1 I du Code de commerce[722] confère aux agents de la DGCCRF le pouvoir de recourir à une injonction en cas de non-respect par le dirigeant des règles concernant les conditions générales de vente, le délit de revente à perte, les pratiques commerciales abusives telles que le déséquilibre significatif dans les droits et obligations des parties[723]. Soulignons

[720] Dans un premier temps, a été inséré au sein du livre IV du Code de commerce, un titre VII intitulé « *Des injonctions et sanctions administratives* » composé des articles L. 465-1 et L. 465-2. Ces articles ont été transférés par l'ordonnance n° 2017-303 du 9 mars 2017 relative aux actions en dommages et intérêts du fait des pratiques anticoncurrentielles, aux articles L. 470-1 et L. 470-2 du Code de commerce. Plus récemment, l'ordonnance du 24 avril 2019 a introduit au sein de Code de commerce l'article 443-1 qui permet la répression pénale d'une publicité trompeuse en ce qui concerne les produits agricoles et les denrées alimentaires. Plus précisément, lorsque les enquêtes de la DGCCRF démontrent l'existence de pratiques anticoncurrentielles dites « *locales* », l'administration met en œuvre le pouvoir d'injonction dont dispose le Ministre de l'Économie pour le règlement de ces pratiques.

[721] E. Claudel, « Les injonctions », *LPA* 2005, n°14, p. 23.

[722] Rappelons que l'article L. 470-1- I du Code de commerce prévoit que » *les agents habilités, dans les conditions prévues au II de l'article L 450-1 à rechercher et à constater les infractions ou manquements aux obligations prévues au titre IV du présent livre peuvent, après une procédure contradictoire, enjoindre à tout professionnel, en lui impartissant un délai raisonnable, de se conformer à ses obligations, de cesser tout agissement illicite ou de supprimer toute clause illicite* ».

[723] En pratique, après la constatation d'une pratique contraire aux dispositions du titre IV, livre IV du Code de commerce, l'agent habilité rédige un constat

également que des mesures spécifiques aux produits, aux établissements ou aux services peuvent être prises par les agents[724] lorsque des produits ne sont pas conformes à la règlementation ou sont dangereux voire susceptibles de l'être, pour la santé publique ou pour la sécurité des consommateurs, notamment en raison des conditions de fonctionnement d'un établissement qui les fabrique[725].

À ce stade de la réflexion, une remarque peut être formulée : celle qui a trait aux destinataires des injonctions. On peut légitimement

---

d'infraction par procès-verbal qui est envoyé au dirigeant de l'entreprise. Le texte de l'article L. 470-1 du Code de commerce prévoit que l'injonction est prononcée après une procédure contradictoire. Toutefois, aucune précision n'est donnée par les textes. Une fois l'injonction prononcée, le dirigeant pourra former deux types de recours dans un délai de deux mois à compter de la notification de l'injonction. Soit un recours hiérarchique devant le ministre de l'Économie (C. com. art R. 470-1) soit un recours devant le tribunal administratif dans les conditions prévues par le droit commun, plus précisément, lorsque les enquêtes de la DGCCRF démontrent l'existence de pratiques anticoncurrentielles dites « *locales* ».

[724] Aux termes des article L 521-5 et L. 521-19 du Code de la consommation, des mesures spécifiques aux produits, aux établissements ou aux services peuvent être prises par les agents lorsque des produits ne sont pas conformes à la règlementation ou sont dangereux voire susceptibles de l'être, pour la santé publique ou pour la sécurité des consommateurs, notamment en raison des conditions de fonctionnement d'un établissement qui les fabrique. L'administration peut alors ordonner par arrêté les mesures correctives nécessaires. En ce qui concerne les manquements ou infractions relatifs aux établissements : le renforcement des autocontrôles, des actions de formation du personnel, la réalisation de travaux ou d'opérations de nettoyage, la fermeture de tout ou partie de l'établissement ; pour les manquements ou infractions relatifs aux produits, la suspension de la mise sur le marché, le retrait, le rappel ou la destruction des produits, la diffusion de mises en garde ; pour les manquements ou infractions relatifs aux prestations de service, leur mise en conformité notamment des produits et équipements mis à la disposition des consommateurs ou la suspension de la prestation en cas de danger grave ou immédiat.

[725] L'administration peut alors ordonner par arrêté les mesures correctives nécessaires. En ce qui concerne les manquements ou infractions relatifs aux établissements : le renforcement des autocontrôles, des actions de formation du personnel, la réalisation de travaux ou d'opérations de nettoyage, la fermeture de tout ou partie de l'établissement ; pour les manquements ou infractions relatifs aux produits, la suspension de la mise sur le marché, le retrait, le rappel ou la destruction des produits, la diffusion de mises en garde ; pour les manquements ou infractions relatifs aux prestations de service, leur mise en conformité notamment des produits et équipements mis à la disposition des consommateurs ou la suspension de la prestation en cas de danger grave ou immédiat.

s'interroger sur le destinataire de la mesure contraignante. Il pourrait être effectivement relevé que l'injonction peut s'adresser à la personne morale plutôt qu'à son représentant légal.

L'approche théorique – les injonctions prononcées à l'égard du « *professionnel* ». En matière de concurrence et de consommation, il est fait référence au « *professionnel* ». En matière d'infractions à la concurrence, l'article L. 470-1 du Code de commerce prévoit que les agents de la DGCCRF « *peuvent, après une procédure contradictoire, enjoindre à tout professionnel, en lui impartissant un délai raisonnable, de se conformer à ses obligations, de cesser tout agissement illicite ou de supprimer toute clause illicite* ». En matière de consommation, l'article L. 521-1 du Code de commerce issu de l'ordonnance du 14 mars 2016[726] dispose que « *lorsque les agents habilités constatent un manquement ou une infraction avec les pouvoirs prévus au présent livre, ils peuvent après une procédure contradictoire, enjoindre à un professionnel, en lui impartissant un délai raisonnable qu'ils fixent, de se conformer à ses obligations* ». Il faut donc se référer à l'article liminaire du Code de la consommation qui assimile le « *professionnel* » à « *toute personne physique ou morale, publique ou privée, qui agit à des fins entrant dans le cadre de son activité commerciale, industrielle, artisanale, libérale ou agricole, y compris lorsqu'elle agit au nom ou pour le compte d'un autre professionnel* ». Dès lors, l'injonction peut être prononcée par les administrations aussi bien à l'égard de la personne morale qu'au dirigeant.

L'approche pratique. Il faut alors s'interroger sur le choix opéré par les administrations : soit prononcer une injonction à l'égard du dirigeant soit à l'égard de l'entreprise. Les injonctions sont prononcées principalement à l'égard des dirigeants des PME et TPE. Toutefois dans les grandes entreprises, l'injonction est plutôt adressée aux entreprises elles-mêmes et non aux dirigeants.

Les injonctions prononcées à l'égard des « *intéressés* » ou de la « *personne concernée* ». En ce qui concerne les destinataires des transactions émanant des autorités administratives indépendantes, l'article L. 464-2, I du Code de commerce vise « *les intéressés* ». La loi

---

[726] Ord. n° 2016-301 du 14 mars 2016 relative **à la partie législative du Code de la consommation,** *JORF* n°0064, 16 mars 2016 texte n° 29.

« *Sapin II* » de 2016[727] octroie quant à elle un pouvoir « injonctionnel » à l'Autorité des marchés financier à l'égard de la « *personne concernée* ». Il est précisé à l'article L. 621-14 alinéa 2 du Code monétaire et financier que le Collège de l'AMF peut, après avoir mis la personne concernée en mesure de présenter ses explications, ordonner qu'il soit mis fin, en France et à l'étranger, aux manquements aux obligations résultant des règlements européens, des dispositions législatives ou réglementaires ou des règles professionnelles visant à protéger les investisseurs contre les opérations d'initiés, les manipulations de marché et la divulgation illicite d'informations privilégiées[728]. Doit-on alors comprendre que le pouvoir d'injonction s'adresse simultanément à la personne morale et à son représentant ? Seulement à la personne morale ? Une précision législative serait à cet effet la bienvenue. En tout état de cause, que l'injonction soit prononcée à l'égard de l'entreprise ou de son dirigeant, sa vertu curative et préventive de toute responsabilité pénale incitera dans tous les cas le dirigeant à régulariser la situation infractionnelle.

B- Vers un évitement de la voie pénale ?

Le choix du législateur qui consiste à multiplier et diversifier les injonctions appelle à différents constats.

La volonté du législateur d'un renforcement de l'effectivité du droit dans l'entreprise. Tout d'abord, les injonctions ont une visée utilitaire et disciplinaire. Elles permettent de mettre en lumière un aspect « disciplinaire » de la menace de répression en vue d'une plus grande effectivité du droit dans l'entreprise. Il est alors possible d'y voir une logique législative purement pragmatique qui tend à faire prévaloir l'« efficience » de la norme sur la peine. Concrètement, en invitant le dirigeant à régulariser le fait délictuel, c'est une logique d'effectivité du

---

[727] **L. n° 2016-1691 du 9 décembre 2016 relative à la transparence, à la lutte contre la corruption et à la modernisation de la vie économique,** ***in*** *JORF* n°0287 du 10 décembre 2016, texte n° 2.

[728] Celles- ci sont mentionnées aux c et d du II de l'article L. 621-15 du Code monétaire et financier, ou à tout autre manquement de nature à porter atteinte à la protection des investisseurs, au bon fonctionnement des marchés ou à tout autre manquement aux obligations relatives à la lutte contre le blanchiment des capitaux et le financement du terrorisme prévues aux chapitres I et II du titre VI du livre V du Code monétaire et financier.

droit dans l'entreprise qui prévaut. Cette régularisation permettra à tout le moins une préservation et une restauration de l'éthique d'entreprise au détriment d'une répression pénale patronale pure et dure.

La volonté du législateur de pérenniser le marché économique ? Ensuite, les mesures d'injonction visent à privilégier l'incitation au respect des dispositions du Code de commerce, par rapport à l'amende qui a un caractère punitif. Le but étant d'obliger les professionnels à se conformer à leurs obligations, d'améliorer la transparence et d'assainir ainsi les relations commerciales. L'injonction apparaîtrait alors comme une mesure plus adaptée à la structure même de l'entreprise. Elle permet la restauration de l'équilibre voire la pérennité des relations commerciales. Aussi, cette remise en ordre a pour objectif le bon fonctionnement de la consommation, de la concurrence et des relations commerciales.

Vers un affaiblissement de la responsabilité pénale patronale ? Enfin, il semblerait que le droit pénal dans l'entreprise arrive à un stade de maturité qui se traduit par un recul de la peine. La régularisation va finalement agir comme un « catalyseur » de la responsabilité pénale patronale. En effet, les procédures de régularisation telles que la mise en demeure ou l'injonction emportent des conséquences non négligeables tant sur la notion d'infraction que sur le régime de responsabilité pénale du chef d'entreprise : les faits, de nature contraventionnelle ou délictuelle, seront amenés à disparaître et limitent le recours à la voie pénale. À tout le moins, le droit pénal qui régnait et apparaissait comme le droit répressif par excellence doit aujourd'hui partager le terrain avec un droit ayant un aspect disciplinaire.

§2- La répression de l'inexécution des moyens de régularisation

Si l'on reprend la pyramide répressive élaborée par AYRES et BRAITHWAITE, la sanction administrative ou pénale du non-respect de l'injonction occupe une place intermédiaire au sein de celle-ci. Le législateur français s'en est semble-t-il inspiré : la répression de l'inexécution des mesures régulatrices témoigne du souhait d'éviter le procès pénal.

La sanction administrative de l'inexécution de l'injonction. Dans un premier temps, c'est la loi du 17 mars 2014 dite « *Loi Hamon* »[729] qui a élargi l'éventail d'actions de la DGCCRF en matière de relations commerciales en prévoyant la possibilité d'amende administrative en cas de non-respect d'une injonction. À cet effet, l'article L. 470-1 du Code de commerce prévoit que l'autorité administrative chargée de la concurrence et de la consommation peut prononcer une amende administrative d'un montant maximal de 3.000 euros à l'encontre du dirigeant réticent en matière de prix et concurrence[730]. Elle peut infliger une sanction pécuniaire applicable, soit immédiatement, soit en cas d'inexécution des injonctions, soit en cas de non-respect des engagements qu'elle a acceptés.

Plus récemment, c'est l'ordonnance du 14 mars 2016[731] qui permet à la DGCCRF de prononcer une sanction administrative à l'égard d'un dirigeant qui n'aurait pas mis fin à une situation infractionnelle en matière d'informations précontractuelles, pratiques commerciales, contrat et crédit[732]. Le constat est similaire en ce qui concerne

---

[729] L. n° 2014-344 du 17 mars 2014 relative à la consommation, art. 121.

[730] L'article L. 465-1 II du Code de commerce a été transféré par l'ordonnance n°2017-303 du 9 mars 2017 à article L. 470-1 II. À cet effet, il est prévu que « *lorsque le professionnel concerné n'a pas déféré dans le délai imparti à une injonction qui lui a été notifiée à raison d'une infraction ou d'un manquement passible d'une amende administrative, l'autorité administrative chargée de la concurrence et de la consommation peut prononcer à son encontre, dans les conditions et selon les modalités prévues à l'article L. 470-2, une amende administrative dont le montant ne peut excéder 3.000 euros pour une personne physique et 15.000 euros pour une personne morale* ».

[731] Ord. n° 2016-301 du 14 mars 2016 relative à la partie législative du Code de la consommation.

[732] L'article L. 532-1 du Code de la consommation prévoit que « *le fait de ne pas déférer dans le délai imparti à une injonction relative aux infractions ou aux manquements constatés avec les pouvoirs mentionnés aux article L. 511-5, 511-6 et L. 511-7 est passible d'une amende administrative dont le montant ne peut excéder : 1° Pour une personne physique : 1.500 euros et pour une personne morale : 7.500 euros, lorsque l'infraction ou le manquement ayant justifié la mesure d'injonction est sanctionné par une amende au plus égale à celle prévue pour une contravention de la cinquième classe ou par une amende administrative dont le montant est au plus égal à 3.000 euros pour une personne physique et à 15.000 euros pour une personne morale ; 2° Pour une personne physique : 3.000 euros et pour une personne morale : 15.000 euros, lorsque l'infraction ou le manquement ayant justifié la mesure d'injonction est sanctionné par une peine*

l'injonction prononcée par les agents de la DGCCRF en matière de consommation.

La sanction pénale de l'inexécution par l'employeur de la mise en demeure. Un deuxième temps est marqué par la création d'un nouveau délit : celui qui consiste pour l'employeur à ne pas obtempérer aux mises en demeure de la DIRECCTE. Depuis l'adoption de l'ordonnance du 7 avril 2016[733] a été introduit au sein du Code du travail un chapitre intitulé « *Manquements aux décisions prises par l'inspection du travail en matière de santé et de sécurité au travail* ». Il contient plusieurs dispositions dont celle qui transforme l'ancienne contravention de non-respect de la mise en demeure du directeur régional des entreprises, de la concurrence, de la consommation, du travail et de l'emploi en délit. À cet effet, l'article L. 4741-1 du Code du travail puni d'un an d'emprisonnement et d'une amende de 3.750 euros l'employeur qui ne se serait pas conformé aux mesures prises la DIRECCTE.

Le droit pénal au service de la régulation ? Si la régularisation ne supprime pas le caractère délictueux de l'infraction, il s'ensuit tout de même que la répression de l'infraction est freinée voire empêchée. Si à première vue « *régularisation* » et « *répression* » sont en quelque sorte incompatibles, ils tendent tout de même à devenir complémentaires. La répression va permettre en quelque sorte de « *s'assurer du respect de la règle* »[734] par le dirigeant et partant, de l'effectivité du droit applicable dans l'entreprise. À la vérité, il semblerait que le législateur cherche d'une part à exploiter les possibilités de dissuasion au profit d'une effectivité du droit mais également à éviter au maximum le procès pénal du dirigeant.

---

délictuelle ou une amende administrative dont le montant excède pour une personne physique 3.000 euros et 15.000 euros pour une personne morale. L'autorité administrative chargée de la concurrence et de la consommation prononce l'amende dans les conditions prévues au chapitre II du titre II ».

[733] Ord. n°2016-413 du 7 avril 2016 relative au contrôle de l'application du droit du travail.

[734] M. Delmas-Marty, *Le flou du droit : Du Code pénal aux droits de l'Homme*, Paris, PUF, Les voies du droit, 204, 1986, 1ère éd. p. 45 et s. : « *peu importe, d'ailleurs, l'infraction, seul compte le pouvoir sanctionnateur du droit pénal utilisé pour assurer le respect de la règle de droit* ».

D'une certaine façon, le législateur qui décide d'assortir l'inexécution de l'injonction d'une sanction administrative ou pénale reconnait en quelque sorte que ces deux sanctions sont autant dissuasives l'une que l'autre. C'est ainsi que le dirigeant se sentant menacé par une sanction pénale se verra contraint à la régularisation et au respect du droit qui lui est applicable. En effet, le dirigeant qui se sent menacé par une sanction pénale voire un cumul de sanction pénale[735], n'aura le choix que d'« apurer » la situation infractionnelle dans les plus brefs délais[736]. En somme, si la répression devient un accessoire au service de la régulation, force est d'admettre que la dissuasion opèrera si la règle est connue et que le délinquant a « *la certitude d'être puni* »[737]. Vu sous cet aspect, le droit pénal vient en quelque sorte enrichir la régulation.

Conclusion de la section 2. Dans cette section, il a été démontré que le renforcement des outils de régulation permettait de garantir l'effectivité du droit par le dirigeant. Le législateur a semble-t-il compris que la répression pénale pouvait être utilisée comme un moyen de pression mais ne permettait pas une correction immédiate des situations infractionnelles. Dès lors, si la régulation permet de protéger les salariés dans leurs dimensions individuelle et collective, ainsi que les consommateurs et les autres entreprises, elle permet également d'éviter une condamnation pénale du chef d'entreprise.

Conclusion chapitre 1. L'analyse de la théorie et de la pratique démontre que l'objectif d'effectivité du droit et de la préservation de la compétitivité des entreprises paralysent la voie pénale. Conscient que la garantie de l'effectivité du droit dans l'entreprise ne passe pas nécessairement par la répression pénale, le législateur développe les moyens de régularisation. Ces facteurs bouleverseraient en quelque sorte les schémas classiques de la répression pénale patronale. Le pouvoir de prévention des agents des administrations semble prendre

---

735 La sanction pénale de l'infraction pourra se cumuler alors avec la sanction pénale liée à l'inexécution.

736 Aussi, la correction de la situation infractionnelle, pour être mise en conformité avec le droit, permet l'assainissement de la fonction de dirigeant et tend à la rétablir.

737 C. Beccaria, *Des délits et des peines*, Paris, Flammarion, coll. « GF », 2006 [1766], V. sur ce point, chap. XX : « *le meilleur frein du crime n'est pas la sévérité de la peine, mais la certitude d'être puni* ».

alors l'allure d'un véritable pouvoir de contrainte : celui qui oblige le chef d'entreprise à régulariser la situation infractionnelle. Ce constat amène alors à penser un développement d'une « *culture de la régulation* » au détriment d'une « *culture de la répression pénale* ».

CHAPITRE 2. LE PRONONCÉ DE LA SANCTION RÉPRESSIVE PAR L'AUTORITÉ ADMINISTRATIVE

L'état des lieux – l'absence de statistiques faisant état du taux de poursuites pénales à l'égard du dirigeant. Il convient dès à présent de s'interroger sur la capacité des administrations à prononcer une sanction répressive. Pour cela, il nous est apparu judicieux de se rapprocher des statistiques faisant état du taux de poursuites pénales à l'égard du dirigeant. Or, nous nous sommes aperçus que celles-ci n'existaient pas.

La possible déduction du taux de poursuites pénales à l'égard du dirigeant à partir des statistiques faisant état du taux de poursuites pénales à l'égard des « personnes physiques » et des « personnes morales » en matière d'infractions à la législation et à la réglementation. Force est d'admettre que les premiers plaidoyers en vue de la « dépénalisation » du droit pénal des affaires ont seulement fait état d'une très grande majorité d'infractions dénuées d'application effective[738]. Finalement, seules des statistiques récentes faisant état du

[738] Le sénateur Marini avait rendu public, le 10 septembre 1996, le rapport sur la modernisation du droit des sociétés qu'il avait remis au Premier ministre le 13 juillet dernier 1996. En tenant compte de l'évolution économique de ces trente dernières années, l'auteur du rapport proposait d'introduire dans notre droit plus de souplesse et de réalisme. V. sur ce point, Ph. Marini, *Rapport au Premier ministre : la modernisation du droit des sociétés,* La documentation française, 1996, Collection des rapports officiels, p. 119 à 127. Pour une étude de l'ensemble du rapport, v. M.-C. de Nayer, « Le rapport Marini » : *Bull. Joly Bourse,* 1996, n° 6. La Commission, présidée par Michel de Virville et chargée par le ministre des Affaires sociales de simplifier et de sécuriser le droit du travail avait rendu son rapport le 15 janvier 2003. Pour répondre aux difficultés du droit du travail, perçu par ses utilisateurs et ses producteurs comme instable, trop complexe et difficile à appliquer, la commission a formulé cinquante propositions. V. sur ce point, *Pour un Code du travail plus efficace, rapport au ministre des Affaires sociales, du travail et de la solidarité*, 15 janvier 2004. Enfin, le 20 février 2008 Monsieur Jean-Marie Coulon premier président honoraire de la Cour d'appel de Paris et président du groupe de travail sur la dépénalisation de la vie des affaires constitué le 4 octobre 2007, avait remis au garde des Sceaux son rapport sur la

taux de réponse pénale en matière d'infractions à la législation économique et sociale nous permettent de soutenir que le dirigeant fait l'objet d'un taux de réponse pénale relativement faible par rapport au nombre d'entreprises implantées sur le sol français. Ce constat pourrait nous amener à formuler une proposition selon laquelle une déviation de la sanction pénale par la voie administrative pourrait ouvrir la voie à une dépénalisation tout en garantissant une meilleure effectivité du droit dans l'entreprise.

Annonce de plan. S'il a été soutenu en matière de contentieux technique que la pertinence de la réponse pénale ne faisait pas l'objet d'une réflexion d'ensemble[739], nous pouvons, au travers d'une étude analytique de données statistiques de la délinquance d'entreprise, proposer une réflexion sur l'opportunité de voir dévier la sanction pénale de son itinéraire initial **(Section 1)**. Cette déviation pourrait s'accommoder de la voie administrative **(Section 2)**.

« dépénalisation » de la vie des affaires. V. sur ce point, J.-M. Coulon, *La dépénalisation de la vie des affaires*, La Documentation française, Coll. Des rapports officiels ; A. Lienhard, « Dépénalisation de la vie des affaires : rapport Coulon », *D.* 2008 Act. Légis., p. 532, obs. A. Lienhard ; « La dépénalisation du droit des affaires » : *Rev. J.-Cl*, Pénal, mars 2008 p. 4 ; *JCP* G. 2007, Act., 453 ; B. Brom et D. Chemin-Bomben, « Vers une dépénalisation du droit des affaires ? » : *Rev. Lamy dr. aff.*, déc. 2007, p. 66 ; K. Haeri, « Réflexions sur le rapport du groupe de travail sur la dépénalisation de la vie des affaires : et le pénal n'appartint plus jamais au justiciable… » *Dr. pén.*, mars 2008, dossier n° 4, p. 13.

739 Comme le souligne le Professeur Catherine TEITGEN-COLLY, « *si les enjeux principaux politiques, théoriques et juridiques de la dépénalisation ont été déjà relevés dans le cadre des politiques de dépénalisation envisagées dans les années quatre-vingt mais aucune politique de dépénalisation fondée sur des principes directeurs n'a vu le jour en France, à la différence de l'Allemagne, de l'Italie ou du Portugal qui depuis plus d'un demi-siècle se sont dotés de véritables systèmes administratifs répressifs* » . V. sur point, M. Delmas-Marty et C. Teitgen-Colly, *Punir sans juger ? : De la répression administrative au droit administratif pénal*, Paris, Economica, 1992, p. 59 et s. V. aussi, G. Eveillard, « Les sanctions en droit administratif entre approfondissement de la soumission à la légalité et recherche de l'efficacité », *in Les sanctions en droit contemporain*, Dalloz, 2012, p. 491 ; *La sanction : regards croisés du Conseil d'État et de la Cour de cassation*, La documentation française, 2015.

SECTION 1.
LA FAIBLESSE DU TAUX DE RÉPONSES PÉNALES À L'ÉGARD DU DIRIGEANT

Une approche mathématicienne du taux des infractions poursuivies dans l'entreprise et majoritairement imputées au dirigeant permet de saisir l'idée d'une répression pénale sans doute inappropriée (§1). Ces chiffres sont riches d'enseignement et s'expliquent par différents facteurs (§2).

§1-L'analyse statistique

La faiblesse des faits constatés par le Parquet, toutes infractions confondues. Une première indication est fournie par les statistiques récentes. Celles-ci sont établies à partir du traitement judiciaire des infractions tant à la législation du travail[740] qu'en matière financière et économique[741]. Ces infractions sont principalement des infractions à la législation ou à la réglementation. À partir de ces données, il semble possible de déterminer le nombre de classements sans suite dont a fait l'objet le dirigeant durant les périodes précisées par les bulletins d'informations statistiques.

Les données statistiques pour les infractions à la législation du travail - détermination possible du taux d'infractions imputables au dirigeant faisant l'objet d'une poursuite pénale. Premièrement, en ce qui concerne les infractions à la législation du travail commises entre 2014 et 2017, les statistiques nous enseignent que sur 103 100 auteurs présumés impliqués dans des affaires en matière de contentieux pénal de droit du travail, 66 466 sont des « personnes physiques »[742].

---

[740] Infostat justice n°173, *Les infractions à la législation du travail entre 2014 et 2017*, déc. 2019.

[741] Infostat justice n°169, *Les infractions économiques et financières : leur traitement judiciaire entre 2016 et 2017*, déc. 2019.

[742] Parmi les auteurs du contentieux du travail, 64 % sont des personnes physiques majeures et 36 % des personnes morales. Ces dernières y sont fortement « surreprésentées », puisqu'elles ne constituent que 4 % des auteurs sur l'ensemble des affaires. On observe cependant de grandes disparités selon les natures d'affaires : le taux d'auteurs personnes morales est de 28 % pour les infractions à la législation sur l'emploi mais de 59 % pour les accidents du travail

Celles-ci ont été 23 084 à faire l'objet d'un classement sans suite[743]. Les 43 382 restantes ont fait l'objet d'une réponse pénale, c'est-à-dire d'une procédure alternative, composition ou encore d'une poursuite[744]. Ces

---

non mortels. 55 % des affaires relevant du contentieux du travail traitées par les parquets ne comportent que des auteurs personnes physiques, 24 % seulement des auteurs personnes morales et 21 % au moins une personne de chaque type. Ces dernières, nommées « affaires mixtes » par la suite, concernent 37 600 auteurs. Près des deux tiers des affaires d'infraction à la législation sur l'emploi n'impliquent que des personnes physiques (31 %). *A contrario*, la part des affaires n'incluant que des auteurs personnes morales est plus importante dans les affaires d'accident du travail non mortel (51 %) et d'infraction à la règlementation du travail (40 %). Quant aux affaires d'accident mortel au travail, elles sont plus souvent mixtes (38 %) V. sur ce point, Infostat justice n°173, *Les infractions à la législation du travail entre 2014 et 2017*, déc. 2019. V. figure 3.

[743] Les personnes physiques ont été 19 766 à faire l'objet d'un classement sans suite pour défaut d'élucidation ou pour infractions « non poursuivables » et 3318 pour classement pour inopportunité des poursuites. Infostat justice n°173, *Les infractions à la législation du travail entre 2014 et 2017*, figure 6.

[744] Les statistiques nous informent que la réponse pénale est composée de procédures alternatives (hors composition pénale), de compositions pénales et de poursuites. Le procureur de la République propose plus souvent une mesure de composition pénale dans les affaires d'infraction à la législation du travail, par exemple l'effectuation d'un stage, d'une formation ou bien le paiement d'une amende. Les compositions pénales étudiées ici sont les compositions pénales réussies, c'est-à-dire qu'elles ont été acceptées par l'auteur, validées par le président du tribunal, et pour lesquelles une réalisation a été constatée. Les procédures alternatives prennent le plus souvent la forme d'un rappel à la loi ou d'une régularisation de la situation de l'auteur au regard de la loi, par exemple en demandant à l'intéressé d'obtenir le titre qui lui fait défaut, mesures que le procureur de la République peut mettre en place afin d'assurer la réparation du dommage causé à la victime, de mettre fin au trouble résultant de l'infraction ou de contribuer au reclassement de l'auteur des faits. Les poursuites s'effectuent devant le tribunal correctionnel ou devant le tribunal de police, les autres étant des saisines du juge d'instruction. Les voies procédurales devant le tribunal correctionnel sont essentiellement des convocations par OPJ, des citations directes ou des comparutions sur reconnaissance préalable de culpabilité. La citation directe est ainsi une voie fréquemment empruntée dans le contentieux du travail alors qu'elle ne concerne que 6 % des poursuites pour l'ensemble des affaires traitées sur la période. Cela s'explique par plusieurs éléments. Ce sont des infractions à forte technicité, qui nécessitent donc davantage de temps d'analyse, ce sont des affaires pour lesquelles l'urgence à rendre le jugement est relative et dans lesquelles des personnes morales sont souvent impliquées alors qu'elles ne peuvent être poursuivies que par trois modes de poursuite, la citation directe, la COPJ et l'instruction. *A contrario*, la procédure simplifiée de l'ordonnance pénale

personnes physiques désignent majoritairement l'employeur dans la mesure où ces chiffres sont calculés au regard des infraction à la législation et à la réglementation pouvant être commises par l'employeur seul. Celles-ci sont regroupées dans différentes catégories.

Les statistiques en matière d'accident mortel du travail et d'accident du travail non mortel. La première fait référence aux accidents du travail. Sont distingués les homicides des blessures involontaires. Si ces infractions peuvent être également commises par un salarié qui engage sa propre responsabilité pénale[745], elles seront dans tous les cas cumulées à celles de l'employeur, véritable débiteur d'une obligation de sécurité de résultat à l'égard des salariés. Bien souvent, la responsabilité pénale du salarié est exclue. Deux idées sous-tendent cette exclusion : la difficulté d'identifier le salarié qui a agi et l'absence de profit dans la réalisation de l'infraction[746].

Les infraction à la législation sur l'emploi. La seconde a trait aux infractions en matière d'infractions à la législation : elle comprend les infractions en matière de travail dissimulé, sur l'emploi d'étrangers, d'entrave à la liberté du travail, de discrimination, de marchandage, de prêt et placement de main d'œuvre, d'embauche, d'infraction sur le licenciement. Ces infractions peuvent seulement être commises par l'employeur dans la mesure où elles appartiennent à la catégorie des infractions *ès-qualités*.

Les infractions à la règlementation du travail. La dernière fait référence aux infractions relatives à réglementation du travail[747] telles que les infractions aux conditions de travail (contrat, salaire, durée, congés, repos), en matière d'hygiène et de sécurité, de médecine du

---

ne s'applique que très rarement aux affaires du contentieux du travail (1 %, contre 29 % sur l'ensemble des affaires), en raison de leur complexité.

745 Y. Pagnerre, *La responsabilité pénale des salariés en quête d'équilibre, Code pénal et Code d'instruction criminelle : Livre du bicentenaire,* Dalloz, 2010, p. 729.

746 O. Sautel, *Lamy Droit pénal des affaires*, 2019, La responsabilité pénale du chef d'entreprise, n°42.

747 Cette catégorie comprend les infractions aux conditions de travail (contrat, salaire, horaires, congés, repos), en matière d'hygiène et de sécurité, de médecine du travail, d'entrave à la représentation des travailleurs, aux conditions de travail (femmes, enfants, apprentis).

travail, d'entrave à la représentation des travailleurs, aux conditions de travail (femmes, enfants, apprentis). De la même manière, elles sont exclusivement imputées à l'employeur en raison de son pouvoir de direction dans l'entreprise.

Les données statistiques pour les infractions en matière économique ou financière. Deuxièmement, en ce qui concerne les infractions en matière économique et financière, la tâche qui consiste à déterminer les poursuites exercées à l'encontre du dirigeant semble toutefois plus complexe dans la mesure où le taux de personnes physiques ayant fait l'objet de poursuites pénales n'apparaît pas. Seul figure le pourcentage de personnes morales au regard du nombre total de personnes poursuivies[748]. Parmi les 135 500 personnes traitées par les parquets en 2016 et 2017 pour une affaire économique ou financière, 40 500 (30 %) se sont avérées « non poursuivables » après examen du dossier par le parquet et ont vu leur affaire classée sans suite[749].

Cela est bien regrettable d'autant plus que les infractions présentées dans les statistiques sont une fois de plus des infractions attitrées. L'étude démontre seulement que celles-ci représentent, pour chacune d'entre elles, moins de 10 % des auteurs : les infractions en matière de consommation (7%), l'atteinte à la réglementation des professions industrielles et commerciales, les infractions en matière de concurrence et de prix. Au regard de ces données, il est possible d'en déduire que les dirigeants ont commis 115 infractions en matière boursière, 2003 infractions en matière de concurrence et de prix, 6775 infractions en matière de consommation, 16 384 atteintes à la réglementation des professions industrielles, commerciales et agricoles et enfin 23539 infractions en matière d'infraction à la législation sur les sociétés. Cette dernière catégorie intègre les délits de banqueroute et d'abus de biens sociaux.

---

748 Parmi les 135 500 personnes traitées par les parquets en 2016 et 2017 pour une affaire économique ou financière, 40 500 (30 %) se sont avérées « non poursuivables » après examen du dossier par le parquet et ont vu leur affaire classée sans suite.

749 Ce classement est intervenu pour quatre motifs principaux : infraction mal caractérisée (34 %), absence d'infraction (13 %), extinction de l'action publique (15 %) ou parce que l'auteur présumé a été mis hors de cause (29 %).

Il faut nécessairement se tourner vers la pratique qui nous éclaire sur l'activité pénale du Parquet en ce qui concerne les infractions imputables au dirigeant. L'approche doctrinale nous éclaire assez faiblement : il est notamment fait parfois référence au droit de la concurrence, matière pour laquelle le contentieux pénal apparaît relativement faible[750]. Comme le constate Monsieur Eric CHEVRIER, très peu d'arrêts sont rendus en la matière[751] ; l'on dénombre au final une dizaine de condamnations depuis 1986[752]. C'est principalement une étude de terrain qui nous fait prendre conscience de la faiblesse des poursuites pénale à l'égard des dirigeants[753]. Cela se révèle d'autant plus vrai dans les juridictions de taille intermédiaire manquant souvent de moyens humains et financiers, dans lesquelles les instructeurs et parquetiers n'ont pas reçu de véritables formations en matière de contentieux techniques[754].

§2-L'analyse analytique des statistiques

Les données statistiques ne fournissent que de données brutes. À notre sens, il apparaît judicieux de les « retraiter » sous deux aspects différents : d'une part en essayant d'apprécier la faiblesse du taux de poursuites pénales par rapport au nombre de dirigeants (A) et d'autre part en proposant des explications sur les causes de ce taux de réponses pénale relativement faible (B).

A- Les éléments d'appréciation tirés de la faiblesse de la répression pénale à l'égard du dirigeant

Le nombre important d'entreprises implantées en France. Afin de mieux cerner la faiblesse du taux de poursuites pénales à l'égard du dirigeant, il est utile de rapprocher le nombre de poursuites du nombre de dirigeants directement soumis aux prescriptions pénalement sanctionnées. S'il n'est pas vraiment possible de déterminer ce nombre, une indication essentielle est fournie par celui des entreprises et sociétés

[750] E. David, « Les poursuites pénales contre les auteurs de pratiques anticoncurrentielles », *Concurrences*, n°2-2006, p. 175 et s.
[751] Cass. crim., 20 févr. 2008, n°07-81.651, *D.* 2008, p. 779, obs. E. Chevrier.
[752] J.-B. Blaise, « La sanction pénale », *JCP E*, 2013, p. 1170.
[753] Entretien avec magistrats de différentes juridictions françaises.
[754] Ressort de nos entretiens.

implantés sur le sol français. D'après les derniers recensements effectués par l'INSEE, soit ceux de 2017[755], la France comptait 3,9 millions d'entreprises composant les secteurs marchands non agricoles et non financiers. Ce nombre est constitué de 257 grandes entreprises et de 3,8 millions de petites et moyennes entreprises[756]. Si certaines sociétés n'ont pas d'activité réelle, il n'en demeure pas moins qu'autour de ce nombre important d'entreprises gravitent des chefs d'entreprise directement visés *ès-qualités* par les dispositions du droit pénal dans les domaines spécifiques.

La faiblesse des poursuites à l'égard des dirigeants d'entreprise, l'ineffectivité de la sanction pénale ? Au regard du nombre d'actes susceptibles d'engager leur responsabilité pénale et réalisés chaque année par ces millions de dirigeants, le nombre de poursuites pénales apparaît comme dérisoire. Aussi, si l'on considère les multiples actes susceptibles d'engager la responsabilité pénale du dirigeant, le nombre de poursuites évoquées précédemment apparaît très faible et démontre en quelque sorte l' « inertie » du Parquet en matière de poursuites pénales. Somme toute, elle démontre d'un point de vue pratique

---

[755] Dans le décret n° 2008-1354 du 18 décembre 2008 il est précisé que l'entreprise est la plus petite combinaison d'unités légales constituant une unité organisationnelle de production de biens et de services et jouissant d'une certaine autonomie de décision. L'article 3 du décret définit les différentes catégories d'infractions comme suit :
« *La catégorie des microentreprises est constituée des entreprises qui :*
— d'une part occupent moins de 10 personnes ;
— d'autre part ont un chiffre d'affaires annuel ou un total de bilan n'excédant pas 2 millions d'euros.
La catégorie des petites et moyennes entreprises (PME) est constituée des entreprises qui :
— d'une part occupent moins de 250 personnes ;
— d'autre part ont un chiffre d'affaires annuel n'excédant pas 50 millions d'euros ou un total de bilan n'excédant pas 43 millions d'euros.
La catégorie des entreprises de taille intermédiaire (ETI) est constituée des entreprises qui n'appartiennent pas à la catégorie des petites et moyennes entreprises, et qui :
— d'une part occupent moins de 5 000 personnes ;
— d'autre part ont un chiffre d'affaires annuel n'excédant pas 1 500 millions d'euros ou un total de bilan n'excédant pas 2 000 millions d'euros ».

[756] Ce nombre est constitué principalement de SARL et de SA, c'est-à-dire deux formes sociales qui concentrent à elles seules l'essentiel des infractions prévues en droit pénal des affaires.

l'ineffectivité des sanctions pénales dans certains domaines. Cet argument est tout de même discutable dans la mesure où la répression pénale peut apparaître comme un outil de pression à l'égard du chef d'entreprise. En effet, celui-ci pourrait être dissuadé de commettre une infraction. Encore doit-il avoir conscience que les sanctions pénales sont bien mises en œuvre : « *la base la plus solide pour la théorie de la prévention générale est son caractère éminemment plausible du point de vue du bon sens*[757] ».

Vers une remise en question de l'effectivité de la règle pénale ? Il semblerait alors possible d'affirmer que le droit pénal applicable au dirigeant ne reçoit guère d'application concrète au regard du nombre de dirigeants dont il pourrait sanctionner les agissements irréguliers[758]. À cet effet, doit-on parler d'ineffectivité de la règle pénale ? À notre sens, la prudence doit rester de mise : la faiblesse du taux de poursuites ne signifie pas nécessairement une ineffectivité des dispositions pénales. En effet, l'inapplication statistique de ces dispositions ne signifie pas nécessairement qu'elles soient ineffectives.

L'approche doctrinale de l' « ineffectivité ». Certains auteurs adoptent une conception large de l'effectivité incluant tous les effets produits par la règle de droit, voulus ou non, directs ou indirects, pratiques ou symboliques[759]. L'effectivité d'une règle peut également apparaître comme « *le caractère d'une règle de droit qui produit l'effet voulu, qui est appliquée réellement* »[760]. Mais, plus globalement, l'effectivité du droit préoccupe ceux qui sont sensibles à la mise en œuvre et à l'impact du droit[761].

---

[757] J. Andenaes, « Les effets de prévention générale du droit pénal », *Arch. Pol. Crim.*, 1978, n°3, p. 6.

[758] Dans le même sens, W. Jeandidier, « L'art de dépénaliser : l'exemple du droit des sociétés », in *Mélanges offerts à Jean-Luc Aubert, Propos sur les obligations et quelques autres thèmes fondamentaux du droit*, Dalloz, 2005, p. 449 et s. L'auteur évoque un rapport du nombre des condamnations prononcées en droit des sociétés au nombre de sociétés commerciales concernées de à 0,03% (d'après les données de 1999).

[759] Y. Leroy, *L'effectivité du droit au travers d'un questionnement en droit du travail*, Paris, LGDJ, Bibliothèque de droit social, Th., LGDJ, 2011.

[760] G. Cornu, *Vocabulaire juridique*, Paris, PUF, 2016, V° effectivité.

[761] V. Richard, *Le droit et l'effectivité, contribution à l'étude d'une notion*, Th., Paris II, 2003.

L'effet recherché par la règle pénale, ou plutôt l'effet le plus immédiatement recherché, est de détourner de la commission des faits visés et il est certain que la pénalisation de certains actes constitue un frein aux agissements délictueux de nombre d'individus. En ce sens, l'analyse statistique concluant à une faiblesse des poursuites ne permet pas de conclure l'ineffectivité des infractions *ès-qualités* : une règle peut être pleinement effective sans être appliquée si les faits incriminés ne sont jamais commis. Toutefois, force est d'admettre qu'un certain nombre de faits commis par les dirigeants sont quotidiennement commis sans entraîner une suite pénale.

Si certains faits ne sont jamais constatés par les autorités judiciaires ou publiques, c'est alors qu'il est possible d'affirmer, en reprenant la démonstration du Doyen Jean CARBONNIER selon laquelle l'ineffectivité n'est pas un bloc mais tout au contraire, les états d'ineffectivité partielle dominent[762] que l'ineffectivité peut revêtir plusieurs sens. Plusieurs cas sont révélateurs de la difficulté d'appréhender réellement l'effectivité d'une règle qui peut ne pas être totalement dénuée d'effet sans qu'elle ne soit cependant appliquée.

L'ineffectivité sous-jacente. Pour autant, le décalage entre la réalité des faits, le nombre de dirigeants et les poursuites pénales demeure considérable et même si l'on ne peut pas vraiment déduire le taux d'effectivité de la règle pénale, il est plus probable qu'il soit faible. À l'évidence, ces infractions à la réglementation ne se prêtent guère à des constatations policières mais plutôt à celles des administrations qui privilégient la voie de la prévention. On pourrait alors raisonnablement affirmer que le taux d'ineffectivité des règles pénales justifie une réflexion sur la répression pénale.

B- Les obstacles juridiques

La tentative de déterminations des causes à la faiblesse du taux de poursuites à l'égard du dirigeant. Divers phénomènes sont susceptibles d'expliquer la faiblesse du taux de poursuites pénales. On peut présumer que certaines infractions ne sont pas dénoncées au Parquet ou inconnues des magistrats qui en relèvent.

[762] J. Carbonnier, *Flexible droit*, LGDJ, 2001, p. 143.

Le renforcement des pouvoirs des administrations. Outre les mesures préventives, le législateur a permis aux parquets de développer des sanctions non judiciaires pour certains comportements frauduleux du dirigeant. Le pouvoir de transaction qui a été octroyé à certaines administrations en témoigne paradoxalement et ces transactions constituent l'un des outils de la politique pénale conduite dans son ressort par le procureur de la République. Dernière-née des transactions, celle en matière d'hygiène et de sécurité au travail est novatrice. Elle permet à l'inspection du travail d'imposer, après accord du mis en cause - personne physique ou personne morale - et homologation du parquet, le paiement d'une amende et la réalisation de mesures correctives destinées à faire disparaître le danger. Ensuite, le législateur a en quelque sorte conféré une certaine autonomie aux administrations en leur permettant d'infliger des amendes administratives[763]. Cette option, désormais privilégiée par les pouvoirs publics limite considérablement le recours des administrations à la voie pénale. En effet, comme le soulignait le Professeur André DECOCQ en 2015, seuls 20 dossiers avaient été transmis par l'Autorité de la concurrence au Parquet depuis 1986[764].

La désertion par les victimes de la voie pénale en matière d'infractions portant atteinte à la dignité. Par ailleurs, pour certaines infractions, la voie civile apparait plus intéressante pour la victime. Il en va de la sorte pour les infractions pouvant porter atteinte à la dignité du salarié. Dans le cadre du procès correctionnel, les infractions en matière de harcèlement moral ou sexuel et de discrimination nécessitent la réunion de preuves et d'intentions : contrairement au droit civil, la preuve des agissements constitutifs de l'infraction doit être rapportée par la partie poursuivante. La faiblesse des peines prononcées, lorsqu'une juridiction pénale est saisie, peut également dissuader les plaideurs de déposer plainte[765].

---

763 Ces sanctions feront l'objet d'un développement ultérieur.

764 A. Decocq, « Le rôle du ministère public au regard du pouvoir de sanction des autorités indépendantes : En droit de la concurrence », *Cah. dr. ent.*, 2015, dossier 42. Il faut préciser que dès les années 1990, il était souligné que la Commission de la concurrence n'avait transmis aucun dossier au Parquet durant les cinq années précédant son existence et que le Conseil de la concurrence était tout aussi peu favorable à la solution pénale.

765 Amende d'environ 2.000 euros pour une personne physique pour une infraction de discrimination ou de harcèlement.

D'un point de vue théorique, comme pour la discrimination, la preuve du harcèlement moral ou sexuel est facilitée devant les juridictions prud'homales, la victime devant simplement établir que les faits permettent de présumer l'infraction. L'article L. 1154-1 du Code du travail pose une technique de preuve originale, élaborée sur le modèle de la preuve d'une discrimination[766]. La mise en œuvre effective de la protection de la victime salariée requiert un ajustement - voire un abandon - de la règle selon laquelle il appartiendrait au demandeur d'apporter la preuve initiale du droit qu'il revendique[767].

Au plan pénal, cette logique n'est pas admise, le régime de la preuve étant guidé par la présomption d'innocence[768]. Par ailleurs, les victimes, en tant que personnes privées et extérieures au système judiciaire, ne sont nullement tenues de respecter le principe de loyauté de la preuve[769]. Elles peuvent alors apporter des écrits ou des enregistrements dérobés. Une étude de terrain menée dans différentes juridictions[770] tend à démontrer une distinction entre la théorie et la pratique au sein même des parquets. Si des enquêtes judiciaires doivent être diligentées pour permettre d'éventuelles poursuites, les magistrats ne perdent pas de vue que la majorité des dossiers peuvent relever davantage du contentieux civil et doivent à ce titre être orientés comme tel. Ainsi, les parquetiers n'hésitent pas à orienter les salariés victimes d'infractions portant atteinte à leur dignité devant les juridictions prud'homales. Il s'agit avant tout de traiter les cas les plus complexes sur le plan pénal : ceux-ci ayant trait avec les mœurs.

---

[766] L'article 1134 du Code du travail dispose que » *lorsque survient un litige en raison d'une méconnaissance des dispositions du chapitre II, le candidat à un emploi, à un stage ou à une période de formation en entreprise ou le salarié présente des éléments de fait laissant supposer l'existence d'une discrimination directe ou indirecte, telle que définie à l'article 1er de la loi n°2018-496 du 27 mai 2008 portant diverses dispositions d'adaptation au droit communautaire dans le domaine de la lutte contre les discriminations. Au vu de ces éléments, il incombe à la partie défenderesse de prouver que sa décision est justifiée par des éléments objectifs étrangers à toute discrimination.* »

[767] Tenant compte de cette particularité, la jurisprudence a construit un mécanisme de preuve reposant sur des témoignages ou aveux, mais surtout sur de multiples présomptions concordantes. V. sur ce point, C. Katz, « La preuve en matière de harcèlement sexuel : pas vu pas pris ? », *Gaz. Pal.* 1998, 1, doctr. p. 688.

[768] Cass. crim., 10 mai 2016, n°14-87.079. Inédit.

[769] Cass. crim., 6 avr. 1993, *JCP G* 1993, II, 22144, note M.-L. Rassat.

[770] On fait référence aux Parquets de Dijon, de Chalon-sur-Saône et de Créteil.

Outre ces deux explications, deux autres sont alors susceptibles d'expliquer la faiblesse des poursuites pénales. La complexité des textes (1°) ainsi que les règles gouvernant la procédure pénale et la politique criminelle (2°) permettent de mieux cerner la cause de la faiblesse du taux de poursuites pénales.

1°-Les difficultés liées au droit pénal

Le ministère public, en charge de l'exercice de l'action publique, apprécie l'opportunité des poursuites lorsqu'un procès-verbal est dressé soit par les autorités de police judiciaire ou les agents des administrations[771]. Dénoncées par les officiers de police judiciaire ou les administrations au Parquet, les infractions à la réglementation *ès-qualités* demeurent des infractions relativement complexes. À cet effet, il est souvent fait référence, suivant la doctrine, à l'inertie du parquet dans l'établissement de ces incriminations aux motifs que celles-ci apparaissaient comme un « *résidu suranné d'une réglementation tatillonne et inutile, le reliquat d'un dirigisme poussiéreux* »[772]. L'imprécision des textes de nature pénale peut avoir pour effet de réduire sensiblement leur champ d'application. Comme le soutient la doctrine, l'état du droit ne paraît pas satisfaisant, essentiellement en raison d'un manque de lisibilité et d'efficacité de la législation et la réglementation foisonnantes[773]. Visiblement, le droit crée une profonde indétermination de la règle et une inquiétante incertitude juridique en résulte.

La difficile office du juge eu égard à la technique du renvoi, une source d'abandon ? Les infractions *ès-qualités* font souvent appel à la technique du renvoi. Celles-ci sont particulièrement nombreuses en droit du travail. En ce qui concerne l'article L. 420-6 du Code de

[771] C. proc. pén. art. 41-1.
[772] J.-H. Robert, H. Matsopoulou, *Traîté de droit pénal des affaires*, PUF, 2004, n°233.
[773] Résumé du Rapport *Les sanctions administratives dans les secteurs techniques*, http://hal.archives-ouvertes.fr/hal-01448559, 30 janv. 2017.

commerce[774], le texte renvoie à des interdictions très floues[775] et générales[776], il est donc très difficile de prouver « *la part personnelle et déterminante* » dans la conception anticoncurrentielle. Le juge voit donc sa tâche se complexifier dans la mesure où il doit interpréter des notions n'ayant pas *a priori* un caractère juridique ou des notions relativement floues. À cet effet, ces derniers sont réticents à l'idée de mettre en œuvre l'action publique pénale pour ce qu'ils considèrent parfois comme étant « *une simple dérive commerciale* »[777].

Parfois, l'imprécision même du texte « incriminateur » aboutit à une conception restrictive et prétorienne de l'infraction. Tel est le cas notamment pour le délit de présentation ou de publication de comptes annuels infidèles[778], qui repose sur le concept « *d'image fidèle* »[779]. Mais dans certains cas, la disposition est très peu appliquée, voire complètement évincée. C'est ainsi que les infractions économiques passent au second plan et c'est ce qui explique en grande partie la faiblesse du taux de poursuites[780]. On peut finalement présumer qu'une bonne partie des délits et contraventions ne sont pas connus des magistrats du parquet : ces infractions présentent une telle technicité qu'elles nécessitent l'intervention d'organes spécialisés. Il a été souligné de manière réaliste que « *les praticiens pouvaient compter beaucoup plus sûrement sur l'obscurité dans laquelle étaient plongés*

---

[774] À ce titre, l'article L. 420-6 du Code de commerce dispose qu' « *est puni d'un emprisonnement de quatre ans et d'une amende de 75.000 euros le fait, pour toute personne physique de prendre frauduleusement une part personnelle et déterminante dans la conception, l'organisation ou la mise en œuvre de pratiques visées aux articles L. 420-1, L. 420-2 et L. 420-2-2* ».
[775] C. Lucas de Leyssac, « L'inquiétant article L. 420-6 du Code de commerce », *Concurrences,* n°1-2008, p. 21.
[776] J.-B. Blaise, « La sanction pénale », *JCP E*, 2013, p. 1170.
[777] J.-B. Perrier et J.-C. Roda, « Droit pénal et droit de la concurrence », *in Le droit pénal et l'éthique des affaires*, Actes du colloque du 18 mars 2016, Centre Michel de L'Hospital, 2018, p. 136.
[778] C. com. art. L. 242-6-2° (SA), L. 241-3-3° (SARL), L. 243-1 (SCA), L. 244-1 (SAS).
[779] N. Stolowy, « Interprétation stricte des lois pénales et image fidèle », *JCP. E.* 2000, I, 219.
[780] G. Marcou, « Modes de répression et action administrative », *in Les sanctions administratives dans les secteurs techniques*, HAL id : hal-01448559, http://hal.archives-ouvertes.fr/hal-01448559.

la plupart des délits-papiers, ignorés même des parquets »[781]. Force est alors d'admettre que la pénalisation du droit s'accompagne d'une dépénalisation dans les faits[782].

Vers la création de pôles spécialisés - propositions. Une proposition de créer des spécialisations au sein des parquets dans les domaines techniques, à l'image des pôles financiers qui existent au Parquet de Paris, a été avancée par le groupe de recherche sur les sanctions administratives dans les secteurs techniques[783]. Déjà, dans le secteur du droit de la consommation, la DGCCRF organise des formations à l'École nationale de la magistrature afin que les magistrats puissent être formés en la matière. En revanche, dans les autres domaines, il s'avère que ces pratiques demeurent inexistantes. Il serait donc opportun d'étendre ces formations à d'autres secteurs techniques comme le droit pénal du travail par exemple.

2°-Les difficultés relatives à la politique criminelle et à la procédure pénale

La priorisation des poursuites pénales. Il n'est pas douteux que la principale raison de la faiblesse du taux de poursuites apparaisse comme la conséquence d'un choix de politique criminelle. Une circulaire toujours d'actualité, en date du 21 octobre 1981[784], insiste expressément sur la nécessité de ne pas encombrer les tribunaux par la poursuite d'infractions formelles et donne pour consigne de ne pas poursuivre les infractions en matière économique. D'après ces instructions, la répression en matière de société doit essentiellement se concentrer sur l'abus de biens sociaux.

La responsabilité pénale des personnes morales. On aurait pu penser que l'instauration de la responsabilité pénale des personne morales constituerait un frein à la poursuite pénale du dirigeant. Tandis que la

---

[781] J.-H. Robert et H. Matsoupoulou, *op. cit.* n°233.
[782] N. Rontchevsky, « La responsabilité pénale », *Bull. Joly Bourse* 2007, §3, p. 335, n°66.
[783] Résumé du Rapport *Les sanctions administratives dans les secteurs techniques*, http:// hal.archives-ouvertes.fr/hal-01448559, 30 janv. 2017.
[784] « Circulaire du Garde des sceaux du 21 octobre 1981 relative aux orientations nouvelles de la politique criminelle », *JCP* 1981, III, 51964.

circulaire d'interprétation du 13 février 2006[785] préconisait le non-cumul des responsabilités de la personne morale et de la personne physique, à savoir les infractions non intentionnelles ou les délits techniques comme ceux relevant du travail illégal, les parquets ont tendance à poursuivre conjointement la personne morale et le dirigeant auteur souvent indirect des faits. Dans ces domaines, et malgré les précisions du ministère, la règle semble bien être l'addition des responsabilités, la responsabilité alternative étant l'exception. Les dernières statistiques en matière d'infractions à la législation du travail commises entre 2014 et 2017[786] semblent en tout cas le démontrer.

L'analyse des statistiques. Plus du tiers des auteurs d'infractions à la législation du travail sont des personnes morales, 30 % des affaires de contentieux du travail impliquent plusieurs auteurs, contre 11 % pour l'ensemble des affaires. Pour les accidents mortels du travail, le taux d'affaires multi-auteurs atteint même 48 %. Parmi les auteurs du contentieux du travail, 64 % sont des personnes physiques majeures et 36 % des personnes morales. On observe cependant de grandes disparités selon les natures d'affaires : le taux d'auteurs personnes morales est de 28 % pour les infractions à la législation sur l'emploi mais de 59 % pour les accidents du travail non mortels. 55 % des affaires traitées par les parquets et relevant du contentieux du travail ne comportent que des auteurs personnes physiques, 24 % seulement des auteurs personnes morales et 21 % au moins une personne de chaque type. Ces dernières, nommées « affaires mixtes » par la suite, concernent 37 600 auteurs. Près des deux tiers des affaires d'infractions à la législation sur l'emploi n'impliquent que des personnes physiques (31 %). *A contrario*, la part des affaires n'incluant que des auteurs personnes morales est plus importante dans les affaires d'accidents du travail non mortels (51 %) et d'infractions à la règlementation du travail (40 %). Quant aux affaires d'accidents mortels au travail, elles sont plus souvent mixtes (38 %).

Le choix de la sanction civile par les parquets. Parfois, le choix d'orienter les poursuites ne se fait pas au regard de recommandations

[785] Circulaire relative à l'entrée en vigueur au 31 décembre 2005 des dispositions de la loi n°2004-204 du 9 mars 2004 généralisant la responsabilité pénale des personnes morales, CRIM 2006 03 E8/13-02-2006 NOR : *JUSDO630016C.*
[786] *Les infractions à la législation sociale entre 2014 et 2017*, Infostat justice, n°173, déc. 2019.

émanant de circulaires mais plutôt au regard du tissu économique local. On fait référence à l'infraction de banqueroute. Rappelons avant toute choses que la loi du 25 janvier 1985[787] a réduit le champ d'application des dispositions relatives à la banqueroute, notamment en réduisant le nombre des cas de banqueroute en subordonnant la condamnation à l'ouverture d'une procédure de redressement judiciaire. Ainsi, la poursuite abusive d'une exploitation déficitaire dans le seul intérêt du dirigeant n'est pas davantage sanctionnée pénalement. La volonté d'écarter la sanction pénale au profit de sanctions civiles résulte à l'évidence du transfert de la plupart des cas de banqueroute dans le champ de la faillite personnelle, mais la limitation des possibilités de déclencher l'action civile a réduit le nombre de procès-pénaux. Les parquets se contentent très généralement des sanctions personnelles et patrimoniales de nature civile qu'ils considèrent suffisamment moralisatrices et qui sont prononcées plus facilement. Les juges vont eux-mêmes chercher dans le droit civil la sanction éthique qu'ils ne trouvent plus dans le droit pénal.

Les obstacles relatifs à la prescription de l'action publique. En ce qui concerne la procédure pénale, il n'existe pas de procédure spéciale : c'est le droit commun procédural qui s'applique. Toutefois, la prescription de l'action publique suscite des difficultés dans la mesure où la découverte des faits généralement complexes et dissimulés apparaît souvent comme postérieure. La jurisprudence, passant outre au caractère en principe instantané de certaines infractions, fixe le point de départ du délai de prescription non plus au jour de la commission des faits mais à celui où le délit est apparu et a pu être constaté dans des conditions permettant l'exercice de l'action publique[788]. Initiée en matière d'abus de confiance, cette jurisprudence s'est étendue au délit d'abus de biens sociaux. Parfois le point de départ du délai de prescription est fixé au jour où la relation de travail prend fin.

L'ignorance des faits par les autorités de police judiciaire. Par ailleurs, la difficulté pour les autorités de police judiciaire d'avoir connaissance des faits délictueux n'est pas des moindres. La plupart du

---

[787] L. n° 85-98 du 25 janvier 1985 relative au redressement et à la liquidation judiciaires des entreprises.

[788] Cass. crim., 10 août 1981, Bull. crim. n°244 ; 6 févr. 1977, *JCP 1*997, II, 22823, note M. Pralus ; *D.* 1997, p. 334, note J.-F. Renucci, *Rev. soc.* 1997, p. 146, obs. B. Bouloc.

temps, les infractions se révèlent en cas de redressement ou de liquidation judiciaire[789]. C'est ce qui explique qu'un grand nombre d'actions ne soient déclenchées qu'à la fin des fonctions de l'auteur et plus particulièrement en cas de nomination d'un administrateur provisoire ou à l'occasion d'une procédure collective de redressement ou de liquidation judiciaire[790].Il est certain que la difficulté de connaître des faits délictueux s'avère un obstacle majeur que rencontre la répression publique. À cet égard, la mise en place de règles de transparence s'avère utile pour remédier à cela. Mais à notre sens ce sont surtout les administrations qui, lors de leurs contrôles dans les entreprises, détectent au mieux les infractions et déploient leur pouvoir de répression.

Conclusion de la section 1. Dans cette section, il a été démontré que le taux de poursuites pénales à l'égard du dirigeant était relativement faible. De nombreux facteurs permettent d'expliquer ce phénomène. Doit-on alors penser une ineffectivité de la répression pénale ? À notre sens, le bilan est mitigé. D'un côté, qui dit ineffectivité semble vouloir dire dépénalisation mais d'un autre côté la répression pénale peut dissuader le chef d'entreprise de commettre une infraction. À tout le moins, la suite de notre étude semble démontrer que le législateur a fait le choix d'une véritable alternative à la répression pénale.

---

[789] B. Bouloc, « La liberté et le droit pénal », *in Rev. soc.* 1989, p. 377, spéc. p. 386-387.
[790] B. Bouloc, *op. cit*, p. 385.

SECTION 2.
L'OPPORTUNITÉ D'UN EMPRUNT PAR LA SANCTION PÉNALE D'UNE VOIE ALTERNATIVE

Comme nous l'avons constaté, si la sanction pénale suit la voie classique[791], cette dernière n'a pas vraiment d'existence. En effet, le taux de poursuites pénales des infractions à la réglementation ou à la législation pouvant être reprochées au dirigeant apparaît relativement faible. La sanction pénale prononcée à l'encontre du dirigeant pourrait alors emprunter un autre itinéraire : celui de la voie administrative (§1). Cette alternative, si elle transforme la nature de la sanction en sanctions « administratives », « amendes administratives », relève toutefois son caractère pénal. Elle renverse à tout le moins le dispositif actuel de la répression pénale dirigé à l'encontre du dirigeant (§2).

§1- L'emprunt de la voie administrative par la sanction pénale : une nouvelle spécificité répressive

Il semblerait que l'adaptation de la voie répressive se retrouve dans le pouvoir de sanction conféré à de nombreuses administrations[792]. La spécificité de cette nouvelle voie tient évidemment à l'autorité sanctionnatrice : une autorité administrative ou publique et non une autorité judiciaire (A). Ces sanctions sont pour l'essentiel des amendes dont les montants peuvent être très importants, soit à l'encontre de la personne morale ou de son représentant. Vu sous cet aspect, encore faut-il que les garanties procédurales entourant le prononcé de la sanction pénale soient mises en œuvre par l'autorité administrative (B).

A- Le pouvoir de sanction pénale confié aux administrations

Les sanctions peuvent être prononcées par l'autorité administrative ou être également le fruit d'un accord entre le dirigeant et les

---

[791] On fait référence à la voie pénale.

[792] M. Delmas-Marty et C. Teitgen-Colly, *Punir sans juger ? : De la répression administrative au droit administratif pénal*, Paris, Economica, 1992 ; *Les pouvoirs de l'administration dans le domaine des sanctions*, La documentation française, 1995.

administrations. On fait référence aux autorités administratives dont le législateur tire son pouvoir de sanction pénale et ce au regard de différentes logiques.

Les amendes administratives prononcées par les autorités administratives indépendantes. Ce schéma peut être observé au travers du pouvoir de sanction conféré à certaines autorités administratives : l'Autorité de la concurrence peut infliger une sanction aux auteurs des pratiques anti-concurrentielles[793]. Les infractions telles que les ententes ou les abus de position dominante, visées aux articles L. 420-1 et suivants du Code de commerce sont sanctionnées par des amendes administratives dont les montants peuvent être élevés pour les entreprises. L'Autorité des marchés financiers[794] peut prononcer des sanctions en cas de délit ou de manquements d'initiés.

Les amendes administratives prononcées par les autorités administratives classiques. Par ailleurs, l'implantation durable des amendes administratives en droit du travail[795] sur le modèle d'une pratique récemment introduite en droit de la consommation[796] témoigne de la déviation de la sanction pénale. Avec l'adoption de la loi du 17 mars 2014, le législateur a remplacé les sanctions pénales par des sanctions administratives. L'on peut faire également référence aux

[793] C. com. art. L. 464-2

[794] C. mon. fin. art. L. 621-15.

[795] Le Code du travail s'est enrichi, depuis l'entrée en vigueur de l'ordonnance n°2016-413 du 7 avril 2016, d'un nouveau régime d'amendes administratives. Aucune dépénalisation n'accompagne cette novation, il revient à l'inspecteur du travail d'orienter le choix de la sanction sur le constat de la violation de la règle prenant la forme d'un simple rapport lorsque la voie de l'amende administrative est privilégiée. Le périmètre et le régime de ces sanctions ont été précisés par le décret n°2016-510 du 25 avril 2016. Ces nouvelles sanctions touchent à des sujets qui relèvent du « noyau dur » du droit du travail : la réglementation du travail (durée maximale du travail, temps minimum de repos, décompte de la durée du travail, non-respect du SMIC ou du minimum conventionnel, installations sanitaires, d'hébergement ou de restauration dans le BTP) ; les manquements aux règles applicables aux mineurs.

[796] V. L. n° 2014-344, 17 mars 2014 dite « *loi Hamon* » relative à la consommation ; sur ce texte, V. sur ce point, C. Aubert de Vincelle et N. Sauphanor -Brouillaud, *D.* 2014, p. 879. En matière de clauses abusives (C. consom. art. L. 242-2) ; de contrats conclus à distance (C. consom., art. L. 242-10).

amendes qui peuvent être prononcées par la DIRECCTE[797] sur rapport de l'agent de contrôle de l'inspection du travail et sous réserve de l'absence de poursuites pénales, mais aussi aux avertissements adressés à l'employeur en cas de manquement aux dispositions relatives aux durées maximales du travail, aux dispositions relatives au repos fixées et au décompte de la durée de travail, aux dispositions relatives à la détermination du salaire minimum de croissance et aux dispositions relatives au salaire minimum fixé par la convention collective ou l'accord étendu applicable à l'entreprise, aux dispositions prises pour l'application des obligations de l'employeur relatives aux installations sanitaires, à la restauration et à l'hébergement ainsi qu'aux mesures relatives aux prescriptions techniques de protection durant l'exécution des travaux de bâtiment et génie civil. Somme toute, en permettant aux administrations de prononcer des amendes sanctionnant des manquements jusqu'alors exposés à titre exclusif à la répression pénale, le législateur consacre une véritable alternative à la répression pénale.

Les transactions pénales conclues entre les administrations et le dirigeant. Ces sanctions peuvent également être le fruit d'un accord, qualifié de « transaction » devant les administrations. Bien avant son entrée au sein du Code de procédure pénale, la transaction était rendue possible seulement aux mains de certaines administrations. À la vérité, le pouvoir de transaction pénale a été dans un premier temps confié aux administrations fiscales et douanières[798]. C'est seulement par la suite qu'un nombre de transaction spécifiques se sont développées autour

---

[797] Le périmètre de ces sanctions est défini à l'article L. 8115-1 du Code du travail et leur régime à l'article L. 8115-2 à L. 8115-8 et dans le décret n°2016-510 du 25 avril 2016.

[798] F. Boulan, « La transaction douanière », *in Études de droit pénal douanier, Annales de la Faculté de droit et des sciences économiques d'Aix-en-Provence*, PUF, 1968, p. 219 et s. En matière douanière, l'article 350 du Code des douanes permet à l'administration douanière de recourir à la transaction pour toute infraction douanière ou pour toute infraction à la législation et à la réglementation relatives aux relations financières avec l'étranger. En matière fiscale, les articles L. 247 à L. 251 du Livre des procédures fiscales ouvrent la voie de la transaction pénale à l'administration fiscale. Cette procédure transactionnelle s'applique aux infractions en matière de contributions indirectes au regard du montant des majoration d'impôts et de l'amende fiscale. Toutefois, la loi du 6 décembre 2013 exclue cette transaction lorsque l'administration fiscale envisage la mise en mouvement de l'action publique. Selon le Professeur Sylvie CINAMONTI, cette catégorie de transaction permet la répression des atteintes au patrimoine de l'État.

d'une perspective d'autorégulation et de déjudiciarisation de contentieux spécifiques impliquant les acteurs de l'entreprise[799].

Le champ d'application. C'est d'abord l'ordonnance du 1er septembre 2005[800] qui a instauré un règlement transactionnel pour certains délits en droit de la concurrence. À cet effet, l'article L. 470-1 du Code de commerce devenu L. 490-5 depuis l'adoption de l'ordonnance du 9 mars 2017[801] précise que les agents de la DGCCRF ont « *le pouvoir de transiger, après accord du procureur de la République, pour les délits prévus au titre IV du présent livre pour lesquels une peine d'emprisonnement n'est pas encourue et pour les contraventions prévues au présent livre, l'autorité administrative chargée de la concurrence et de la consommation a droit, tant que l'action publique n'a pas été mise en mouvement* ».

L'extension progressive du pouvoir transactionnel des administrations. Hormis les transactions introduites en matière douanière ou fiscale, il semblerait que la rédaction de l'article L. 470-1 du Code commerce[802] ait servi de modèle au législateur pour d'autres domaines notamment ceux relevant des contentieux techniques. On recense à cet effet les transactions pour certaines infractions à la consommation[803], les transactions en matière de lutte contre les

---

[799] Le choix des domaines tient à plusieurs explications. Certains nous apparaissent moins pertinentes que d'autres.

[800] Ord. n° 2005-1086 du 1er septembre 2005 instaurant un règlement transactionnel pour les contraventions au Code de commerce et au Code de la consommation et portant adaptation des pouvoirs d'enquête et renforcement de la coopération administrative en matière de protection des consommateurs, *in JORF* n°204 du 2 septembre 2005, p. 14255, texte n° 11.

[801] Ord. n° 2017-303 du 9 mars 2017 relative aux actions en dommages et intérêts du fait des pratiques anticoncurrentielles, *in JORF* n°0059 du 10 mars 2017, texte n° 29.

[802] Art. L. 490-5 dans sa rédaction issue de l'ordonnance n°2017-303 du 9 mars 2017 relative aux actions en dommages et intérêts du fait des pratiques anticoncurrentielles (antérieurement art. L. 470-4-1).

[803] La loi « Hamon » du 14 mai 2014 a étendu le pouvoir de transaction à tous les délits du Code de la consommation qui ne sont pas punis d'une peine d'emprisonnement en vue d'une plus grande rapidité de la procédure. Sont ainsi visés les délits en matière de crédit à un consommateur ainsi que les infractions prévues aux articles L 121-2 à L 121-4 relatifs aux pratiques commerciales trompeuses mais également pour les contraventions prévues aux livres I à IV.

discriminations[804] mais également celles relatives aux infractions relevant du droit commun[805]. La transaction se retrouve en droit des marchés financiers[806], et plus récemment en droit social[807].

Depuis l'adoption de l'ordonnance n° 2016-301 du 14 mars 2016 relative à la partie législative du Code de la consommation, l'article L. 523-1 du Code de la consommation dispose que » *l'autorité administrative chargée de la concurrence et de la consommation a droit, tant que l'action publique n'a pas été mise en mouvement, de transiger, après accord du procureur de la République, selon des modalités fixées par décret en Conseil d'État, pour -1° Les contraventions prévues aux livres Ier, II, III et IV ainsi que celles prévues par leurs textes d'application, -2° Les délits qui ne sont pas punis d'une peine d'emprisonnement, prévus aux livres I, II et III ainsi que pour les infractions prévues aux articles L. 121-2 à L. 121-4 ».*

[804] Depuis l'adoption le 29 mars 2011 de la loi n°2011-333, le Défenseur des droits détient un pouvoir de sanction par voie de transaction. Auparavant, ce pouvoir était dévolu à la HALDE. À cet effet, il peut proposer à l'auteur personne physique ou personne morale, une transaction soumise à l'homologation du procureur de la République.

[805] La transaction pénale de l'article 41-1-1 du Code de procédure pénale est entrée en vigueur dès l'adoption du décret d'application du 13 octobre 2015 (Décret n°2015-1272 du 13 octobre 2015 pris pour l'application des articles 41-1-1 du Code de procédure pénale et L. 132-10-1 du Code de la sécurité intérieure, *JORF n° 0239* du 15 octobre 2015, p. 19102, abrogé à la suite de la décision du Conseil d'État n°395321 et n°395509 du 24 mai 2017).

[806] L'idée de doter l'AMF d'un pouvoir de transaction, évoquée par le rapport COULON de 2008, soutenue par l'Office parlementaire pour l'évaluation de la législation et discutée par le groupe de travail de l'Association française des marchés financiers (Amafi) sur l'évolution du pouvoir de sanction de l'AMF s'est prolongée dans la proposition faite par le régulateur à la direction du Trésor et à la Chancellerie de créer une procédure de composition administrative qui a largement inspiré la réforme actuelle. C'est désormais l'article L. 621-14-1 du Code monétaire et financier, dans sa rédaction issue de la loi n°2016-1691 du 9 décembre 2016, qui confère à l'AMF un pouvoir transactionnel.

[807] Ord. n° 2016-413 du 7 avril 2016 relative au contrôle de l'application du droit du travail, *JORF* 8 avril 2016, texte n°20 ; art. 1 décret n°2016-510 du 25 avril 2016 relatif au contrôle de l'application du droit du travail, *JORF* 27 avril 2016 texte n°29 ; circulaire 18 juillet 2016, BOMJ 29 juillet 2016. En ce qui concerne les dispositions issues du Code du travail l'article L. 8114-4 du Code du travail prévoit que « *l'autorité administrative compétente peut, tant que l'action publique n'a pas été mise en mouvement, transiger avec les personnes physiques et les personnes morales sur la poursuite d'une infraction constituant une contravention ou un délit, prévue et réprimée :1°) Aux livres II et III de la première partie ;2°) Au titre VI du livre II de la deuxième partie ;3°) Aux livres Ier , II et IV de la troisième partie, à l'exception des dispositions*

Vers une reconfiguration du dispositif répressif pénal actuel ? La déviation de la sanction pénale nous pousse à nous interroger sur le rôle du juge pénal. Doit-on penser un effacement du juge au profit des administrations ? On peut tout d'abord fait référence au Professeur Jean-Baptiste PERRIER selon lequel l'extension et le renforcement des pouvoirs de répression de l'administration à l'égard du dirigeant ou de la personne morale conduisent à un effacement du magistrat du siège[808].

Lorsque les administrations habilitées à exercer l'action publique disposent du droit de transaction, celles-ci ont la faculté de proposer au délinquant qui reconnaît avoir commis une infraction l'abandon des poursuites en échange du versement d'une somme d'argent au Trésor public ou de l'exécution d'une prestation déterminée. Si cela n'apparaît pas comme une originalité dans la mesure où l'article 41-1 du Code de procédure pénale donne pouvoir au procureur de la République de mettre en œuvre directement ou par l'intermédiaire d'un officier de police judiciaire, la différence réside dans le rôle qui est confié au juge pénal. En ce qui concerne les transactions par officier de police judiciaire, le rôle du juge du siège est diminué mais ne disparaît pas. À l'inverse, pour les transactions des administrations précitées, le juge du siège est absent mais certaines impliquent l'accord du Ministère public[809].

Pour ce qui est des amendes administratives, force est d'admettre que le juge joue un rôle très limité. Par exemple, l'administration du travail

---

mentionnées aux 1° à 4° de l'article L. 8115-1 ;4°) À la quatrième partie, à l'exception des dispositions mentionnées au titre V du livre VII et au 5° de l'article L. 8115-1 ;5°) Au titre II du livre II de la sixième partie ;6°) À la septième partie. Sont exclus de cette procédure les délits punis d'une peine d'emprisonnement d'un an ou plus ». L'article R. 8114-3 précise que « *la proposition de transaction mentionnée à l'article L. 8114-4 est établie par le directeur régional des entreprises, de la concurrence, de la consommation, du travail et de l'emploi* ». Sont ainsi concernées celles en lien avec le contrat de travail, les conventions et accords collectifs, avec la durée du travail, la répartition et les aménagements des horaires, le salaire et avantages divers, avec la santé et la sécurité au travail, le contrat d'apprentissage et enfin, avec certaines professions et activités prévues à la septième partie du Code du travail.

808 Voir l'article de J.-B. Perrier, réalisé dans le cadre de la présente recherche : « Réflexions et perspectives sur la transaction en matière pénale », *AJ Pén.* 2015, p. 474.

809 A titre d'illustration, voir l'article L. 523-1 du Code de la consommation.

adresse un projet de sanction administrative au Parquet et passé un délai d'un mois, le Parquet sera regardé comme ne s'opposant pas à la mise en œuvre de la voie administrative. La question de l'information du Parquet quant aux suites réservées aux procédures administratives est résolue par l'article L. 8115-2 du Code du travail qui dispose que l'autorité administrative compétente informe par tout moyen le Procureur de la République des suites données au rapport de l'agent de contrôle.

Bilan. Dans tous les cas, l'emprunt de la voie administrative par la sanction pénale renvoie inévitablement à la problématique bien connue de la déjudiciarisation[810] - cela semble s'expliquer par différents impératifs.

B- Les justifications du développement de la répression administrative

Plusieurs explications pourraient à notre sens justifier le développement de la répression administrative.

Les justifications liées à la spécificité des infractions imputables au chef d'entreprise. Tout d'abord, d'un point de vue de l'infraction, la logique est connue : les autorités administratives sont mieux armées et plus compétentes pour détecter les faits à sanctionner et imputables au dirigeant, en raison de la grande technicité de ces faits. Par ailleurs, le prononcé de la sanction par les administrations ne requiert pas le rassemblement des conditions habituelles de l'infraction pénale. Il repose sur le simple constat par les agents administratifs d'un manquement porteur d'une atteinte à la valeur que protège la loi. Les infractions ne reposent pas sur un élément moral. Elles ne requièrent ni intention délictueuse, ni mauvaise foi. Dans la mesure où la faute n'a pas à être caractérisée par le juge lorsqu'il s'agit du dirigeant, il serait alors tentant de dire que la sanction régulatrice doit prendre le pas sur la sanction pénale.

---

[810] V. S. Cimamonti et J.-B. Perrier, Les enjeux de la déjudiciarisation, LGDJ, 2019 ; Pour une analyse d'ensemble, V. J.-B. Perrier, La transaction en matière pénale, LGDJ, 2014 ; S.-M. Cabon, La négociation en matière pénale, LGDJ, 2016.

Les logiques d'effectivité et d'efficacité de la répression. Ensuite, d'un point de vue de la répression, la sanction administrative semble trouver sa singularité en raison des avantages qu'elle présente. Les principales justifications au recours à la sanction sont de deux ordres : l' « effectivité » et l' « efficacité ». À titre d'illustration, l'ordonnance du 7 avril 2016 relative au contrôle de l'application du droit du travail[811] s'inscrit dans un mouvement en faveur de nouvelles formes de répressions justifiées par des considérations visant à « *permettre une plus grande effectivité du droit du travail* »[812].

L'effectivité de la sanction administrative. L'effectivité d'une règle dépend de son application : elle a été conçue pour cela et tel est donc son « effet » caractéristique[813]. Vu sous cet aspect, l'objectif du législateur pénal est d'assortir à l'incrimination la sanction la plus effective mais également la plus efficace[814]. À titre d'exemple, le Code de la consommation permet une diversification des suites à donner aux infractions ou manquements constatés. Force est de constater que les infractions aux dispositions du Code de la consommation ne font plus systématiquement l'objet de condamnations, tout particulièrement dès lors qu'elles relèvent davantage du champ de la régulation économique que de la sanction de faits portant atteinte aux équilibres économiques fondamentaux ou réellement frauduleux, ou encore susceptibles de nuire à la santé ou à la sécurité du consommateur. L'étude d'impact relative au projet de loi ratifiant l'ordonnance n°2016-301 du 14 mars 2016 relative à la partie législative du Code de la consommation[815] démontre qu'en 2007 et 2012, pour ces types d'infractions, a eu lieu une diminution très nette (- 71 %) des condamnations prononcées à

---

[811] Ord. n°2016-413 du 7 avril 2016 et décret 2016-510 du 25 avril 2016.

[812] Étude d'impact du projet de loi pour la croissance et l'activité du 10 décembre 2014 E3, p. 44.

[813] P. Conte, « Effectivité, inefficacité, sous-effectivité, surefficacité... : variations pour droit pénal », *in Etudes offertes à Pierre Catala, Le droit privé français à la fin du XXème siècle*, Litec, 2001, p. 128.

[814] E. Rashel, Droit pénal de la consommation, *in Le droit pénal et l'éthique des affaires*, Actes du colloque du 18 mars 2016, Centre Michel de L'Hospital, 2018, p. 133.

[814] P. Conte, « Effectivité, inefficacité, sous-effectivité, surefficacité... : variations pour droit pénal », *op. cit.*

[815] Projet de loi ratifiant l'ordonnance n° 2016-301 du 14 mars 2016 relative à la partie législative du Code de la consommation, NOR : EINC1613746L/Bleue-1, p. 32.

l'issue d'une audience et une augmentation parallèle (+ 73 %).

L'efficacité de la sanction administrative. À ce stade de la réflexion, il est également possible d'affirmer que le développement de la répression administrative est animé d'une logique d'efficacité. Depuis la fin du XVIIIème siècle, les phases successives de réforme du système pénal ont été réalisées dans un souci de rationalisation du droit pénal. Ainsi, l'efficacité paraît constituer un impératif majeur du législateur et traduire une dimension instrumentale et utilitaire du droit pénal. Outre les critères fonctionnels de la sanction pénale, l'objectif que s'est donné le législateur est d'assortir la réglementation de la sanction la plus efficace. Au regard de cette conception utilitariste défendu par BENTHAM[816], le législateur a semble-t-il usé de la sanction pénale en présumant qu'elle était en toute circonstance la plus efficace[817]. Par ailleurs, la complexité des dossiers de droit pénal des affaires imposerait de longs délais de traitement ralentissant la procédure[818]. Ce procédé est en pleine expansion dans la mesure ou les sanctions pénales actuelles ne permettent pas d'aboutir à une sanction rapide des infractions constatées en la matière[819]. La répression administrative permet de parvenir à un « *traitement judiciaire plus efficaces* »[820], tout en évitant d'encombrer davantage les juridictions répressives[821].

---

816 J. Bentham, *Traité de législation civile et pénale*, cité par M. Van de Kerchove, « Décriminalisation et dépénalisation dans la pensée de Jeremy Bentham », *in Actualité de la pensée de Jeremy Bentham*, Bruxelles, Publications des Facultés universitaires Saint-Louis, 1987, p. 663.

817 E. Raschel, « Droit pénal et droit de la consommation », op. cit.

818 D. Blanc, « Droit de la concurrence : la dépénalisation n'est pas la solution », *in AJ pén.* févr. 2008, Dossier « Quelle dépénalisation pour le droit des affaires », p. 69.

819 M. Jeantin et A. Viandier, « Chronique d'actualité », *Revue de droit bancaire et de la bourse*, 1990, p. 205.

820 *Projet de loi pour la croissance et l'activité*, exposé des motifs, p. 49. Le projet de loi envisageait également « *d'accélérer le traitement des infractions considérées comme les moins graves, qu'il soit fait recours à l'ordonnance pénale pour toutes les contraventions aux dispositions du Code du travail.* » (Étude d'impact, tome 3, 10 déc. 2014, p. 48, point 2. 2. 2. 3).

821 Le mécanisme transactionnel est conduit aussi bien par une logique d'efficacité que d'économie des coûts pour l'institution judiciaire. C'est dans un premier temps la commission européenne qui a incité les états à se doter d'une procédure de transaction. V ; sur ce point, Comm. CE. Règl. (CE) n°622/2008, 30 juin 2008 modifiant le règlement (CE) n° 773/2004 en ce qui concerne les procédures de

Toutefois, si le Conseil constitutionnel a admis très tôt qu'un pouvoir de sanction pouvait être confié à une autorité administrative[822], une question se pose toutefois : ces sanctions sont-elles des sanctions pénales ? La jurisprudence européenne est particulièrement éclairante sur ce point : les sanctions administratives dont la finalité est répressive les classe dans le champ de la matière pénale au sens de la Convention européenne des droits de l'homme, spécialement de son article 6-1. C'est l'arrêt *Engel*[823] qui a introduit un mouvement de « *pénalisation* » ayant pour effet d'introduire un dispositif en matière pénale ne relevant pas, *a priori*, du droit pénal interne[824]. D'ailleurs, certaines sanctions fiscales mises en œuvre par l'administration fiscale sont également des sanctions relevant de la matière pénale ou des sanctions ayant le caractère d'une punition. Pour sa part, la Cour de justice de l'Union européenne ne fait plus référence non plus à la « *matière pénale* » mais au caractère « *pénal* » d'une sanction prononcée par l'administration[825].

Transition. C'est donc au regard de ces approches que les sanctions prononcées par les administrations sont des sanctions pénales et qu'elles devraient par voie de conséquence être soumises aux principes

---

transaction engagées dans les affaires d'ententes, JOUE, n° L 171 du 1 er juillet 2008, p. 3.

[822] Cons. const. 30 déc. 1982, n° 82-155 DC, *JORF* 31 déc. 1982, p. 4034 ; Cons. const. 30 déc. 1987, n° 87-237 DC, *JORF* 31 déc. 1987, p. 15761.

[823] CEDH, 8 juin 1976, Engel c/ Pays-Bas. La Cour a précisé ces notions autonomes de matière civile et de matière pénale et attrait dans le champ de l'article 6, la plupart des sanctions administratives en application des trois critères définissant selon elle la matière pénale : la qualification de la mesure en droit interne, la nature de l'infraction et la sévérité de la sanction. Ces critères doivent s'additionner et être combinés, v. sur ce point, CEDH, 24 févr. 1994, Bendenoun c/ France.

[824] CE, 28 juill. 1999, GIE MUMM-PERRIER-JOUËT, *LPA*, 1999, n°244, p. 9., concl. J.-Cl. Bonichot. L'arrêt précise que » *si les faits constatés par le juge pénal et qui commandent nécessairement le dispositif d'un jugement ayant acquis force de chose jugée s'imposent à l'administration comme au juge administratif, la même autorité ne saurait s'attacher aux motifs d'un jugement de relaxe tirés de ce que les faits reprochés ne sont pas établis ou de ce qu'un doute subsiste sur leur réalité ; il appartient, dans ce cas, à l'autorité administrative d'apprécier si les mêmes faits sont suffisamment établis et, dans l'affirmative, s'ils justifient l'application d'une sanction administrative* ».

[825] CJUE, 5 juin 2012, Bonda, C-489/10, point 37 ; CJUE Gde ch. 26 févr. 2013, Aklagaren c/ Han Akerberg, aff. C-617/10.

de la convention européenne des droits de l'Homme, plus spécifiquement de l'article 6-1[826].

§2- Une déviation risquée : l'assouplissement des garanties procédurales gouvernant le prononcé de la sanction pénale par les autorités administratives

Le domaine d'application de l'article 6 de la convention européenne des droits de l'Homme. A priori, les sanctions infligées par des autorités administratives ne relèvent pas de l'article 6 dans la phase administrative de leur prononcé, mais seulement de la phase contentieuse qui peut suivre. Toutefois, la Cour européenne des droits de l'Homme a imposé le respect de certaines garanties du procès équitable dès la phase contentieuse, comme le respect du principe d'impartialité et des droits de la défense ou encore le droit à ne pas s'auto-incriminer, sans toutefois imposer la reprise complète de ces garanties dans cette phase au nom des impératifs de souplesse et d'efficacité.

Les effets d'une pénalisation de la répression administrative. Actuellement, le régime juridique appliqué à la répression administrative semble très marqué par un net mouvement de pénalisation, c'est-à-dire une soumission croissante des sanctions administratives aux principes du droit pénal (juridictionnalisation notamment).

S'agissant des règles de forme, se pose alors la question de la transposition à la procédure administrative des règles de procédure pénale et des limites de cette transposition. Se retrouve alors ici la problématique de l'unité et de la diversité des formes procédurales de prononcé des sanctions administratives : cette distinction ne repose pas sur les sanctions disciplinaires et non disciplinaires, mais sur le fait que la sanction soit prononcée par une juridiction ou par une autorité administrative. Cette distinction tend toutefois à s'estomper, puisque l'on assiste à une juridictionnalisation du prononcé des sanctions, notamment en raison des exigences du droit au procès équitable. Ces

---

[826] X. Pretot, « Le droit répressif non pénal », *in Dr. soc.* 2000, p. 964, s., n°19.

exigences, posées notamment par l'article 6 de la CESDH, s'imposent à tout organe prononçant des sanctions.

Notre étude se propose d'aborder les principes de forme gouvernant le prononcé de la sanction pénale par les administrations[827]. D'une manière générale, lorsqu'elle est infligée par les autorités administratives, la sanction pénale prononcée à l'encontre du dirigeant présente moins de garanties que lorsqu'elle est infligée par une juridiction pénale. De toute évidence, la question de l'impartialité et de l'indépendance n'est que trop rarement soulevée : ces principes ne semblent pas être réellement garantis par les administrations (A). Aussi, les garanties que sont les droits de la défense exigées dans le cadre de la répression pénale sont suffisantes mais encore trop peu développées (B).

A- La dépendance et la partialité des autorités administratives répressives

La garantie d'indépendance et d'impartialité des juridictions pénales. La répression pénale offre une garantie essentielle tenant à l'indépendance et à l'impartialité des juridictions. Le principe de séparation des fonctions consacré à l'article préliminaire du Code de procédure pénale se retrouve également dans la jurisprudence du Conseil constitutionnel[828]. En revanche, la sanction administrative est prononcée par des autorités qui dépendent du pouvoir exécutif. Mais d'une manière générale, la question de l'impartialité et de l'indépendance n'est pas vraiment posée avec acuité par le législateur.

Les garanties devant les Autorités administratives devant les AAI. Tout d'abord, en ce qui concerne les autorités administratives indépendantes, plusieurs décisions du Conseil constitutionnel ont mis en cause le principe de la séparation des fonctions de poursuites et

[827] Nous n'étudierons pas les principes de fond gouvernant l'institution et la mise en œuvre de sanctions administratives telles que le principe de légalité de la sanction, de proportionnalité ou encore de personnalité. Nous nous attacherons aux garanties de procédure gouvernant le prononcé de sanctions administratives, soit l'indépendance, l'impartialité et les droits de la défense.
[828] Cons. const. 2 févr. 1995, n° 95-360 DC, *JORF* 7 févr. 1995, p. 2097.

d'instruction[829]. Jugeant alors les principes d'indépendance et d'impartialité indissociables de l'exercice de ce pouvoir, c'est le Conseil constitutionnel qui s'est alors attaché à en préciser le contenu et la portée en relevant les garanties légales à même d'en assurer le respect[830]. Aujourd'hui, si les textes relatifs aux différentes autorités administratives indépendantes reprennent cette solution en interdisant au rapporteur d'assister au délibéré de la procédure de sanction[831], force est à d'admettre que les législations et règlementation des secteurs techniques semblent se montrer indifférentes à ces principes.

Les garanties devant les Autorités administratives classiques. En ce qui concerne les autorités administratives classiques, force est d'admettre que les dispositions traitant de la procédure administrative de sanction se font rares. Elles ne distinguent pas vraiment les fonctions de poursuite, d'instruction et de jugement. Lorsqu'ils constatent un

---

[829] Cons. const. 2 déc. 2011, n° 2011-200 QPC ; Le Conseil constitutionnel a jugé que les principes d'indépendance et d'impartialité des autorités administratives indépendantes étaient indissociables de l'exercice de leur pouvoir de sanction. V. à propos du pouvoir de sanction de l'Autorité de la concurrence, CC. n°2012-280 QPC, 12 oct. 2012, *Société Groupe Canal Plus et a.* ; Cons. const. 5 juill. 2013, n° 2013-331 QPC, *JORF* 7 juill. 2013, p. 11356 ; RSC 2014. 122, obs. J. Francillon, *RFDC* 2014. 169, obs. A. Oudoul ; *LPA* 2013, n° 208, p. 6, obs. F. Chaltiel.

[830] Le Conseil constitutionnel n'a émis aucun grief à ce qu'une autorité administrative indépendante cumule un pouvoir de régulation et un pouvoir de sanction. Quatre séries de garanties l'ont conduit à écarter les griefs tenant au défaut d'impartialité et d'indépendance de l'Autorité de la concurrence. À d'abord été relevé l'obligation pesant sur tout membre de l'autorité d'informer son président sur des intérêts ou activités économiques externes pouvant nourrir des conflits d'intérêt. Une deuxième série de garanties tient à l'indépendance des services d'instruction qui est assurée par la nomination - par arrêté ministériel après avis du collège - du rapporteur général qui dirige l'instruction. En troisième lieu a été relevée la séparation des fonctions d'instruction et de jugement. Enfin, afin d'éviter que le pouvoir d'auto-saisine puisse être perçu comme « un acte de poursuite, ou à tout le moins un acte de préjugement des manquements, ce pouvoir est encadré : la saisine d'office du collège de l'Autorité de la concurrence appelé à se prononcer sur les sanctions est subordonnée à une proposition du rapporteur général, elle ne doit pas conduire l'autorité à « préjuger la réalité des manquements à examiner », l'instruction est ensuite assurée par le rapporteur général, enfin, le collège de l'Autorité de la concurrence délibère sans que le rapporteur général participe au délibéré.

[831] C. com. art. L. 463-7, C. mon et fin. art. L. 621-15.

manquement aux obligations en matière de travail pour lesquelles une amende administrative est prévue, les agents de contrôle de l'Inspection du travail adressent un rapport au directeur régional des entreprises, de la concurrence, de la consommation, du travail et de l'emploi en précisant le fondement en vue duquel l'amende peut être prononcée. Celui-ci doit informer par écrit.

En réalité le processus a été conçu pour garantir, à chaque étape de la procédure, l'expression d'une contradiction étayée. Mais il faut souligner que l'agent de contrôle, auteur des constats qui peuvent aboutir à la sanction, n'est pas celui qui a compétence pour prendre et notifier la sanction administrative : c'est le directeur régional des entreprises, de la concurrence, de la consommation, du travail et de l'emploi qui est l'autorité compétente pour notifier la sanction et qui organisera toute la procédure contradictoire. La situation est identique pour les agents de la DGCCRF. En droit de la consommation, l'ordonnance du 14 mars 2016[832] consacre un chapitre à la procédure. Toutefois, rien n'est précisé quant aux conditions dans lesquelles l'autorité compétente peut prononcer des amendes administratives.

B- La garantie des droits des destinataires de la sanction en quête d'amélioration

Dans la mesure où il a été jugé que les autorités administratives indépendantes étaient soumises au respect de l'article 6 de la Convention européenne des droits de l'Homme, la procédure de sanction doit par conséquent se dérouler dans des conditions garantissant l'absence d'atteinte irrémédiable aux droits de la défense[833]. Les législations et règlementations des secteurs techniques semblent en faire de plus en plus état.

La garantie du contradictoire devant les Autorités administratives indépendantes. C'est à compter de la notification des griefs à la personne mise en cause que s'ouvre une nouvelle phase, celle de la sanction qui sera éventuellement prononcée, et qui fait une large place au contradictoire devant les autorités administratives indépendantes. De

[832] Ord. n° 2016-301 du 14 mars 2016 relative à la partie législative du Code de la consommation, *JORF* n°0064 du 16 mars 2016, texte n° 29.
[833] CE 12 juin 2013, Société Natixis et autre.

manière générale, c'est après avoir rassemblé tous les éléments apparaissant nécessaires qu'il est procédé à une notification des griefs par un envoi recommandé avec avis de réception. À cet effet, le dirigeant disposera d'un certain délai pour consulter le dossier et présenter ses observations. La notification des griefs emporte alors ouverture de la phase contradictoire de la procédure[834].

Le début de la phase contradictoire de la procédure de sanction devant l'AMF. La notification des griefs marque le début de la phase pleinement contradictoire de la procédure de sanction devant l'Autorité des marchés financiers[835]. Après avoir examiné le rapport d'enquête ou de contrôle, le collège peut décider d'ouvrir une procédure de sanction et doit, dans ce cas, notifier les griefs aux personnes concernées. C'est alors que le principe du contradictoire s'applique pleinement comme en atteste l'article L. 621-15 du Code monétaire et financier qui n'autorise la commission des sanctions à prononcer une sanction qu'après « une procédure contradictoire »[836].

Le respect du contradictoire devant l'Autorité de la concurrence. En vertu de l'article L. 463-1 du Code de commerce, l'instruction et la procédure devant l'Autorité de la concurrence sont également

[834] Elle mentionne les pratiques reprochées aux parties en cause et cristallise la procédure. Toutefois, ultérieurement, les autorités administratives indépendantes pourront abandonner en partie la totalité des griefs. Les griefs doivent être énoncés de façon précise. Les pièces sur lesquelles s'appuie la notification des griefs peuvent être consultées auprès des AAI dans une période de deux mois.

[835] Cette phase correspond en procédure pénale à une mise en examen par le juge d'instruction (Déc. Comm. sanctions AMF, 18 nov. 2004, BALO 2005, n°99, *Rev. AMF* 2005, n°10, p. 33 : « *Cet acte de notification, véritable sorte de mise en examen, ouvre la procédure de poursuite et la phase contradictoire du procès administratif répressif* ».

[836] Concrètement, celle-ci comprend à la fois un aspect écrit et un aspect oral. Le mis en cause dispose d'un délai de deux mois à compter de la notification des griefs pour transmettre ses observations au président de la commission des sanctions, sachant qu'il a la possibilité de prendre connaissance et copie des autres pièces du dossier (art. R. 621-38). Le président de la commission des sanctions désigne ensuite un rapporteur parmi ses membres, lequel sera chargé de l'instruction. Il reçoit le dossier d'enquête ainsi que les observations de la personne mise en cause et peut y répondre par écrit, ses observations étant communiquées à la personne mise en cause (art. R. 621-38).

contradictoires[837]. On retrouve ici des règles similaires à celles prévues par l'Autorité des marchés financiers. Aux termes de l'article L. 463-2 du Code de commerce, le rapporteur notifie les griefs aux intéressés et au commissaire du Gouvernement, chacun pouvant consulter le dossier et présenter ses observations dans le délai d'un mois[838].

Les tempéraments apportés. En revanche, les législations et règlementations des secteurs techniques rendent compte des droits de la défense de manière disparate. Tout d'abord, en droit du travail, l'ordonnance du 7 avril 2016 relative au contrôle de l'application du

---

[837] L'article L. 463-1 du Code de commerce dispose que » *l'instruction et la procédure devant l'Autorité de la concurrence sont contradictoires sous réserve des dispositions prévues à l'article L. 463-4 du Code de commerce* ». L'article L. 463-4 du Code de commerce dispose que » *sauf dans les cas où la communication ou la consultation de ces documents est nécessaire à l'exercice des droits de la défense d'une partie mise en cause, le rapporteur général de l'Autorité de la concurrence peut refuser à une partie la communication ou la consultation de pièces ou de certains éléments contenus dans ces pièces mettant en jeu le secret des affaires d'autres personnes. Dans ce cas, une version non confidentielle et un résumé des pièces ou éléments en cause lui sont accessibles* ».

[838] On relèvera que le rapporteur peut refuser à une partie la consultation des pièces du dossier, de certaines d'entre elles, ou d'une partie d'entre elles, lorsqu'est en jeu le secret des affaires d'autres personnes. Mais ce refus n'est jamais possible lorsque la consultation « *est nécessaire à l'exercice des droits de la défense* » et s'accompagne toujours d'un résumé des pièces écartées (C. com. art. L. 463-4). En outre, il peut être fait appel à des experts lors de l'instruction, soit d'office par le rapporteur, soit à la demande des parties (C. com. art. L. 463-8). Le rapport final ainsi que les documents sur lesquels se fonde le rapporteur et les différentes observations formulées, sont adressés aux parties, au commissaire du Gouvernement et aux ministres intéressés (C. com. art. L. 463-2). Les parties disposent alors en principe d'un délai de deux mois pour établir un mémoire pouvant être consulté dans les quinze jours de la séance (C. com. art. L. 463-2). Cela signifie que la personne mise en cause peut consulter le mémoire du commissaire du Gouvernement et *vice versa.* Intervient, enfin, la séance de l'Autorité de la concurrence au cours de laquelle la personne mise en cause présente sa défense, toute personne peut être entendue, le rapporteur et le commissaire du Gouvernement formulent leurs observations (C. com. art. L. 463-7). Ici aussi, un véritable débat contradictoire s'instaure. Il faut préciser qu'il existe une procédure simplifiée permettant au rapporteur de décider que l'affaire sera examinée sans établissement du rapport final, mais celle-ci ne change rien à la possibilité, pour la personne mise en cause, de consulter le dossier et de présenter ses observations par écrit, ni au débat contradictoire lors de la séance (C. com. art. L. 463-3).

droit du travail[839] prévoit que la personne mise en cause doit être informée par écrit de la sanction envisagée et que soit en même temps portée à sa connaissance une invitation à présenter ses observations dans un certain délai[840]. La procédure contradictoire est également organisée par le droit de la consommation : dans certains cas, en ce qui concerne les contrôles de la qualité des produits et des services, lorsque sont effectués des essais ou analyses, les agents de la DGCCRF constatent obligatoirement par procès-verbal les infractions commises et transmettent le rapport d'essai ou d'analyse au dirigeant. À cet effet, ce dernier est informé qu'il dispose d'un délai de trois jours francs à compter de la réception du rapport pour leur indiquer s'il souhaite présenter ses observations au procureur de la République et s'il sollicite la mise en œuvre de l'expertise contradictoire prévues à l'article à l'article L. 512-39 du Code de la consommation[841].

Enfin, en matière de concurrence, l'article L. 465-2 du Code de commerce[842] prévoit que les sanctions ne peuvent être prononcées par

---

[839] Ord. n° 2016-413 du 7 avril 2016 relative au contrôle de l'application du droit du travail, *JORF* n°0083 du 8 avril 2016, texte n° 20.

[840] L'article L. 8115-5 prévoit qu'» *avant toute décision, l'autorité administrative informe par écrit la personne mise en cause de la sanction envisagée en portant à sa connaissance le manquement retenu à son encontre et en l'invitant à présenter, dans un délai fixé par décret en Conseil d'Etat, ses observations. À l'issue de ce délai, l'autorité administrative peut, par décision motivée, prononcer l'amende et émettre le titre de perception correspondant. Elle informe de cette décision le comité d'hygiène, de sécurité et des conditions de travail, lorsque le manquement a trait à des questions relevant de ses missions, le comité d'entreprise, dans les autres cas, et, à défaut, les délégués du personnel.* »

[841] L'article L. 512-39 du Code de la consommation dispose que » *les essais et analyses réalisés sur ces échantillons sont contradictoires* ».

[842] C. com » *I. L'autorité administrative chargée de la concurrence et de la consommation est l'autorité compétente pour prononcer les amendes administratives sanctionnant les manquements mentionnés au titre IV du présent livre ainsi que l'inexécution des mesures d'injonction prévues à l'article L. 465-1.*

II. — L'action de l'administration pour la sanction des manquements mentionnés au titre I se prescrit par trois années révolues à compter du jour où le manquement a été commis si, dans ce délai, il n'a été fait aucun acte tendant à la recherche, à la constatation ou à la sanction de ce manquement.

III. — Les manquements passibles d'une amende administrative sont constatés par procès-verbal, selon les modalités prévues à l'article L. 450-2.

l'autorité administrative compétente qu'à l'issue d'une procédure contradictoire[843]. Ainsi, préalablement à toute sanction, la personne intéressée est informée par écrit de la sanction envisagée à son encontre et invitée à présenter ses observations dans un délai de 60 jours[844]. En revanche, les droits de la défense du destinataire de la sanction semblent moins respectés en matière transactionnelle.

Les disparités des garanties procédurales entre les différents secteurs. Somme toute, cette absence de garantie interroge dans la mesure où les récents dispositifs transactionnels applicables au dirigeant témoignent d'un certain progrès. Si le représentant de la personne morale n'est pas informé de son droit à l'assistance d'un avocat, la transaction de la DIRECCTE doit mentionner des formalités spécifiques permettant au représentant de la personne morale de prendre connaissance des faits[845]. En revanche, en ce qui concerne le

---

IV. — Avant toute décision, l'administration informe par écrit la personne mise en cause de la sanction envisagée à son encontre, en lui indiquant qu'elle peut prendre connaissance des pièces du dossier et se faire assister par le conseil de son choix et en l'invitant à présenter, dans le délai de soixante jours, ses observations écrites et, le cas échéant, ses observations orales. Passé ce délai, l'autorité administrative peut, par décision motivée, prononcer l'amende. »

[843] L'autorité administrative compétente est désignée par l'article R. 465- 2, I du Code de commerce. Il s'agit soit du directeur général de la concurrence, de la consommation et de la répression des fraudes, soit du chef du service national des enquêtes de la DGCCRF, soit du directeur régional des entreprises, de la concurrence, de la consommation, du travail et de l'emploi, soit du directeur des entreprises, de la concurrence, de la consommation, du travail et de l'emploi (ou, pour chacune d'elle, son représentant nommément désigné).

[844] C. com., art. L. 465-2, IV : « *Avant toute décision, l'administration informe par écrit la personne mise en cause de la sanction envisagée à son encontre, en lui indiquant qu'elle peut prendre connaissance des pièces du dossier et se faire assister par le conseil de son choix et en l'invitant à présenter, dans le délai de soixante jours, ses observations écrites et, le cas échéant, ses observations orales. Passé ce délai, l'autorité administrative peut, par décision motivée, prononcer l'amende* ».

[845] L'article R. 8114-4 du Code du travail prévoit que : « *La proposition de transaction mentionne :*

1°-La nature des faits ;

2°-Le montant des peines encourues ;

3°-Le montant de l'amende transactionnelle,

4°-Les délais impartis pour le paiement et, s'il y lieu, pur l'exécution des obligations ;

secteur du droit de la concurrence, la transaction des agents de la DGCCRF issue de l'ordonnance 9 mars 2017[846] ne prévoit pas d'information de l'intéressé quant à la nature des faits reprochés et leur qualification juridique. Il est seulement prévu à l'article R. 490-9 du Code de commerce que « *l'autorité administrative transmet la proposition de transaction au procureur de la République dans un délai de trois mois à compter de la clôture du procès-verbal de constatation de l'infraction* ». Cette proposition précise la somme que l'auteur de l'infraction sera invité à payer au Trésor public, le délai imparti pour son paiement et, s'il y a lieu, les autres obligations résultant pour lui de l'acceptation de la transaction.

Enfin, en matière de consommation, il est possible d'en déduire le même constat : si l'article L. 523-2 du Code de la consommation précise qu' : « *une copie du procès-verbal de constatation de l'infraction est jointe à la proposition de transaction adressée à l'auteur de l'infraction* », la loi ne précise en rien l'information quant à la nature des faits reprochés et leur qualification juridique. Seul l'article R. 523-3 prévoit que « *lorsque le Procureur de la République a donné son accord sur la proposition de transaction, l'autorité administrative notifie ce double* ».

Bilan et proposition. S'il ne reste qu'à espérer une correcte information de la part de l'autorité administrative, il serait opportun que le législateur procède à une uniformisation des garanties procédurales pour toutes les transactions qui peuvent être mises en œuvre par les administrations. Dans tous les cas, ces transactions ont pour effet d'affaiblir le rôle du juge pénal.

Conclusion de la section 2. Dans cette section nous avons pu constater que la répression administrative commençait à prendre le pas sur la répression pénale. Ce phénomène qui à notre sens affaiblit la

---

5°-Le cas échéant, la nature et la modalité d'exécution des obligations en vue de faire cesser l'infraction, soit d'éviter son renouvellement ou de remettre en conformité les situations de travail ;
6°-L'indication que la proposition, une fois acceptée par l'auteur de l'infraction, doit être homologuée par le procureur de la République ».

[846] Ord. n° 2017-303 du 9 mars 2017 relative aux actions en dommages et intérêts du fait des pratiques anticoncurrentielles, *JORF* n°0059 du 10 mars 2017, texte n° 29.

responsabilité pénale du dirigeant interroge toutefois quant aux garanties qui entourent la sanction administrative – celles-ci sont encore trop peu développées. C'est pourquoi, une intervention du législateur nous semble opportune.

Conclusion chapitre 2. L'introduction de sanctions administratives constitue un enjeu important : sans préfigurer à ce stade d'une véritable dépénalisation à l'égard du chef d'entreprise, elle n'est pas sans incidence même sur la fonction répressive ; elle devrait en tout cas permettre d'un point de vue qualitatif, une effectivité et une rapidité de la sanction. Les sanctions administratives suscitent toutefois la question de leur conciliation avec les sanctions pénales. Privée de l'autorité de la chose jugée, la décision des administrations dans le prononcé de la sanction administrative portée à la connaissance du Parquet n'est pas susceptible de produire l'extinction de l'action publique, de sorte que demeure effective la possibilité d'une double répression administrative et judiciaire à raison des mêmes faits dans l'hypothèse où cette action est engagée après l'exécution de la sanction administrative. Si le cumul des sanctions pénales avec les sanctions administratives a été validé par le Conseil constitutionnel[847], la Cour de cassation juge que la règle *non bis in dem* ne trouve pas à s'appliquer selon les réserves faites par la France en marge du protocole, que pour les infractions relevant en droit français de la compétence des tribunaux statuant en matière pénale[848]. Ainsi, la règle du cumul des sanctions est encore loin d'être résolu.

---

[847] DC 88-248 du 14 janvier 1989, Conseil supérieur de l'audiovisuel ; DC 89-260 du 28 juillet 1989, Commission des opérations de bourse.

[848] Cass. crim., 2 avr. 2008, *Dr. soc.* 2008, comm. 136, note R. Salomon.

Conclusion du Titre 1.

La responsabilité pénale du chef d'entreprise se cristallise autour de la répression pénale – elle nécessite une conciliation entre le nécessaire respect de la présomption d'innocence et le recours justifié à des mesures attentatoires à la liberté individuelle. Ce rôle apparaît en quête d'équilibre. Cet équilibre varie selon que l'on se situe dans le cadre de la privation de liberté ordonnée au stade de l'enquête ou au stade de l'instruction. Dans un premier temps, l'étude a mis en exergue la place prépondérante qui est accordée aux administrations - cette place laisse planer des doutes quant à la survie de la voie pénale. Dans un second temps, il a été démontré que le législateur s'emploie toujours plus à renforcer l'effectivité normative dans l'entreprise. Cette recherche d'effectivité se traduit à la fois dans le rôle des autorités administratives à prononcer la sanction à l'égard du dirigeant et dans la déjudiciarisation. A cet effet, la voie pénale deviendrait alors une voie subsidiaire.

TITRE 2
LE GLISSEMENT DE LA RÉPRESSION PÉNALE INITIALEMENT DIRIGÉE CONTRE LA PERSONNE DU DIRIGEANT VERS LA PERSONNE MORALE

L'intégration des normes de *soft law* par la justice pénale française. Au cours de ces dernières années, une place importante s'est dessinée au profit des normes et des procédures de *soft law* traduisant, dans le cadre de notre étude, l'idée de « conformité pénale » ou de « *compliance* »[849]. Si à la base de ces mécanismes d'auto-organisation se retrouvent des impératifs de nature technique et managériale, la justice pénale s'en est progressivement emparée – ils soulèvent des interrogations liées à l'incidence produite sur la responsabilité pénale du dirigeant.

L'émergence d'une nouvelle logique répressive dans l'entreprise ? Tandis que l'incrimination s'adresse habituellement aux dirigeants et laisse à la puissance étatique le monopole de l'interdit, ces deux caractères fondateurs du droit pénal sont ici renversés. La conformité pénale conduit l'entreprise à élaborer des chartes, des recommandations, des Codes de conduite et de bonnes pratiques ou d'éthique à partir desquels elle s'engage à respecter des règles éthiques. Le législateur peut également imposer à l'entreprise une obligation de s'organiser en termes vertueux. De tels mécanismes auraient alors le mérite de présenter des avantages indéniables pour le dirigeant, à savoir l'incitation à se prévaloir d'un comportement éthique, ce que les anglais

---

[849] Comme le souligne Madame Marie-Emma BOURSIER, « La *compliance* procède de sources de « droit doux » qui adviennent rapidement au stade de droit sanctionné dans les législations. Ainsi les recommandations du Groupe d'action financière constituent la source d'inspiration mondiale de la législation contre le blanchiment de capitaux, le financement du terrorisme et la prolifération des armes de destruction massive. Elles s'apparentent, à ce stade, au « *soft law* » mais n'en demeurent pas moins incitatives grâce aux méthodes d'évaluation mutuelle et au travail des organismes régionaux de suivi de leur mise en œuvre ». V. sur ce point, M.-E Boursier, « Qu'est-ce que la *compliance* ? Essai de définition », *D.* 2020. 1419.

nomment le « *moral suasion* »[850] et ce qu'on pourrait appeler le « dépassement » de sa simple responsabilité pénale.

Une répression dirigée en priorité contre de la personne morale ? Cette flexibilisation normative aurait également conduit le législateur à doter l'arsenal juridique français de modes transactionnels propres à la personne morale[851]. La loi du 9 décembre 2016 dite « *Sapin II* »[852] a élargi le champ d'application du mécanisme de la transaction en en retenant une nouvelle déclinaison avec la création de la procédure dite de « *convention judiciaire d'intérêt privé* » qui s'assimile à une justice pénale propre aux personnes morales. Doit-on alors penser que les personnes morales voient en priorité leur responsabilité pénale engagée ? C'est en tout cas l'objectif souhaité par l'ancienne Garde des Sceaux qui, à propos de la nouvelle convention judiciaire d'intérêt privée en matière environnementale a précisé que celle-ci « *responsabilisera et mobilisera les entreprises sur les enjeux écologiques au lieu de se focaliser sur la recherche de la responsabilité pénale des dirigeants* »[853].

Annonce de plan. La *soft law* emporterait alors d'importantes conséquences sur la notion d'infraction et le régime de la responsabilité pénale du dirigeant. Tout d'abord, la conformité contraint l'entreprise à s'organiser en des termes vertueux de manière à prévenir le risque de commission des infractions en son sein, par effet d'une sorte de délégation de l'« autorégulation » et de sa mise en œuvre **(Chapitre 1).** L'entrée en jeu de l'autorégulation semble ouvrir la voie à une justice pénale propre à l'entreprise qui pourrait sensiblement affaiblir la répression pénale dirigée à l'égard du dirigeant **(Chapitre 2).**

---

850 I. Ayres et J. Braithwaite, *Responsive Regulation : Transcending the Deregulation Debate*, Oxford, Oxford University Press, 1992.

851 Il est également possible de souligner que la flexibilisation de la règle pénale semble avoir amené une contractualisation du droit pénal.

852 L. n°2016-1691 du 9 décembre 2016 relative à la transparence, à la lutte contre la corruption et à la modernisation de la vie économique.

853 Allocution de Madame Nicole BELLOUBET le 3 mars 2016 lors de la présentation du projet de loi relatif au Parquet européen et à la justice pénale spécialisée.

CHAPITRE 1. L'INCIDENCE DES NORMES DE SOFT LAW : L'ADOPTION D'UN COMPORTEMENT ÉTHIQUE PAR LE DIRIGEANT

L'état des lieux ayant trait à la place du droit pénal dans l'entreprise. Dans l'entreprise, le développement de la réglementation sociale et économique a connu et pourrait connaître un accroissement considérable. On en veut pour preuve que le droit pénal français est généralement présenté comme celui qui comporte le plus de dispositions pénalement sanctionnées au sein même de l'entreprise[854]. Toutefois, il ne faut pas perdre de vue que 70 % de l'emploi salarié en France[855] est assuré par des petites et moyennes entreprises pour lesquelles le dirigeant à des difficultés à maitriser parfaitement la règlementation[856]. Une place tout à fait particulière semble se dessiner au profit des normes et des procédures d' « auto-organisation » de l'entreprise, elle pourrait, à notre sens, permettre aux entreprises et à ses représentants d'optimiser la prévention du « risque » pénal.

Le développement du phénomène d' « auto-organisation ». Sous l'angle de la théorie des sources du droit, cette « auto-organisation »[857] plus communément appelée « *autorégulation* »[858] peut être assimilée à

---

[854] Un auteur américain de la loi de 1966 se demandait « *par quel processus de raisonnement les auteurs de cette loi ont cru nécessaire de traiter les dirigeants de sociétés sur le même plan que des malfaiteurs ou des criminels* », V. sur ce point. A. J. Kevorkian, « Quelques critiques pragmatiques de la loi française sur les sociétés commerciales », *in Gaz. Pal.* 1968, doctr. p. 97 ; V. également la Contribution du MEDEF à la réflexion sur la place du droit pénal dans la société française, Rapport de juillet 2000, p. 2 ; J.-F. Barbièri, « Morale et droit des sociétés », *in La morale et le droit des affaires*, Colloque de l'Université de droit de Toulouse du 12 mai 1995, Montchretien 1996, p. 101 et s. ; P. Diener, « Éthique et droit des affaires », *D.* 1996, chron. p. 17.

[855] Hors fonction publique.

[856] D'après l'INSEE, le pourcentage des entreprises constitué en France par les TPE et PME est de 99,9%.

[857] Il est également possible de faire référence au terme d' « autodiscipline ».

[858] Selon le Professeur Anne-Marie FRISON-ROCHE, le droit de la régulation constituerait une branche du droit regroupant l'ensemble des règles affectées à la

un certain libéralisme et s'inscrit à première entente dans une sorte de voie de développement d'un contenu normatif non contraignant[859]. Dans ce cadre, notre attention se portera sur la *soft law,* expression qui traduit en termes sommaires la notion de « droit souple »[860]. Précisément, l'entreprise s'organise en des termes vertueux de manière à prévenir le risque infractionnel en son sein, par effet d'une délégation des normes d' « autorégulation » et de sa mise en œuvre par le ou les dirigeant(s). À tout le moins, cet outil semble adapté au caractère mouvant du monde de l'entreprise et aux évolutions du monde du marché.

L'émergence de la « *compliance* » en France. Une place particulière semble progressivement faire son apparition au profit des normes et des procédures de *soft law* faisant partie du droit réflexif et c'est une prise en considération officielle de ces normes par le législateur français qui donne naissance à une « obligation de conformité » à l'égard de laquelle l'entreprise est débitrice. Née aux États-Unis à l'occasion de la crise financière de 1929, la *compliance* tend alors à tenir compte de la nécessité d'intégrer dans les établissements bancaires et financiers, porteurs d'un risque systémique, les mesures d'autocontrôle et de contrôle qui permettent de protéger le système financier international[861]. La compliance s'est étendue au-delà du domaine financier, en droit de la concurrence, dans la lutte contre le blanchiment de capitaux et le financement du terrorisme, la lutte contre la corruption ou encore la protection des données personnelles et celle des droits

---

régulation de secteurs qui ne peuvent engendrer leurs équilibres par eux-mêmes, comme le droit de la régulation financière, le droit de la régulation énergétique, le droit du secteur audiovisuel et des télécommunications. V. sur ce point, M.-A Frison-Roche, « Le droit de la régulation », *D.* 2001, p. 610. L'article de M.-A. Frison-Roche montre l'impossibilité de définir avec précision le concept de régulation.

[859] Selon qu'il soit employé en anglais ou en français, le terme *régulation* n'a pas le même sens. Les anglo-saxons utilisent le mot « *regulation* » pour désigner la « *hard law* ».

[860] De nombreuses réflexions ont émergées sur le » droit souple ». V. notamment, C. Thibierge (dir.), *La force normative, naissance d'un concept*, Paris, LGDJ/Bruylant, 2009 ; C. Thibierge (dir.), *La densification normative : Découverte d'un processus*, Paris, Mare & Martin, 2014.

[861] M.-E Boursier, *Droit pénal des affaires internationales, Compliance et mondialisation*, Lextenso, coll. Précis Joly, 2e éd., 2020, spéc. n° 1059 à 1102.

humains[862].Définie par la doctrine française comme « *l'ensemble des processus qui permettent d'assurer la conformité des comportements de l'entreprise, de ses dirigeants et de ses salariés aux normes juridiques et éthiques qui leur sont applicables* »[863], la compliance permettrait une meilleure répartition des responsabilités entre les divers acteurs du monde de l'entreprise : la simple responsabilité du dirigeant pourrait alors être dépassée au profit d'une mise en cause de l'entreprise.

Annonce de plan. L'intégration des normes de *soft law* dans le domaine du pénal résulte aussi bien d'un recours volontaire de l'entreprise à ces normes **(Section 1)** que du législateur qui peut désormais imposer aux personnes morales l'adoption des textes, procédures et mesures de contrôle internes sans toutefois pouvoir en imposer le contenu **(Section 2).**

[862] M.-E Boursier, « La mondialisation du droit pénal économique », *RSC* 2017. 465 et « Le droit pénal au défi de la compliance : commerce international, droit pénal et compétitivité des entreprises », *JCP* 207. 2016.

[863] A. Gaudemet (dir.), *La compliance : un monde nouveau ? : Aspects d'une mutation du droit*, Paris, Éditions Panthéon-Assas, 2016, p. 9. Dans le même sens, B. de Juvigny : « *Dans sa double conception, la* compliance *constitue ainsi une démarche tendant à la fois à assurer la conformité pérenne aux réglementations applicables (dimension procédurale) et à diffuser au sein de l'entreprise une culture et des valeurs d'éthique et de responsabilité (dimension comportementale)* », « La *compliance*, bras armé de la régulation », *in Acte du colloque Régulation, supervision, compliance,* Paris, Dalloz, 2017, p. 17

SECTION 1.
L'ÉLABORATION DE NORMES DE SOFT LAW PAR L'ENTREPRISE, UNE ÉVOLUTION NOTABLE

Depuis quelques années, la réflexion autour des normes de *soft law* connaît un franc succès auprès de la doctrine[864]. Elle reflète une conception du droit caractérisée par des règles volontaires et non contraignantes. Destinée à « *assainir au maximum l'exercice du pouvoir* »[865], la *soft law* permettrait d'apporter une solution à l'inadéquation du droit pénal, jugé trop déstabilisant pour l'entreprise et ses dirigeants (§1). En élaborant des textes, la personne morale réussit à imposer une police de conformité en son sein. Cette démarche volontaire, facultative, renvoie alors l'image d'une « *entreprise citoyenne* »[866], soucieuse des règles éthiques et déontologiques. C'est ainsi que la *soft law* présenterait des intérêts considérables pour l'entreprise et son dirigeant. À tout le moins, elle faciliterait le développement des échanges commerciaux mais limiterait surtout le risque pénal qui pèse sur le dirigeant (§2).

§1- Une élaboration textuelle jugée nécessaire en raison de l'inadéquation du droit pénal à la logique entrepreneuriale

Dans l'entreprise, la tendance est à l'adaptabilité. Il s'agit avant tout de favoriser un mode de fonctionnement souple et adaptable, laissant une liberté aux différents acteurs y afférant. Ce manque d'adaptabilité des

---

[864] P. Deumier, *Le droit spontané*, Economica, 2002, spéc. n°276 et s, p. 257 et s. ; L. Grynbaum (dir.), *La contrainte,* Economica, 2007 ; C. Thibierge (dir.), *La force normative, naissance d'un concept*, Paris, LGDJ/Bruyland ; Y. Chaput (dir.), *La sanction : la lecture des économistes et des juristes*, Bruxelles, Bruylant, 2011 ; C. Thibierge (dir.), *La densification normative : Découverte d'un processus*, Paris, Mare & Martin, 2014.

[865] A. Couret, « Corporate governance, RSE et communication financière », *Dr. fisc.* 2012, étude 131.

[866] L'idée de « *l'entreprise citoyenne* » a été essentiellement développée au milieu du XXème siècle par le courant « *Business and Society* ». On retient surtout les travaux de Berle et Means qui distinguent le pouvoir du management et le droit de propriété des actionnaires. C'est ainsi qu'est née l'idée selon laquelle l'entreprise doit développer des normes fondées sur des valeurs pour déjouer les décisions arbitraires des actionnaires.

textes de nature pénale pourrait être appréhendé comme une véritable entrave au développement et à la pérennité de l'entreprenariat (A). Mais c'est également une éthique « mouvante » qui ne permet pas toujours au juge de sanctionner certains comportements déviants (B).

A- Le manque d'adaptabilité des règles de droit pénal à la logique entrepreneuriale

La dépénalisation du droit de la vie des affaires a toujours été une attente forte des chefs d'entreprise. Si les règles pénales ont été reconnues comme essentielles, elles présentent toutefois un risque pénal anormal pour le dirigeant (1°). Ce recours marginalisé au droit pénal ne prendrait pas en compte l'évolution du monde des affaires et nuirait considérablement à la compétitivité des entreprises implantées sur le sol français (2°).

1°-L'instrumentalisation du droit pénal dans le monde de l'entreprise

L'instrumentalisation du droit pénal dans l'entreprise. Depuis le début du XXème siècle, la réglementation économique et sociale connaît un accroissement considérable dans l'entreprise[867]. Si le recours au droit pénal a pu être perçu comme un moyen de pression à l'égard du dirigeant[868], il permet également de protéger différents intérêts en présence.

La protection des salariés dans leur dimension individuelle et collective. À titre d'illustration, les obligations qui pèsent sur l'employeur pour assurer la santé physique et mentale de ses travailleurs sont nombreuses et servent pour la plupart de fondement à la caractérisation d'une faute intentionnelle, même lorsqu'elles ne sont pas pénalement sanctionnées[869]. Aussi, le recours au droit pénal

---

867 M.-T. Calais-Autois, « La dépénalisation en droit des affaires, *D.* 1988, 315 ; *La dépénalisation de la vie des affaires,* Rapport au garde des Sceaux, La Documentation française, 2008 ; J.-M. Coulon, « Les nouveaux champs de pénalisation, excès et lacunes », *Pouvoir*, 2009 n°128, p. 5 et s.

868 B. Lapérou-Scheneider, « La responsabilité pénale de l'employeur personne physique et la présomption de faute », *Dr. soc.* mars 2012, p. 273.

869 Tout d'abord, les obligations qui pèsent sur l'employeur pour assurer la santé physique et mentale de ses travailleurs sont nombreuses et susceptibles de servir de fondement à la caractérisation d'une faute intentionnelle, même lorsqu'elles

apparait justifié pour protéger les droits individuels et collectifs de chaque travailleur.

La protection des acteurs économiques et des intérêts économiques de l'État. Il en va de même en matière économique où la protection de l'intérêt des créanciers et des actionnaires a conduit le législateur pénal à créer des infractions adaptées dans le cas où le droit commun ne trouvait pas à s'appliquer. Véritable outil de contrainte à l'égard du chef d'entreprise[870], le droit pénal a été appréhendé en quelque sorte comme un instrument soumis au seul crible de l'efficacité économique[871].

---

ne sont pas pénalement sanctionnées. Parmi elles, on dénote notamment l'obligation de formation à la sécurité telle qu'énoncée aux articles L 4141-1 à L 4141-4 du Code du travail, les obligations de mise en place de dispositifs de protection et de conformité des matériels. De plus, les obligations de prévention et d'information en matière d'hygiène et de sécurité telles qu'énoncées à l'article L 4121-1 du Code du travail permettent de fonder une faute délibérée.

Par ailleurs, d'autres dispositions réglementaires sont applicables. Il s'agit des textes pris en application de l'article L 4111-6 du Code du travail, tels que le décret n°62-1454 du 14 novembre 1962 sur la mise en œuvre des courants électriques, les décrets du 8 janvier 1965 sur les mesures applicables aux chantiers du bâtiment et des travaux publics, le décret du 28 avril 1975 sur les installations nucléaires de base, du 20 février 1992 sur les travaux effectués par une entreprise extérieure, du 24 décembre 1996 relatif à l'interdiction de l'amiante, le décret n°2001-97, du 1er février 2001 sur la prévention des risques cancérigènes, mutagènes ou toxiques pour la reproduction, ainsi que le décret n° 2002-460 du 4 avril 2002 relatif à la protection des personnes contre le danger des rayonnements ionisants. D'une manière plus précise, le décret n°2016-1678 du 5 décembre 2016 instaure une nouvelle règlementation en matière d'hygiène et de sécurité applicable sur les chantiers forestiers et sylvicoles.

[870] On fait référence à l'interrogation du Professeur André VITU : « *Le législateur ne se contente-t-il pas trop aisément de prévoir de lourdes pénalités, ou de multiplier les incriminations destinées à cerner toutes les défaillances possibles, en croyant avoir ainsi résolu le problème et avoir suffisamment convaincu les éventuels auteurs d'infractions de s'abstenir de tout faux pas* ? », A. Vitu, « Regards sur le droit pénal des sociétés » *in Aspects actuels du droit commercial français*, *Études dédiées à R. Roblot*, LGDJ, 1984, p. 247 s., spéc. p. 258.

[871] Selon Monsieur Frydman, *« le droit trouve dans l'économie du marché, tout à la fois, son fondement, sa raison d'être et son but. Sa fonction consiste principalement à conforter les règles de l'échange marchand et exceptionnellement, à en corriger les dysfonctionnements* », V. sur ce point, B. Frydman, « Les nouveaux rapports entre droit et économie : trois hypothèses concurrentes », *in L'économie, la règle juridique et la justice. Propos croisés entre l'économie et le droit*, éd. du CNRS, 1999.

Ainsi, la pénalisation de la vie des affaires est apparue comme le reflet particulier d'un mouvement plus général tendant à la moralisation de la vie des affaires mais surtout à la prévention des risques liés au développement des activités économiques.

Le droit pénal au service de la protection de l'environnement par le dirigeant. Mais plus récemment, la mondialisation de l'économie et de l'information a conduit l'opinion publique à se tourner vers les entreprises en raison de la dangerosité liée à leur activité[872]. Le développement de l'industrie a conduit le législateur français à multiplier les normes environnementales, jusqu'à intégrer la Charte de l'environnement de 2004 au bloc de constitutionnalité français. À cet effet, on compte de nombreuses incriminations spécifiques au monde de l'entreprise, destinées à protéger les milieux physiques et les espaces naturels ainsi qu'à prévenir les risques de pollution et les nuisances à l'égard de l'environnement[873]. Soulignons également que les infractions prévues par le Code pénal peuvent servir de fondement à des poursuites à l'encontre du dirigeant en cas d'atteintes à l'environnement[874]. Par exemple, dans l'affaire « *AZF* », la Cour d'appel de Toulouse avait condamné le dirigeant des chefs d'homicides et de blessures involontaires, après avoir notamment relevé des anomalies dans la gestion des déchets industriels au sein de l'entreprise et leur lien de causalité avec la survenance de l'explosion du bâtiment[875].

La protection de la vie privée des consommateurs. Enfin, le législateur pénal est intervenu en matière informatique. La loi du 6 aout 2004[876] a introduit une nouvelle institution pour les infractions en

[872] C. Mauro, « Responsabilité sociale des entreprises et droit pénal », *in Mélanges en l'honneur du professeur Jacques Henri-Robert*, Paris, Lexis Nexis, 2012, p. 497.
[873] E. Daoud et J. Ferrari, « La RSE et le droit pénal », *RLDA*, janv. 2015, p. 67.
[874] Tel est le cas du délit de mise en danger de la vie d'autrui et des atteintes à l'intégrité de la personne pouvant être occasionnés par les dommages environnementaux, mais aussi des infractions d'homicides et de blessures involontaires définies aux articles 221-6, 222-19 et 222-20 du Code pénal.
[875] CA Toulouse 24 septembre 2012, n°2012/642.
[876] **L. n° 2004-801 du 6 août 2004 relative à la protection des personnes physiques à l'égard des traitements de données à caractère personnel et**

matière de traitement des données à caractère personnel[877]. Tout dirigeant qui ne respecterait pas les formalités prévues par la loi du 6 janvier 1978 relative à l'informatique, aux fichiers et aux libertés verrait alors sa responsabilité pénale engagée. Le Code pénal prévoit, aux articles 226-16 et suivants, des sanctions spécifiques aux "*Atteintes aux droits de la personne résultant des fichiers ou des traitements informatiques*". Le fait de procéder, y compris par négligence, à des traitements de données personnelles non conformes à la loi Informatique et Libertés est sanctionné jusqu'à 5 ans d'emprisonnement et 300.000 euros d'amende. Aussi, le *Règlement général de protection des données*[878], entré en vigueur **le 25 mai 2018,** prévoit à l'article 84 1° que les États peuvent déterminer le régime des sanctions applicables en cas de violation des obligations prévues, autres que les sanctions administratives[879].

2°-L'impact de la pénalisation sur l'entreprenariat

La pénalisation, un frein à l'entreprenariat ? À notre sens, cette pénalisation présente de nombreux inconvénients à l'égard de l'entreprenariat. Comme l'avait déjà mis en avant le Professeur Albert CHAVANNE en 1963, elle serait de nature à freiner les initiatives des personnes à entreprendre une quelconque activité[880]. Présentée par la doctrine actuelle comme une véritable « menace » pour

---

modifiant la loi n° 78-17 du 6 janvier 1978 relative à l'informatique, aux fichiers et aux libertés, *JORF* n°182 du 7 août 2004 p. 14063, texte n° 2.

[877] E. Daoud et M. Pugliese, « La responsabilité pénale des dirigeants sociaux », *Sécurité et stratégie* 4/ 2013, p. 64-73.

[878] Règlement (UE) 2016/679 du Parlement européen et du Conseil du 27 avril 2016 relatif à la protection des personnes physiques à l'égard du traitement des données à caractère personnel et à la libre circulation de ces données, et abrogeant la directive 95/46/CE (règlement général sur la protection des données).

[879] Les sanctions pénales en cas de manquement aux règles en matière de protection des données sont déjà prévues et réprimées par les articles 226-16 à 226-24 du Code pénal.

[880] A. Chavannes, « Le droit pénal des sociétés et le droit pénal général », *RSC*, 1963, p. 863.

l'entreprenariat[881], elle apparaît comme une des causes de réticences des entrepreneurs étrangers à s'implanter sur le territoire français[882].

Le recours au droit pénal, un frein à la compétitivité des entreprises françaises ? Aussi, cette instrumentalisation nous apparaît comme une véritable entrave au dynamisme économique et à la confiance du marché et de la compétitivité des entreprises[883]. À tout le moins, elle freine le développement économique français[884]. Cette position n'est pas à prendre à la légère lorsque l'on constate que l'investissement entrepreneurial des TPE et PME représente 9% du PIB français. Toutefois, force est d'admettre que le caractère instrumentaliste, voire opportuniste, du droit pénal économique[885], pourrait revêtir une fonction de protection des entreprises face à certains concurrents[886].

---

[881] Le législateur n'aurait pas cherché à savoir si l'incrimination permet des gains d'efficacité ou si elle est néfaste au marché. V. sur ce point, L. Donnedieu de Vabres-Tranié et C. Montet, « Un droit de la concurrence : pour quoi faire ? », *Contrats, conc. Consom.* 2005, étude 22, §5.

[882] *La dépénalisation de la vie des affaires*, Rapport remis au garde des Sceaux par le groupe de travail présidé par J.-M Coulon, *op. cit.*

[883] A. Jacquemin, « L'économique, serviteur de l'économie », *RTD com.* 1972, p. 283 ; V. Wester-Ouisse, « Le droit pénal face aux Codes de bonne conduite », *RSC.*, avr-juin 2000, p. 351. En 2013, le Conseil d'État a mené une étude sur le thème du droit souple en appréhendant le droit pénal comme un véritable risque constitutif et une véritable entrave au développement économique : Étude annuelle 2013 du conseil d'État, *Le droit souple*, Paris, La documentation française, 2013, p. 60.

[884] C'est finalement, le rapport Lambert et Boulard de 2013 qui a établi un lien direct entre l'inflation législative et la situation économique des entreprises françaises. V. sur ce point, Rapport de la mission de lutte contre l'inflation normative, 26 déc. 2013, www.viepublique.fr.

[885] A. Jacquemin, « L'économique, serviteur de l'économie », *RTD com.* 1972, p. 283.

[886] Comme le souligne le rapport Coulon : « *L'autonomie du législateur en matière de droit des affaires n'est pas totale, comme dans toutes les branches du droit. En effet, elle doit prendre en compte un certain nombre de contraintes structurelles, à la fois économiques, juridiques et éthiques, qui permettent à contrario de tracer les frontières des incriminations « dépénalisables ». La dépénalisation est en premier lieu encadrée par des contraintes économiques. En effet, les entreprises ont besoin de sécurité juridique afin de garantir leurs opérations sur le marché. Cette sécurité suppose un certain nombre de règles, prévisibles, accessibles et équitables qu'il convient de garantir notamment par des mécanismes pénaux. Le droit pénal peut avoir ici une fonction de protection de la PME face à certains concurrents beaucoup plus grands, ou de protection de*

Bilan. Le recours au droit pénal, s'il semble justifié pour permettre la protection de différents intérêts en présence, pourrait montrer son incompatibilité avec la logique entrepreneuriale tout comme l'éthique d'entreprise qui, à notre sens, ne semble guère compatible avec la logique pénale.

B- La mouvance de l'« éthique d'entreprise » inadaptée au caractère « statique » du droit pénal

La notion d'éthique, une notion difficile à définir. L'éthique fait aujourd'hui l'objet d'un réel engouement, au point d'être devenu l'un des thèmes phare du monde de l'entreprise. Toutefois, la définir, n'est pas une chose aisée. Comme l'avait mis en avant le Professeur Jacques DELGA, « *la notion d'éthique est difficile à définir, a fortiori celle d'éthique d'entreprise dans la mesure où il existe des conceptions distinctes* »[887]. Dans le même sens, le Professeur Marie-Anne FRISON-ROCHE a pu écrire récemment que « *lorsqu'on regarde ce qui est rassemblé sous le terme éthique, aussi étrange qu'il est étranger, on est frappé par le bric-à-brac qu'il recouvre* »[888]. En dépit de cela, il est à notre sens possible, de se raccorder à la démonstration de Monsieur Jean-Claude MAGENDIE selon laquelle l'éthique a une double acception : elle est couramment entendue comme synonyme de morale[889], elle se réfère aux principes moraux qui doivent guider notre conduite ; mais elle est aussi une réflexion critique sur les valeurs qui orientent nos actions au regard de notre conception du bien et du juste,

---

sous-traitants face à ses clients, qui peuvent d'ailleurs eux-mêmes être ses concurrents ».

887 J. Delga, « De l'éthique d'entreprise et de son cynisme », *D.*, 2004. 3126.

888 M.-A. Frison-Roche, *Pour une Europe de la compliance*, Paris, Dalloz, 2019, p. 1.

889 V. en sens contraire la vision du philosophe Emmanuel Kant selon laquelle les principes de détermination du vouloir entre le matériel, qui est particulier parce qu'il se rattache à la sensibilité, et les principes formels, qui sont universels et rationnels sont séparés. Rappelons que Jürgen Habermas se fonde sur cette distinction kantienne entre les principes matériels et les principes formels pour distinguer la morale - qui se rattache aux principes formels - de l'éthique - qui se rattache aux principes matériels. La seconde introduit dès lors dans l'éthique des affaires la prise en compte des intérêts d'autrui par la société. C'est ce qui est consacré par l'article 1833 du Code civil.

dans une situation donnée[890]. La morale ou l'éthique – dont on considère ici qu'elles désignent la même réalité ont pu être perçues comme des disciplines dont l'objet était de débattre sur des normes[891]. D'ailleurs, il est la plupart du temps fait référence par la doctrine à la logique de « *moralisation du monde professionnel* »[892] ou à l'« *éthique d'entreprise* »[893].

La place de l'éthique et de la règle pénale dans le monde de l'entreprise. Mais à bien y réfléchir, la règle éthique s'accorde-t-elle avec la logique pénale ? La règle pénale permet-elle de préserver l'éthique d'entreprise ? De manière globale, si le droit pénal apparaît comme un régulateur de la moralité commerciale[894], il semble toutefois inadapté en ce qu'il ne permet pas toujours de sanctionner des comportements contraires à la « morale »[895].

---

[890] J.-C. Magendie, « Éthique et conformité dans les entreprises », *Rev. Soc.*, 2019, p. 730.

[891] L'article consacré à la définition de l'éthique par Paul Ricoeur dans le Dictionnaire d'éthique et de philosophie morale dirigé par Monique Canto-Sperber fait ainsi une distinction intéressante entre une éthique antérieure et une éthique postérieure. L'éthique antérieur désigne l'amont des normes « *pointant vers l'enracinement des normes dans la vie et dans le désir* ». L'éthique postérieure elle désigne l'aval des normes « *visant à insérer les normes dans les situations concrètes* » et étant par là même conduite à se conjuguer au pluriel ». V. Sur ce point, P. Ricoeur, « Ethique, De la morale à l'éthique », *in* Canto M. Canto-Sperber (dir.), *Dictionnaire d'éthique et de philosophie morale*, Paris, PUF, 1996.

[892] G.-L. Pierre-François, « Recherches sur la notion et le rôle de l'intention frauduleuse en droit pénal des sociétés », *in Annales de la Faculté de droit de l'université de Toulon et du Var, 1977-1978*, n°4, spéc. V. également M.-E. Boursier et A. Sonet, Groupes internationaux de sociétés : renforcement de la pression internationale en matière de lutte contre l'évasion fiscale, *Dr. pén.* 2016. Étude 4.

[893] Selon Monsieur Bruno OPPETIT, la doctrine fait plutôt référence à la notion d'éthique dans la mesure où le terme paraît plus neutre. V. sur ce point, B. Oppetit, *op. cit.* ; E. Putman, « Rapport introductif *», in Ethique des affaires : de l'éthique de l'entrepreneur au droit des affaires*, Librairie de l'Université, 1997, p. 221.

[894] S. Spiteri, *Le droit pénal régulateur de la morale commerciale*, Ann. Fac. Dr. de Toulouse, 1972, p. 51.

[895] B. Lapérou-Scheneider, « *Soft law* et droit pénal : divergences et confluences l'exemple du droit français », *in* Soft law *et droit du commerce international, Contributions à l'étude du renouvellement des sources du droit,* Actes du colloque international des 11 et 12 mai, Lexis Nexis, 2018, p. 212 et s.

Premièrement, la règle pénale se différencie de la loi éthique par la netteté de ses incriminations. Tandis que les lois morales « *traduisent des aspirations vagues vers des objets très généraux comme l'amour filial ou la charité* »[896], les règles pénales doivent caractériser des comportements précis. En effet, le principe de légalité impose la rédaction de textes clairs et précis qui supposent une permanence et une généralité de la norme. Cette règle apparaît alors forcément incompatible avec la contingence et la spécialité de la norme éthique qui exclut toute codification.

Deuxièmement, si la morale peut être marquée par sa permanence, elle présente toutefois un caractère évolutif[897]. Déjà en 1990, la doctrine évoquait « *le renouveau de l'éthique* »[898] ou son caractère parfois « *impalpable* »[899]. Cette opposition est d'autant plus forte dans l'entreprise que celle-ci a un besoin vital d'adaptation aux contraintes du réel. En somme, la loi cristallise et fige, tandis que l'éthique évolue sans cesse. Par voie de conséquence, il n'est pas toujours permis au juge pénal de sanctionner des comportements contraires à la « *morale* » des affaires. Dans un arrêt en date du 9 mars 2016, la chambre criminelle de la Cour de cassation a rejeté la qualification d'abus de biens sociaux pour une affaire dans laquelle un administrateur s'était interposé entre le créancier de sa société pour acheter la créance puis la revendre avec profit à la débitrice[900]. Les faits constitutifs d'un abus de biens sociaux n'ont pu être saisi par le droit pénal dans la mesure où ils étaient seulement contraires à une certaine déontologie des affaires[901].

---

[896] E. Durkheim, *De la division du travail social*, Paris, PUF, 1978 [1893], 12 ème éd., p 35 et s.
[897] B. Oppetit, *Ethique et vie des affaires*, *in Mélanges A. Colomer*, Litec, 1993, p. 327.
[898] Th. Revet, « L'éthique des contrats internes » *in Ethique des affaires : de l'éthique de l'entrepreneur au droit des affaires*, Librairie de l'Université, 1997, p. 229.
[899] A. Roger, « Éthique des affaires et droit pénal *», in Mélanges en l'honneur du Professeur Jean Larguier*, PUG, 1993, p. 265. L'auteur souligne à cet effet que « *la loi fige alors que l'éthique évolue et cette opposition est d'autant plus forte dans l'entreprise que celle-ci a un besoin vital d'adaptation aux contraintes du réel* ».
[900] Dans cette affaire, la Cour de cassation a cassé la décision de la Cour d'appel qui avait retenu la qualification d'abus de bien sociaux.
[901] Cass. crim., 9 mars 2016, *Dr. pén.* 2016, comm.85, J-H. Robert.

Troisièmement, les infractions imputables au dirigeant sont dépourvues de coloration « morale » et sanctionnent des infractions purement matérielles. En effet, la faute est plus matérielle que morale, plus objective que subjective. Pour preuve, nombre d'infractions à la réglementation *ès-qualités* qui punissaient la violation d'obligations formelles[902] ont été dépénalisées en 2003[903].

Enfin, la moralisation semble échapper de plus en plus au droit pénal peut être assurée par d'autres mécanismes - Il existe d'autres façons de garantir l'éthique. La protection tend également à être assurée par des autorités administratives indépendantes (Autorité de la concurrence, AMF, Autorité de lutte contre la corruption[904]) et des autorités administratives classiques. Comme évoqué dans le titre précédent, des injonctions, amendes administratives permettent de garantir le respect des règles éthiques par les dirigeants et en sanctionnent le non-respect. Somme toute, une dépénalisation ne signifierait pas un recul de l'éthique, elle signifierait un changement de mode de contrôle de la règle éthique. Pour l'heure, les entreprises proposent d'élaborer des normes plus souples.

---

[902] Il peut être fait référence à l'émission d'action d'une société irrégulièrement constituée (anc. C. com. art. L. 242-1), le défaut d'enregistrement en vue de la tenue des assemblées (anc. C. com. art. L. 242-12), le défaut d'envoi de documents (anc. C. com. art. L. 242-13), le non-respect des droits de vote attachés aux actions (anc. C. com. art. L. 242-16), la non-désignation ou non-convocation aux assemblées des commissaires aux comptes (C. com. art L. 820-4, 1°), l'omission de mentionner sur les actes ou documents émanant de la société et destinées aux tiers l'indication de sa dénomination sociale et de l'énonciation du capital social (anc. C. com., art L. 246-1 et L. 241-7) ou l'inobservation du droit préférentiel des actionnaires (anc. C. com. art L. 242-18). Soulignons qu'à ces sanctions pénales ont été substituées des nullités.

[903] Les lois du 1er août 2003 sur la sécurité financière et sur l'initiative économique ont procédé à la dépénalisation d'infractions qui punissent la violation d'obligations formelles.

[904] L'Agence française anticorruption est un service à compétence nationale placé auprès des ministres de la Justice et du Budget, qui a pour mission d'aider les personnes morales ou physiques qui y sont confrontées, à prévenir et à détecter les atteintes à la probité (faits de corruption, de trafic d'influence, de concussion, de prise illégale d'intérêt, de détournement de fonds publics et de favoritisme). Créée par la loi du 9 décembre 2016, l'Agence française anticorruption vise ainsi à renforcer l'intégrité et la probité dans la vie économique et les administrations publiques. L'AFA remplace le service central de prévention de la corruption (SCPC).

§2- Une élaboration textuelle visant à prévenir la réalisation du « risque » pénal dans l'entreprise ?

Prenant conscience du « *risque pénal* »[905] pesant sur les entreprises et leurs dirigeants, les organisations internationales ont dans un premier temps, entamé la construction, sous l'influence des droits anglo-saxons, d'un système de règles jurisprudentielles issu de conventions internationales[906]. Ces règles, plus communément dénommées règles de *soft law,* s'adaptent en quelque sorte aux évolutions du commerce. Elles apparaissent incitatives et non contraignantes[907].

Force est toutefois de constater que ces règles bouleversent le schéma traditionnel de la logique punitive. D'une part parce que l'entreprise, par le biais de ses représentants, va s'organiser en des termes vertueux et éthiques, de manière à prévenir la commission d'infractions en son sein (A). D'autre part, le dirigeant, contraint à respecter les règles de *soft law*, sera incité à adopter un comportement éthique (B).

---

[905] S. Detraz, « Regards croisés des Codes d'éthique et du droit pénal », *Cahiers de droit de l'entreprise*, 2014, n°21.

[906] M.-E Boursier, » Commerce international, droit pénal et compétitivité des entreprises », *JCP. G* 2016, p. 207. Plus précisément, en matière de responsabilité sociétale, la Commission de l'Union européenne a déclaré qu'» *être socialement responsable signifie non seulement satisfaire pleinement aux obligations juridiques applicables mais aller au-delà et investir davantage dans le capital humain, l'environnement et les relations avec les parties prenantes* ». V. sur ce point, *Promouvoir un cadre européen pour la RSE*, *in* Com (2001), 366 final, 18 juillet 2001, p. 7.

[907] O. Dexant- De Bailliencourt, « De quelques spécificités de la responsabilité civile au dirigeant de société in bonis », *Les responsabilités du dirigeant de société, Regards croisés de droit civil et de droit pénal, in Actes de colloque,* O. Dexant de Baillancourt (dir.) et B. Lapérou-Scheneider (dir.) , Dalloz, coll. « Thèmes et commentaires », 2018, spéc. p. 58.V. également TA Rennes, 21 mai 2019, n° 1902087, *AJCT* 2019. 459, obs. P. Villeneuve ; M.-E. Boursier, « Qu'est-ce que la compliance, essai de définition », *D.* 2020, 419.

A- Vers un l'interdit « aux mains » de l'entreprise ?

La *soft law* s'inspire des réalités économiques qui considère l'entreprise comme un véritable « acteur social » qui doit se doter d'une organisation efficace apte à éviter tout risque d'atteinte à des valeurs sociétales fondamentales. Cet aspect impliquerait alors un changement de paradigme manifeste par rapport à la structure traditionnelle de l'intervention punitive.

L'entreprise, créatrice de normes contraignantes. Alors qu'habituellement est laissé à la puissance étatique le monopole de l'interdit, ce caractère fondateur du droit pénal est ainsi renversé. C'est ici l'entreprise qui élabore des chartes, recommandations, Codes de conduite, de bonnes pratiques ou d'éthique par lesquels elle s'engage à respecter des règles éthiques. À cet effet, la terminologie d'« *enforced self-regulation* »[908] traduisant la responsabilité de ses destinataires[909] fait émerger dans le paysage juridique français le concept d' « *autorégulation* »[910] d'entreprise. À tout le moins, cette démarche volontaire de l'entreprise souvent motivée par des préoccupations d'ordre économique (1°) tend également à prévenir le risque de commission des infractions en son sein (2°).

1°-La soft law, vecteur de pérennité économique de l'entreprise

Comme l'avait mis en avant l'ancien Secrétaire général des Nations Unies, Monsieur Ban KI MOON, l'élaboration par les entreprises de normes de *soft law* est souvent motivée par des préoccupations commerciales et économiques[911]. Il convient alors de s'interroger sur le sens de ces préoccupations.

---

[908] J. Braithwaite, « Enforced Self-Regulation, A New Strategy for Corporate Crime Control » *in Michigan Law Review*, 1982, p. 1466 et s.

[909] I. Ayres et J. Braithwaite, *Responsive Regulation : Transcending the Deregulation Debate*, Oxford, Oxford University Press, 1992.

[910] S. Manacorda, « La dynamique des programmes de conformité des entreprises : déclin ou transfiguration du droit pénal des affaires ? » *in L'entreprise un monde sans frontières, Perspectives économiques et juridiques* (dir. A. Supiot), Dalloz, 2015, p. 200.

[911] Lors du Sommet des dirigeants du Pacte mondial de Davos le 24 juin 2010, Ban Ki-Moon au sujet de la *soft law* : « *au début, cet engagement (le pacte mondial) avait comme force motrice la moralité à laquelle s'est ajoutée*

Tout d'abord, *la soft law* semble contribuer à la compétitivité des entreprises sur les scènes nationale et internationale[912] : les consommateurs deviennent sensibles aux comportements « *sociétalement responsables* »[913], les règles assurant la transparence de l'information financière favorisent quant à elles la confiance des investisseurs et participent ainsi au développement durable des marchés[914]. Ainsi, la *soft law* nous apparaîtrait comme un moyen de standardisation nationale et internationale des entreprises qui permet avant tout à l'entreprise d'afficher sa compétitivité tant sur plan national qu'international ; elle répondrait en grande partie à un mouvement de fond : le développement économique de l'entreprise[915].

A contrario, certains auteurs ont assimilé la *soft law* à un outil publicitaire purement informationnel[916] ayant vocation à minimiser

---

désormais la conviction que principes et profits sont les deux côtés d'une même pièce ».

[912] D. Dedieu, W. Feugere, M. Lancri, M. Mo, sé, J.-Y. Trochon, A. Winckler, « *Compliance* : entre coopération et contrôle », *Rev. int. de la compliance et de l'éthique des affaires*, n°26, 28 juin 2018, 62.

[913] E. Drai, « Responsabilité sociétale des entreprises : un mouvement créateur de valeur », *Petites. aff.* n°54, p. 4.

[914] Après l'éclatement de plusieurs scandales financiers, l'idée s'est imposée de restaurer la confiance des investisseurs et l'attractivité. Une étude de l'UNEP FI d'octobre 2007, « Demystifing Responsabile Investment Performance » conclut que les critères éthiques sont facteurs de performance d'entreprise.

[915] Comme le souligne Monsieur Jérôme Bédier (Ancien Directeur général délégué de Carrefour) dans son intervention lors de la conférence du 2 novembre 2018 au Conseil économique et social, « L'individu au cœur de la compliance » : « *La question de la* compliance *est une question centrale pour l'entreprise. La première réunion managériale organisée par le nouveau président de Carrefour, il y a cinq ans, n'a pas été consacrée aux projets stratégiques mais bien à la* compliance. *Pourquoi ? Parce que l'entreprise avait perdu beaucoup d'énergie et de flux, pour n'avoir pas suffisamment été attentive aux questions de la* compliance. *Toute une série de sujets n'avaient pas été traités, car le seul objectif assigné était le développement du chiffre d'affaires La* compliance *a donc été placée au cœur même de la responsabilité des directions générales des différents* business units, *car elle n'est pas un mécanisme subi mais un outil de développement de l'entreprise* ».

[916] V. R. Beauchard, « Responsabilité sociétale des entreprises : la communication saisie par le droit », *Dr. soc.* 2011, p. 395.

l'impact négatif sur l'opinion public[917]. À notre sens, il semble possible de tempérer ces arguments. Tout d'abord, les entreprises qui chercheraient uniquement à profiter d'un effet d'annonce visant à améliorer leur image vis-à-vis des parties prenantes, sans pour autant respecter les engagements sur lesquels elles communiquent, ne sont pas exonérées de responsabilité pénale. Comme le souligne Madame Madeleine LOBE-LOBAS, les documents éthiques peuvent être considérés par le juge pénal comme fictifs lorsqu'ils ne font que démontrer la volonté de l'entreprise de s'exonérer de responsabilités pénales[918]. Par exemple, la charte de déontologie élaborée par la société France Télécom qui visait « *à assurer à ses collaborateurs un environnement sain et sûr et à favoriser le développement de leurs qualités professionnelles et de leurs responsabilités individuelles* » n'a pas empêché qu'une information judiciaire soit mise en œuvre pour homicide involontaire à l'égard de la société[919]. Ensuite, outre l'aspect économique, il faut souligner que la *soft law* permet de compléter des droits nationaux mais aussi d'en pallier les carences car souvent trop imprécis. Elle représenterait donc un moyen pour les entreprises de protéger certaines valeurs éthiques qui leur sont chères et par la même occasion de se protéger des dangers représentés par d'autres entreprises.

2°-La soft law, outil de prévention de la commission d'infractions dans l'entreprise

Ces normes de *soft law* étant pour l'essentiel fondées sur le volontariat, celles-ci entraînent l'adhésion de l'entreprise aux règles qu'elle édicte. Bien qu'unilatéraux et spontanés, les engagements volontaires élaborés par la personne morale se matérialisent par l'adoption de Codes de bonnes pratiques et de documents éthiques constituant de nouvelles « *obligations juridiques* »[920]. On fait référence à la procédure de « *due*

---

[917] P. Khan, « À propos des sources du droit du commerce international. Philosophie du droit et droit économique, quel dialogue ? », *in Mélanges en l'honneur de Gérard Farjat*, 1999, p. 85.

[918] M. Lobe-Lobas, « L'engagement volontaire RSE au service de la preuve pénale », *Dr. env.* 2014, n°3, étude 4.

[919] V. sur ce point, E. Daoud, B. Dinh, J. Ferrari, C. Gambette, « Gérer le risque pénal en entreprise », *Lamy Axe Droit*, 2011.

[920] G. Farjat, « Nouvelles réflexions sur les Codes de conduites privés », *in* J. Clam et G. Martin, *Les transformations de la régulation juridique*, LGDJ, coll. Droit et société, 5, 1998, p. 151 ; I. Desbarats, « Codes de conduite et chartes

diligence »[921] ayant principalement pour objectif de permettre à l'entreprise de connaître la partie tierce avec laquelle la relation est envisagée et d'anticiper ainsi son éventuelle exposition à un risque de fraude (notamment si la partie tierce est localisée dans un pays dont la législation n'impose pas des obligations équivalentes de lutte contre la corruption, le blanchiment ou le financement du terrorisme, l'entreprise devant dans ce cas faire preuve d'une vigilance accrue). Elle doit être en mesure de démontrer à tout moment et à tout tiers (actionnaires, investisseurs, autorités, juridictions, etc.), que cette confiance est légitimement fondée, c'est-à-dire que des mesures adéquates ont été prises pour identifier et prévenir les éventuels risques afférents à la relation envisagée (en justifiant par exemple la réalisation d'audits ou d'investigations sur l'aptitude de la partie tierce pour le type d'activités envisagées).

L'apport des documents éthiques dans l'entreprise. En ce qui concerne les documents éthiques, ceux-ci ont pour finalité de moraliser les activités des entreprises. Ils s'intègrent ainsi totalement dans le cadre de la Responsabilité sociétale des entreprises dite « RSE », soit parce qu'ils traduisent des conduites à tenir en matière de harcèlement sexuel ou de corruption, soit parce qu'ils traduisent des déclarations d'intention et affirment les valeurs de l'entreprise (promouvoir la diversité, interdire le travail forcé et le travail des enfants, interdire les discriminations ou plus généralement faire respecter les droits fondamentaux).

Les documents éthiques ont également pour objectif d'inciter les parties prenantes de l'entreprise à adopter un comportement conforme aux valeurs qu'elle véhicule et de réduire par ailleurs la réalisation des risques juridiques auxquels elle est confrontée dans son activité. Par ce biais et afin de prévenir le risque pénal, les entreprises peuvent imposer

---

éthiques des entreprises privées, regard sur une pratique en expansion », *JCP*, 2003. I. 112, n°1.

[921] La « *Due diligence* » est un terme juridique qui est principalement utilisé en France pour le droit des achats d'entreprises. Le concept découle de la jurisprudence américaine et son équivalent dans le droit français correspond à l'obligation de vigilance. La diligence raisonnable en droit américain et la diligence raisonnable en droit français ont toutes deux un large champ d'application. Toutefois, l'ancienne réglementation américaine a fortement influencé la pratique juridique de précaution en France, qui vise à éliminer en grande partie les problèmes juridiques liés aux acquisitions d'entreprises.

à leurs fournisseurs des normes éthiques dans la conduite de leurs activités, lesquelles relèvent de domaines multiples (conformité réglementaire, promotion et respect des droits de l'Homme, droit du travail, environnement, lutte contre la corruption, etc.), afin que ses engagements éthiques soient respectés tout au long de la chaîne d'approvisionnement. Partant de ces illustrations, on peut en déduire que le droit pénal n'apparait plus comme le seul garant de l'éthique. En respectant les règles éthiques, quelle que soit leur origine, que ces dernières proviennent de Codes ou de chartes, les acteurs de la vie des affaires respectent par définition la règle de droit. Si un dirigeant a un comportement éthique, par définition, il ne commet pas d'infraction. Par conséquent, en respectant les règles éthiques qui se multiplient au sein des entreprises, la fonction préventive du droit pénal est favorisée ; il y a en quelque sorte un enrichissement de cette fonction, qui est la première du droit pénal.

B- L'influence des normes de *soft law* sur la responsabilité pénale du dirigeant

À ce stade de la réflexion, il s'agit de s'interroger sur l'effet créé par les normes de *soft law* sur la responsabilité pénale du chef d'entreprise. Logiquement, en respectant les normes de *soft law* élaborées par l'entreprise, le dirigeant respecte par définition la règle de droit. Ce nouvel espace de normativité de la RSE « *où le droit dur cohabite avec le droit mou* »[922] permettrait au dirigeant d'éviter une condamnation pénale. En invitant le dirigeant à s'interroger sur des questions éthiques (1°) celui-ci serait alors dissuadé de commettre une ou plusieurs infractions au sein de l'entreprise (2°).

1°-La fonction incitative de la soft law à l'égard du dirigeant

L'incitation du dirigeant au comportement éthique. D'une manière générale, les règles souples de conduite ou d'éthique peuvent être analysées comme des outils d'incitation des dirigeants à un surplus d'honnêteté et de scrupules[923]. De nombreuses études semblent

---

[922] K. Martin-Chenut et R. De Quenaudon (dir.), *La RSE saisie par le droit, perspectives internes et internationales*, Paris, Editions Pedone, 2016, p. 123.

[923] A. Roger, « Éthique des affaires et droit pénal », *in Mélanges en l'honneur du Professeur Jean Larguier*, Grenoble, P.U.G., 1993, p. 261.

démontrer qu'une réglementation stricte du comportement conduit à une perte de la motivation intrinsèque de l'agent[924].Plus concrètement, les règles sont pensées en termes de « *programmation* », les chefs d'entreprise se voyant ainsi « *obligés* » de s'organiser vertueusement afin de prévenir le risque de réalisation d'infractions au sein et/ou à raison de leur organisation. D'une manière générale, le dirigeant s'engage à aller au-delà des exigences légales[925]. Il existe donc des raisons valables de privilégier ce type d'instrument volontaire. Outre le fait que la *soft law* soit plus adaptable à la réalité des activités de l'entreprise, le processus d'élaboration d'une règle par le dirigeant comprise et acceptée va apparaître comme un facteur d'effectivité de la norme dans l'entreprise. Les textes contribuent à l'effectivité de la loi pénale puisqu'en suppléant les textes ils préviennent les infractions. Il semblerait que les normes de *soft law* étant basées pour l'essentiel sur une démarche volontaire vont entraîner l'adhésion du dirigeant, et ce du fait de la justification des règles.

Loin de se résumer à la volonté de s'attribuer une image charitable, la mise en œuvre de règles de *soft law* par l'entreprise implique une réflexion de la part du dirigeant au sujet de l'organisation interne de l'entreprise. D'un point de vue pratique, le dirigeant s'engage à mettre

---

[924] La théorie économique du « *Principal-agent* » part du principe que des systèmes de contrôle exhaustifs conduisent à un effort de travail supérieur, il est possible de démontrer qu'un dispositif de supervision ultra-rigoureux. V. sur ce point, E. Fehr et Klaus M. Schmidt, « Fairness, Incentives, and Contractual Choices », *in European Economic Review*, 44 (2000), 1057-1068, R. Bernabeu et J. Tirole, « Intrinsic and Extrinsic Motivation », *in Review of Economic Studies*, 70 (2003), 489-520. V. aussi, E. Schanze, « Enforcing Good Banking Pratices through Manager Liability ? » *A law and Economics perspective* in Peter Nobel, Katrin Krehan et Anne-Cathrine Tanner, *Law and Economics of Global Financial* Institutions, Zurich, Schultness, 2010, pp. 251-268, spéc. p. 287.

[925] Comme le souligne très justement le Professeur Pascale Deumier, « *pour être effectif, nul n'est besoin d'être juridiquement obligatoire, il suffit d'être suivi* », « Les Codes de conduite des entreprises et l'effectivité des droits de l'homme », *in* L. Boy, J.-B. Racine et F. Siiriainen (coord.), *Droit économique et droits de l'homme*, Larcier, Bruxelles, p. 671 et s., spéc. p. 674.V. Livre vert, note 4. « *Les documents ne doivent pas se substituer à la législation et aux dispositions contraignantes nationales, européennes et internationales : les dispositions à caractère obligatoire garantissent des normes minimales qui s'imposent à tous, tandis que les Codes de conduite et toutes les autres initiatives de nature volontaire ne peuvent que les compléter et prononcer des règles plus strictes pour ceux qui y souscrivent* ».

en œuvre des normes de *soft law* visant à instaurer une culture de confiance dans l'entreprise. De par son statut dans l'entreprise, le dirigeant doit faire comprendre son action et ses choix et s'abstenir d'en tirer profit. C'est en ce sens que les règles souples peuvent être analysées comme des outils d'incitation du dirigeant à un surplus d'honnêteté et de scrupules auquel le droit commun ne le pousserait pas[926].

L'engagement de l'instance dirigeante dans la prévention et la détection de faits de corruption. Les premières recommandations de l'Agence française anti-corruption[927] publiées en décembre 2017 portaient sur « *l'engagement de l'instance dirigeante dans la prévention et la détection de faits de corruption* ». L'AFA soulignait à cet effet que « *la mise en œuvre d'une stratégie de gestion des risques et d'un programme de conformité anticorruption s'appuie sur l'engagement des cadres dirigeants d'une organisation, d'y établir une culture d'intégrité, de transparence et de conformité* »[928]. La notion d'instance dirigeante a ainsi été précisée dans les nouvelles recommandations de l'AFA et vise les présidents, les directeurs généraux, les gérants, les membres du directoire, ainsi que les directeurs généraux d'établissements publics à caractère industriel et commercial. Force est d'admettre que ne sont pas visés toutes les catégories de « dirigeants ». Cela renvoie inévitablement à la volonté de l'AFA de responsabiliser toutes les entités, et non seulement les entités assujetties à la loi Sapin II. L'AFA insiste sur le fait que l'instance dirigeante doit s'assurer de l'efficacité du dispositif et de son intégration au sein des différentes équipes. Aussi, L'instance dirigeante doit développer une culture de la compliance.

---

926 A. Roger, *op. cit.*

927 L'Agence française anticorruption (AFA) est un service à compétence nationale créé par la loi du 9 décembre 2016 relative à la transparence, à la lutte contre la corruption et à la modernisation de la vie économique. Placée auprès du ministre de la Justice et du ministre en charge du Budget, elle aide les autorités compétentes et les personnes qui y sont confrontées à prévenir et à détecter les faits de corruption, de trafic d'influence, de concussion, de prise illégale d'intérêt, de détournement de fonds publics et de favoritisme. Son expertise peut être sollicitée par les juridictions, les grandes entreprises, les administrations ou encore les collectivités.

928 AFA, Recommandations, version déc. 2017, p. 6.

2°-La fonction préventive de la soft law

Ce raisonnement nous pousse alors à nous interroger sur la coexistence des règles de *soft law* et de *hard law*. La *soft law* n'apparaît pas comme une norme mais comme un processus d'élaboration d'autres normes venant traduire la politique d'une entreprise ou d'une organisation[929]. En effet, on conçoit traditionnellement que le droit s'entend de normes juridiquement obligatoires, abstraites et générales. De ce point de vue, la *soft law* semble remettre en cause le caractère obligatoire de la règle[930].

La complémentarité entre la *soft law* et la *hard law*. La *soft law* peut être également présentée comme le signe d'un nouveau type de normativité qui n'empêche pas l'application du droit pénal[931]. Il existerait donc une complémentarité voire une affinité et non une concurrence entre le « droit souple » et le « droit dur ». En effet, les principes de *soft law* viennent compléter les dispositions nationales et s'y ajouter. Ils ne s'y substituent pas, ils vont au-delà. Le dirigeant s'engage à respecter par la règle de droit l'ensemble de ces règles, quelle que soit leur origine - que celles-ci proviennent de Codes ou de chartes[932]. Dans la mesure où la *soft law* complète et renforce le droit

---

[929] F. Laronze, « La norme ISO 26000, une source de droit en matière sociale ? l'apport de la théorie du droit à la réflexion sur les normes de la RSE », *Dr. soc.*, 2013, p. 345.

[930] Il peut être fait référence à la distinction qu'opère le Professeur Mireille DELMAS-MARTY selon laquelle « *la hard Law renvoie à un droit idéal, précis, obligatoire et sanctionné, tandis que la* Soft Law *impliquerait le fou, le mou et le doux. C'est-à-dire l'imprécision de la norme, le mou pour désigner le caractère non obligatoire et le doux pour exprimer l'absence de sanction* ». V. M. Delmas-Marty, « Où va le droit ? Entre pot au noir et pilotage automatique, le droit peut-il nous guider ver une mondialité apaisée *? » JCP. G* 2018, p. 403.

[931] Comme le souligne Madame Mauro, « *franchir le pas de la responsabilité sociale n'implique cependant pas l'abandon pur et simple de la menace pénale et suppose que le respect des obligations découlant de la responsabilité sociale des entreprises ne constitue pas seulement une façade mais soit mise en place effectivement et permette efficacement de prévenir la commission d'infractions* ». V. sur ce point, C. Mauro, « Responsabilité sociale des entreprises et droit pénal *», in Mélanges en l'honneur du professeur Jacques Henri-Robert*, Paris, LexisNexis, 2012, pp. 495-522.

[932] Comme le précise le Professeur A. Ehrenberg : « *L'autorité s'appuie moins sur l'obéissance mécanique que sur l'initiative : responsabilité, capacité à évoluer, flexibilité, dessinent une nouvelle liturgie. Des pressions nouvelles*

positif[933], le dirigeant sera alors nécessairement amené à respecter aussi bien le « droit dur » que le « droit souple ».

À ce stade de la réflexion, il est donc possible d'envisager la *soft law* comme un véritable rempart contre l'agression éthique[934]. Dès lors, lorsque les textes de *soft law* sont correctement mis en œuvre, ils peuvent constituer un élément susceptible de prévenir la commission d'infractions. Aussi, il est possible d'affirmer que les démarches volontaires de l'entreprise remplissent en quelque sorte une fonction de « *conjuration* » du risque pénal en son sein : en quête d'une légitimation de son action, l'entreprise recherchera également l'adhésion des salariés qui y travaillent[935]. De fait, les dernières années ont vu s'imposer ces textes de *soft law*. Ce développement a parfois lieu en vertu d'une reconnaissance législative.

Conclusion de la section 1. S'il a été défendu par le Professeur Mireille DELMAS-MARTY que les instruments de *soft law* pourraient produire l'émergence d'une « communauté de valeurs »[936], la France commence quant à elle, à réfléchir des mécanismes de *conformité* complémentaires du droit pénal, pour imposer aux entreprises de participer à leur réalisation, alors même que ces finalités dépassent leur objet social.

---

s'exercent sur l'individualité qui doit, pour se maintenir dans la socialité, agir au long cours là où autrefois elle se contentait d'obéir », in *Nervosité dans la civilisation : du culte de la performance à l'effondrement psychique*, 297ème conférence de l'Université de tous les savoirs, donnée le 23 oct. 2000.

933 E. Daoud et J. Ferrari, « La RSE sociale : de l'engagement à l'obligation juridique », *JCP. S.*, 2012, p. 1391.

934 F. Tricaud, *L'accusation : recherche sur les figures de l'agression éthique*, Paris, Dalloz, 1977.

935 A. Roger, « Éthique des affaire et droit pénal », *in Mélanges en l'honneur du Professeur Jean Larguier*, Grenoble, PUG, 1993, p. 261.

936 M. Delmas-Marty, « Le droit pénal comme éthique de la mondialisation », *RSC,* 2004, p. 8.

SECTION 2.

L'ENTREPRISE, DÉBITRICE D'UNE OBLIGATION DE PRÉVENTION DU RISQUE PÉNAL ?

Dans le cadre de la « nouvelle vague » internationale de la réglementation économique[937], une place particulière s'est créée au profit des normes et des procédures d'auto-organisation au sein de l'entreprise. Voyons dès à présent comment le législateur français intègre les normes *soft law* au sein de l'arsenal législatif. Notre attention sera portée sur les programmes de conformité, expression qui traduit la notion anglo-saxonne de « *compliance* »[938]. Plutôt que de se poser en système juridique autonome, les programmes de conformité pénale dessinent une véritable composante de la *soft law*[939]. Dès lors, ces programmes gouvernés par des impératifs de nature technique et managériale ont su progressivement séduire le législateur français. Plusieurs textes récents témoignent de l'importance pratique des mécanismes de conformité auxquels sont tenues les personnes morales (§1). À cet effet, l'objectif du législateur pénal français ne consisterait plus à délimiter les comportements illicites et les comportements licites, mais à davantage s'orienter vers une gestion du « risque » pénal par l'entreprise (§2).

---

[937] Selon un auteur italien : « *Le contexte économique récessif lié à la spéculation financière et à ses dérives a représenté, à une époque toute récente que nous sommes encore en train de traverser, le facteur principal de mobilisation des ressources juridiques pour contrecarrer les illégalismes financiers* ». V. sur ce point, A. Alessandri, « Impresa e giustizia penale : tra passato e futuro. Un'introduzione », *in Impresa e giustizia pénale : tra passato e futuro*, Giuffrè, 2009, p. 11 et s.

[938] A. Gaudemet (dir.), *La* compliance*, un monde nouveau ? Aspect d'une mutation du droit*, éd. Panthéon-Assas, 2016 ; U. Sieber, M. Engelhart (dir.), *Compliance Programs for the Prevention of Economic Crimes : An Empirical Survey of German Companies, Duncker & Humblot*, 2014 ; L. Arroyo, A. Nieto Martín (dir.), *El derecho penal económico en la era de compliance*, Valencia, Tirant Lo Blanch, 2013.

[939] V. Magnier, *Structure de l'entreprise et enjeux de la RSE*, Communication orale, Cour de cassation, Cycle de conférences, 2 mars 2017 ; P. Abadie, « Le juge et la responsabilité sociale de l'entreprise », *D.* févr. 2018, chron. n°6.

§1- La *soft law* saisie par le législateur

Ces dernières années ont vu le législateur s'inspirer des normes de *soft law* pour contraindre les entreprises à adopter des programmes de conformité. Certains textes marquent la reconnaissance par le législateur pénal français d'une valeur des dispositions de *soft law*. Si cette singularité met en lumière une obligation conformité pénale à laquelle la personne morale est tenue (A), elle peut être également imposée par le juge (B).

A- La force contraignante des normes de conformité à l'égard de la personne morale

L'émergence de la conformité dans le paysage législatif français. Les programmes de conformité ont acquis un rôle croissant en relation avec la diffusion, à l'échelle mondiale, de la responsabilité *ex criminis* des entités collectives[940]. L'on se réfère explicitement à la conformité pénale dite « *compliance* » afin de désigner l'ensemble des règles internes à l'entreprise auxquelles le législateur accorde une reconnaissance. Comme l'a mis en avant Madame Marie-Emma BOURSIER, la *compliance* s'apparente à une obligation à laquelle est tenue l'entreprise – celle qui consiste en la mise en œuvre de systèmes de conformité (cartographie des risques, procédures, vigilance, alerte) et qui tend à minimiser les risques de survenance de l'évènement redouté[941]. Par leur fonction, les règles de compliance viennent en quelque sorte constituer ce que l'on pourrait appeler un « *droit servant* »[942] - celui s'est imposé dans l'ordre juridique français en vertu d'une reconnaissance législative (1°). Dans cette mesure, l'on assiste à une assimilation par le droit dur de dispositifs inspirés du droit souple (2°).

---

[940] S. Manacorda, *La responsabilité des personnes morales et l'harmonisation pénale européenne*, *in* S. Manacorda – G. Giudicelli-Delage (dir.), *La responsabilité pénale des personnes morales : perspectives européennes et internationales*, Paris, Société de Législation comparée, 2013, p. 23 et s.

[941] M.-E. Boursier, « Qu'est-ce que la compliance, essai de définition », *D.* 2020, 419.

[942] J. Richard, L. Cytermann, « Le droit souple dans la vie de l'entreprise et de la fonction publique : une tension féconde avec le droit dur », *Dr. soc* 2014 p. 400 et s.

1°-La « rigidification » progressive des normes de soft law

Jusqu'à la transposition de la directive du Parlement et du Conseil en date du 14 juin 2006[943], les règles de conformité n'étaient pas réellement au cœur des préoccupations du législateur français. Celles-ci émanaient principalement de sources impératives[944], lesquelles n'avaient pas fait de ce sujet une préoccupation centrale ou avaient donné naissance à de

---

[943] Directive 2006/46/CE du Parlement européen et du Conseil du 14 juin 2006 qui insère un article 46 bis dans la directive 78/660/CEE du 25 juillet 1978, aux termes duquel toute société dont les titres sont admis à la négociation sur un marché réglementé doit inclure une déclaration sur le gouvernement d'entreprise dans son rapport de gestion. Cette directive a notamment pour objectif de confirmer la responsabilité collective des administrateurs : « *Les États membres veillent à ce que leurs dispositions législatives, réglementaires et administratives en matière de responsabilité s'appliquent aux membres des organes d'administration, de gestion et de surveillance* » (art. 1, §8). « *Les États membres déterminent les règles relatives aux sanctions applicables aux infractions aux dispositions nationales adoptées conformément à la présente directive et prennent toutes les mesures nécessaires pour assurer leur application. Les sanctions prévues doivent être efficaces, proportionnées et dissuasives* » (art.1, §10).

[944] Par la loi NRE du 15 mai 2001 (L. n°2001-420, 15 mai 2001, relative aux nouvelles régulations économiques : *JORF 16 mai 2001*, p. 7776), le législateur a imposé aux sociétés cotées de rendre compte dans leur rapport de gestion de « *la manière dont la société prend en compte les conséquences sociales et environnementales de son activité* ». Elle prévoit à cet effet une obligation d'indiquer dans le rapport annuel de gestion le montant total et des avantages de toute natures versés, durant l'année, à chaque mandataire social mais également une production d'un rapport spécial sur les stock-options, indiquant les options accordées à chaque mandataire social et celles qu'il exerce. On fait également référence à l'article 116 devenu article L. 225-102-1 du Code de commerce impose aux sociétés V. sur ce point. L. 2001-420. Art 116. La loi de sécurité financière du 1er août 2003 (L. n°2003-706, 1er août 2003, de sécurité financière : *JORF* 2 août 2003, p. 13220) réduit le champ de l'information aux sociétés cotées. La loi du 26 juillet 2005 (*L.* n°2005-842, 26 juill. 2005 pour la confiance et la modernisation de l'économie : *JORF* 27 juill. 2005, p. 12160) prévoit que le rapport annuel doit décrire, en les distinguant, les éléments fixes, variables et exceptionnels composant les rémunérations et avantages, ainsi que les critères en application desquels ils ont été calculés ou les circonstances en vertu desquelles ils ont été établis. Il indique également les engagements de toute nature, pris par la société au bénéfice de ses mandataires sociaux, correspondant à des éléments de rémunération, des indemnités ou des avantages dus ou susceptibles d'être dus à raison de la prise, de la cessation ou du changement de ces fonctions ou postérieurement à celles-ci. L'information donnée à ce titre doit préciser les modalités de détermination de ces engagements.

brèves recommandations en faveur de la diffusion de meilleures pratiques[945].

La prise en compte progressive des normes de *soft law* par le législateur français. Dans un premier temps, la conformité s'est présentée comme un instrument au service de la performance globale de l'entreprise[946]. On en veut pour preuve la loi du 3 juillet 2008[947] qui réalise la transposition d'une directive du Parlement européen et du Conseil du 14 juin 2006 prévoyant l'inclusion par les sociétés, dont les titres sont admis sur un marché réglementé, d'une déclaration sur le gouvernement d'entreprise au sein de son rapport de gestion[948]. Puis, ce sont les lois « *Grenelle I* »[949] et « *Wasmann II* »[950] qui ont imposé au dirigeant des entreprises cotées sur un marché réglementé de publier des

---

[945] C'est notamment le cas en ce qui concerne les programmes de conformité en droit de la concurrence. Seul existe un document-cadre du 10 février 2012 sur les programmes de conformité aux règles de la concurrence.

[946] S. Parence, E. Groulx, « Ordonnance n°2017-1180 du 19 juillet 2017, la déclaration de performance extra-financière, nouvelle ambition du reporting extra-financier », *in JCP E* 2018, p. 1128. Les auteurs soulignent que les études des cabinets d'audit font apparaître que les entreprises non soumises à l'obligation en matière de *reporting* sont tout de même de plus en plus nombreuses à y souscrire volontairement. Les articles L. 225-37 et L. 225-68 du Code de commerce démontrent à eux seuls cette idée de performance. En imposant aux présidents des conseils des sociétés de rendre compte dans un rapport joint au rapport de gestion annuel et présenté à l'assemblée des actionnaires, le législateur permet le développement de l'activisme actionnarial. Plus précisément, le législateur a incité les sociétés dont les titres financiers sont admis aux négociations sur un marché réglementé à se référer à un Code de gouvernement d'entreprise élaboré à l'initiative de leur(s) dirigeants. S'il est possible de se référer au *Code de gouvernement d'entreprise AFEP/ MEDEF* sur les rémunérations des dirigeants mandataires sociaux de sociétés dont les titres sont admis aux négociations sur un marché réglementé, une telle initiative s'inscrit toutefois dans un courant européen plus vaste.

[947] L. n°2008-649, 3 juill. 2008, portant diverses dispositions d'adaptation du droit des sociétés au droit communautaire, *JORF* 4 juill. 2008, p. 10705.

[948] La directive 2006/ 46/ CE du Parlement européen et du Conseil du 14 juin 2006 qui insère un article 46 bis dans la directive 78/660/CEE du 25 juillet 1978, aux termes duquel toute société dont les titres sont admis à la négociation sur un marché règlementé doit inclure une déclaration sur le gouvernement d'entreprise dans son rapport de gestion.

[949] L. n°2010-788 du 12 juillet 2010, *JORF* 13 juillet 2010.

[950] L. n°2012-387 du 22 mars 2012, *JORF* 23 mars 2012.

indicateurs de responsabilité sociale et environnementale (RSE) et de développement durable dans leur rapport annuel.

Plus récemment, sous l'influence de la directive Barnier du 22 octobre 2014[951], l'ordonnance du 19 juillet 2017[952] adoptée en vertu de l'article 216 de la loi du 27 janvier 2017 relative à l'égalité et à la citoyenneté[953] a introduit un nouvel article L. 225-102-1 dans le Code du commerce venant définir le champ des sociétés concernées ainsi que le contenu des informations au terme duquel les entreprises doivent fournir des indications clés de performance de nature non financière. Ces dernières ont trait à l'activité spécifique de la société, délivrant notamment des informations relatives aux questions d'environnement et de personnel, des indications liées aux risques financiers liés au changement climatique et les méthodes d'entreprise pour les réduire en mettant en œuvre une stratégie bas carbone dans toutes les composantes de son activité.

Au-delà de la volonté du législateur de restaurer la confiance des investisseurs et l'attractivité de l'entreprise en vue de favoriser la croissance[954], les entreprises ont été amenées à mettre en œuvre des procédures de conformité destinées à garantir l'absence de commission d'infractions. Un second temps marque l'avènement de la *compliance* dans les entreprises françaises en tant qu'instrument au service de la prévention de la commission d'infraction.

---

[951] Dir. n° 2014/95/UE du Parlement et du Conseil, 22 oct. 2014, modifiant la directive 2013 /34/UE en ce qui concerne la publication d'informations non financières et d'informations relatives à la diversité par certaines grandes entreprises et certains groupes.

[952] Ord. n° 2017-1180, 19 juill. 2017 (*JORF* 21 juill.) prise en application de la loi égalité et citoyenneté du 27 janv. 2017, et son décret d'application n°2017-1265 du 9 août 2017 : *JORF* 11 août 2017.

[953] L. n° 2017-86 du 27 janvier 2017, *JORF* 28 janv. 2017, texte n°1. V. sur ce point, M. Supiot, « Rapport de gestion : nouveau format de présentation des informations sur le gouvernement d'entreprise, réorganisation d'information, allègement et clarification des obligations pour les petites entreprises, nouveau dispositif de reporting extra-financier », *JCP E* 2017, act. 636.

[954] J.-P. Valuet, « Conformité à la loi, conformité aux Codes », *JCP E* 2012, n°1471, p. 29.

La loi dite « *Sapin II* » en date du 9 décembre 2016[955] contraint l'entreprise à se doter de dispositifs spécifiques visant à prévenir toute situation infractionnelle en son sein. Elle impose alors la mise en œuvre de :

- **La procédure du « *lanceur d'alerte* »** L'entreprise doit s'examiner elle-même afin d'éviter la réalisation de risques systémiques ou la réalisation d'actes infractionnels dont la poursuite est une priorité publique au plan national et international[956]. Il s'agit alors pour cette dernière de mettre en œuvre des procédures d'alerte ouvertes aux parties prenantes qui la compose, voire d'inciter les dirigeants à s'auto-incriminer[957]. Tout d'abord, la loi prescrit la mise en œuvre d'un dispositif de recueil d'alerte[958] à la charge des entreprises d'au moins 50 salariés pour les dénonciations - notamment de délits ou d'atteintes graves à l'intérêt général[959] . À notre sens, ce mécanisme correspond parfaitement au principe de *compliance*

---

[955] L. n°2016-1691, 9 déc 2016, relative à la transparence, à la lutte contre la corruption et à la modernisation de la vie économique : *JORF* 10 déc. 2016, texte n°2 ; *JCP E* 2016, act. 1008 ; *JCP* E 2016, 1622, M.-E. Boursier, *Rev. int. Compliance* 2017, comm. 47, E. Garault.

[956] M-A. Frison Roche, *Compliance* : avant, maintenant, après, *in Compliance* : l'entreprise, le régulateur et le juge, N. Borga, J.-C. Marie et J.-C. Roda (dir.), Dalloz, coll. Thèmes et commentaires, 2018.

[957] M.-E. Boursier, La mondialisation du droit pénal économique, *RSC* 2017. 465.

[958] Soulignons que le droit bancaire et financier imposait déjà la mise en place de dispositifs d'alertes aux établissements de crédit (Art. 36 et 37 de l'arrêté du 3 novembre 2014 relatif au contrôle interne) et aux sociétés de gestion de portefeuille. (RG AMF, art. 313-71), notamment pour prévenir les abus de marché.

[959] Cet article s'adresse aux entreprises de plus de 50 salariés, de sorte qu'un nombre significatif d'entreprises auront à mettre en place ce dispositif. La pratique démontre toutefois qu'il existe une grande disparité entre les grandes entreprises et les PME, ces dernières manquant souvent de moyens. Le décret d'application précise que l'entreprise détermine l'instrument juridique le mieux à même de répondre à l'obligation d'établir une procédure de recueil des signalements et l'adopte conformément aux dispositions législatives et réglementaires qui le régissent. V. sur ce point, N. Lenoir et A. Jacquin, « Les lanceurs d'alerte dans le projet de la loi Sapin II », *JCP. E.* 2016, act. 291., F. Verdun, « Projet de loi Sapin 2 : statut du lanceur d'alerte et programme anticorruption au regard du droit social », *in JCP E.* 2016, 1647.

en ce qu'il enjoint aux entreprises un devoir de vigilance sur la délinquance dans l'entreprise et un rôle normatif dans le dispositif de détection des infractions[960].

- **D'un dispositif « *anti-corruption* ».** La loi *Sapin II* prescrit également la mise en place d'un programme de conformité plus exigeant en matière de corruption et de trafic d'influence. Elle oblige les sociétés de plus de 500 salariés et réalisant plus de 100 millions d'euros de chiffre d'affaires à se doter d'un Code de conduite interne, d'une cartographie des risques, de procédures d'évaluation et de contrôles comptables, ainsi que d'un dispositif de formation[961]. Par certains aspects, l'approche française fixe des exigences supérieures aux pratiques américaines. En rendant obligatoire la mise en place d'un programme de conformité anticorruption prévoyant un Code de conduite devant être intégré au règlement intérieur[962], la législation française renforce inévitablement le rôle du dirigeant dans la prévention de la corruption[963].

Bilan. Les normes de *soft law* ouvriraient des perspectives intéressantes - elles traduisent des conséquences juridiques pour le dirigeant qui ne sont pas des moindres. De par sa place privilégiée dans l'entreprise, le dirigeant va faire comprendre son action et ses choix, s'abstenant par ailleurs d'en tirer un profit indu. Peut-être finalement est-ce là sa vraie « responsabilité ». Au travers de mécanismes tels que ceux applicables aux lanceurs d'alerte, le dirigeant qui serait tenté de commettre des faits délictueux pourrait craindre qu'un salarié ou qu'un agent de son entreprise les dénoncent. Somme toute, en contraignant les entreprises à adopter une politique de conformité, le législateur modifie le paysage juridique pénal français.

---

[960] L'article 8 de la loi Sapin II prévoit la désignation d'une personne référente chargée de la réception des signalements et de l'examen de la recevabilité du signalement.

[961] L. n°2016-1691, 9 déc. 2016, préc. spéc. art. 17.

[962] La loi Sapin II présente la particularité de faire peser les obligations préventives non pas sur la société, mais sur les dirigeants.

[963] « Les entreprises françaises accroissent leur leadership dans le domaine de la RSE », *Liaisons. Soc.*, *L'actualité*, n°17301, 5 avr. 2017.

2°-Le passage d'un « droit souple » à un « droit dur » ?

La force contraignante directe des normes de *soft law*. Comme évoqué précédemment, la *soft law* est dépourvue de force contraignante directe. Toutefois, le développement des obligations de conformité laisse imaginer un cadre de *soft law* de plus en plus maîtrisé. À titre d'illustration, la loi « *Sapin II* » enjoint aux dirigeants de sociétés dépassant des critères de seuil à prendre des mesures destinées à prévenir et à détecter la commission, en France ou à l'étranger, des faits de corruption ou de trafic d'influence.

L'AFA peut procéder au contrôle de la mise en place du dispositif préventif par les entités en question. En cas de manquement constaté, il appartient au directeur de l'AFA de mettre en demeure les dirigeants de présenter leurs observations dans un délai de deux mois. À défaut de régularisation, la Commission des sanctions[964] pourra prononcer une sanction par une décision motivée[965] et/ou enjoindre à l'entité concernée et à ses dirigeants d'adapter le dispositif préventif « *Sapin II* ». Le montant maximum de la sanction est porté à 200.000 euros pour les personnes physiques et 1 million d'euros pour les personnes morales. Par ailleurs, s'il n'est prévu aucune sanction en cas de défaut de mise en élaboration d'une procédure de lanceur l'alerte par l'entreprise, celle-ci pourrait être mise en cause pour une infraction d'entrave à alerte. La loi « *Sapin II* » prévoit que l'entrave à alerte, qui consiste à faire obstacle de quelque façon que ce soit à la transmission d'un signalement d'une alerte, est punie d'un an d'emprisonnement et de 15.000 euros d'amende[966].

---

[964] *L'Agence française anticorruption comprend une commission des sanctions chargée de prononcer les sanctions mentionnées au IV de l'article 17* de la loi du 9 décembre 2016 : *« l'injonction de se mettre en conformité aux obligations légales dans un délai maximal de 3 ans, une amende d'un montant maximal de 200.000 euros pour les personnes physiques et d'un million d'euros pour les personnes morales, la publication, la diffusion et l'affichage, en tout ou partie, de la décision prononçant une injonction ou une amende, aux frais de la personne physique ou morale sanctionnée ».*

[965] Le montant maximum de la sanction est porté à 200.000 euros pour les personnes physiques et un million d'euros pour les personnes morales.

[966] L. n°2016-1691, 9 déc. 2016, spéc. art 13.

L'évolution du droit pénal - vers une mutation du « droit souple » en « droit dur » ? Comme a pu le faire remarquer Madame Béatrice LAPÉROU-SCHENEIDER dans son article intitulé « *Soft law* et droit pénal : divergences et confluences l'exemple du droit français »[967], cette situation nous amène à nous demander si la *soft law* ne participerait pas d'une logique d'évolution du droit pénal. Outre la référence à une « *épistémologie non kelsenienne* »[968], il est possible de se rattacher à l'idée d'un ordre nouveau dit parfois « *postmoderne* »[969] ou « *complexe* »[970] pour exprimer son caractère évolutif. Force est d'admettre que les règles de *soft law* se muent alors en règles de *hard law* : elles contraignent l'entreprise et non son représentant légal à s'organiser en des termes vertueux de manière à prévenir le risque de commission des infractions en son sein, par effet d'une sorte de délégation de l' « autorégulation » et de sa mise en œuvre au profit de son dirigeant. Ce sont donc les personnes morales et non la puissance étatique qui élaborent les textes et les procédures de contrôle interne.

L'influence possible du modèle européen. Sur le terrain du droit positif, ces règles émanent initialement des pays anglo-saxons[971] et se sont répandues progressivement vers d'autres états par voies législatives ou jurisprudentielles. L'on cite l'Italie, la Suisse ou encore l'Autriche, au point d'en faire un projet doctrinal d'harmonisation

---

[967] B. Lapérou-Scheneider, « *Soft law* et droit pénal : divergences et confluences l'exemple du droit français », *in Soft law et droit du commerce international, Contributions à l'étude du renouvellement des sources du droit,* Actes du colloque international des 11 et 12 mai, LexisNexis, 2018, p. 212 et s.

[968] Cette idée est mise en avant par le Professeur Mireille DELMAS-MARTY. Selon l'auteur, l'épistémologie kelsenienne ne serait plus de mise, il faudrait penser à la fois l'interaction et l'assouplissement des formes et se préparer à l'interprétation évolutive des normes. V. sur ce point, M. Delmas-Marty, « Où va le droit ? entre pot au noir et pilotage automatique, le droit peut-il nous guider ver une mondialité apaisée *? » JCP. G,* 2018. 403.

[969] J. Chevallier, « Vers un droit postmoderne in les transformations de la régulation juridique » *in Revue du droit public et de la science politique*, Librairie générale de droit et de jurisprudence, 1998, pp. 659-714 ; J. Chevallier, *L'État post moderne*, Paris, LGDJ, 2017.

[970] M. Doat, J. Le Goff et Ph. Pédrot (dir), *Droit et complexité : Pour une nouvelle intelligence du droit vivant*, Rennes, PUR, 2007.

[971] Plus particulièrement des Etats-Unis, de l'Australie, du Canada et récemment du Royaume-Uni.

européenne[972]. On peut alors nécessairement se demander si ce nouvel espace normatif ne traduit pas la victoire d'un modèle entrepreneurial européen voire international[973]. C'est donc globalement la thèse d'un passage d'un droit « souple » vers un droit « dur » qui est possible de mettre en avant.

B-Vers une judiciarisation des normes de *soft law* ?

Afin de concurrencer les systèmes de peines anglo-saxons[974], le législateur a créé une nouvelle sanction à l'égard de la personne morale : celle qui consiste en une obligation de se soumettre à un programme de conformité[975]. Afin de mettre en place un autocontrôle, le juge peut désormais imposer aux personnes morales d'adopter des textes, des procédures et des mesures de contrôle interne.

- La loi du 9 décembre 2016[976] permet au juge pénal de contraindre une entreprise condamnée à une obligation de se soumettre à un programme de mise en conformité. C'est donc

[972] A. Fiorella (dir.), *Corporate Criminal Liability and Compliance Programs. Volume II. Towards a common model in the European Union*, Naples, Jovene Editore, 2012, p. 374.
[973] Le Professeur Mireille DELMAS-MARTY souligne que « *s'il est vrai que les États-Unis, l'Europe et la Chine n'ont pas la même conception des relations entre l'économie, le juridique et politique, ils partagent néanmoins les mêmes dogmes du libéralisme* ». v. sur ce point, op. cit., M. Delmas-Marty, » Où va le droit ? Entre pot au noir et pilotage automatique, le droit peut-il nous guider vers une mondialité apaisée ».
[974] J. Lelieur, « Les instruments allemands de répression de la grande délinquance d'affaire : justice consensuelle et enquêtes internes », *in La RSE saisie par le droit. Perspectives internes et internationales*, dir. Kathia Martin-Chenut et René de Quenaudon, Paris, Editions Pedone, 2016, p. 571.
[975] Pour autant, aucune définition ni de régime spécifique n'accompagne la notion de cartographie des risques. En pratique, ce mécanisme consiste à qualifier juridiquement un évènement dont la survenance risquerait d'affecter la valeur de l'entreprise, afin d'en prévenir les conséquences légales.
[976] L. n°2016-1691, 9 déc 2016, relative à la transparence, à la lutte contre la corruption et à la modernisation de la vie économique : *JORF* 10 déc. 2016, texte n°2 ; *JCP E* 2016, act. 1008 ; *JCP E* 2016, 1622, M.-E. Boursier, *Rev. int. Compliance* 2017, comm. 47, E. Garault.

en vertu de l'article 131-39-2 II du Code pénal[977] que le juge répressif peut obliger une entreprise condamnée du chef de corruption ou de trafic d'influence à adopter un Code de conduite définissant et illustrant les différents types de comportements à proscrire, car considérés comme susceptibles de caractériser des faits de corruption ou de trafic d'influence. Peut également être demandée la création d'un dispositif d'alerte interne destiné à permettre le recueil des signalements émanant d'employés et relatifs à l'existence de conduites ou de situations contraires au Code de conduite de la personne morale, ainsi qu'une cartographie des risques, un dispositif de formation destiné aux cadres et aux personnels les plus exposés aux risques de corruption et de trafic d'influence ou même un régime disciplinaire permettant de sanctionner les salariés de la personne morale en cas de violation du Code de conduite de la personne morale.

---

[977] L'article 131-39-2 II dispose que : » *La peine prévue au I comporte l'obligation de mettre en œuvre les mesures et procédures suivantes : 1° Un Code de conduite définissant et illustrant les différents types de comportements à proscrire comme étant susceptibles de caractériser des faits de corruption ou de trafic d'influence ;2° Un dispositif d'alerte interne destiné à permettre le recueil des signalements émanant d'employés et relatifs à l'existence de conduites ou de situations contraires au Code de conduite de la personne morale ;3° Une cartographie des risques prenant la forme d'une documentation régulièrement actualisée et destinée à identifier, analyser et hiérarchiser les risques d'exposition de la personne morale à des sollicitations externes aux fins de corruption, en fonction notamment des secteurs d'activités et des zones géographiques dans lesquels la personne morale exerce son activité ; 4° Des procédures d'évaluation de la situation des clients, fournisseurs de premier rang et intermédiaires au regard de la cartographie des risques ;5° Des procédures de contrôles comptables, internes ou externes, destinées à s'assurer que les livres, registres et comptes ne sont pas utilisés pour masquer des faits de corruption ou de trafic d'influence. Ces contrôles peuvent être réalisés soit par les services de contrôle comptable et financier propres à la personne morale, soit en ayant recours à un auditeur externe à l'occasion de l'accomplissement des audits de certification de comptes prévus à l'article L. 823-9 du Code de commerce ;6° Un dispositif de formation destiné aux cadres et aux personnels les plus exposés aux risques de corruption et de trafic d'influence ;7° Un régime disciplinaire permettant de sanctionner les salariés de la personne morale en cas de violation du Code de conduite de la personne morale.*

Dans ce cadre, l'Agence française anticorruption (AFA), créée par la loi Sapin 2 en remplacement du Service central de prévention de la corruption (SCPC), se voit donc chargée de contrôler la mise en place de programmes de conformité à deux occasions, à titre préventif ou consécutivement à la condamnation pénale. Le programme de conformité dont la durée est fixée par le juge correctionnel ne peut excéder cinq ans. Le fait pour les organes ou les représentants de la personne morale de s'en abstenir est puni de deux ans d'emprisonnement et de 50.000 euros d'amende[978]. Si l'instauration de ce nouveau type de normativité ne saurait être présentée comme une spécificité nationale, elle traduit deux évolutions importantes dans l'appréhension française de la *soft law*. La première consiste en un processus de judiciarisation au sens strict parce que faisant intervenir les juges étatiques. Or, telle est la seconde évolution observable en France : celle d'une évolution ininterrompue, d'un droit « souple » vers un droit « dur » dont les lois constituent un jalon majeur parce que reflétant la volonté du législateur de prendre en compte l'entreprise dans sa réalité économique, c'est-à-dire dans sa « sphère d'influence »[979]. Il semblerait alors que le droit n'appréhende plus la règle comme un absolu mais comme une gestion du risque pénal dans son environnement.

- De la même manière, la loi n°2017-399 du 27 mars 2017 relative au devoir de vigilance des sociétés mères et des entreprises donneuses d'ordre, dite « loi sur le devoir de vigilance » impose aux entreprises entrant dans le champ d'application des dispositions de dresser « une cartographie des risques destinée à leur identification, leur analyse et leur hiérarchisation »[980].

---

[978] Ce délit peut donner lieu au prononcé d'une peine pouvant aller jusqu'à deux ans d'emprisonnement et 50.000 euros d'amende à l'encontre des dirigeants, personnes physiques. Art. 434-43-1 du Code de procédure pénale.

[979] K. Martin-Chenut, « Devoir de vigilance : internormativités et durcissement de la RSE », *Dr. soc*. 2017. 798

[980] L. n°2017-399 du 27 mars 2017, art. 1er, 1er, transposé à l'article L. 225-102-4 C. com. Selon son article 1, la loi s'applique aux activités de l'entreprise elle-même ou de la société donneuse d'ordre elle-même ; aux activités des sociétés qu'elles contrôlent directement ou indirectement au sens de l'article L.233-16 II du Code de commerce français ; aux activités des sous-traitants et fournisseurs avec lesquels elle entretient une « relation commerciale établie ».Les entreprises concernées par le devoir de vigilance ont l'obligation d'élaborer, rendre public et mettre en œuvre de façon effective un plan de vigilance prévoyant des mesures

Ainsi, si une entreprise n'arrive pas à mettre en œuvre un plan de vigilance, toute personne justifiant un intérêt à agir peut la mettre en demeure de respecter ses obligations. Sont considérées comme ayant un intérêt à agir les associations de défense des droits humains ou de l'environnement, les victimes elles-mêmes et les syndicats. Si, à l'issue d'une période de trois mois à compter de la mise en demeure, l'entreprise n'a pas encore satisfait ses obligations le juge peut l'enjoindre de les respecter, le cas échéant sous astreinte financière.

Transition. La *soft law* semble remplir un rôle de « catalyseur » de l'évolution du droit pénal français. Elle pourrait venir modifier le traitement légal et judiciaire dont fait l'objet le dirigeant.

§2- L'obligation pour la personne morale de mettre en place des dispositifs lui permettant de dissuader ou de détecter la réalisation de l'infraction

La notion de prévision dans le domaine pénal. Il convient avant tout de s'interroger sur la notion de prévision en droit pénal. Comme l'a mis en avant le Professeur Yvonne LAGARDE-MULLER, la notion de prévision, entendue comme prévention, dissuasion, est en quelque sorte saisie par l'infraction à travers la politique de la sanction pénale qui s'y rattache[981]. Pour le Professeur Yves MAYAUD la prévision se fait à travers l'incrimination elle-même, dès lors que les crimes et les délits ne sont jamais que la projection et l'anticipation d'un résultat à éviter [982].

---

de vigilance raisonnables, propres à identifier les risques et à prévenir les atteintes graves envers les droits humains et les libertés fondamentales, la santé et la sécurité des personnes ainsi que l'environnement. Le plan de vigilance et les rapports sur sa mise en œuvre relatifs à l'année antérieure doivent être publiés dans le rapport annuel des sociétés.

[981] Y. Muller-Lagarde, « La prévision en droit pénal des affaires : la gestion pénale du risque », *Gaz. Pal.* 29-30 déc. 2010, p. 26.

[982] Y. Mayaud, *Droit pénal général*, Paris, PUF, 2004, p. 44. L'auteur souligne que le législateur *» appréhende un résultat dont il entend éviter les conséquences désastreuses sur le plan social : c'est le résultat « redouté », encore dit « réel » ou « sociologique » »*. V. également D. Mayer, « L'influence du droit pénal sur l'organisation de la sécurité dans l'entreprise », *D.* 1998. p. 256. L'auteur affirme que *» l'intervention du droit pénal n'a de sens que si on peut* (...) *en attendre un effet dissuasif »*.

L'approche théorique de la prévision. Rappelons que dans l'entreprise, le dirigeant doit anticiper la survenance d'une infraction a défaut de quoi sa responsabilité pénale peut être engagée. D'un point de vue théorique, les articles L. 4121-1 et R 4121-1 du Code du travail imposent à l'employeur qui emploie un ou plusieurs salariés d'élaborer et de tenir à jour un « document unique d'évaluation des risques » qui recense l'ensemble des risques pour la santé et la sécurité du personnel dans l'entreprise[983]. Ces mesures comprennent des actions de prévention des risques professionnels, des actions d'information et de formation ainsi que la mise en place d'une organisation et de moyens adaptés. L'employeur doit donc veiller à l'adaptation de ces mesures pour tenir compte du changement des circonstances et tendre à l'amélioration des situations existantes.

Par ailleurs, il lui revient « *de transcrire et de mettre à jour* » les résultats de l'évaluation des risques pour la santé et la sécurité des travailleurs dans un « document unique ». Cette évaluation comporte un inventaire des risques identifiés dans chaque unité de travail de l'entreprise ou de l'établissement, y compris ceux liés aux ambiances thermiques. Le défaut de transcription ou de mise à jour des résultats de l'évaluation des risques est puni d'une amende prévue pour les contraventions de 5ème classe, soit 1.500 euros au plus, montant porté en cas de récidive à 3.000 euros. Dans le même sens, l'article L. 1142 du Code du travail impose à l'employeur d'élaborer un plan unique d'évaluation des « *risques professionnels* »[984] et de mettre en place un plan d'action relatif à la « *prévention des effets de l'exposition à*

---

[983] L'article L. 4121-1 du Code du travail dispose que » *l'employeur prend les mesures nécessaires pour assurer la sécurité et protéger la santé physique et mentale des travailleurs. Ces mesures comprennent : 1° Des actions de prévention des risques professionnels, y compris ceux mentionnés à l'article L. 4161-1; 2° Des actions d'information et de formation ; 3° La mise en place d'une organisation et de moyens adaptés. L'employeur veille à l'adaptation de ces mesures pour tenir compte du changement des circonstances et tendre à l'amélioration des situations existantes.* » Il est par ailleurs précisé à l'article R. 4121-1 du Code du travail que » *l'employeur transcrit et met à jour dans un document unique les résultats de l'évaluation des risques pour la santé et la sécurité des travailleurs à laquelle il procède en application de l'article L. 4121-3. Cette évaluation comporte un inventaire des risques identifiés dans chaque unité de travail de l'entreprise ou de l'établissement, y compris ceux liés aux ambiances thermiques* ».

[984] C. trav. art. L. 4161-1.

certains facteurs de risques professionnels dans les entreprises de plus de 50 salariés dénués d'accord collectif sur ce sujet »[985]. Enfin, il faut également souligner que le délit de mise en danger d'autrui[986] est symptomatique de l'infraction de prévention, le but du législateur étant notamment ici de prévenir les accidents du travail.

L'approche jurisprudentielle de la notion de risque. La fonction préventive est également perçue dans le droit pénal social et des affaires afin d'anticiper les infractions à travers la gestion des risques anormaux par le dirigeant d'une société. La plupart du temps, trois infractions servent de vecteur à l'appréciation par le juge pénal de la gestion anticipée du risque par le chef d'entreprise.

Il est possible de citer le délit d'abus de biens sociaux dont on sait qu'il peut être caractérisé par le seul risque anormal que l'acte fait courir au patrimoine social ou au crédit de la société. La gestion pénale du risque se fait également à travers le délit d'abus de pouvoirs et le délit d'abus de confiance.

Tout d'abord, s'agissant du délit d'abus de biens sociaux, l'obligation d'anticiper le risque pénal a pu être relevé dans un arrêt relatif aux rémunérations excessives des dirigeants sociaux[987] : Il appartenait au dirigeant d'anticiper le risque qu'une rémunération excessive faisant courir à l'équilibre financier de la société - la rémunération du dirigeant social réalisait le délit d'abus de biens sociaux dépassant la capacité financière de la société. Ensuite, en ce qui concerne le délit d'abus de pouvoir, l'obligation d'anticiper les risques a été appliquée dans le cadre d'un contrat de sous-traitance. Ainsi, dans un arrêt du 24 février 1987[988], la Cour d'appel de Paris a condamné pour abus de pouvoirs les dirigeants d'une société anonyme qui avaient fait sous-traiter par une société - dans laquelle ils possédaient des intérêts - l'exécution d'un

---

[985] C. trav. art. L. 4162-1 et s.

[986] L'article 223-1 du Code pénal dispose que » *le fait d'exposer directement autrui à un risque immédiat de mort ou de blessures de nature à entraîner une mutilation ou une infirmité permanente par la violation manifestement délibérée d'une obligation particulière de prudence ou de sécurité imposée par la loi ou le règlement est puni d'un an d'emprisonnement et de 15.000 euros d'amende* ».

[987] F. Garron, « La rémunération excessive des dirigeants des sociétés commerciales », *Rev. soc* 2004, p. 795 et s.

[988] Cass. crim, 24 févr. 1987, n° 85-91.219.

marché. Constatant que les conditions de marché de sous-traitance étaient, de ce fait, financièrement moins avantageuses pour la société anonyme que celles offertes par d'autres sociétés de sous-traitance, la chambre criminelle avait retenu qu'à la date de passation du marché de sous-traitance, le patrimoine social de la SA a été exposé sans nécessité à un risque anormal de perte. La décision est d'autant plus intéressante que la Cour d'appel précise que la circonstance que des résultats bénéficiaires soient intervenus ultérieurement ne peut suffire à écarter le délit dès lors que la réalité du risque était inhérente au marché. Cet arrêt est certes censuré par la chambre criminelle de la Cour de cassation dans un arrêt du 16 janvier 1989[989] mais la motivation demeure essentielle pour notre démonstration : la Cour de cassation censure la décision d'appel au motif que les juges n'ont pas recherché si, à la date de signature du contrat, les prévenus avaient fait courir à la société un risque anormal, distinct du risque inhérent à la nature du marché.

Ces illustrations démontrent à tout le moins, que le droit pénal est investi, au-delà du licite et de l'illicite, par la logique du risque[990]. Il participe d'une évolution plus globale de la société dans laquelle le risque, parce qu'il n'est plus une fatalité, est de moins en moins accepté.

Le changement de paradigme - vers une prévision du risque pénal par la personne morale. Toutefois, il semblerait que la *soft law* fasse davantage peser l'anticipation du risque pénal sur l'entreprise. En effet, la *compliance* pénale aboutit à ce que l'entreprise se voit imposer obligation de s'organiser en des termes vertueux de manière à prévenir le risque de commission d'infraction en son sein, par effet d'une sorte de délégation de l' « autorégulation » et de sa mise en œuvre.

La *soft law* répond à un nouveau regard sur le droit qui n'appréhende plus la règle comme un absolu, mais comme une gestion du risque pénal. Les mécanismes de *soft law* impliquent une réflexion sur l'organisation interne de l'entreprise en vue d'une meilleure prévention des risques[991].

---

[989] Cass. crim., 16 janv. 1989 , n° 87-85164, *Rev. soc.* 1989, p. 687 ; *RTD com.* 1990. 504, note P. Bouzat.

[990] Sur la question, v. not. *Actes de savoirs, Le Risque,* PUF, 2/2007.

[991] J. Igalens et S. Point, *Vers une nouvelle gouvernance des entreprises. L'entreprise face à ses parties prenantes*, Paris, Dunod, 2009 ; C. Renouard, *La responsabilité éthique des multinationales*, Paris, PUF, 2007 ; M. Capron et F.

À notre sens, ces mécanismes semblent répondre à un nouveau regard sur le droit qui appréhende la norme comme une gestion du « *risque juridique* ». Aussi la conformité, en tant que pratique normative et procédurale de bonne gestion interne, s'identifie à l'ensemble des dispositifs de l'entreprise visant la prévention du risque de commission d'infractions par des organes, des représentants ou de simples salariés. L'interdit et la sanction commencent à prendre une forme managériale, au sens ou leur objectif devient de moins en moins celui de délimiter précisément les comportements illicites des comportement licites, pour s'orienter davantage vers une gestion du risque par l'entreprise. Ce contexte de transformation offre une perspective renouvelée pour analyser certains mouvements du droit pénal des affaires contemporain. Se signale par là même une quête devenue essentielle : celle des responsabilités pénales, par-delà celle du dirigeant, celle de la personne morale. Emblématique de cette quête, la loi relative au devoir de vigilance de 2017 consacre l'obligation pour toute « entreprise » de prévenir les dommages avérés[992].

Dans la mesure où le législateur semble avoir fait le choix progressif d'un modèle entrepreneurial, ces nouvelles sanctions de mise en conformité attestent à elles seules l'émergence d'une culture de la gestion du risque par l'entreprise. Une fragmentation semble alors affecter la figure de dirigeant : celui-ci ne semble plus être perçu comme un débiteur de responsabilité pénale. L'entreprise semble faire l'objet de toutes les attentions. Au fil des réformes, elle avance au sein de nouvelles règles qui tendent à créer un milieu placé sous le signe de l' « autorégulation ». Se déploie alors un nouveau modèle juridique ainsi qu'une autre perception du dirigeant et de l'entreprise elle-même, au travers de la promotion d'une culture de la responsabilisation et de la confiance. Il semblerait alors que la responsabilité pénale du chef d'entreprise soit en train de muter. C'est finalement le pouvoir détenu par la personne morale qui justifie une gestion du risque.

Quairel-Lanoize-Lée, *Mythes et réalités de l'entreprise responsable*, Paris, La Découverte, 2004.

[992] L. n°2017-399 du 27 mars 2017 relative au devoir de vigilance des sociétés mères et des entreprises donneuses d'ordre, *JORF* n° 0074 du 28 mars 2017.

Conclusion de la section 2. Le législateur, en intégrant des normes de *soft law* dans l'édifice législatif français, contraint l'entreprise à se doter de mécanismes permettant de prévenir la commission d'infractions en son sein. Cette obligation de prévention du risque pénal pesant initialement sur le dirigeant est en train de se déporter sur la personne morale.

Conclusion chapitre 1. L'inadaptation du droit pénal et le poids croissant du « *risque pénal* » incitent de plus en plus les entreprises à opter pour des instruments de *soft law*. Cette « autorégulation » justifiée en grande partie par la complexification des relations économiques et sociales atteste l'idée d'une dilution de la normativité pénale mais également d'une répression qui s'adapte à un autre type de normativité. Vue sous cet aspect, la *soft law* pourrait progressivement contaminer l'actuelle répression dirigée à l'encontre du dirigeant. Les impératifs de nature managériale ou la culture de la gouvernance commencent à primer aussi bien sur la règle étatique que sur la règle pénale, de telle sorte que la personne morale devienne débitrice d'une obligation de prévenir le risque de commission des infractions en son sein. Cette nouvelle configuration entraîne un dépassement de la responsabilité pénale du dirigeant. S'il appartient au dirigeant de réfléchir à des normes et à des dispositifs pour que se développe dans l'entreprise une véritable culture de la conformité ou de la prévention du risque pénal, il ne pourra toutefois pas lui être reproché de ne pas les avoir respectés.

CHAPITRE 2
LA MISE EN CAUSE DE L'ENTREPRISE : VERS UN AFFAIBLISSEMENT DE LA RÉPRESSION PÉNALE DE SON REPRÉSENTANT LÉGAL ?

Les mécanismes d'autorégulation que l'on vient de décrire méritent d'être lus à l'aune des principes de légitimité de l'intervention normative en s'appuyant sur sa spécificité majeure : le rôle primordial accordé à l'entreprise dans l'élaboration des normes. S'il revient à l'entreprise de faire le choix d'élaborer des normes de conformité, alors elle en supportera la peine en cas de mauvaise exécution ou de simple inexécution. Cet aspect implique alors un changement de paradigme par rapport à la logique de culpabilité traditionnelle : il semblerait que l'on assiste à un « glissement » voire à une « dérivation » de la responsabilité pénale du dirigeant vers celle de la personne morale. Le juge répressif va alors appréhender les normes de droit mou comme des normes remplissant une fonction de standard ou d'instruments de référence. Elles lui permettent d'apprécier le comportement qu'aurait dû avoir l'entreprise au regard de ses propres engagements. Somme toute, cette démarche va finalement permettre une réconciliation de la responsabilité des personnes morales avec l'idée de faute pénale.

Cette tendance qui traverse actuellement le monde juridique traduit des conséquences notables et notamment sur le plan de la responsabilité pénale du dirigeant. La justice pénale des entreprises cède le pas aux modes de règlements propres à la *soft law* pour le futur. En effet, la « privatisation » et la « flexibilisation » de la norme ouvrent toutes deux la voie à une sorte de « *contractualisation* »[993] de la réponse pénale propre à l'entreprise. Le droit pénal devient ainsi un levier pour convaincre une entreprise dans le cadre d'une démarche active de discussion et de récompense des efforts accomplis par cette dernière.

---

[993] E. Dezeuze, G. Pellegrin, « Extension du domaine de la transaction pénale : la convention judiciaire d'intérêt public. À propos de la loi n° 2016-1691 du 9 décembre 2016 », *in JCP* 2017, doctr. 64 ; P. Beauvais, « Méthode transactionnelle et justice pénale » *in A. Gaudemet (dir.), La compliance, un monde nouveau ? Aspect d'une mutation du droit*, éd. Panthéon-Assas, 2016, pp. 79-90. ; E. Vergès, La procédure pénale hybride, *RSC* 2017. 581.

L'introduction d'une justice négociée à l'égard de la personne morale met en avant une négociation permettant une forme apaisée et collaborative de débat contradictoire et de recherche des preuves. À tout le moins, l'introduction de la convention judiciaire d'intérêt public à l'égard de la personne morale démontre à elle seule l'évolution du système pénal actuel. Au-delà de l'innovation juridique, il semblerait que les normes d'autorégulation aient pour effet une mise en cause « prioritaire » de la personne morale au détriment de la personne physique.

Annonce de plan. La *soft law* représente une évolution largement positive du système pénal dans la mesure où elle permet à la responsabilité d'entreprise de renouer avec la théorie de la faute pénale **(Section 1)** – elle consacre une justice pénale focalisée sur la personne morale, venant alors alléger la responsabilité pénale de leurs représentant(s) **(Section 2).**

SECTION 1.
LA RESTAURATION D'UNE FAUTE PÉNALE IMPUTABLE À LA PERSONNE MORALE

L'exigence de respecter les engagements auxquels l'entreprise a souscrit trouve son origine dans l'expression latine « *tu patere legem quam ipse fecisti* » : « *respecte la loi que tu as toi-même faite* »[994]. De tels engagement constituent donc une « *norme de comportement, un standard* »[995] utilisés par le juge répressif afin d'évaluer le caractère fautif ou non des agissements du prévenu, à l'image du standard bien connu du bon père de famille. Vu sous cet aspect, ce sont donc les juges qui confèrent une portée aux instruments de *soft law* dans leur œuvre d'interprétation législative. Aussi, les illustrations jurisprudentielles qui vont suivre nous indiquent en quelque sorte la voie d'une réforme radicale de la responsabilité pénale du dirigeant et de l'entreprise. La *soft law,* perçue parfois comme un « *sous-système normatif* » [996] qui s'alimente, permet en quelque sorte la restauration d'une culpabilité de la personne morale (§1). La perspective serait alors de mettre en place une véritable conception de la culpabilité des entreprises. À tout le moins, cet attachement du droit pénal à la déclaration de culpabilité se déplacerait du dirigeant vers la personne morale (§2).

§1-La *soft law*, outil de caractérisation de l'élément moral de l'infraction imputable à la personne morale

La prise en considération des normes de *soft law* semble concevable dans les systèmes juridiques de *common law* anglo-saxonne qui laissent une large place à l'interprétation et à la négociation. En revanche, elle semble toutefois plus complexe dans le système juridique pénal français : celui-ci est soumis au principe de légalité criminelle. Dans la mesure où les juges ne peuvent pas refuser d'appliquer le droit qui leur est soumis, ils vont être amenés dans certains cas à conférer une

---

[994] H. Roland et L. Boyer, *Adages du droit français*, Paris, LexisNexis, 1999.

[995] P. Deumier, *Les sources de l'éthique des affaires*, *in Libre Droit, Mélanges P. le Tourneau*, Dalloz, 2008, p. 337.

[996] S. Manacorda, « La dynamique des programmes de conformité des entreprises : déclin ou transfiguration du droit pénal des affaires ? » *in L'entreprise un monde sans frontières, Perspectives économiques et juridiques* (dir. A. Supiot), Dalloz, 2015, p. 200.

véritable portée juridique aux instruments de « droit souple » élaborés par la personne morale. La *soft law* devient à cet effet un outil permettant de caractériser l'élément moral des infractions. Une telle démarche prétorienne permet à la responsabilité d'entreprise de renouer avec la théorie de la faute pénale. Par le biais du droit souple, le juge semble considérer que la personne morale est dotée d'une volonté propre ou du moins d'un élément moral (A). Dans ce cadre, il ne devrait plus y avoir de place pour une responsabilité d'entreprise par ricochet, dérivée de l'identification organique (B).

A- L 'imputation de la faute pénale à l'entreprise

Le rappel de la notion de la *soft law*. Le renvoi à la *soft law* est observable dans le cadre de la détermination d'éléments matériels d'infraction définis ou vaguement définis par la loi ou les règlements. Rappelons à ce titre que le droit qui découle de la *soft law* est avant tout un droit constitué d'engagements volontaires pris par les entreprises (chartes éthiques, codes de bonnes pratique…). À cet effet, le juge ne peut pas ignorer ces outils : les normes de *soft law* constituent des données extra-juridiques que ce dernier est susceptible d'intégrer dans son appréciation de la faute. Appréhendée par le juge pénal comme une norme de référence, la *soft law* permet d'apprécier le comportement qu'aurait dû avoir la personne morale en raison des règles de fonctionnement auxquelles elle s'est engagée, mais également d'établir qu'elle ne pouvait ignorer certains manquements du fait même des obligations auxquelles elle était tenue. Concrètement, la *soft law* pensée et mise en œuvre par le dirigeant sert de référencement pour imputer la faute à la personne morale.

La *soft law*, outil de caractérisation de l'élément moral de certaines infractions imputables à la personne morale. Comme en témoigne la pratique, la *soft law* s'est progressivement imposée comme l'instrument permettant à la responsabilité d'entreprise de « renouer » avec la théorie de faute pénale. Ainsi, c'est au travers de la caractérisation de l'élément moral que le juge répressif va conférer une véritable portée juridique à la *soft law*.

L'illustration avec la jurisprudence « *Erika* ». Cette faculté résulte de la jurisprudence « Erika ». Dans cette affaire, une condamnation pénale avait été prononcée par la Cour d'Appel de Paris[997] à l'encontre de la société pétrolière *Total S.A* et a été confirmée par la chambre criminelle de la Cour de cassation le 25 septembre 2012[998]. La société *Total SA* avait vu sa responsabilité pénale engagée sur le fondement du délit de pollutions involontaires pour ne pas avoir accompli les diligences normales qui lui incombaient, notamment au regard des règles de contrôle internes mises en place de sa propre initiative[999]. La cour d'Appel devait établir qu'au moment de l'accident, la compagnie Total exerçait « *en droit ou en fait, un pouvoir de contrôle ou de direction dans la gestion ou la marche du navire* ».

Le raisonnement des juges du fond. Dans un premier temps, les juges du fond s'étaient alors appuyés sur un document contractuel appelé « *charte-partie* » conclue entre la société chargée de la location de l'Erika et une filiale de Total. Celle-ci stipulait que *Total SA* s'engageait à inspecter régulièrement les navires[1000]. C'est ainsi que ceux-ci en avaient déduit que Total bénéficiait d'un « *pouvoir de contrôle* » sur la marche du navire. Puis, dans un deuxième temps, les juges du fond avaient eu recours aux règles de « *vetting* »[1001] mises en place par *Total SA* afin de caractériser sa carence fautive dans l'exercice de son contrôle. En ne respectant pas ces règles, cela permettait aux juges

---

[997] On fait référence à l'affaire *Erika*. C.A. Paris, 30 mars 2010, n°08/02278, obs. A. Lavric, *D.* 2010. 1008 ; *D.* 2010, chr. 1804, note Rebeyrol, *JCP* 2010. 432, note Le Couviour, *RSC,* 2010. 873, obs. P.H Robert, *RTD com.* 2010. 622, obs. V. Delebecque.

[998] Cass. crim., 25 sept. 2012, n°10-82.938. *D.* 2012. 2711. Note P. Delebecque ; *AJ pén.* 2012. 574, note A. Montas et G. Roussel ; *Rev. soc.* 2013. 110, note J.-H. Robert ; *RSC* 2013. 363, obs. J.-H. Robert ; *RTD civ.* 2013. 119, obs. P. Jourdain.

[999] Rappelons que la Cour d'appel devait établir, qu'au moment de l'accident, la compagnie *Total* exerçait « *en droit ou en fait, un pouvoir de contrôle ou de direction dans la gestion ou la marche du navire* ». À cet effet, les juges, s'étaient appuyés dans un premier temps sur un document contractuel appelé « *charte-partie* » conclue entre la société chargée de la location de l'*Erika* et une filiale de *Total* afin d'établir que les stipulations de la charte permettaient à la société *Total* « *de vérifier le soin et la diligence avec lesquels la cargaison était transportée, la capacité du navire et de l'équipage à réaliser le voyage envisagé* ».

[1000] E. Daoud, C. Le Corre, « Pour plus d'éthique tout au long de la chaîne », *Face au risque*, nov. 2014, n°507.

[1001] Le « *vetting* » est un instrument de prévention répendu dans le transport maritime. Il renvoie à l'ensemble des règles et procédures d'origine pricées et facultatives ayant pour objet d'examiner la qualité des navires affrétés.

d'établir l'imprudence à l'origine du délit de pollution[1002]. Somme toute, cette forme d'intégration de la *soft law* dans l'appréciation individuelle de la faute de l'entreprise témoigne du rôle que peut endosser le juge pénal afin de faire produire des effets de droit à certaines normes de droit souple.

Vers une prise en compte progressive des normes de *soft law* par le juge pénal ? La faculté dont dispose le juge de prendre en compte la *soft law* dans son appréciation de la faute résulte également d'un arrêt de la cour d'Appel. Dans certains cas, le juge engage la responsabilité pénale de l'entreprise qui n'aurait pas eu recours à des instruments privés de gestion des risques assimilables à des engagement de *soft law*. Par un arrêt en date du 19 décembre 2013[1003], la cour d'Appel de Paris a affirmé qu'une société cotée ne pouvait ignorer des pratiques actionnariales qualifiées aujourd'hui de « normales » - c'est-à-dire naturelles aux États-Unis et dans les pays du Nord de l'Europe, même si elles restent discrètes ou ponctuelles en France – à moins que cette nouvelle dimension ne figurait pas encore dans la loi (*hard law*) mais s'agissant des sociétés cotées sur les marchés internationaux, elle avait pénétré les exigences des régulateurs de marché (*soft law*).

Qu'en conclure ? cette appréciation *in abstracto* de la faute de l'entreprise, par rapport à un modèle normal de comportement défini par des normes de *soft law*, devient un fait générateur de responsabilité. À tout le moins, cela oblige le juge à procéder à une lecture spécifique des normes de *soft law* qui deviennent en quelque sorte des références

---

[1002] Les règles de « *vetting* » n'apparaissent pas vraiment comme des règles de RSE mais plutôt comme un instrument privé de gestion des risques de pollution maritime. Ces règles de « *vetting* » feraient davantage écho aux plans de vigilance de la loi du 27 mars 2017 et plus généralement, aux mesures et actions volontairement adoptées par les grandes entreprises dans le cadre des normes ISO 26 000, des principes directeurs de l'OCDE ou des lignes directrices des Nations unies. V. sur point, P. Abadie, « Le juge et la responsabilité sociale de l'entreprise », Conférence donnée en la Grande Chambre de la Cour de cassation le 12 octobre 2017 à l'occasion du Cycle de conférence 2017 sur la responsabilité sociétale des entreprises, en partenariat avec l'IRJS Paris-I, le CRD Dauphine et le CRDPDS Paris-VIII., *D.* 15 févr 2018, p. 302 et s.

[1003] CA Paris, 19 déc. 2013, n°12/22644, *Rev. soc.* 2014. 306, note A. Viandier, *JCP E.* 2015, n°7-8, p. 45, note F. G. Trébulle.

pour ce dernier[1004]. Toutefois, une problématique pourrait se poser au regard du principe de légalité pénale. Avec la *soft law*, la conception traditionnelle de la légalité pourrait être bouleversée par la diversification des auteurs de la loi pénale, laquelle change alors de définition.

B- Le recours du juge à la présomption de faute à l'égard de l'entreprise

Le recours du juge à la présomption de faute à l'égard de la personne morale. Si l'œuvre normative des sujets de droit parvient à faire régner un droit de « *bonne foi* »[1005], ce n'est pas forcément l'analyse qu'en fait le juge pénal. Afin de caractériser la faute de la personne morale, les juges ont recours à la présomption de faute. Le raisonnement visant à affirmer que la personne morale « *connaissait la norme à laquelle elle était soumise* »[1006] ou qu'elle ne pouvait ignorer des pratiques de transparence[1007]. Cette logique démontre une facilitation voire une « systématisation » de la responsabilité pénale des personnes morales en cas de manquements aux normes de *soft law.*

L'inexistence de moyens d'exonération pour la personne morale en droit français. Somme toute, l'« objectivisation » et la présomption posent avec acuité la question des moyens de défense dont pourront se prévaloir les personnes morales si celles-ci venaient à voir leur responsabilité pénale engagée. Force est d'admettre que la nouvelle conception de la responsabilité pénale des personnes morales leur permettrait d'échapper à leur responsabilité pénale à chaque fois qu'il serait possible de prouver que l'organisation s'est dotée d'instruments efficaces et aptes à prévenir la commission d'infractions. Plus largement, tout autre programme de prévention et de *compliance* permettra, à la condition d'être effectif et respecté, d'écarter l'existence d'une faute de l'organisation. L'on comprend mieux l'attachement des

[1004] Cass. crim., 24 juin 1984, *D.* 1985. 80, note Fourgoux ; Cass. crim., 22 juin 1982, *D.* 1983. 215, note Mayer ; Cass. crim., 21 mai 1984, *D.* 1985. 105.

[1005] P. Gothot, « Le non droit : précautions introductives », *in Séminaire de Liège sur l'hypothèse du non-droit*, 1978, p. 31.

[1006] L. Neyret, « L'affaire *Erika* : moteur d'évolution des responsabilités civile et pénale », *D.* 2010. 2238.

sociétés mères américaines et anglaises à des programmes d'alerte par leurs filiales : ils permettent d'échapper aux poursuites grâce à des négociations avec les autorités[1008].

L'existence de moyens d'exonération dont peut se prévaloir la personne morale – perspective de droit comparé. D'autres pays ont consacré certaines de leurs dispositions aux moyens d'exonération dont pourrait se prévaloir la personne morale si celle-ci venait à commettre une faute. Ce sont l'Australie et l'Italie qui ont permis à l'entreprise de s'exonérer de sa responsabilité en rapportant la preuve d'avoir adopté des mesures de contrôle ou de surveillance aptes à écarter tout risque d'infraction[1009]. Reste donc à voir comment le juge se comportera face à ses normes. Il pourrait être formulée une hypothèse selon laquelle le juge pénal pourrait aller bien au-delà des apparences : à notre sens, il n'hésiterait pas à sanctionner les entreprises qui chercheraient uniquement à profiter d'un effet d'annonce visant à améliorer leur image vis-à-vis des parties prenantes, sans pour autant respecter les engagements sur lesquels elles communiquent. C'est ainsi que la formalisation de codes de bonnes pratiques, de chartes éthiques ne constitueraient pas à notre sens un véritable moyen d'exonération s'ils ne sont pas suivis d'effet en pratique.

§2- Les mécanismes de *soft law*, vecteurs de restauration d'une faute pénale à l'égard de la personne morale ?

La *soft law* influence le droit pénal quant au fondement de la responsabilité pénale des personnes morales. En effet, on sait que quelle que soit la nature de l'infraction, l'article 121-2 du Code pénal exige que l'infraction ait été commise par un organe ou un représentant pour le compte de la personne morale et fonde donc cette responsabilité sur un système d'emprunt[1010]. Ainsi, en raison de la théorie de

---

[1008] Aux Etats-Unis, les procureurs négocient un classement sans suite sous condition, en pouvant notamment imposer une nouvelle organisation plutôt que d'engager des poursuites. V. sur ce point, E.-B. Diskant, « Comparative Corporate Criminal Liability : Exploring the Uniquely American Doctrine Through Comparative Criminal Procedure », *Yale L J* 2008, p. 126 et s.

[1009] Code criminel fédéral australien de 1995, art., 12. 3.

[1010] Rappelons que l'article 121-2 du Code pénal dispose que : « *Les personnes morales, à l'exclusion de l'Etat, sont responsables pénalement, selon les distinctions des aticles 121-4 à 121-7 des infractions commises, pour leur compte,*

l'identification, le dirigeant qui a commis l'infraction doit être identifié – c'est la faute de ce dernier qui exprime en quelque sorte la volonté de l'entreprise elle-même. Aujourd'hui, dans la mesure où le droit européen, à l'instar de systèmes juridiques étrangers, enjoint aux États membres d'adopter les mesures nécessaires pour qu'une personne morale puisse être tenue pour responsable, lorsque son défaut de surveillance ou de contrôle a rendu possible la commission d'une infraction pour le compte de la personne morale, c'est alors une faute d'organisation qui pourrait être reprochée à l'entreprise. Dans ce cadre, il ne devrait plus y avoir de responsabilité d'entreprise dérivée simplement de l'identification organique (A). Un simple déplacement de l' « automatisme répressif » auparavant placé sur la tête du dirigeant ou de son délégataire se porte désormais sur la personne morale (B).

A- Le bannissement de la théorie de l'identification organique ?

Le principe d'identification du dirigeant ayant commis une infraction permettant l'engagement de la responsabilité pénale de la personne morale. La loi du 9 mars 2004 *portant adaptation de la justice aux évolutions de la criminalité* dite loi « *Perben II* », a généralisé le principe de la responsabilité pénale des personnes morales[1011]. En effet, depuis le 31 décembre 2005, cette responsabilité peut, en principe, être engagée pour toutes les infractions commises pour leur compte par leurs organes (c'est-à-dire les personnes ayant juridiquement le pouvoir d'assurer son administration) ou leurs représentants (soit ces mêmes personnes et les délégataires de pouvoirs)[1012]. À cet effet, l'article 121-2 du Code pénal qui permet

par leurs organes ou représentants. Toutefois, les collectivités territoriales et leurs groupements ne sont responsables pénalement que des infractions commises dans l'exercice d'activités susceptibles de faire l'objet de conventions de délégation de service public. La responsabilité pénale des personnes morales n'exclut pas celle des personnes physiques auteurs ou complices des mêmes faits, sous réserve des dispositions du quatrième alinéa de l'article 121-3 ».

[1011] C. pén., art 121-2, mod. par L. n°2004-204, 9 mars 2004, art.54.

[1012] Rappelons que la loi dite « *Perben II* » n° 2004-204 du 9 mars 2004 a généralisé la responsabilité pénale des personnes morales avec une application au 31 décembre 2005. La circulaire du 13 février 2006 (Crim-06-3/E8) est venue préciser certains éléments et a notamment dressé une liste d'infractions pour

l'engagement de la responsabilité pénale de la personne morale repose sur la théorie dite de l'« identification » : celle-ci impose au juge du fond d'identifier le dirigeant qui a commis une infraction au nom et pour le compte de cette dernière. Si cette responsabilité s'attache à souligner l'évidence selon laquelle l'entreprise n'agit que par l'intermédiaire de ses dirigeants ou des organes capables de l'engager, alors elle sous-tend l'idée que celle-ci est dénuée de toute volonté propre. En pratique, ces théories ont été jugées trop restrictives : la nécessité d'identifier une personne physique déterminée réduisait encore plus les possibilités de condamnations dès lors que l'organisation de l'entreprise ne permettait pas toujours de déterminer précisément qui avait matériellement commis l'infraction.

Vers un abandon prétorien de la théorie de l'identification ? C'est alors que la jurisprudence a proposé une nouvelle lecture de l'article 121-2 du Code pénal ; les juges répressifs se sont fondés non sur la faute du dirigeant mais sur la faute de la personne morale[1013]. Les juges ont somme toute accepté qu'une personne morale puisse être condamnée sans que soient précisément identifiées les personnes physiques ayant matériellement commis les infractions en cause. À tout le moins, elles ne pouvaient avoir été commises que par ses organes ou représentants. C'est ainsi que la chambre criminelle de la Cour de cassation, guidée par un mouvement général du droit pénal comparé influencé et par les sciences de gestion et par les exigences de la responsabilité sociale des entreprises, a déduit des faits que les infractions retenues s'inscrivaient avant tout dans le cadre de la politique commerciale des sociétés en cause : elles ne pouvaient, dès lors, avoir été commises pour le compte des sociétés que par leurs organes ou représentants.

---

lesquelles la responsabilité pénale des personnes morales présente un intérêt particulier.

[1013] Cass. crim., 20 juin 2006, *D.* 2007, 617, note J.-C. Saint-Pau ; *D.* 2007, 1624, obs. C. Mascala ; *JCP* 2006, II, 10199, note Dreyer ; *Dr. pén.* 2006, 128, obs. M. Véron ; *RSC* 2006, 825, obs. Y. Mayaud ; Cass. crim., 25 juin 2008, *D.* 2008, 2287 ; *D.* 2009, p. 1445, obs. Valette-Ercole ; *D.* 2009, p. 1723, obs. C. Mascala ; *Dr. pén.* 2008, 140, obs. M. Véron, *RSC* 2009, 89, obs. E. Fortis ; Cass.crim., 15 févr. 2011, *Dr. pén.* 2011, 62, obs. M. Véron.

La remise en question de l'abandon de la théorie de l'identification. Ces solutions jurisprudentielles, largement critiquées par la doctrine[1014] puis finalement abandonnées[1015], revenaient à établir une présomption de responsabilité à l'encontre de la personne morale. Cette lecture de l'article 121-2 du Code pénal[1016] reposait sur une nouvelle conception de la responsabilité pénale de la personne morale, fondée sur la faute de la personne morale. Donnant un nouveau fondement, la Haute juridiction semblait déjà influencée par les droits étrangers ayant quant à eux consacré une approche tendant à renforcer le caractère personnel de la responsabilité pénale des entreprises[1017].

Bilan. Les normes de *soft law* s'imposent progressivement comme l'instrument permettant au juge répressif de revenir à l'ancienne théorie : celle qui consiste à ne plus identifier les personnes physiques pour engager à responsabilité pénale de la personne morale. La culpabilité est appréciée directement par rapport à la personne morale sans avoir recours à une détermination de la personne physique ayant délibérément commis une infraction au nom et pour le compte de celle-

---

[1014] V. sur ce point, J.-H. Robert, « Le coup d'accordéon ou le volume de la responsabilité pénale des personnes morales », *in Les droits et le Droit, Mélanges dédiés à B. Bouloc*, Dalloz 2006, p. 974 ; H. Matsoupoulou, « Responsabilité pénale des personnes morales et infractions du droit pénal des affaires », *in Dépénalisation de la vie des affaires et responsabilité pénale des personnes morales*, PUF, 2010, p. 81 et s.

[1015] La chambre criminelle de la Cour de cassation est revenue à une interprétation stricte de l'article 121-2 du Code pénal dans un arrêt du 11 octobre 2011, v. sur ce point, Cass. crim., 11 oct. 2011, n° 10-87.212 ; N. Rias, « Mise en œuvre de la responsabilité pénale des personnes morales : vers un retour à l'orthodoxie ? », *D.* 2011, 2841.

[1016] L'article 121-2 du Code pénal dispose que « *les personnes morales, à l'exclusion de l'État, sont responsables pénalement, selon les distinctions des articles 121-4 à 121-7, des infractions commises, pour leur compte, par leurs organes ou représentants* ».

[1017] Dans le système britannique, des entreprises avaient pu être condamnées pour homicide involontaire en raison de l'impossibilité d'identifier la personne physique. Le législateur britannique avait adopté le *Corporate Manslaughter and Coroportate Homicide Act* de 2007 qui prévoit la responsabilité pénale de l'entreprise si son organisation ou la façon dont elle est dirigée cause la mort d'une personne et constitue un manquement délibéré à une obligation de prudence que l'entreprise devait assurer. Le *Bribery Act* de 2010 introduit pour sa part une infraction constituée par la défaillance pour une personne morale dans la prévention contre la corruption.

ci. Toutefois, force est d'admettre que nos recherches empiriques menées sur les décisions rendues par la chambre criminelle de la Cour de cassation sont assez peu nombreuses. Si le recours volontaire aux normes de *soft law* devrait s'intensifier dans les années à venir, notamment en raison des avantages qu'elles procurent à l'entreprise et à son dirigeant, alors se poserait nécessairement la question du risque d'atteinte au principe de légalité déjà évoqué en amont dans le cadre de notre recherche.

B- Le glissement de la faute du dirigeant vers la faute de la personne morale

À l'heure actuelle, la *soft law* commence à s'imposer comme un moyen permettant à la responsabilité d'entreprise de « renouer » avec la théorie de la faute pénale. En effet, le reproche qui est fait à la personne morale et non au dirigeant se traduit par le défaut d'adoption de règles internes ou par leur caractère insuffisant. La logique est sensiblement différente en droit civil. Comme l'a démontré le Professeur Olympe DEXANT-DE BAILLIANCOURT, les dirigeants qui ne respecteraient pas les règles de droit souple auxquelles leur société se serait référée, risquent d'engager directement leur responsabilité civile pour faute de gestion[1018]. En droit pénal, c'est alors le comportement de l'entreprise dans son ensemble qui est apprécié et non plus uniquement le fait infractionnel du dirigeant[1019]. Vu sous cet angle, il est possible de considérer que la personne morale est dotée d'une intention[1020].

La faute de la personne morale - illustration au travers de la jurisprudence « *Erika* ». Visiblement, le reproche qui peut être émis à l'encontre de la personne morale défaillante sera personnel en raison du

---

[1018] O. Dexant- De Bailliencourt, « De quelques spécificités de la responsabilité civile au dirigeant de société in bonis », *Les responsabilités du dirigeant de société, Regards croisés de droit civil et de droit pénal, in Actes de colloque,* O. Dexant de Baillancourt (dir.) et B. Lapérou-Scheneider (dir.) , Dalloz, coll. « Thèmes et commentaires », 2018, spéc. p. 58.

[1019] A. Mignon-Colombet, « La convention judiciaire d'intérêt public : vers une justice de coopération ? », *AJ pén* 2017. 68.

[1020] Le droit américain considère que « *corporate bodies (have) a guilty mind* » (« les *entreprises ont une intention criminelle* »), V. sur ce point, W.S. Laufer, « Corporate bodies and Guilty Mind. The Failure of Corporate Criminal Liability », *The University Chicago Press*, 2006.

fait qu'elle n'a pas adopté ou n'a pas correctement appliqué une norme de *soft law*. Rappelons que dans l'affaire *Erika*, la Cour d'appel devait établir qu'au moment de l'accident Total exerçait « *en droit ou en fait, un pouvoir de contrôle ou de direction dans la gestion ou la marche du navire* ». Pour ce faire, les juges s'étaient simplement appuyés sur un document contractuel, conclu entre la société chargée de la location de l'*Erika* et une filiale de *Total SA*. Ce contrat mettait à la charge du capitaine du navire, dépendant de la société de location, nombre d'obligations dont la société mère Total, bien que tiers à la convention, était la bénéficiaire. Pour la Cour d'appel, de telles stipulations permettaient à Total « *de vérifier le soin et la diligence avec lesquels la cargaison était transportée, la capacité du navire et de l'équipage à réaliser le voyage envisagé* ». En conséquence de quoi, *Total SA* bénéficiait d'un « pouvoir de contrôle sur la marche » de l'*Erika* et entrait donc dans la catégorie des personnes susceptibles d'être condamnées du chef de pollution.

L'émergence d'une véritable conception de la culpabilité d'entreprise – faute organisationnelle. Cet actuel raisonnement judiciaire semble s'inscrire dans une logique de culpabilité correspondant aux règles de pénalité[1021]. Le juge semble imputer une faute d'organisation à la personne morale. Celle-ci est déjà connue et consacrée par les droits étrangers.

La consécration légale par les droits étrangers de la faute de la personne morale. C'est dans un premier temps la doctrine allemande qui, à la fin des années 1980[1022], a conceptualisé la « faute d'organisation ». Ce concept a résumé les formes possibles de culpabilité de l'entreprise en pouvant saisir ou bien les défaillances dans l'organisation de l'entité ou dans le devoir de surveillance des comportements des salariés, ou bien les comportements délibérés

---

[1021] U. Sieber, « Programas de compliance en el derecho penal de la empresa. Una nueva concepcion para controlar la crimiladidad economica », *El Dérecho penal económico en la era Compliance*, Tirant lo Blanch, 2013, p. 63 et s.

[1022] K. Tiedemann, *Die Bebußung von Unternehmen nach dem* 2. Gesetz zur Bekämpfung der Wirtschaftskriminalität, *in NJW* 1988. 1172 ; *Id., Strafbarkeit und Bußgeldhaftung von juristischen Personen und ihren Organen, in A. Eser/J. Thormundsson (eds.), Old Ways and New Needs in Criminal Legislation*, Édition Iuscrim, Freibur im Breisgau, pp. 157-185.

d'entreprises de commission d'infractions[1023]. Dans un deuxième temps, le nouveau Code criminel fédéral australien[1024] de 1995 a consacré la notion d' « *intention corporatiste* » pouvant être constituée par une culture corporative ayant encouragé, toléré ou conduit à l'infraction ou à une organisation n'ayant pas créé de climat incitant au respect de la loi. C'est par ailleurs les nouveaux articles 22. 1 et 22. 2 du Code criminel canadien qui retiennent la responsabilité pénale de l'entreprise pour les infractions de négligence, tout en maintenant l'identification des dirigeants pour les infractions intentionnelles[1025].

La remise en question de la théorie actuelle de la responsabilité pénale des personnes morales ? Face au raisonnement que le juge pénal français est en train de construire, il ne devrait plus y avoir de place pour une responsabilité pénale d'entreprise dérivée de l'identification avec son représentant ou son organe. C'est ainsi que la théorie de l'identification de la personne physique pourrait faire l'objet d'une remise en question et qu'une réécriture de l'article 121-2 du Code pénal pourrait alors paraître justifiée[1026]. Le législateur français pourrait s'inspirer du Code pénal suisse qui consacre la possibilité de condamner une entreprise en raison du manque d'organisation ou, pour certaines infractions, s'il lui est reproché de ne pas avoir pris toutes les mesures nécessaires pour empêcher l'infraction[1027].

La nouvelle répartition de la responsabilité pénale entre personne physique et personne morale ? La *soft law* semblerait se définir comme un outil important dans le cadre d'une nouvelle conception de la responsabilité pénale des personnes morales. On assiste

---

[1023] H.-J Hirsch, « La criminalisation du Comportement collectif – Allemagne », *in H. de Doelder et Klaus Tiedemann (ss dir.), La criminalisation du comportement collectif*, Kluwer, La Haye, 1996, p. 31 et s.

[1024] Code criminel australien, art. 12. 3.

[1025] R. Grondin, « La responsabilité pénale des personnes morales et la théorie des organisations », *Rev. gén. droit*, 1994, p. 380 et s.

[1026] H. Matsoupoulou, « Faut-il réécrire l'article 121-2 du Code pénal sur la responsabilité pénale des personnes morales ? », *in Le Code pénal - 20 ans après, état des questions*, ouvrage collectif publiant les actes du colloque organisé, le 20 mars 2014, par le Centre d'études et de Recherche en Droit de l'immatériel de l'Université Paris-Sud, Lextenso, LGDJ, 2014, p. 107 et s., spéc. p. 123.

[1027] Code pénal suisse, art. 102. V sur ce point R. Roth, « Une responsabilité sans culpabilité ? L'entreprise, la faute d'organisation et le droit pénal », *Semaine judiciaire* 2003, p 187 et s.

inévitablement au développement d'un système d'imputation consistant à rechercher au sein de l'entreprise une composante propre de « reprochabilité » affichée par son organisation défaillante, se traduisant soit par le défaut d'adoption de règles internes visant la prévention de risques d'infractions, soit par leur caractère lacunaire ou inefficace, ou bien par le défaut de leur mise en œuvre. Finalement, derrière les questions liées au périmètre de cette responsabilité directe de la personne morale et des moyens de défense qui lui sont ouverts, se joue la question omniprésente de la répartition des responsabilités entre l'entreprise et son dirigeant. Plus précisément, l'on peut s'interroger sur l'influence réelle et/ou recherchée de la responsabilité pénale des entreprises sur celle des personnes physiques qui les dirigent. À notre sens, la faute pénale semble dériver de la personne physique vers la personne morale. En se concentrant davantage sur l'entreprise, le juge s'inscrit dans une démarche managériale qui réprime l'absence de gestion du « risque » pénal par la personne morale.

La propagation des outils de *soft law* - vers une extension de la responsabilité pénale de la personne morale ? Dans les années à venir, nul doute que l'essor des mécanismes de *soft law* va s'accompagner d'une extension de la responsabilité pénale des entreprises. C'est en tout cas ce que soulignait déjà le Professeur Alain SUPIOT en 2004[1028]. Si à l'heure actuelle *la soft law* apparaît comme un outil de caractérisation de l'élément moral des infractions non-intentionnelles, rien n'exclut qu'elle le devienne pour les infractions intentionnelles. Afin d'assurer la transparence des relations de commerce, le législateur incrimine toute usurpation de la qualité d'adhérent à un code de bonne conduite ou d'éthique. À cet effet, la loi du 4 août 2008[1029] érige en délit de pratiques commerciales trompeuses le fait pour un « *professionnel* » de se prétendre mensongèrement signataire d'un code de conduite[1030]. Aux termes de l'article liminaire du Code de la consommation, le professionnel apparaît comme la

---

[1028] A. Supiot, « Du nouveau au self-service normatif : la responsabilité sociale des entreprises », *in Études offertes à Jean Pélissier*, Dalloz, 2004, p. 541. Dans cet ouvrage, l'auteur souligne que » *la multiplication des engagements éthiques devrait dans les années à suivre, s'accompagner d'une extension de la responsabilité pénale des personnes morales* ».

[1029] L. n° 2008-776 du 4 août 2008 de modernisation de l'économie.

[1030] C. consom. art. L. 121-1-1 devenu L. 121-4 depuis l'adoption de l'ordonnance n°2016-301 du 14 mars 2016.

« *personne physique ou morale, publique ou privée, qui agit à des fins entrant dans le cadre de son activité commerciale, industrielle, artisanale, libérale ou agricole, y compris lorsqu'elle agit au nom ou pour le compte d'un autre professionnel* ». Il semble alors possible d'imaginer la condamnation pénale de l'entreprise sur le fondement de l'article L. 121-4 du Code de la consommation[1031].

Le développement de la *soft law* et sa prise en considération par la justice pénale française pourrait alors présenter un « attrait » considérable pour le chef d'entreprise : celui qui consiste à ne retenir qu'une seule responsabilité, celle de la personne morale. Ainsi, il ne devrait plus y avoir de responsabilité pénale du dirigeant dans la mesure ou le juge répressif favorise un système d'imputation à l'égard de la personne morale.

Conclusion de la section 1. Dans cette section nous avons démontré que la prise en considération des normes de *soft law* par le juge pénal amenait à la consécration d'une faute organisationnelle imputable à l'entreprise. Cette faute pourrait alors entraîner une répercussion non négligeable sur la responsabilité pénale du dirigeant.

[1031] Le délit d'usurpation de la qualité d'adhérent à un code de bonne conduite ou d'éthique est puni, en application de l'article L. 132-2 du Code de la consommation, de deux ans d'emprisonnement et d'une amende de 300.000 euros ou équivalente à 10% du chiffre d'affaire moyen annuel ou à 50 % des dépenses de publicité.

SECTION 2.
LA PRIORITÉ DONNÉE À LA NÉGOCIATION D'UNE RÉPONSE PÉNALE ENTRE LE MINISTÈRE PUBLIC ET LA PERSONNE MORALE : VERS UN AFFAIBLISSEMENT DE LA RESPONSABILITÉ PÉNALE DU CHEF D'ENTREPRISE ?

Les normes de *soft law* dans le domaine du pénal semblent s'imposer comme « catalyseur » de l'évolution du droit pénal, de la responsabilité pénale des personnes morales et de leurs représentants. Par son entrée en jeu dans le domaine du pénal, la répression négociée semble dépendre de l'attitude normative de l'entreprise. C'est donc en quelque sorte par la « privatisation » et la « flexibilisation » de la règle pénale qu'une sorte de « contractualisation » du droit pénal semble émerger dans l'entreprise. En effet, depuis la loi du 9 décembre 2016, dite loi « *Sapin II* »[1032], le législateur démultiplie les situations infractionnelles pour lesquelles l'entreprise donne son accord à la proposition de convention qui lui est exclusivement destinée et qui devra être validée par le juge du siège (§1). Cet élargissement refléterait l'émergence d'une logique répressive managériale au détriment d'une logique répressive pénale pure et dure (§2).

§1- L'introduction de la convention judiciaire d'intérêt public : un mode consensuel d'extinction des poursuites spécifique à l'entreprise

La flexibilité de la règle substantielle de *soft law* a amené le législateur pénal français à intégrer des modes de règlements propres à la *soft law* dans la procédure pénale française. La loi « *Sapin II* » qui instaure la convention judiciaire d'intérêt public dite « *CJIP* », en est l'exemple topique. Cette procédure, élaborée à partir d'un mode consensuel d'extinction des poursuites a pour objectif principal non pas la répression pure et dure des comportements mais l'incitation à l'autorégulation dans le cadre d'un contentieux spécifique. La convention permettrait d'éviter que l'amende qui en découle soit

[1032] L. n°2016-1691 du 9 décembre 2016 relative à la transparence, à la lutte contre la corruption et à la modernisation de la vie économique.

associée à une condamnation pénale pouvant avoir des conséquences fâcheuses pour l'entreprise ainsi que sur les marchés nationaux et internationaux (A). Visiblement, cette possible renonciation de l'entreprise à la voie pénale tend à s'accroître, elle pourrait être amenée à se généraliser (B).

A- La négociation de la sanction pénale entre l'entreprise et le parquet

L'inadaptation du procès pénal au monde de l'entreprise. À première vue, il semblerait que le procès pénal ne soit pas vraiment adapté au monde de l'entreprise. La condamnation pénale de l'entreprise remettrait en cause la capacité de celle-ci à postuler les marchés publics[1033] et ne préserverait pas leurs intérêts économiques face aux risques concurrentiels des législations étrangères[1034].

La *soft law*, source d'inspiration du législateur français ? Le constat est ici celui d'une intégration de plus en plus marquée par la procédure pénale française de modes de règlements propres à la *soft law*. Force est de constater que le législateur a élargi le champ d'application de la justice consensuelle pénale jusque-là peu adaptée à l'entreprise[1035]. Tout d'abord, c'est l'ordonnance du 7 avril 2016[1036] qui a introduit une disposition selon laquelle l'administration du travail (DIRECCTE) pouvait transiger avec l'employeur ou avec la personne morale pour certaines infractions[1037]. La spécificité de la transaction tient

---

[1033] B. Lapérou-Scheneider, « *Soft Law* et droit pénal : divergences et confluences l'exemple du droit français », *in Soft law et droit du commerce international, Contributions à l'étude du renouvellement des sources du droit,* Actes du colloque international des 11 et 12 mai, Lexis Nexis, 2018, p. 215 et s.

[1034] M.-E Boursier, « L'impact de la loi n° 2016-1691 du 9 décembre 2016 relative à la transparence, à la lutte contre la corruption et à la modernisation de la vie économique sur la corruption dans le secteur bancaire et financier : de la sécurisation à l'innovation », *Revue de droit bancaire et financier*, 2016, étude n°32.

[1035] A. Bernard, E. Wrzoncki, « La responsabilité pénale des transnationales - l'action des FIDH », *A.J.P.* 2012, p. 20.

[1036] Ord. n° 2016-413 du 7 avril 2016 relative au contrôle de l'application du droit du travail, *JORF* n°0083 du 8 avril 2016 , texte n° 20.

[1037] L'article L. 8114-4 du Code du travail dispose que « *l'autorité administrative compétente peut, tant que l'action publique n'a pas été mise en mouvement, transiger avec les personnes physiques et les personnes morales sur la poursuite*

évidemment à sa forme. Outre une amende que devra payer la personne physique ou morale, la transaction peut également consister en des obligations imposées pour faire cesser l'infraction, éviter son renouvellement ou se mettre en conformité avec certaines obligations[1038]. Plus précisément, l'article R. 8114-4 alinéa 5 du Code du travail prévoit qu'à défaut d'une amende transactionnelle, la proposition de transaction mentionne « *la nature et les modalités d'exécution des obligations imposées en vue de faire cesser l'infraction, d'éviter son renouvellement ou de remettre en conformité les situations de travail* ». Toutefois, force est d'admettre que rien n'est précisé quant aux obligations permettant la cessation de la situation infractionnelle. La circulaire du 18 juillet 2016 indique seulement que l'employeur ou l'entreprise pourra se voir imposer des mesures correctives par la DIRECCTE[1039].

L'introduction de la Convention judiciaire d'intérêt public dans l'arsenal législatif français. Quelques mois plus tard, le législateur a souhaité en quelque sorte étendre ce type de procédé à d'autres contentieux, en permettant au procureur de la République de proposer à une personne morale mise en cause pour certains délits de conclure une

---

d'une infraction constituant une contravention ou un délit, prévue et réprimée : 1° Aux livres II et III de la première partie ;2° Au titre VI du livre II de la deuxième partie ;3° Aux livres Ier, II et IV de la troisième partie, à l'exception des dispositions mentionnées aux 1° à 4° de l'article L. 8115-1 ;4° À la quatrième partie, à l'exception des dispositions mentionnées au titre V du livre VII et au 5° de l'article L. 8115-1 ;5° Au titre II du livre II de la sixième partie ;6° À la septième partie. Sont exclus de cette procédure les délits punis d'une peine d'emprisonnement d'un an ou plus ».

1038 L'article L. 8114-5 du Code du travail dispose que « *la proposition de transaction est déterminée en fonction des circonstances et de la gravité de l'infraction, de la personnalité de son auteur ainsi que de ses ressources et de ses charges. Elle précise le montant de l'amende transactionnelle que l'auteur de l'infraction devra payer,* ***ainsi que, le cas échéant, les obligations qui lui seront imposées pour faire cesser l'infraction, éviter son renouvellement ou se mettre en conformité avec les obligations auxquelles il est soumis par le présent Code ou les autres dispositions relatives au régime du travail****. Elle fixe également les délais impartis pour le paiement et, s'il y a lieu, l'exécution des obligations* ».

1039 Circulaire du 18 juillet 2016 du droit pénal du travail, présentation de l'ordonnance n°2016-413 du 7 avril 2016 Coordination des sanctions administratives et pénales en droit du travail, NOR : JUSD1620181C.

convention judiciaire d'intérêt public [1040] qui impose ou une plusieurs obligations[1041], ce tant que l'action n'a pas été mise en mouvement. D'inspiration américaine[1042], la convention judiciaire d'intérêt public

---

[1040] E. Dezeuze, G. Pellegrin, « Extension du domaine de la transaction pénale : la convention judiciaire d'intérêt public. À propos de la loi n°2016-1691 du 9 décembre 2016 », *in JCP.*, 2017, doctr. 64. Il est également intéressant de faire un parallèle avec la composition pénale.
Il est important de souligner que cette mesure a fait l'objet d'un refus de validation de la part de du Conseil d'État au motif qu'elle faisait perdre sa « valeur d'exemplarité » à l'intervention de la justice pénale (CE, Avis n°391-262, 24 mars 2016).

[1041] La personne morale peut verser une amende d'intérêt public au Trésor public. Le montant de cette amende est fixé de manière proportionnée aux avantages tirés des manquements constatés, dans la limite de 30 % du chiffre d'affaires moyen annuel calculé sur les trois derniers chiffres d'affaires annuels connus à la date du constat de ces manquements. Son versement peut être échelonné, selon un échéancier fixé par le procureur de la République, sur une période qui ne peut être supérieure à un an et qui est précisée par la convention. La personne peut également se soumettre, pour une durée maximale de trois ans et sous le contrôle de l'Agence française anticorruption, à un programme de mise en conformité destiné à s'assurer de l'existence et de la mise en œuvre en son sein des mesures et procédures énumérées au II de l'article 131-39-2 du Code pénal.

[1042] La CJIP est inspirée du droit américain, en particulier du « deferred prosecution agreement » ou du « *plea bargaining* » toutes deux destinées à accélérer et faciliter le traitement des affaires pénales *antitrus.* V. sur ce point, W. Feugere, « La sanction adéquate en droit pénal des affaires », *Cahiers de droit de l'entreprise*, 2017, dossier 4 ; R. O. Sullivan, « How presecutors apply the « Federal prosecutions of corporations » charching policy in the erea of deferred prosecutions, and what that means for the purposes of the Federal criminal sanction », *in 51 Am. Crim. L. Rev.* 2014, p. 29 et s. ; A. Mignon-Colombet et F. Buthiau, « Le Deferred prosecution Agreement américain, une forme inédite de justice négociée », *JCP G* 2013, p. 621 ; L. Cohen-Tanugi et E. Breen, « Le Deferred prosecution agreement américain. Un instrument de lutte efficace contre la délinquance économique internationale », *JCP G*, n°38, 16 sept. 2013, p. 954. En matière de corruption, il peut être également fait référence aux procédures de *Foreign Corrupt Practices Acts* aux États-Unis et de *Bribery Act* au Royaume-Uni. V. sur ce point, D. de Giles, « Le droit pénal de la concurrence en Europe », *JCP E* 2003, p. 34. Il est nécessaire de souligner que le risque pénal qui pèse sur les entreprises est plus important lorsque la pratique litigieuse heurte le marché des États-Unis où le droit de la concurrence apparaît comme une véritable branche du droit pénal des affaires. À cet, effet, le droit pénal est un instrument nécessaire et essentiel pour assurer l'éthique des marchés. V. sur ce point, W. E. Kovacic, « The modern Evolution of US Competition Policy Norms », *in Antitrust L. J.*, vol. 71, 2003, p. 422.

introduite par la loi du 9 décembre 2016 relative à la transparence, à la lutte contre la corruption et à la modernisation de la vie économique[1043], démontre à tout le moins la volonté à munir la personne morale de modes transactionnels souples adaptés à son fonctionnement. Le législateur pénal français a donc fait le choix d'une réponse pénale qui n'est plus simplement constituée par une sanction pénale : elle devient également une modalité de retour à la conformité[1044].

Le domaine *rationae personae*, la CJIP un outil propre à la personne morale ? En vertu de l'article 41-1-2 du Code de procédure pénale, tant que l'action publique n'a pas été mise en mouvement, le procureur de la République peut y avoir recours mais seulement à l'égard de la personne morale. Force est d'admettre que la même logique d'uniformisation a marqué la législation procédurale : chaque fois qu'une nouvelle procédure était introduite pour les personnes physiques, elle était étendue de façon presque automatique aux personnes morales. Or, cette logique est à notre sens en train de muter : en accord avec l'orientation du Conseil constitutionnel qui estime qu'en matière de procédure pénale le législateur peut « *prévoir des règles de procédure différenciées selon les faits, les situations et les personnes auxquelles elles s'appliquent* »[1045], la nouvelle procédure semble construire un régime propre aux personnes morales. Il semblerait que ce régime spécifique constitue de véritables avantages pour la personne morale mais également pour son représentant. Si le rapport présenté au nom de la Commission des lois du Sénat[1046] le 26 octobre 2016

[1043] L. n°2016-1691 relative à la transparence, à la lutte contre la corruption et à la modernisation de la vie économique.

[1044] En cas d'obligation prévue par la CJIP de mettre en oeuvre un programme de conformité, l'AFA et le PNF distinguent cinq phases dans le contrôle de cette obligation par l'agence : un audit initial (entre zéro et trois mois), la définition d'un plan d'actions (entre zéro et six mois), la validation du plan d'actions par l'AFA (un mois maximum), la validation par l'AFA des principaux outils du dispositif (de zéro à deux ans) ainsi qu'un audit final effectué par les agents (de zéro à trois mois). Une durée de trois ans qui peut interroger, au regard du niveau d'exigence attendu dans le cadre des premiers contrôles diligentés un an seulement après l'entrée en vigueur de la loi.

[1045] Cons. const. 29 août 2002, n° 2002-461 DC, *D.* 2003. 1127, obs. L. Domingo et S. Nico ; *RSC* 2003. 606, obs. V. Bück.

[1046] Rapp. N°79 (2016-2017) de M. F. Pillet, *fait au nom de la Commission des lois sur le projet de loi relatif à la transparence, à la lutte contre la corruption et à la modernisation de la vie économique*, déposé le 26 oct. 2016, t. I, p. 45.

soulignait que la Convention judiciaire d'intérêt public était d'un point de vue rédactionnel très proche de la composition pénale et de la comparution sur reconnaissance préalable de culpabilité, elle présente également de nombreux avantages par rapport à ces deux procédés.

L'absence de culpabilité de l'entreprise. Tout d'abord, à la différence de la procédure de comparution de reconnaissance préalable de culpabilité[1047] ou de la composition pénale fraîchement introduite dans le Code de procédure pénale[1048], l'ordonnance de validation rendue par le juge judiciaire à l'égard de la personne morale n'emporte pas déclaration de culpabilité de la personne morale[1049]. Les procédures consensuelles françaises ne renoncent pas à l'affirmation de la responsabilité pénale des justiciables mais visent à rechercher des mécanismes plus rapides en vue d'un taux de réponse pénal maximal[1050]. C'est alors que la personne morale apparaît seulement responsable pénalement mais non coupable.

L'absence d'inscription au casier judiciaire de l'entreprise. Ensuite, les effets d'une condamnation peuvent être limités comme en l'espèce lorsque la peine proposée par le parquet prévoit une dispense d'inscription au bulletin n° 2 de la personne concernée. Cependant, la

---

[1047] Comme le souligne Madame Béatrice LAPÉROU-SCHENEIDER, « *la convention judiciaire d'intérêt public est assez proche de la procédure pénale française de comparution sur reconnaissance préalable de culpabilité. Elle n'engendre cependant pas les mêmes conséquences dans la mesure où l'ordonnance de validation rendue par le juge judiciaire n'emporte pas déclaration de culpabilité et qu'elle n'a ni la nature, ni les effets d'un jugement de condamnation* » V. sur ce point, B. Lapérou-Scheneider, « *Soft law* et droit pénal : divergences et confluences l'exemple du droit français », *in Soft law et droit du commerce international, Contributions à l'étude du renouvellement des sources du droit,* Actes du colloque international des 11 et 12 mai, LexisNexis, 2018, p. 215 et s.

[1048] L. n°2019-222 du 23 mars 2019 de programmation 2018-2022 et de réforme pour la justice permet au parquet de proposer une composition pénale à la personne morale.

[1049] Aux termes de l'article 41-1-2 II alinéa 4 du Code de procédure pénale : « *L'ordonnance de validation n'emporte pas déclaration de culpabilité et n'a ni la nature ni les effets d'un jugement de condamnation. La convention judiciaire d'intérêt public n'est pas inscrite au bulletin n°1 du casier judiciaire. Elle fait l'objet d'un communiqué de presse du procureur de la République* ».

[1050] A. Garapon, *La raison du moindre État. Le néolibéralisme et la justice*, Odile Jacob, 2010, p. 66.

condamnation prononcée reste inscrite au bulletin n° 1 du casier judiciaire. Gageons cependant que les récentes évolutions de la procédure de comparution préalable de reconnaissance de culpabilité permettront une plus grande utilisation de cette opportunité, notamment avec l'introduction d'un alinéa à l'article 495-8 du Code de procédure pénale venant consacrer cette pratique de certains procureurs consistant à proposer une exclusion de la condamnation du bulletin n° 2 ou n° 3 du casier judiciaire. Concrètement, ce procédé permet au parquet[1051] de proposer au représentant de la personne morale l'une des deux mesures énoncées dans le texte : soit une amende, soit une exécution d'un programme de conformité en échange de l'absence de poursuites pénales[1052]. Cette procédure, élaborée à partir d'un mode consensuel d'extinction des poursuites, va donc inciter le dirigeant à reconnaître les faits dans la mesure ou son entreprise sera jugée responsable et non coupable, et qu'il pourra continuer à exercer son activité.

La continuité d'activité économique, et l'absence d'exclusion des marchés publics. Aussi, la CJIP démontre peut-être à elle-même le caractère inadapté de la responsabilité pénale de la personne morale et témoigne de ce fait des insuffisances de la voie traditionnelle. Somme toute, cette convention semble adaptée au mode de fonctionnement des relations de commerce. Elle présente en effet des atouts non négligeables du côté des acteurs économiques, au-delà de sa rapidité : si elle n'emporte pas déclaration de culpabilité, elle permet surtout d'éviter l'exclusion des marchés publics, il s'agit donc de responsabiliser plutôt que de réprimer. À première vue, la CJIP semble répondre à une fonction spécifique : celle qui consiste à éviter que l'amende qui en découle ne soit associée à une condamnation pénale encline à produire un effet afflictif au plan des marchés nationaux et internationaux. Ensuite, la CJIP préserve la capacité des entreprises à postuler les marchés publics et à satisfaire les exigences des diverses autorités de régulation. L'entreprise n'est donc pas pénalisée sur les

---

[1051] Cette convention peut être également proposée au stade de l'instruction, C. proc. pén. art. 180-2.

[1052] Les mesures consistent pour la personne morale à verser « une amende d'intérêt public » au Trésor public, paramétrée en fonction de la dimension de l'entreprise et du profit qu'elle a tiré de l'infraction dans la limite de 30 % du chiffre d'affaires. Ensuite, l'obligation de se soumettre pour une durée maximale de trois ans et sous contrôle de l'Agence française anticorruption, à un programme de mise en conformité.

marchés internes et internationaux. Cela n'entraîne pas l'exclusion de la personne morale des marchés publics nationaux[1053]. La personne morale pourra ainsi continuer de répondre à des appels d'offre relatifs à des marchés publics dans la mesure où l'article L. 2141-1 du Code des marchés publics prévoit l'exclusion de la procédure de passation des marchés les personnes qui ont fait l'objet d'une condamnation définitive pour les infractions de corruption et de fraude fiscale. Par voie de conséquence, le dirigeant pourra faire prospérer son activité économique.

Vers un aspect « managérial » de la sanction ? Ainsi, la CJIP prend part à un processus de négociation dans lequel les parties prenantes vont évaluer les chances de succès ou d'échec de leur action, et les risques que comporterait une éventuelle mise en mouvement de l'action publique, ce en amont du procès pénal.

D'un côté, la personne morale mise en cause doit évaluer le risque de condamnation pénale mais aussi les conséquences d'une procédure pénale longue sur son économie et sur sa réputation. Il semble judicieux de rappeler que l'amende d'intérêt public est paramétrée en fonction de la dimension de l'entreprise et du profit retiré, soit 30 % maximal du chiffre d'affaires[1054]. D'un autre côté, le ministère public doit mesurer le coût que représentent les investigations qu'il souhaite engager et le comparer avec les moyens dont il dispose. Le montant de l'amende semble fondé sur des éléments objectifs. Somme toute, l'absence d'une réponse pénale classique nous indique alors une nouvelle procédure fondée avant tout sur une logique managériale qui a fait l'objet de nombreuses critiques.

Une perte de « valeur d'exemplarité » de la justice ? Le procès pénal, dans son acceptation traditionnelle, met en jeu la tranquillité, l'ordre et la sécurité de la collectivité[1055]. Vue sous cet aspect, l'idée

---

[1053] C. pén. art. 131-39-2.

[1054] Les parties peuvent ainsi estimer que la procédure de négociation présente plus d'intérêts économiques que l'ouverture d'un procès. Elles peuvent sécuriser leur situation en gardant la maîtrise des coûts que représentent la procédure et la sanction, tout en évitant les aléas liés à une décision de justice. V. sur ce point, E. Vergès, « La procédure pénale hybride », *RSC*, 2017. 579.

[1055] R. Merle et A. Vitu, *Traîté de droit criminel, II, Procédure pénale*, 5ème éd., Cujas, 2001, n°4.

qu'une personne puisse échapper à la poursuite en s'accordant avec ceux qui ont la charge de punir n'apparaît pas concevable. En permettant une négociation entre le juge pénal et le représentant de la personne morale, le législateur semble s'être éloigné de la fixation traditionnelle du procès pénal à la morale[1056]. C'est en ce sens que la doctrine a pu légitimement se demander si cette justice négociée n'avait pas « *pour objet l'évitement du procès et du jugement pénal, et dans sa version la plus puissante, l'évitement de la déclaration de culpabilité et de la peine, est-elle toujours la justice répressive* ? »[1057].

Dans un avis en date du 24 mars 2016 le Conseil d'État a considéré que « *le dispositif envisagé ne permettrait pas à la justice pénale d'assurer pleinement sa mission, qui est de concourir à la restauration de la paix publique et à la prévention de la récidive. En l'absence de contradiction et de débat public, l'intervention de la justice perd de sa valeur d'exemplarité et la recherche de la vérité s'en trouve affectée* »[1058]. La Commission nationale consultative des droits de l'Homme partageait les craintes du Conseil d'Etat dans son avis du 26 mai 2016[1059], ajoutant que « *ce dispositif propre à la lutte contre la corruption pourrait apparaitre, aux yeux des justiciables, comme une procédure avantageuse réservée à la délinquance « en cols blancs* » et estimant que « *compte tenu du rôle limité du juge judiciaire, et en l'absence d'indépendance aboutie du ministère public – dont de surcroît l'action repose non pas sur la légalité, mais sur l'opportunité des poursuites – le dispositif proposé ne présentait pas toutes les garanties d'une procédure permettant d'aboutir à une solution conforme à l'intérêt public, et pas seulement à celui des parties* ».

La convention judiciaire d'intérêt public, après avoir disparu du projet de loi présenté en conseil des ministres pour ces raisons - et que l'on avait donc pu croire un temps abandonnée - a finalement refait surface

---

[1056] E. Dezeuze, G. Pellegrin, « Extension du domaine de la transaction pénale : la convention judiciaire d'intérêt public. À propos de la loi n°2016-1691 du 9 décembre 2016 », *JCP*, 2017, doctr. 64.

[1057] P. Beauvais, « Méthode transactionnelle et justice pénale », *in* A. Gaudemet (dir.), *La compliance : un monde nouveau ? : Aspects d'une mutation du droit*, *op. cit.*, p. 81

[1058] CE, avis, 24 mars 2016, n°391262, §13.

[1059] CNCDH, avis du 26 mai 2016 sur le projet de loi relatif à la transparence, à la lutte contre la corruption et à la modernisation de la vie économique.

sur amendement parlementaire dans la loi « *Sapin II* ». Il n'en demeure pas moins que certaines des objections formulées persistent : ainsi du choix du domaine de la déjudiciarisation au regard de la gravité des infractions concernées ; de la différence de traitement entre personnes physiques et personnes morales ; et surtout, en dépit de la décision QPC du Conseil constitutionnel du 8 décembre 2017[1060], de la question de l'indépendance du parquet, maitre d'œuvre de la déjudiciarisation en matière pénale.

Dans l'esprit du législateur, comme il a été souligné dans les débats parlementaires, il ne s'agit pas d'instaurer une transaction pénale mais bien d'imaginer un dispositif qui corresponde à la tradition juridique française[1061], sans remettre en cause les prérogatives de l'autorité judiciaire qui doit dans tous les cas donner son accord[1062]. Il semblerait alors que le législateur prenne en compte le monde de l'entreprise d'un point de vue plus réaliste.

La réelle efficacité de la CJIP ? La mise à l'écart de l'autorité judiciaire au profit d'autorités spécialisées, conçue comme un nouveau mode de régulation sociale, est inévitablement liée à davantage d'efficacité et à la mise en œuvre de l'éthique dans l'entreprise. Il faut souligner la logique commune à ces différents mécanismes, laquelle consiste en l'atténuation de la sanction en échange de la collaboration de l'agent. D'un point de vue objectif, la justice négociée permet avant de tout de réduire « *des distorsions de concurrence entre les entreprises vertueuses et celles qui se montrent récalcitrantes à appliquer les règles de base du Code du travail* »[1063] et permet le maintien « *des relations commerciales* ». Sont alors poursuivis des objectifs implicites tendant

---

1060 Cons. const., déc. n° 2017-680 QPC du 8 décembre 2017, Union syndicale des magistrats Indépendance des magistrats du parquet, *JORF* n° 0287 9 décembre 2017.

1061 AN. XIVème législature, session ordinaire de 2015-2016. Compte-rendu intégral deuxième séance, mardi 7 juin 2016, pp. 26 à 48. « *Le juge devra être présent aux moments de la conclusion des discussions, afin de dire en toute indépendance s'il considère que le dispositif est équilibré* ».

1062 « *Un juge du siège devra donner son accord à cette convention. Cela ne se fera pas dans un coin entre un procureur et une entreprise ou son avocat : un juge du siège indépendant devra intervenir* ». Sénat, session ordinaire de 2016-2017. Compte-rendu intégral, séance jeudi 3 nov. 2016, p. 16627.

1063 Étude d'impact du projet de loi pour la croissance et l'activité du 10 décembre 2014 E3 p. 44

à la compétitivité des entreprises. D'un point de vue subjectif, il est recherché à la fois la simplification du règlement des suites de l'infraction, mais aussi en quelque sorte l'adhésion de l'entreprise à sa sanction, son consentement, facteur de responsabilisation et d'efficacité.

Au travers de ce mode consensuel d'extinction des poursuites, c'est finalement l'idée d'un encouragement du dirigeant à la restauration de l'éthique qui prédomine. Il ne s'agit plus d'opter pour une répression pure et dure mais pour une sanction « négociée » qui amènera le dirigeant à se responsabiliser et à s'autoréguler. Ces procédures sont vouées à se généraliser dans le monde de l'entreprise.

B- Vers une extension du domaine matériel de la convention judiciaire d'intérêt public ?

Le domaine *rationae materiae*. La convention judiciaire d'intérêt public conclue entre le parquet et l'entreprise est également de mise pour certaines infractions. Comme le suggère la loi, cette procédure est mise au service de l'intérêt public[1064] : elle concerne alors les comportements prohibés par la loi pénale. Cible de nombreuses critiques, elle ne cesse toutefois de s'étendre dans l'arsenal législatif procédural pénal français.

La convention judiciaire d'intérêt public voit actuellement son champ d'application élargi : prévue initialement pour les faits de corruption, de trafic d'influence et de blanchiment de fraude fiscale, elle est permise pour la fraude fiscale depuis l'automne 2018. À cet effet, l'article 25 de la loi du 23 octobre 2018[1065] réécrit l'article 41-1-2 du Code de procédure pénale en incluant les délits de fraude fiscale prévus aux articles 1741 et 1743 du Code général des impôts et leur blanchiment, ainsi que des infractions connexes, dans le champ d'application de la CJIP.

[1064] A. Mignon-Colombet, « La justice négociée en France : un modèle en construction pour les entreprises », *op. cit*, p. 77.

[1065] L. n° 2018-898 du 23 octobre 2018 relative à la lutte contre la fraude, *JORF* n°0246 du 24 octobre 2018, texte n° 1.

L'extension du domaine d'application matériel. Une loi du 24 décembre 2020[1066] a adapté ce mode de règlement transactionnel à la matière environnementale. Ainsi, le texte prévoit que la CJIP peut aussi bénéficier qu'aux personnes morales et concerne seulement les délits prévus par le code de l'environnement et les infractions connexes, à l'exception notable des délits du titre II du code pénal. Sont ainsi exclus du champ de la CJIP environnementale les délits d'atteintes aux personnes (notamment les homicides et blessures involontaires). Le nouvel article 41-1-3 du code de procédure pénale met à la charge de la personne morale bénéficiant d'une CJIP l'obligation de mettre en œuvre un programme de conformité. En toute logique, la mise en œuvre de celui-ci ne sera pas supervisée par l'Agence française anticorruption (AFA), comme ce qui est prévu à l'article 41-1-2 du code de procédure pénale, mais par les services du ministère de l'Environnement chargés de la police administrative de l'environnement. Ainsi comme le souligne le Professeur Jean-Baptiste PERRIER, il est possible de compter sur la collaboration de l'entreprise polluante dans la mise en œuvre d'un programme de conformité, destiné à éviter le renouvellement des atteintes en matière environnementale, en d'autres termes une *compliance* environnementale[1067].

Dominée par une logique économique[1068] et d'efficacité[1069], la convention judiciaire d'intérêt public s'étend. Elle présente en outre certains avantages pour les opérateurs économiques, notamment dans les secteurs exposés au risque environnemental (industrie, énergie, BTP, etc.). L'on peut envisager l'extension à un plus grand nombre d'infractions, bien au-delà de son domaine d'application matériel d'origine. C'est alors qu'il semble opportun de s'interroger sur l'effet de la CJIP sur la répression pénale du dirigeant. Il semble évident qu'une telle généralisation influencerait en quelque sorte le parquet à avoir recours à une procédure alternative aux poursuites à l'égard du dirigeant pour les infractions précitées. Dans la mesure où le dirigeant demeure responsable pénalement et reconnaît les faits commis par la

---

[1066] L. n°2020-1672 relative au parquet européen, à la justice environnementale et à la justice pénale spécialisée/

[1067] J.-B. Perrier, « La convention judiciaire pour les infractions environnementales : vers une *compliance* environnementale », *D.* 2020. 396.

[1068] E. Vergès, « La procédure pénale hybride », *RSC* 2017. 581.

[1069] A. Mignon Colombet, « La convention judiciaire d'intérêt public : vers une justice de coopération ? » *in AJ pén.* 2017. 68.

personne morale, l'idée d'un recours à une comparution préalable sur reconnaissance de culpabilité ou de composition pénale[1070] « par ricochet », pourrait voir le jour. Grâce à son exclusivité, la CJIP appelle à un régime distinct des personnes morales par rapport aux personnes physiques. La nécessité d'examiner les retombées de la différenciation du traitement procédural du dirigeant s'impose alors.

§2- La répercussion de la convention judiciaire d'intérêt public sur la répression pénale du dirigeant : le choix d'une justice pénale consensuelle

La question de la responsabilité pénale du dirigeant dans le cadre de ce nouveau dispositif de justice négociée se pose avec acuité dans la mesure où cette nouvelle forme de justice, plus transactionnelle, est mise en œuvre entre le parquet et la personne morale. Dans le sens où la convention judiciaire d'intérêt public est dirigée vers la personne morale, le dirigeant voit sa responsabilité pénale maintenue (A) mais visiblement allégée (B).

A- Le maintien de la responsabilité pénale du chef d'entreprise

Le choix du législateur visant à exclure le représentant légal de la personne morale du dispositif de la convention judiciaire d'intérêt public laisse ainsi au parquet le choix de déterminer le sort de ce dernier en vertu du principe d'opportunité des poursuites[1071]. Rappelons qu'il est précisé à l'article 41-1-2 I alinéa 6 du Code de procédure pénale

---

[1070] L'article 41-2 du Code de procédure pénale dispose que » *le procureur de la République, tant que l'action publique n'a pas été mise en mouvement, peut proposer, directement ou par l'intermédiaire d'une personne habilitée, une composition pénale à une personne physique qui reconnaît avoir commis un ou plusieurs délits punis à titre de peine principale d'une peine d'amende ou d'une peine d'emprisonnement d'une durée inférieure ou égale à cinq ans, ainsi que, le cas échéant, une ou plusieurs contraventions connexes qui consiste en une ou plusieurs des mesures* ».

[1071] L'article 41-1-2 I du Code de procédure pénale dispose que : « *le procureur de la République peut proposer à une personne morale mise en cause pour un ou plusieurs délits de conclure une convention judiciaire d'intérêt public imposant une ou plusieurs des obligations* ».

que « *les représentants légaux de la personne morale mises en cause demeurent responsables en tant que personnes physiques* ». Aussi, l'article 180 alinéa 4 du Code de procédure pénale dispose que « *l'instruction se poursuit à l'égard des autres parties* ». Toutefois, aucun article ne s'attèle à fournir de précision quant aux suites pénales qui doivent être réservées au dirigeant.

Les précisions pratiques. La pratique ne nous renseigne pas non plus davantage.

Dans un premier temps, le Vice-Procureur national financier, Monsieur Éric RUSSO, lors d'une conférence en date du 27 mars 2017, précisait que les personnes physiques devaient être systématiquement poursuivies, l'exonération totale de leur responsabilité ne pouvant jamais être un des termes de la négociation dans le cadre de la convention judiciaire d'intérêt public passée avec la personne morale[1072].

Dans un deuxième temps, une circulaire en date du 31 janvier 2018[1073] précisait seulement que la convention judiciaire d'intérêt public *n'excluait en rien la possibilité d'apporter une réponse pénale aux faits imputables à la personne physique*. Ce sont toutefois les lignes directrices[1074] publiées par le Parquet national financier qui sont allées

---

[1072] Conf., 27 mars 2017, Quelle coopération entre les procureurs et les entreprises après la loi Sapin II ?, Cercle France-Amérique, déclarations d'Eric Russo, Vice-procureur national financier. Il semblerait que le PNF adopte l'approche américaine précisée au sein du « *Yates mémorandum* » qui interdit que les personnes physiques qui commettent des délits pour le compte de l'entreprise soient couvertes par la condamnation de la personne morale (V. sur ce point, Mémrandum from Sally Quilian Yates Deput Attorney General, Individual Acountability for Corporate Wrongdoing, 9 sept. 2015, US department of justice).

[1073] Circulaire du 31 janvier 2018 relative à la présentation et la mise en œuvre des dispositions pénales prévues par la loi n°2016-1691 du 9 décembre 2016 relative à la transparence, à la lutte contre la corruption et à la modernisation de la vie économique, NOR : JUSD1802971C, BOMJ n°2018-02 du 28 février 2018.

[1074] Après la circulaire du 31 janvier 2018 (Circ. relative à la présentation et la mise en œuvre des dispositions pénales prévues par la loi n°2016-1691 relative à la transparence, à la lutte contre la corruption et à la modernisation de la vie économique) et la dépêche 2019/F/0419/FA1 de la Direction des affaires criminelles et des grâces du 21 mars dernier, le PNF et l'AFA ont publié ce 27

plus loin et qui ont clarifié les attentes pesant sur l'entreprise : celle-ci doit avoir mené une enquête interne ou un audit approfondi, permettant d'établir précisément les responsabilités individuelles dans le délit concerné, et dont les conclusions doivent être transmises rapidement au parquet, ce qui ne manquera pas de susciter des conflits d'intérêts entre la personne morale et ses dirigeants ou représentants en interne[1075].

Rappelons que lorsqu'est proposée une CJIP, l'entreprise doit mettre à la disposition du parquet les documents pertinents, ou les comptes rendus des entretiens réalisés par l'entreprise, ou ses conseils avec des témoins ou des personnes susceptibles d'être impliquées dans les faits. Ce dispositif n'est pas sans rappeler les mesures applicables aux États-Unis. Le Département de la justice américain avait défini les standards applicables à travers un dispositif introduit en 2015 appelé « Yates Mémo ». Cette approche impose aux entreprises de produire l'ensemble des informations relatives aux dirigeants dans les faits litigieux pour bénéficier de la CJIP[1076].

Par voie de conséquence, il sera quasi impossible pour le représentant légal d'échapper à une condamnation pénale, sauf s'il refuse purement et simplement de donner son accord à la proposition de convention. Dans ces circonstances, on peut comprendre la raison qui a motivé le législateur à étendre du même coup le champ d'application *ratione materiae* de la CRPC. Si la conclusion de la convention judiciaire d'intérêt public n'implique pas de reconnaissance de culpabilité et ne lie pas le chef d'entreprise ; pour autant, en pratique, ces accords contiennent des notes factuelles très exhaustives et des qualifications pénales[1077]si bien que la question des suites pénales réservées au dirigeant doit être réfléchie, une fois l'accord signée par la personne morale. Soulignons que dans l'exposé des faits sur lesquels le parquet

---

juin un document commun sur la mise en œuvre de la Convention judiciaire d'intérêt public.

[1075] C'est notamment à cet égard que les avocats devront être particulièrement attentifs et informer les justiciables concernés des risques encourus : il sera difficile, voire impossible, de partager des stratégies de défense communes.

[1076] G. Colwell, T. Zeno et C. Goldstein, *DOJ Relaxes « All or Nothing » Yates Memo*, *The anticorruption blog*, November 29, 2018.

[1077] C. Ascione Le Dreau et B. Grundler, « Lutte contre la corruption – les personnes physiques face à la justice pénale négociée – David contre Goliath ? », *in Revue int. de la* Compliance *et de l'éthique des affaires*, févr. 2019. Comm. 31.

et l'entreprise s'accordent dans la Convention judiciaire d'intérêt public ainsi que la nécessité d'identifier le représentant susceptible de pouvoir engager la responsabilité de la personne impliquent nécessairement l'évocation du rôle du dirigeant. Toutefois, cette procédure ne sera envisageable que lorsque les faits seront avérés, comme l'exige l'article 495-9 du Code de procédure pénale qui impose au juge en charge de l'homologation de « *vérifier la réalité des faits et leur qualification juridique* »[1078].

Dans la mesure où le dirigeant reconnaît les faits imputables à la personne morale, il reconnaît en quelque sorte sa culpabilité. La question de la stratégie à adopter pour la personne physique est particulièrement délicate lorsque la personne est expressément identifiée par l'entreprise à qui le pouvoir d'enquête a été en partie « délégué » et qui a conduit à la conclusion d'une convention judiciaire d'intérêt privé[1079]. C'est ainsi que la preuve de l'infraction est facilitée pour le Parquet : celui sera donc incité à recourir à une comparution de reconnaissance préalable de culpabilité. Si le parquet attend des entreprises qu'elles signalent elles-mêmes les faits susceptibles de revêtir une qualification pénale, il devra apporter des garanties à leurs dirigeants, sous peine de ne voir aucune entreprise s'autodénoncer.

[1078] Rappelons que l'article 495-9 du Code de procédure pénale dispose que « *lorsque, en présence de son avocat, la personne accepte la ou les peines proposées, elle est aussitôt présentée devant le président du tribunal judiciaire ou le juge délégué par lui, saisi par le procureur de la République d'une requête en homologation. Si la personne n'est pas détenue, elle peut être convoquée devant le président du tribunal judiciaire ou le juge délégué par lui dans un délai inférieur ou égal à un mois. Le président du tribunal judiciaire ou le juge délégué par lui entend la personne et son avocat. Après avoir vérifié la réalité des faits et leur qualification juridique, il peut décider d'homologuer les peines proposées par le procureur de la République. Il statue le jour même par ordonnance motivée. La procédure prévue par le présent alinéa se déroule en audience publique ; la présence du procureur de la République à cette audience n'est pas obligatoire* ».

[1079] Cette situation parait d'autant plus sensible lorsque la convention judiciaire d'intérêt privé est conclue à l'issue d'une procédure d'instruction, l'article 180-2 du Code de procédure pénale prévoyant expressément la reconnaissance des faits par la personne morale et l'acceptation de la qualification pénale retenue, ce qui se rapproche fortement des exigences préalables à la CRPC.

B- Le choix d'alternatives au jugement pénal

À ce stade de la réflexion, se pose donc la question du choix des suites pénales à l'égard du dirigeant. Les personnes physiques peuvent bénéficier d'une procédure de composition pénale (alternative aux poursuites) lorsque le délit encouru est puni d'une peine d'emprisonnement inférieure ou égale à cinq ans, ou d'une procédure de CRPC (alternative au jugement) lorsque le délit est puni d'une peine d'emprisonnement supérieure à cinq ans[1080].

L'une des pistes de réflexion intéressante qui semble se dessiner est celle d'un recours à la procédure de comparution préalable de reconnaissance de culpabilité[1081]. En effet, au lieu de faire l'objet d'une poursuite devant le tribunal correctionnel, le dirigeant pourrait voir sa responsabilité pénale engagée à l'issue d'une procédure de comparution sur reconnaissance préalable de culpabilité. Dans la mesure où le dirigeant reconnaît en quelque sorte sa culpabilité, il nous apparaît logique que le parquet ait recours à la procédure de comparution sur

---

[1080] C. pr. pén., art. 495-7.

[1081] Près d'un an après la signature par la banque de la CJIP par la banque HSBC, le directeur général de l'établissement bancaire a ainsi fait l'objet d'une procédure de comparution sur reconnaissance préalable de culpabilité telle que prévue par les articles 495-7 et suivants du Code de procédure pénale. Il lui était reproché, alors qu'il était directeur général (CEO) de la banque HSBC *Private Bank* (Suisse) SA, d'avoir démarché ou fait démarcher illicitement des résidents français pour notamment réceptionner leurs fonds, faire des opérations de crédit, les conseiller ou les assister en matière de gestion de patrimoine, conserver ou gérer leurs instruments financiers ; ainsi qu'en sa qualité de directeur général (CEO) d'HSBC *Private Bank* (Suisse), avoir apporté son concours, de manière habituelle et en utilisant les facilités que procure l'exercice de l'activité d'établissement bancaire, à des opérations de placement du produit de la fraude fiscale à l'impôt sur le revenu, sur la fortune ou sur les sociétés commis par des contribuables du Trésor public français (par l'ouverture clandestine de comptes bancaires dans les livres HSBC *Private Bank* Suisse en dehors de France et la mise à disposition desdits contribuables de procédés destinés à leur permettre de dissimuler, placer ou convertir leurs avoirs tels que les comptes numériques, la constitution de personnes morales *offshore* ou autres entités interposées telles que des fondations ou des *trust*, un service de banque restante, un service de mise à disposition de fonds sous couvert de prêts fictifs, l'orientation des clients vers des produits financiers leur permettant de ne pas avoir à déclarer leurs avoirs à l'administration fiscale, le montant total des avoirs concernés étant évalué au minimum à 1.638.723.980 euros.

reconnaissance préalable de culpabilité à son égard. Malgré le décalage fondamental existant entre la CJIP et la CRPC (absence de reconnaissance de culpabilité pour la première, reconnaissance de culpabilité pour la seconde), la pratique a révélé le recours fréquent à la CRPC pour les personnes physiques mises en cause parallèlement à la conclusion d'une CJIP. Dans le cadre du développement d'une justice pénale négociée, la CRPC apparaît ainsi comme l'outil complémentaire de la CJIP pour le traitement du sort des personnes physiques.

Concrètement, le parquet peut faire le choix d'avoir recours à une CRPC à l'égard du dirigeant pour tous les délits, à l'exception des délits de presse, des délits d'homicides involontaires ou des délits politiques lorsqu'ils sont punis d'une peine d'emprisonnement d'une durée supérieure à cinq ans. Rappelons également que la loi du 23 octobre 2018[1082] est venue étendre cette procédure aux délits en matière fiscale. Cela revient-il à dire que le dirigeant pourrait voir sa répression allégée dans la mesure où le ministère public peut proposer une peine qui ne doit pas dépasser un certain seuil ? Rien n'est moins sûr étant donné que la loi du 23 mars 2019[1083] consacre une extension importante des pouvoirs du parquet, lequel peut désormais proposer une peine allant jusqu'à trois ans d'emprisonnement contre une année auparavant. Toutefois, il est nécessaire de rappeler que le parquet ne peut pas dépasser la moitié de la peine encourue. Cela revient donc à dire que la procédure accélérée limite la répression pénale dirigée à l'égard du dirigeant ?

L'influence de la négociation sur la répression pénale. Lors de la négociation de la peine, on pourrait imaginer que le chef d'entreprise puisse se prévaloir de la qualité du programme de conformité ou « *compliance* » mis en œuvre dans le cadre de la loi *Sapin II* ou de sa totale coopération avec une dénonciation immédiate suivie d'une enquête interne exhaustive fournissant au parquet tous les éléments de

---

[1082] L. n°2018-898, 23 oct. 2018 relative à la lutte contre la fraude, *in JORF* 24 oct. 2018, texte n°1.

[1083] L. n° 2019-222 du 23 mars 2019 de programmation 2018-2022 et de réforme pour la justice, *JORF* n°0071 du 24 mars 2019, texte n° 2. V. sur ce point, S. Pellé, Réforme de la justice pénale. Commentaire des dispositions pénales de la loi n° 2019-222 du 23 mars 2019 de programmation 2018-2022 et de réforme pour la justice, Dalloz, coll. « Les textes », 2019, p. 52 s. ; A. Botton, « Contrôle de la loi de programmation Justice : le Conseil constitutionnel entre « moustiques et chameaux » de la procédure pénale », *JCP*, 2019. 359.

preuve nécessaires. Fort de ces deux éléments tendant à prouver sa bonne foi, il serait alors possible que le dirigeant puisse négocier une peine largement atténuée avec le parquet. À l'aune de ces observations, seule la promotion d'une procédure négociée attractive et protectrice des droits de la défense permettra d'encourager le chef d'entreprise physique à recourir à cette nouvelle forme de justice négociée.

Vers une « transaction conformité » à l'égard du dirigeant ? Si la convention judiciaire d'intérêt privé permet à la personne morale d'éviter un procès pénal en s'acquittant d'une amende ou en ayant recours à la mise en œuvre d'un programme de conformité, le législateur pourrait prévoir une situation similaire à l'égard du dirigeant.

À la lumière de l'article L. 8114-4 du Code du travail qui permet aux agents de contrôle de l'Inspection du travail de transiger avec la personne physique ou la personne morale[1084] et de l'alinéa 5 de l'article R. 8114-4 du Code du travail qui dispose que « *la proposition de transaction mentionne : la nature et les modalités d'exécution des obligations imposées en vue de faire cesser l'infraction, d'éviter son renouvellement ou de remettre en conformité les situations de travail* », le législateur pénal pourrait octroyer ce pouvoir à d'autres administrations mais également au parquet.

Toutefois, il ne faut pas perdre de vue que lorsque la CRPC est négociée en parallèle d'une CJIP et que le président refuse l'homologation, le procureur de la République n'a d'autre choix que de saisir le tribunal correctionnel ou de requérir l'ouverture d'une information judiciaire.

[1084] L'article L. 8114-4 du Code du travail dispose que : « *L'autorité administrative compétente peut, tant que l'action publique n'a pas été mise en mouvement, transiger avec les personnes physiques et les personnes morales sur la poursuite d'une infraction constituant une contravention ou un délit, prévue et réprimée : 1° Aux livres II et III de la première partie ; 2° Au titre VI du livre II de la deuxième partie ; 3° Aux livres Ier, II et IV de la troisième partie, à l'exception des dispositions mentionnées aux 1° à 4° de l'article L. 8115-1 ; 4° A la quatrième partie, à l'exception des dispositions mentionnées au titre V du livre VII et au 5° de l'article L. 8115-1 ; 5° Au titre II du livre II de la sixième partie ; 6° A la septième partie.*
Sont exclus de cette procédure les délits punis d'une peine d'emprisonnement d'un an ou plus ».

Dans l'affaire de corruption du 26 février 2011 qui impliquait Vincent Bolloré, la présidente du tribunal judiciaire de Paris a refusé d'homologuer la CRPC négociée, en parallèle d'une CJIP, entre ce dernier, deux dirigeants du groupe Bolloré et le PNF pour des faits de corruption au Togo, à l'occasion de laquelle chacun consentait au paiement d'une amende de 375 000 €. La décision de rejet de l'homologation de la CRPC négociée entre le PNF et les dirigeants du groupe Bolloré s'expliquait alors par la gravité des faits.

Qu'en conclure ? La CJIP apparaît comme un outil indispensable à une répression rapide, forte et efficace des faits de corruption – elle représente une forme de justice, certes négociée, mais non moins sévère que la justice traditionnelle, si ce n'est plus. Compte tenu des derniers développements relatifs à l'homologation des CRPC conclues avec des dirigeants d'entreprise, il y a lieu de s'interroger sur la possibilité d'inclure les personnes physiques dans la négociation des CJIP.

À notre sens et en tout état de cause ; il est de l'intérêt de la justice et de l'entreprise que certains fait soient réprimés rapidement après qu'ils ont été découverts. Il convient donc d'inciter les dirigeants à révéler le plus largement possible les faits de corruption et de trafic d'influence qui seraient survenus au sein de l'entreprise. Le bénéfice apparaît alors concret dans la mesure où ceux-ci pourront bénéficier d'une alternative aux poursuites pénales.

Conclusion de la section 2. Dans cette section, nous avons pu constater que la mise en œuvre d'une convention judiciaire d'intérêt privé influençait le parquet dans les choix de poursuites pénales à l'égard du chef d'entreprise. À notre sens, le dirigeant pourrait voir sa responsabilité pénale engagée dans le cadre d'une procédure négociée - celui-ci pourrait alors négocier le *quantum* de la peine prononcée à son égard.

Conclusion du chapitre 2

Avec la *soft law*, le monde de l'entreprise semble connaître un tournant décisif. En adhérant de manière facultative ou contraignantes aux normes de *soft law,* l'entreprise s'engage à faire preuve d'un comportement éthique. Cela produit alors des conséquences non négligeables sur la responsabilité pénale du chef d'entreprise. L' « autorégulation » inciterait les chefs d'entreprise à adopter un comportement exemplaire - les dissuadant de fait de commettre une infraction au sein de l'entreprise. Elle encouragerait également le ministère public à proposer aux dirigeants une alternative aux poursuites, l'on songe à la comparution sur reconnaissance préalable de culpabilité dans la mesure où la répression pénale est avant tout focalisée sur la personne morale au travers de la convention judiciaire d'intérêt privé.

Conclusion du titre 2.

Les présents développements ont démontré un glissement de la répression pénale de la personne du dirigeant vers l'entreprise. La prise en considération officielle des normes de *soft law* par le législateur pénal français se manifeste à travers deux mesures : soit les dispositions de fond et de forme, soit les programmes de conformité d'une part et la convention judiciaire d'intérêt public d'autre part. Ces deux mesures ont pour même objet une évolution largement positive du système pénal dans la mesure où elles entraînent le dépassement de la simple responsabilité pénale du chef d'entreprise. Elles sont donc essentiellement préventives à l'égard du dirigeant. Toutefois, dans la seconde, la conformité peut servir comme fondement de la réponse pénale apportée aux faits commis par la personne morale. Dans la première c'est davantage l'anticipation d'un risque pénal par l'entreprise.

L'étude a ainsi démontré que le rôle de la *soft law*, inédit en matière pénale, n'est pas encore totalement abouti. S'agissant tout d'abord de l'élaboration volontaire par l'entreprise de normes de *soft law* c'est une voie qui est en train de se dessiner. Les entreprises commencent à prendre conscience de l'effet positif de la *soft law ;* elle relève toutefois des inadaptations structurelles vis-à-vis des TPE et PME qui composent le tissu productif de la France. Il appartiendra alors au législateur de réfléchir à des stratégies. La démarche du juge répressif qui consiste à conférer une portée au droit souple peut être observée de manière assez limitée alors qu'elle devient particulièrement utile pour imputer les infractions à l'entreprise. S'agissant ensuite de la justice négociée, il a été démontré l'« unicité » de son destinataire : l'entreprise. En quelque sorte, ce « rétrécissement » de la réponse pénale est ainsi total et impacte le prononcé et l'application de la peine à l'égard du dirigeant. Il est toutefois à craindre la puissance d'un nouveau droit punitif contractualisé et peu enclin au respect des droits de la défense. Le système de la responsabilité pénale de l'entreprise fondé sur la conformité semble néanmoins à la recherche de son point d'équilibre.

Conclusion de la partie 2 :

La seconde partie de l'étude a été consacrée à la répression pénale du chef d'entreprise. En ce domaine, la responsabilité pénale pourrait subir un déclin. Tout d'abord, au travers des actions préventives et répressives des administrations, la responsabilité pénale du dirigeant paraît s'affaiblir. Alors qu'il a été observé que le législateur renforçait les pouvoirs de répression des administrations, la voie pénale devient subsidiaire. Par la *soft law* ensuite, il a été observé un dépassement de la simple responsabilité pénale du dirigeant. Qu'il s'agisse de la responsabilité, le juge prend en compte la faute de la personne morale, laquelle vient se substituer à celle du dirigeant. L'assimilation des normes de *soft law* par la justice pénale française, sous réserve d'une évolution souhaitable, illustre sans nul doute cette ère d'un « *droit pénal postmoderne* »[1085] qui séduit avant tout par une logique « *managériale* »[1086].

Parce que la répression pénale ne trouve pas ici sa place en raison d'une paralysie par les administrations de la voie pénale ou d'un déplacement de la répression pénale au profit de l'entreprise, c'est-à-dire ne se fondant pas à titre principal sur la culpabilité du dirigeant, alors il semble possible d'affirmer que la responsabilité pénale du chef d'entreprise s'affaiblit. Aussi, la convention judiciaire d'intérêt privé proposée offre des perspectives intéressantes pour le dirigeant. Avec cet outil propre à la personne morale, c'est une promotion des procédures alternatives qui tendrait alors à atténuer à répression pénale du chef d'entreprise.

[1085] Pour reprendre l'intitulé de l'ouvrage de M. Masse, J.-P. Jean et A. Giudicelli, *Un droit pénal postmoderne ? Mise en perspective des évolutions et ruptures contemporaine,* Paris, PUF, 2009.

[1086] J. Danet, *La justice pénale entre rituel et management*, Rennes, PUR, 2010 ; V. Gautron, J.-N. Retière, « Le traitement pénal aujourd'hui : juger ou gérer ? », *Droit et société* 2014, n°3, p. 579.

CONCLUSION GÉNÉRALE

L'aspect général de la démonstration. Une recherche approfondie portant sur la responsabilité pénale du chef d'entreprise est apparue nécessaire au regard des évolutions des modes de répression. À notre connaissance, aucune étude ne s'était emparée du sujet de manière globale. La présente recherche avait donc pour ambition de s'interroger sur le caractère de la responsabilité pénale du chef d'entreprise.

L'objectif ciblé de la démonstration. L'objectif était double il s'agissait, d'une part, d'offrir une vision d'ensemble de l'évolution de la responsabilité pénale du chef d'entreprise et d'autre part d'en bâtir une théorie générale.

La nécessaire distinction entre les conditions d'engagement de la responsabilité pénale du dirigeant et la mise en œuvre de répression pénale. Afin de pouvoir procéder à une étude de la responsabilité pénale du chef d'entreprise de manière cohérente et pertinente, il a fallu distinguer les conditions d'imputation, des mesures répressives.

Le caractère singulier de la responsabilité pénale du chef d'entreprise. Dans un premier temps, la réflexion a été consacrée à la responsabilité pénale du dirigeant du point de vue de la culpabilité et des règles probatoires ayant trait à la constatation de l'infraction. Plus précisément, il a fallu s'interroger sur les principales spécificités. À l'issue de cela, le constat d'une responsabilité pénale dérogatoire de droit commun dans le sens d'une responsabilité pénale affermie, facilitée à l'endroit du dirigeant a pu être dressé. En premier lieu, il a été démontré que les conditions d'engagement de la responsabilité pénale du dirigeant faisaient l'objet d'un assouplissement. Le juge pénal impute systématiquement l'infraction au décideur dans la mesure où il n'a pas à sonder la *ratio* de l'incrimination pour déterminer la portée personnelle de celle-ci et où il a recours à la présomption de faute. En second lieu, c'est dans le cadre de la recherche de la responsabilité pénale qu'il est possible d'accréditer la thèse d'une responsabilité pénale « facilitée ». L'évolution des pouvoirs des autorités administratives - tendant davantage à l'effectivité dans la réglementation et dans la législation - a abouti au constat d'un assouplissement des garanties procédurales. Expression d'un véritable particularisme, cela apparaît néanmoins comme problématique dans la mesure où l'« élasticité » des opérations d'entrée et de visite des administrations facilite la découverte d'une ou plusieurs infractions et par conséquent le déclenchement des poursuites pénales à l'encontre du dirigeant.

Notre constat d'une progressive mutation de la répression pénale. Dans un second temps, l'étude de la responsabilité pénale détachée du fondement de la culpabilité a permis de mettre en évidence l'émergence d'une mutation de la répression pénale. Deux mesures ont pu alors être identifiées : d'un côté la « régulation » ; de l'autre l' « autorégulation » – celles-ci ont alors permis de dégager une évolution de la responsabilité pénale du chef d'entreprise.

La « régulation », véritable alternative à la voie pénale. Tout d'abord, c'est l'idée d'une neutralisation de la voie pénale qu'il est possible de mettre en avant, au regard du développement des pouvoirs des administrations. L'étude a révélé que si les administrations pouvaient inviter ou contraindre le dirigeant à régulariser la situation infractionnelle, leur rôle était nécessairement consolidé en matière de répression, cela étant visible du fait du pouvoir de sanction administrative qu'elles peuvent mettre en œuvre. La « régulation » prendrait alors le pas sur la répression pénale.

L'« autorégulation », nouvelle alternative au procès pénal. Ensuite, c'est l'idée d'une éviction de la voie pénale qu'il est possible de mettre en avant compte tenu de la prise en compte des normes de *soft law* par la justice pénale française. La *compliance,* ainsi que la convention judiciaire d'intérêt privé, participent d'un changement de paradigme. En effet, la répression pénale est dirigée à l'égard de la personne morale – elle n'est plus focalisée sur le chef d'entreprise. Aussi, l'on assiste à une quasi-disparition du procès pénal du dirigeant et à l'émergence d'une justice négociée à l'égard de ce dernier. Le législateur et le juge remplissent ici une mission tout à fait inédite, prônant alors la responsabilisation et l' « autorégulation » tant de l'entreprise que du dirigeant.

La voie pénale comme « dernier recours ». Mêlant à la fois droit positif et droit prospectif, sous le prisme régulier du droit comparé, la thèse s'est attachée à théoriser l'évolution de la responsabilité pénale du chef d'entreprise. Si au départ le législateur et le juge se sont engagés dans un tout répressif pénal en assouplissant les règles pénales substantielles et procédurales, il semblerait que l'on assiste aujourd'hui à une métamorphose de la répression pénale qui de ce fait viendrait affaiblir la responsabilité pénale du dirigeant. Aussi dans l'entreprise, la voie pénale pourrait apparaître comme un dernier recours au constat du développement de l'« *auto-régulation* » et de la « *régulation* ». Nous pouvons alors envisager la répression pénale comme une « troisième voie » - celle-ci serait mise en œuvre en cas d'échec des deux premières à savoir celles de l' « *auto-régulation* » et de la « *régulation* ».

C'est essentiellement au regard de l'effectivité du droit dans l'entreprise que des modifications sont apparues nécessaires afin que l'éthique et les intérêts en présence soient préservés. Il serait tout d'abord souhaitable d'introduire l'ensemble des mesures régulatrices au sein d'un Code unique. Une codification des mesures préventives et répressives, de préférence dans le cadre du *Code des relations entre le public et l'administration*, pourrait rendre plus lisible les moyens d'action des administrations dans l'entreprise.

Ensuite, l'intégration des normes de *soft law* mériterait de faire l'objet d'une réflexion approfondie. D'une part, dans le sens d'une démocratisation et d'autre part, d'une généralisation. Si ces règles de *compliance* font l'objet d'une codification récente au sein du *Code de la compliance* et qu'un projet doctrinal d'harmonisation européenne est en voie de réflexion [1087], la multiplication de celles-ci suscitent aujourd'hui des interrogations quant à leur articulation et à la sécurité juridique des entreprises assujetties à ce foisonnement de règles sanctionnées. Elle fait aussi émerger les questions liées à la valeur ajoutée de la *compliance* pour les entreprises. À la charnière du droit pénal, de la procédure pénale et du droit de la peine, cette recherche contribue, à travers l'étude spécifique de la responsabilité pénale du

[1087] A. Fiorella (dir.), *Corporate Criminal Liability and Compliance, Programs. Volume II. Towards a common model in the European Union*, Naples, Jovene Editore, 2012, p. 374 et s.

chef d'entreprise à une réflexion plus globale sur la dépénalisation et les moyens qui permettraient de favoriser le maintien et/ou la restauration de l'éthique dans l'entreprise.

BIBLIOGRAPHIE

I- Dictionnaires

AUVERGNON P., *Inspection du travail, Dictionnaire des risques psychosociaux*, Paris, Seuil, 2014.

CADIET L. (dir.), *Dictionnaire de la justice*, Paris, PUF, 2004.

CANTO-SPERBER M., *Dictionnaire d'éthique et de philosophie morale*, Paris, PUF, 2004.

CORNU G., *Vocabulaire juridique*, Paris, PUF, 2016.

LAINGUI A., *Dictionnaire des sciences criminelles*, Paris, 2004.

JEANCLOS Y., *Dictionnaire de droit criminel et pénal : dimension historique*, Paris, Economica, 2011.

LOPEZ G. et TZITZIS S. (dir.), *Dictionnaire des sciences criminelles*, Paris, Dalloz, 2004.

ROLAND H. et BOYER L., *Adages du droit français*, Paris, LexisNexis, 1999.

II- Ouvrages généraux, traités et manuels

AYRES I, BRAITHWAITE J., *Responsive Regulation: transcending the deregulation debate*, Oxford, Oxford University Press, 1992.

BECCARIA C., *Des délits et des peines*, Paris, Flammarion, coll. « GF », 2006 [1766]

BECK U., *La société du risque : Sur la voie d'une autre modernité*, Paris, Flammarion, 2008.

BONFILS PH., *Droit pénal des affaires*, Paris, LGDJ, 2ème éd., 2016.

BONIS-GARÇON E., *Droit de la peine*, Paris, LexisNexis, 3ème éd, 2019.

BOULOC B., *Droit pénal général*, Paris, Dalloz, 26ème éd., 2019.

BOUZAT P. et PINATEL J., *Traité de droit pénal et de criminologie*, T1., Paris, Dalloz, 2ème éd., 1970.

DANET J., *La justice pénale entre rituel et management*, Rennes, PUR, 2010.

DELMAS-MARTY M., *Droit pénal des affaires*, Paris, PUF, 1990.

FARJAT G., *Nouvelles réflexions sur les codes de conduites privés*, Paris, LGDJ, 1998.

GARAPON, A., *La raison du moindre État. Le néolibéralisme et la justice*, Odile Jacob, 2010.

GUYON Y., *Droit des affaires*, T. 2, Paris, Economica, 7ème éd., 1999.

HILAIRE. J, *Introduction historique au droit commercial*, Paris, PUF, 1986.

JEANDIDIER W., *Droit pénal des affaires*, Paris, Dalloz, coll. « Précis », 6ème éd., 2005.

LEROY J., *Droit pénal général*, Paris, LGDJ, 5ème éd., 2014.

MAYAUD Y., *Droit pénal général*, Paris, PUF, 6èmé éd., 2018.

MERLE R. et VITU A.,

-*Traité de droit criminel*, t. 1, Paris, Cujas, 1997.

-*Traité de droit criminel*, t. 2, Paris, Cujas, 2001.

PRADEL. J., *Droit pénal général*, Paris, Cujas, 22ème éd., 2019.

RASSAT M.-L., *Droit pénal général*, Paris, Ellipses, 3ème éd., 2014.

RENOUX T. S. et DE VILLIERS M., *Code constitutionnel*, Paris, LexisNexis, 2005.

ROBERT J.-H. et MATSOUPOULOU H., *Traité de droit pénal des affaires*, Paris, PUF, 2004.

SALOMON. R., *La fraude pénale en droit de la Sécurité sociale*, Paris, Economica, 2013.
STASIAK, F., *Droit pénal des affaires*, Paris, LGDJ, 2ème éd., 2009.
VERON M., *Droit pénal des affaires*, Paris, Dalloz, 12ème éd., 2019.
VOUIN R. et LEAUTE J., *Droit pénal et criminologie*, Paris PUF, 1ère éd., 1956.

III- Ouvrages spéciaux, monographies et ouvrages collectifs

ALESSANDRI A., « Impresa e giustizia penale : tra passato e futuro. Un'introduzione », *in Impresa e giustizia penale : tra passato e futuro*, Milan, Giuffrè Editore, 2009.

ARISTOTE, *Éthique à Nicomaque*, Paris, Flammarion, 1998.

ARROYO L. et NIETO MARTÍN A., *El derecho penal económico en la era de compliance*, Valence, Tirant Lo Blanch, 2013.
AYRES I. et BRAITHWAITE J., *Responsive Regulation: Transcending the Deregulation Debate*, Oxford, Oxford UniversityPress, 1992.
BONFILS PH. et GIACOPELLI M., *Droit pénal général*, Paris, Cujas, éd. 2018.
BOUZAT P. et PINATEL J., *Traité de droit pénal et de criminologie*, T. 1, Paris, Dalloz, 2ème éd., 1970.
CAPRON M. et QUAIREL-LANOIZE-LÉE F., *Mythes et réalités de l'entreprise responsable*, Paris, La Découverte, 2004.
CHAPUT Y., *La sanction : la lecture des économistes et des juristes*, Bruxelles, Bruylant, 2011.
CONTE PH., LARGUIER J., et MAISTRE DU CHAMBON P., *Droit pénal général*, Paris, Dalloz, 2018.
CROZIER M., FRIEDBERG E., *L'acteur et le système*, Paris, Seuil, 1992.
CHALARON V. Y., *Négociations et accords collectifs d'entreprise*, Paris, Litec, 1990.
CHEVALLIER J., *L'État post moderne*, Paris, LGDJ, 2017.
COEURET A. et FORTIS E., *Droit pénal du travail*, Paris, LexisNexis, 6ème édition, 2016.

DELMAS-MARTY M.,
- *Les grands systèmes de politique criminelle*, Paris, PUF, 1992.
- *Pour un droit commun*, Paris, Seuil, 1994.
-*Le flou du droit : Du Code pénal aux droits de l'homme*, Paris, PUF, 2004 [1986]
DELMAS-MARTY M. et TEITGEN-COLLY C., *Punir sans juger ? : De la répression administrative au droit administratif pénal*, Paris, Economica, 1992.
DESPORTES F. et LAZERGES-COUSQUER L., *Traité de procédure pénale*, Paris, Economica, 2015.
DESPORTES F. et LE GUNEHEC F., *Droit pénal général*, Paris, Economica, 2009.
DOLLO C. et BRAQUET L., *Economie*, Paris, Sirey, 2016.
DOAT M., LE GOFF J. et PÉDROT Ph. (dir.), *Droit et complexité : Pour une nouvelle intelligence du droit vivant*, Rennes, PUR, 2007.
DOMAT J., *Les lois civiles dans leur ordre naturel*, Paris, 1745.
DREYER E., *Droit pénal général*, Paris, LexisNexis, 5ème éd., 2019.
DUPEROUX J.-J., BORGETTO M. et LAFORE. R., *Droit de la Sécurité sociale*, Paris, Dalloz, 17ème éd., 2011.
DURKHEIM E., *De la division du travail social*, Paris, PUF, 1978 [1893]
FENOUILLET D. et MALINVAUD P., *Droit des obligations*, Paris, LexisNexis, 12ème éd., 2012.
FIORELLA A. (dir.), *Corporate Criminal Liability and Compliance Programs. Volume II : Towards a common model in the European Union*, Naples, Jovene Editore, 2012.
FRISON-ROCHE M-A.,
-*Régulation, Supervision, Compliance*, Paris, Dalloz, 2017,
-*Pour une Europe de la compliance*, Paris, Dalloz, 2019.
GUINCHARD S. et BUISSON J., *Procédure pénale*, Paris, LexisNexis, 2020.
IGALENS J. et POINT S., *Vers une nouvelle gouvernance des entreprises : L'entreprise face à ses parties prenantes*, Paris, Dunod, 2009.
KAPP T., RAMACKERS P. et TERRIER J.-P., *Le système d'inspection du travail en France : missions, organisation et prérogatives*, Rueil-Malmaison, Editions Liaisons, 2013.
LEPAGE A., MATSOPOULOU H., *Droit pénal spécial*, Paris, PUF, 2015.
LEVENEUR L., *Situation de fait et Droit privé*, Paris, LGDJ, 1990.

LOMBARD M., DUMONT G. et SIRINELLI J., *Droit administratif*, Paris, Dalloz, 13ème éd., 2009.
GARAPON A. et SERVAN-SCHREIBER P. (dir.), *Deals de justice. Le marché américain de l'obéissance mondialisée,* Paris, PUF, 2013.
GAUDEMET A., *La compliance : un monde nouveau ? Aspects d'une mutation du droit*, Éditions Panthéon-Assas, 2016.
GERMON A., *Le rôle d'initiative des administrations dans la mise en mouvement de l'action publique*, Paris, L'Harmattan, Bibliothèque de droit pénal, 2014.
GRASSIN M., « L'éthique individuelle à l'épreuve de l'éthique collective. À l'horizon de la personne », *L'éthique individuelle, Un nouveau défi pour l'entreprise*, Paris, L'Harmattan, 2005, p. 25.
GROTIUS H., *Du droit de la guerre et de la paix*, Paris, PUF, 1999 [1625].
GRYNBAUM, L (dir.), *La contrainte,* Paris, Economica, 2007.

MARSHALL A., *Principes d'économie politique*, 1890.
MARTIN-CHENUT K. et DE QUENAUDON R. (dir.), *La RSE saisie par le droit, perspectives internes et internationales*, Paris, Editions Pedone, 2016.

MODERNE F., *Sanctions administratives et justice constitutionnelle*, Paris, Economica, 1993.

MOLFESSIS N., *Les mots de la loi*, Paris, Economica, 1999.

MOUSSERON J.-M et SÉLINSKY V., *Le nouveau droit français de la concurrence*, Paris, Litec, 1987.

M. COZIAN, A. VIANDIER, F. DEBOISY, *Droit des sociétés*, Paris, LexisNexis, 33° éd., 2020.

PAGNERRE Y., *La responsabilité pénale des salariés en quête d'équilibre, Code pénal et Code d'instruction criminelle : Livre du bicentenaire*, Paris, Dalloz, 2010.

PRADEL J. et VARINARD A., *Les grands arrêts du droit pénal général*, Paris, Dalloz, 11 ème éd., 2018.

RENOUARD C., *La responsabilité éthique des multinationales*, Paris, PUF, 2007.

SIEBER U. et ENGELHART M. (dir.), *Compliance Programs for the Prevention of Economic Crimes: An Empirical Survey of German Companies*, Berlin, Duncker & Humblot, 2014.

SOYER J-CL., *Droit pénal et procédure pénale*, Paris, LGDJ, 2008.

SUPIOT A. et DELMAS-MARTY M. (dir.), *Prendre la responsabilité au sérieux*, Paris, PUF 2015.

THIBIERGE. C.,

-*La force normative, naissance d'un concept*, Paris, LGDJ/Bruylant, 2009.

-*La densification normative : Découverte d'un processus*, Paris, Mare & Martin, 2014.

TRICAUD F., *L'accusation : recherche sur les figures de l'agression éthique*, Paris, Dalloz, 1977.

WALINE J., *Droit administratif*, Paris, Dalloz, 2020.

IV- Thèses et mémoires

BENAJAT M., *La responsabilité pénale professionnelle*, Th, Ed. Dalloz, 2012.

COEURET A., *La décentralisation du pouvoir dans l'entreprise et le droit du travail*, Th, Paris X, 1981.

DECHENAUD D., *L'égalité en droit pénal*, LGDJ, coll. « Bibliothèque de sciences criminelles », t. 45, 2008.

DUMORTIER (B.-H.) : *L'attribution de la responsabilité en droit pénal des affaires*, Th, Lille II, 1977.

FAUCONNET P., *La responsabilité*, Th., Paris, 1920.

GAILLARD E., *Le pouvoir en droit privé*, Th., Paris II, 1985.

GEHAD S., *La responsabilité pénale du dirigeant d'entreprise*, Th., Paris I, 2004.

HASCHKE-DOURNAUX M., *Réflexion critique sur la répression pénale en droit des sociétés*, LGDJ, Th., 2012.

HOLLENDER-CERF A., *Le déclin du principe de la légalité criminelle en droit pénal du travail*, Th., Montpellier, 1992.

LUCAS DE LEYSSAC M.-P., *Décision de justice civile et répression pénale*, Th., Paris II, 1975.
MALABAT V., *Appréciation in abstracto et appréciation in concreto en droit pénal*, Th., Bordeaux, 1999.
MARGAINE. C., *La capacité pénale*, Th., Bordeaux IV, 2011.
MERLE P., *Les présomptions légales en droit pénal,* Th, Nancy, LGDJ, 1970.
PAUGET-BEYDON. A, *La notion de dirigeant de groupement*, Th., Toulouse, 2005.
REBUT D, *L'omission en droit pénal ? Pour une théorie de l'équivalence entre l'action et l'inaction*, Th., Lyon, 1993.
REINHARD (Y.) : *L'acte du salarié et la responsabilité pénale du chef d'entreprise*, Th., Lyon, 1974.
RENAUD-DURAND P., *La responsabilité pénale du chef d'entreprise*, Th., Montpellier, 1994.
RICHARD. V., *Le droit et l'effectivité, contribution à l'étude d'une notion*, Th., Paris II, 2003.
ROUSSEAU F., *L'imputation dans la responsabilité pénale*, Th., Dalloz, 2009
ROYER G., *L'efficience du droit pénal économique, étude de droit positif à la lumière de l'analyse économique du droit*, Th., éd. Lextenso, 2009
SAENKO L., *Le temps en droit pénal des affaires*, Th., Paris I, 2008.
SAUPHANOR-BROUILLAUD N., *L'influence du droit de la consommation sur le système juridique*, Th., Paris I, LGDJ, 2000.
SEGONDS M. *La délinquance du salarié et ses incidences sur la relation de travail*, Th., Toulouse, 1998.

V- Juris-classeurs et Encyclopédies Dalloz

AUZERO G., JlClasseur, Fasc.20, Jl-C*Santé et sécurité au travail.*

BRENNER CL., Acte, Rép. Civ. Dalloz

CESARO J.-F., JlClasseur, Fasc.20 *Droit pénal- Infractions. Constatation. Poursuite.*

DECOCQ A. et PÉDAMON M., « L'ordonnance du 1er décembre 1986 », J.-*Cl. Conc. Consom.*, n° spéc. 1987, n° 98 et 99.

JEANDIDIER W., J.- Cl. PÉNAL, JlClasseur, Fasc 20, *Classification des infractions.*
LEAUTE. J., *Juris-classeur Procédure Pénale, art. 689-693*, 1 er cahier. n°36.
LIENHARD. C., « La dépénalisation du droit des affaires » : *Rev. J.-Cl*, Pénal, mars 2008 p. 4.

VI- Colloques, congrès et conférences

Les enquêtes fiscales et du travail, organisé sous l'égide du CRDE de l'université de Cergy-Pontoise et du CERAP de l'université de Paris XIII, 20 novembre 1999.

La morale et le droit des affaires, Colloque de l'Université de droit de Toulouse du 12 mai 1995, Montchretien 1996.

Actes du colloque du 24 juillet 1996 consacré au trentième anniversaire de la loi du 24 juillet 1966 sur les sociétés commerciales, *Rev. soc.* 1996, p. 431 et s.

Actes du colloque, La vie des affaires et la responsabilité pénale, 27 mai 1998, *Gaz. Pal.*, 1999.

Le droit pénal du travail, colloque du 27 mai 2000, Université Panthéon-Assas, Laboratoire de droit social, Institut d'études européenne et internationales du travail, *Dr. soc.*, n° 11, novembre 2000.

Le Code pénal - 20 ans après, état des questions, ouvrage collectif publiant les actes du colloque organisé, le 20 mars 2014, par le Centre d'études et de Recherche en Droit de l'immatériel de l'Université Paris-Sud, Lextenso, LGDJ, 2014

La protection du dirigeant social, sous la direction de N. Borga, ouvrage collectif publiant les actes du colloque du 12 décembre 2014 organisé à Grenoble, LGDJ, 2016.

Regards sur l'évolution du droit des sociétés depuis la loi du 24 juillet 1966, sous la direction d'Isabelle Urbain-Parléani et Pierre-Henri Conac, Dalloz, coll. « Thèmes & commentaires », mars 2018.

Le droit pénal économique, un droit pénal très spécial ? Actes du colloque organisé le 28 avril 2017 par le Centre de droit économique et du développement de l'Université de Perpignan, Cujas, 2018.

« La *compliance*, bras armé de la régulation », *in Actes du colloque Régulation, supervision, compliance,* Dalloz, coll. « Thèmes & commentaires », 2017.

Le droit pénal et l'éthique des affaires, Actes du colloque du 18 mars 2016, sous la direction de J.-B. Perrier, Centre Michel de L'Hospital, 2018,

Les responsabilités du dirigeant de société, Regards croisés de droit civil et de droit pénal, in Actes de colloque, sous la direction de O. Dexant de Baillancourt et B. Lapérou-Scheneider, Dalloz, coll. « Thèmes et commentaires », 2018.

Soft law et droit du commerce international, Contributions à l'étude du renouvellement des sources du droit, Actes du colloque international des 11 et 12 mai, LexisNexis, 2018.

VII- Articles, chroniques et contributions

ABADIE P., « Le juge et la responsabilité sociale de l'entreprise », *D.* févr. 2018, chron. n°6.
AMAUGER-LATTES M.-C., « L'évolution paradoxale de la sanction pénale du droit conventionnel du travail », *Dr. soc.* 2009, 568.
AMBROISE-CASTEROT C., « La preuve une question de loyauté ? », *AJ. pén.* 2005, p. 261.
ANDENAES. J., « Les effets de prévention générale du droit pénal », *Arch. Pol. Crim.*, 1978, n°3, p. 6.

ARHEL P., « Volet « concurrence » de la loi Macron pour la croissance, l'activité et l'égalité des chances économiques », *LPA* n°194, 29 sept. 2015, p. 7 et s.
ASCIONE LE DREAU C. et GRUNDLER B., « Lutte contre la corruption – les personnes physiques face à la justice pénale négociée – David contre Goliath ? », *Revue int. de la Compliance et de l'éthique des affaires*, févr. 2019. Comm. 31.
BEAUCHARD V.R., « Responsabilité sociétale des entreprises : la communication saisie par le droit », *Dr. soc.* 2011, p. 395.
BEAUVAIS P., « Méthode transactionnelle et justice pénale » *in A. Gaudemet (dir.), La compliance, un monde nouveau ? Aspect d'une mutation du droit*, éd. Panthéon-Assas, 2016, pp. 79-90.
BENILLOUCHE M., « La poursuite des personnes morales », *in Dépénalisation de la vie des affaires et responsabilité pénale des personnes morales*, PUF, coll. CEPRISCA, 2010, pp. 17-36.
BERNARD A. et WRZONCKI E., « La responsabilité pénale des transnationales-l'action des FIDH », *A.J.P.* 2012, p. 20.

BLAISE J.-B., « La sanction pénale », *JCP E* 2013, p. 1170.

BLANC D., « Droit de la concurrence : la dépénalisation n'est pas la solution », *AJ pén.* févr. 2008, Dossier « Quelle dépénalisation pour le droit des affaires », p. 69.

BLATMAN. M.,

-« L'obligation de sécurité de résultat de la Cour de cassation en six étapes », *Sem. soc. Lamy* 2007, n° 1295, p. 6.

- « L'obligation de sécurité », *Dr. soc.* 2011, p. 743.

BOITEL A., « La responsabilité pénale du chef d'entreprise », *Dr. ouvrier* 1952. 334.

BOTTON A., « Contrôle de la loi de programmation Justice : le Conseil constitutionnel entre « moustiques et chameaux » de la procédure pénale », *JCP* 2019. 359.

BOULAN. F., « La transaction douanière », *in Études de droit pénal douanier, Annales de la Faculté de droit et des sciences économiques d'Aix-en-Provence*, PUF, 1968, p. 219 et s.

BOULOC B.,

- « L'abus de pouvoirs ou de fonctions en droit pénal français », *in Abus de pouvoirs et de fonctions*, Travaux de l'Association Capitant, Economica, Tome XXVIII, 1980.

-« La liberté et le droit pénal », *Rev. soc.* 1989, p. 377, spéc. p. 386-387.

-« Présomption d'innocence et droit pénal des affaires », *RSC* 1995, p. 465.

-« Les infractions d'opposition aux fonctions au regard des droits fondamentaux », *RLC,* avril-juin 2013, n°35.

- « Aspects juridiques du blanchiment », *Gaz. Pal.* 24 janv. 2004, p. 16.

BOURSIER M.-E.,

- « Commerce international, droit pénal et compétitivité des entreprises », *JCP G* 2016, p. 207.

- « Le droit pénal au défi de la *compliance* : commerce international, droit pénal et compétitivité des entreprises, JCP 207. 2016.

- « L'impact de la loi n° 2016-1691 du 9 décembre 2016 relative à la transparence, à la lutte contre la corruption et à la modernisation de la vie économique sur la corruption dans le secteur bancaire et financier : de la sécurisation à l'innovation », *Revue de droit bancaire et financier*, 2016, étude n°32.

- « La mondialisation du droit pénal économique, *RSC* 2017. 465.

-« Qu'est-ce que la *compliance* ? Essai de définition », *D.* 2020. 1419.

BROM B. et CHEMIN-BOMBEN D., « Vers une dépénalisation du droit des affaires ? » *Rev. Lamy dr. aff.*, déc. 2007, p. 66.

CALAIS-AULOY M.-TH., « La dépénalisation en droit pénal des affaires », *D.* 1988, chron. 315.

CANIVET G., « Le risque : le droit au risque », *in Actes de savoir, revue interdisciplinaire de l'Institut universitaire de France*, PUF, 2007, p. 9.

CATALA-MARTY J. et NOUVEL L., « Conciliation des droits de la défense et des intérêts de l'enquête dans les perquisitions en concurrence », *JCP E.* 5 juill. 2012, n°27.

CASTRONUOVO D., « La responsabilité du dirigeant, l'exemple du droit pénal italien », *in Les responsabilités du dirigeant de société regards croisés de droit civil et de droit pénal*, Dalloz, 2018, p. 190.

CHALON G., « L'article 40 du Code de procédure pénale et le fonctionnaire : nature et portée de l'obligation de dénoncer », *AJFP* 2003. 31.

CHASSANG C., « La communication des administrations sur leur politique répressive : prendre modèle sur le droit pénal ? », *RSC* n°1, 2019, p. 55.

CHAVANNE A., « Le droit pénal des sociétés et le droit pénal général », *RSC* 1963. 683.

CHEVALLIER J., « Vers un droit postmoderne in les transformations de la régulation juridique », *in Revue du droit public et de la science politique*, Librairie Générale de Droit et de Jurisprudence, 1998, pp. 659-714.

CHOPIN F., « Les pouvoirs d'enquête de l'inspection du travail », *AJ pén.* 2015, p. 116.

CIMAMONTI S., « Législation par référence et nouveau code pénal », *Rev. Recherche juridique, Droit prospectif* 1997, p. 1253.

CLAUDEL. E., « Les injonctions », *LPA* 2005, n°14, p. 23.

COEURET A.,
-« Pouvoir et responsabilité en droit pénal », *Dr. soc.* 1975, p. 396.
-« La responsabilité en droit pénal du travail : continuité et rupture », *RSC* 1992, p. 475.

-« La nouvelle donne en matière de responsabilité », *Dr. soc.* 1994, p. 629.
-« Le droit pénal du travail depuis la recodification du Code du travail », *SSL suppl.*, 2010, n°1472, p. 75 et s.
-"La qualité du responsable pénal dans les dispositions du Code du travail », *in Mélanges J.-H. Robert*, Paris, LexisNexis, 2012, p. 121 et s.
COHEN, « Le chef d'entreprise est-il délinquant ordinaire ? », *in Les enjeux de la pénalisation de la vie économique*, Dalloz, coll. « Thèmes et commentaires », 1997, p. 75.
COHEN-TANUGI L. et BREEN E., « Le Deferred prosecution agreement américain. Un instrument de lutte efficace contre la délinquance économique internationale », *JCP G* n°38, 16 sept. 2013, p. 954.
CONTE PH.,
-« Du particularisme des sanctions en droit pénal de l'entreprise », *in Bilan et perspective du droit pénal de l'entreprise*, Xème congrès de l'Association française du droit pénal, Lyon 26 et 28 nov. 1987, Economica, 1989, p. 55.
-« Effectivité », « « ineffectivité », « sous-effectivité », « surefficacité »... variations pour droit pénal », *in Mélanges Catala*, Litec, 2001, p. 121.
COSTES M., « De quelques considérations sur la responsabilité pénale dite du fait d'autrui », *RSC* 1939, p. 629.
COULON J.-M., « Les nouveaux champs de pénalisation, excès et lacunes », *Pouvoir*, 2009 n°128, p. 5 et s.
COURET A., « Corporate governance, RSE et communication financière », *Dr. fisc*. 2012, étude 131.
DAOUD E.,
-« Les droits de la défense en matière de droit pénal social », *AJ pén.* 2016
-« Obligation de dénonciation dans l'Administration et loi Sapin II : quel avenir pour l'article 40 en droit pénal public et en droit pénal des affaires ? », *Rev. Lamy droit des affaires*, déc. 2018, n° 143.
DAOUD E. et FERRARI J.,
- « La RSE sociale : de l'engagement à l'obligation juridique », *JCP. S.*, 2012, p. 1391.

- « RSE et droit pénal », *Rev. Lamy Droit des Affaires*, 2015, n° 100, dossier spécial « Le droit pénal et la RSE : un outil de management, facteur de progrès social et de prévention des risques ».

DAOUD E., PUGLIESE M., « La responsabilité pénale des dirigeants sociaux », *Sécurité et stratégie*, 2013/4, p. 64 à 73.

DARGENTAS E., « La norme pénale et la recherche autonome des valeurs dignes de la protection pénale », *RPDP*, 1977, p. 41.

DAVID. E., « Les poursuites pénales contre les auteurs de pratiques anticoncurrentielles », *Concurrences*, n°2-2006, p. 175 et s.

DE LAMY B., « *Le droit pénal spécial à l'épreuve du droit pénal et de la procédure pénale* », *Droit pén.* 2013, Repère 8.

DE GILES D., « Le droit pénal de la concurrence en Europe », *JCP E* 2003, p. 34.

DE NAYER M.-C., « Le rapport Marini », *Bull. Joly Bourse,* 1996, n° 6.

DECHENAUD D., « L'élément matériel de l'infraction économique », *in Le droit pénal économique, un droit pénal très spécial*, éd. Cujas, 2018.

DECOCQ A., « Le rôle du ministère public au regard du pouvoir de sanction des autorités indépendantes en droit de la concurrence », *Cah. dr. ent.*, 2015, dossier 42.

DECOCQ A. et PÉDAMON M., « L'ordonnance du 1er décembre 1986 », *in J.-Cl. Conc. Consom.*, n° spéc. 1987, n° 98 et 99.

DECOOPMAN N., « Le pouvoir d'injonction des autorités administratives indépendantes », *JCP* 1987. I. 3303, spéc. n°13.

DEDESSUS-LE-MOUSTIER N., « La responsabilité du dirigeant de fait », *Rev. soc.,* 1997, p. 499.

DEDIEU D., FEUGERE W., LANCRI M., MO M., TROCHON J.-Y. et WINCLER A., « *Compliance* : entre coopération et contrôle », *Rev. int. de la compliance et de l'éthique des affaires*, n°26, 28 juin 2018.

DEDIEU D. et GALLOIS-COCHET D., « Obligations et responsabilité des dirigeants dans le cadre des exigences de compliance en droit français », *Bull. Joly Sociétés*, mars 2018, n°3.

DEDIEU D., FEUGERE W., LANCRI M., MO. M, TROCHON J.-Y., WINCKLER A., « *Compliance* : entre coopération et contrôle », *Rev. int. de la compliance et de l'éthique des affaires*, n°26, 28 juin 2018, 62.

DELGA J., « De l'éthique d'entreprise et de son cynisme », *D.*, 2004. 3126.
DELMAS-MARTY M.,
- « Le droit pénal, l'individu et l'entreprise : culpabilité du fait d'autrui ou du décideur ? », *JCP,* 1985, I, 3218.
- « Rapport général présenté au Colloque international tenu à Fribourg-en-Brisgau du 20 au 23 septembre 1982 », *RID* 1983, p. 41 et s, spéc p. 51.
- « L'enjeu d'un Code pénal, réflexions sur l'inflation des lois pénales en France », *in Mélanges Legros*, Ed. Université de Bruxelles, 1985, p. 165
- « Les conditions de rationalité d'une dépénalisation partielle du droit pénal de l'entreprise », *in Bilan et perspectives du droit pénal de l'entreprise*, IXème congrès de l'Association française du droit pénal, Lyon 26 et 28 nov. 1987, Economica, p. 89.
- « Le nouveau Code pénal », *RSC*. 1993, p. 438.
- « L'évolution du droit pénal des affaires », *in Actes du colloque, La vie des affaires et la responsabilité pénale*, 27 mai 1998, *Gaz. Pal.*, 1999, p. 354
- « Le droit pénal comme éthique de la mondialisation », *RSC* 2004, p. 8.
- « Où va le droit ? Entre pot au noir et pilotage automatique, le droit peut-il nous guider vers une mondialité apaisée *? » JCP. G*, 2018, p. 403.
DELMAS SAINT-HILAIRE P., « Les principes de la légalité des délits et des peines. Réflexion sur la notion de légalité en droit pénal », *in Mélanges Bouzat*, 1980, p. 149 et s.
DERRUPÉ. J., « La réforme des sociétés commerciales », *Gaz. Pal.* 1966, doctr. p.170 et s.
DESBARATS I., « Codes de conduite et chartes éthiques des entreprises privées, regard sur une pratique en expansion », *JCP* 2003. I. 112, n°1.
DETRAZ. S., « Regards croisés des Codes d'éthique et du droit pénal », *Cah. de droit de l'entreprise*, 2014, n°21.
DEUMIER P.,
-Les sources de l'éthique des affaires, in Libre Droit, Mélanges P. le Tourneau, Dalloz, 2008, p. 337.
DEXANT – DE BAILLIANCOURT O.,
-« De quelques spécificités de la responsabilité civile au dirigeant de société in bonis », *Les responsabilités du dirigeant de société, Regards*

croisés de droit civil et de droit pénal, in Actes de colloque, sous la direction de O. Dexant de Baillancourt et B. Lapérou-Scheneider, Dalloz, coll. « Thèmes et commentaires », 2018, p. 53.
-« La contribution des autorités nationales de régulation », *in Soft Law et droit du commerce international,. Contribution à l'étude du renouvellement des sources du droit, LexisNexis, 2018,* p. 315.
DEZEUZE E. et PELLEGRIN G., « Extension du domaine de la transaction pénale : la convention judiciaire d'intérêt public. À propos de la loi n° 2016-1691 du 9 décembre 2016 », *JCP* 2017, doctr. 64.
DIENER P., « Éthique et droit des affaires », *D.* 1996, chron. p. 17.
DINGEON P., « Présentation de la politique de lutte contre le travail illégal », *Dr. soc*, nov. 2014, n°11.
DISKANT E.-B., « Comparative CorporateCriminal Liability : Exploring the Uniquely American Doctrine Through Comparative Criminal Procedure », *in Yale LJ,* 2008.
DHOQUOI-COHEN R., « Idéologie conciliatrice et répression des récalcitrants dans l'Inspection du travail 1892-1970 », *Dr. ouvrier* 1993, p. 87.
DONNEDIEU DE VABRES-TRANIÉ L. et MONTET C., « Un droit de laconcurrence : pour quoi faire ? », *Contrats, conc. Consom.* 2005, étude 22.
DRAI E., « Responsabilité sociétale des entreprises : un mouvement créateur de valeur », *in Petites. aff.* n°54, p. 4.
DREYER. E.
- « L'imputation des infractions en droit pénal du travail », *RSC*, 2004, p. 813.
- « Les pouvoirs délégués afin d'exonérer pénalement le chef d'entreprise », *D.* 2004, p. 937.
DULIN F.-X., « Le rôle du Parquet dans le choix de la sanction des infractions économiques et financières », *AJ. pén.* 2019, 15.
EVEILLARD. G., « Les sanctions en droit administratif, entre approfondissement de la soumission à la légalité et recherche de l'efficacité » *in Les sanctions en droit contemporain,* Dalloz, 2012, p. 491.
FABRE A., « À la découverte du nouveau Code », *Rev. Trim. Droits de l'Homme*, 2008, p. 145.
FEUGERE W.,
-« La bonne foi en droit pénal des affaires : l'espoir d'une résurgence ? », *Gaz. Pal.* 17 mars 2009, n°76, p. 34.

-« La sanction adéquate en droit pénal des affaires », *Cah. de droit de l'entreprise*, 2017, dossier 4.
FORTIS E., « La surveillance au travail », *Gaz. Pal.* 2006, doctr. p. 13.
FORTIS. E et SEGONDS M., « La dépénalisation du droit du travail : un objectif caduc ? », *Rev. droit du travail* 7/8 2012, p. 403.
FRISON-ROCHE M.-A.
-« Le droit de la régulation », *D.* 2001, chron., pp. 610-616.
FROSSARD S., « Quelques réflexions relatives au principe de la personnalité des peines », *RSC*, 1998, p. 703.
FOYER J., « La genèse de la loi sur les sociétés commerciales », *in Actes du colloque du 24 juillet 1996 consacré au trentième anniversaire de la loi du 24 juillet 1966 sur les sociétés commerciales, Rev. soc.* 1996, p. 431 et s.
GABA H. K., « Rentabilité économique et accidents du travail », *LPA* 1998, n° 24, spéc. p. 27.
GALLOIS A. et **GALLOIS-COCHET D.**, « L'imputation d'une infraction attitrée à une personne morale », *in Mélanges en l'honneur de P. Merle*, Dalloz, 2012, p. 279.
GAMET. L., « Critique du droit pénal du travail », *Dr. Soc.* 2014, n°5, p. 446.
GARRON F., « La rémunération excessive des dirigeants des sociétés commerciales », *Rev. soc* 2004, p. 795 et s.
GAUDEMET Y., « Les limites des pouvoirs des inspecteurs du travail », *Dr. soc* 1984, p. 465.
GAUTRON V., RETIÈRE J.-N., « Le traitement pénal aujourd'hui : juger ou gérer ? », *Droit et société* 2014, n°3, p. 579.
GINER-ASINS M. et SANZ A., « Enquêtes simples de concurrence : des enquêtes pas si simples », *JCP. E.* n°4, 23 janv. 2014, p. 1029.
GOTHOT P., « Le non droit : précautions introductives », *in Séminaire de Liège sur l'hypothèse du non-droit*, 1978, p. 31.
GRÉGOIRE L., « L'identification du dirigeant », *in Actes du colloque Les responsabilités du dirigeant social, regards croisés de droit civil et de droit pénal*, Dalloz, 2018, p. 7.
GRONDIN R., « La responsabilité pénale des personnes morales et la théorie des organisations », *Rev. gén. droit*, 1994, p. 380 et s.
HAERI. K., « Réflexions sur le rapport du groupe de travail sur la dépénalisation de la vie des affaires : et le pénal n'appartint plus jamais au justiciable… » *Dr. pén.,* mars 2008, dossier n° 4, p. 13.
HAUTEFORT M. « Gérer les dirigeants », *Les Cahiers du DRH*, mai 2012, n°187, p. 3.

HIRSCH H.-J., « La criminalisation du Comportement collectif – Allemagne », *in H. de Doelder et Klaus Tiedemann (ss dir.), La criminalisation du comportement collectif*, Kluwer, La Haye, 1996, p. 31 et s.
HOUIN R. et GORE F., « La réforme des sociétés commerciales », *D.* 1967, chron. p. 123.
HUSSON L., « Les activités professionnelles et le droit », *Déontologie et discipline professionnelle, Arch. Phil. Droit*, 1953-1954, Tome II.
JACQUEMIN A., « L'économique, serviteur de l'économie », *RTD com.* 1972, p. 283.
JEANDIDIER W.
-« L'élément matériel des infractions d'affaires ou la prédilection pour l'inconsistance », *Mélanges offerts à René Gassin*, PUAM, 2007, p. 245.
-« L'élément moral des infractions d'affaires ou l'art de la métamorphose », *in Mélanges offerts à André Decocq,* Litec, 2004, p. 369.
JEANSEN E., « La sanction pénale de la violation d'un accord collectif », *D.*, 2010, p. 719.
JAVILLIER J.-C., « Ambivalence, effectivité et adéquation du droit pénal du travail : quelques réflexions en guise d'introduction », *Dr. soc.* 1975, p. 375.
JOUNIOT S., La répression pénale comme outil de régulation des violences physiques au travail, *Rev. trav.* 2019, p. 770.
JOURDAIN P., « Retour sur l'imputabilité », *in Mélanges offerts à Bernard Bouloc***,** 2007, p. 511.
KATZ. C., « La preuve en matière de harcèlement sexuel : pas vu pas pris ? », *Gaz. Pal.* 1998, 1, doctr. p. 688.
KHAN P., « À propos des sources du droit du commerce international. Philosophie du droit et droit économique, quel dialogue ? », *in Mélanges en l'honneur de Gérard Farjat*, 1999, p. 85.
KOVACIC W.E., « The modern Evolution of US Competition Policy Norms », *in Antitrust L.J.*, vol. 71, 2003.
KUPISCH B., « La responsabilità da atto illecito nel diritto naturale », *in L. Vacca, La responsabilità civile da atto nella prospettiva storico-comparatistica* (Madrid, 7-10 ottobre 1993, Torino, Giappichelli, 1995, p. 127-128.
LACROIX C., « Délégation de pouvoirs et assurance : quelle échappatoire pour le dirigeant ? », *in Les responsabilités du dirigeant*,

Actes de colloque, *Les responsabilités du dirigeant de société regards croisés de droit civil et de droit pénal*, Dalloz, 2018, p. 21.

LAPÉROU-SCHENEIDER B.,
- « La responsabilité pénale de l'employeur personne physique et la présomption de faute », *Dr. soc.*, 2012. 273.
- « La responsabilité pénale du dirigeant et la réglementation du travail, une responsabilité renforcée », *in Les responsabilités du dirigeant*, Actes de colloque *Les responsabilités du dirigeant de société regards croisés de droit civil et de droit pénal*, Dalloz, 2018, p. 121.
-« *Soft law* et droit pénal : divergences et confluences l'exemple du droit français », *in* Soft law *et droit du commerce international, Contributions à l'étude du renouvellement des sources du droit,* Actes du colloque international des 11 et 12 mai, Lexis Nexis, 2018, p. 215.

LARONZE F., « La norme ISO 26000, une source de droit en matière sociale ? L'apport de la théorie du droit à la réflexion sur les normes de la RSE », *Dr. soc.*, 2013, p. 345.

LASSERE CAPDEVILLE J., « Les pouvoirs d'enquête de l'AMF », *AJ pénal* 2015. 67.

LAUTRU J.-C., « Le rôle du parquet dans la lutte contre la fraude sociale », *Dr. soc.*, nov. 2014, n°11, p. 883.

LAUFER W.S., « Corporate bodies and GuiltyMind. The Failure of Corporate Criminal Liability », *in The University Chicago Press*, 2006.

LAZERGES C., « La fonction déclarative de la loi pénale », *RSC* 2004, p. 194.

LASCOUNES. P et BAERBERGER C. « De la sanction à l'injonction. Le droit pénal administratif comme expression du pluralisme des formes juridiques sanctionnatrices », *RSC* 1988. 45, spéc. 49.

LEGAL. A.,

- « La responsabilité pénale du fait d'autrui dans son application au chef d'entreprise », *in Mélanges B. de la Gressaye*, 1966, p. 477.

- « La responsabilité sans faute », *in Mélanges M. Patin*, 1998, p. 147.

LE MONNIER DE GOUVILLE P., « La responsabilité pénale du dirigeant de la société in bonis », *in Actes du colloque, La responsabilité du dirigeant de société, regards croisés de droit civil et de droit pénal*, Dalloz, 2018, p. 63.

LENOIR N. et JACQUIN. A., « Les lanceurs d'alerte dans le projet de la loi Sapin II », *JCP E* 2016, act. 291.

LEPAGE A., « Responsables : Réflexions sur le droit pénal du travail comme droit pénal spécialisé », *La norme pénale et les relations de travail*, éd. Panthéon Assas Colloques, 2015, p. 56.

LE TARNEC A., « Le régime nouveau des sociétés commerciales », *Gaz. Pal.* 1966, doctr. p. 141.

LEVASSEUR V.G.,

- « L'imputabilité des infractions en droit français », *RSC* 1968-1969, p. 390 et s.

- « Droit social et droit pénal », in *Études de droit du travail offertes à André Brun*, LGDJ, 1974, p. 317.

LEVEL P., « La faute involontaire de l'employeur et sa responsabilité pénale à la suite d'agissements commis par son personnel », *D.* 1960, I. 1559.

LIENHARD A., « Dépénalisation de la vie des affaires : rapport Coulon », *D.* 2008 p. 532.

LOBE-LOBAS M., « L'engagement volontaire RSE au service de la preuve pénale », *Dr. env.* 2014, n°3, étude 4.

LUCAS DE LEYSSAC C., « L'inquiétant article L. 420-6 du Code de commerce », *Concurrences,* n°1-2008, p. 21.

MAGENDIE J.-C., « Éthique et conformité dans les entreprises », *Rev. Soc* 2019, p.730.

MANACORDA S.,

-*La responsabilité des personnes morales et l'harmonisation pénale européenne*, in S. Manacorda – G. Giudicelli-Delage (dir.), *La responsabilité pénale des personnes morales : perspectives européennes et internationales*, Paris, Société de Législation comparée, 2013, p. 23.

-« La dynamique des programmes de conformité des entreprises : déclin ou transfiguration du droit pénal des affaires ? » *in L'entreprise un monde sans frontières, Perspectives économiques et juridiques* (dir. A. Supiot), Dalloz, 2015, p. 200.

MARTIAL-BRAZ. N., « Inconstitutionnalité du droit de communication des données de connexion », *Rev. soc.* 2017, p. 582.

MASCALA C., « L'influence de la doctrine sur l'évolution du droit pénal des affaires », *in Les facultés de droit inspiratrices du droit ?* coll. « Presses de l'université des sciences sociales de Toulouse », 2005, pp. 175 à 182.
MASCALA C. et **AMAUGER-LATTES M-C**« Le droit pénal, îlot de résistance », *Cah. dr. entr.* Mai 2012. Dossier 17.

MATSOPOULOU H.,
-« Les investigations de certains fonctionnaires dans les locaux des entreprises », *Petites Aff.* 19 juill. 2001, n° 143, p. 4.
-« Généralisation de la responsabilité pénale des personnes morales, présentation de la circulaire Crim-06-3 /E8 du 13 févr. 2006 », *Rev. soc.* 2006. 483., spéc. p. 488.
-« Responsabilité pénale des personnes morales et infractions du droit pénal des affaires », *in* M. Daury-Fauveau et M. Benillouche (dir.), *Dépénalisation de la vie des affaires et responsabilité pénale des personnes morales*, PUF, 2010, p. 81.
-« Le salarié, prisonnier de la délégation de pouvoir », *in RLDA* 2012/ 72, n° 4108.
-« Faut-il réécrire l'article 121-2 du Code pénal sur la responsabilité pénale des personnes morales ? », *in Le Code pénal - 20 ans après, état des questions*, ouvrage collectif publiant les actes du colloque organisé, le 20 mars 2014, par le Centre d'études et de Recherche en Droit de l'immatériel de l'Université Paris-Sud, Lextenso, LGDJ, 2014, p. 107 et s., spéc. p. 123.

MAURO C., « Responsabilité sociale des entreprises et droit pénal », *in Mélanges en l'honneur du professeur Jacques Henri-Robert*, Paris, Lexis Nexis, 2012, p. 497.
MAYAUD Y., « Retour sur la culpabilité non intentionnel en droit pénal, à propos de la loi n°2000-647 du 10 juillet 2000 », *D*. 2000, p. 603.
MAYER D., « L'influence du droit pénal sur l'organisation de la sécurité dans l'entreprise », *D*. 1998. p. 256.

MAZEAUD. V., « Propos introductifs », *in Le droit pénal et l'éthique des affaires*, Actes du colloque du 18 mars 2016, éd. Centre Michel de l'Hospital, 2018, p. 13.

MIGNON-COLOMBET A., « La convention judiciaire d'intérêt public : vers une justice de coopération ? », *AJ pén* 2017. 68.

MORVAN P.,

-« La responsabilité pénale du chef d'entreprise pour manquement à son obligation de sécurité », *in Entreprise et responsabilité pénale,* LGDJ, coll. Travaux et recherches Panthéon-Assas Paris II, 1994, p. 95.

-« L'irrésistible ascension de la faute caractérisée : l'assaut avorté du législateur contre l'échelle de la culpabilité », *in Mélanges offerts à Jean Pradel*, 2006, p.449.

MULLER-LAGARDE Y.,

-« Les sanctions pénales de la rémunération excessive du dirigeant social », *Actualités*, janv. 2009

-« La bonne foi : « Peau de chagrin » du droit pénal des affaires », *Gaz. Pal.* 17 mars 2009, n°76, p. 26.

-« La prévision en droit pénal des affaires : la gestion pénale du risque », *Gaz. Pal.* 29-30 déc. 2010, p. 26.

NEYRET L., « L'affaire *Erika* : moteur d'évolution des responsabilités civile et pénale », *D*. 2010. 2238.

NOTTÉ G., « La notion de dirigeant de fait au regard du droit des procédures collectives », *JCP CI* 1980, I, p. 8560.

OPPETIT B., « *Ethique et vie des affaires* » *in Mélanges A. Colomer*, 1993, p. 21.

PAGEAUD, P., « La notion d'intention en droit pénal », *JCP* 1950, I, 876.

PERRIER J.-B.,

-« Réflexions et perspectives sur la transaction en matière pénale », *AJ Pén.* 2015, p. 474.

-« La convention judiciaire pour les infractions environnementales : vers une *compliance* environnementale », *D.* 2020. 396.

PERRIER J.-B et RODA J.-C., « Droit pénal et droit de la concurrence », *in Le droit pénal et l'éthique des affaires*, Actes du colloque du 18 mars 2016, Centre Michel de L'Hospital, 2018, p. 136.

PIERRE-FRANÇOIS G.-L., « Recherches sur la notion et le rôle de l'intention frauduleuse en droit pénal des sociétés », *in Annales de la Faculté de droit de Université de Toulon et du Var*, 1977-1978, n°4, spéc. n°48 et s.

PIN X.,

-« Le travail dans le champ pénal », *in Mélanges R. Ottenhof, Le champ pénal*, 2006, p. 383 et s.

-« La nature de la faute en droit pénal économique », *in Le droit pénal économique, un droit pénal très spécial ?* Actes du colloque organisé le 28 avril 2017 par le Centre de droit économique et du développement de l'Université de Perpignan, éd. Cujas, 2018, p. 37.

PRADEL J.,

-« Rapport national présenté au Colloque international tenu à Freiburg-en-Brisgau du 20 au 23 septembre 1982 », *RID pén.* 1983, p. 275 et s.

-« Le nouveau Code pénal, Partie générale », *ALD* 1993, n°17, p. 188.

RANC J.-C., « Les pouvoirs des agents de l'URSAFF dans la lutte contre le travail illégal », *Gaz. Pal.*, 10-11, 2001, p. 2.

PRETOT X., « Le droit répressif non pénal », *Rev. dr. soc.* 2000, p. 964, s., n°19.

RAMACKERS P., « La recherche et le constat des infractions en matière de travail illégal par l'inspection du travail : un exemple d'enquête », *in Dr. soc.* nov 2014, n°11, p. 899.
RASHEL E., Droit pénal de la consommation, *in Le droit pénal et l'éthique des affaires*, Actes du colloque du 18 mars 2016, Centre Michel de L'Hospital, 2018, p. 133.
RENAUDIN C., « Recodification du Code du travail et infractions aux règles de santé et de sécurité : une nouvelle donne en matière de responsabilité pénale des chefs d'entreprise ? », *RSC* 2009, n° 2, p. 331.

REVET TH., « L'éthique des contrats internes » *in Ethique des affaires : de l'éthique de l'entrepreneur au droit des affaires*, Actes du colloque organisé par le Centre de Recherches en Éthique Économique et des Affaires et Déontologie Professionnelle Aix-Marseille, Aix-en-Provence 4 et juill. 1996, coll. collection Éthique et Déontologie Librairie de l'Université d'Aix-en-Provence, p.70.

REINHARD Y., « La loi du 6 décembre 1976 et la responsabilité des infractions aux règles relatives à l'hygiène et la sécurité au travail », *RSC* 1978, p. 255.

RIAS N., « Mise en œuvre de la responsabilité pénale des personnes morales : vers un retour à l'orthodoxie ? », *D.* 2011, 2841.

RICHARD J., CYTERMANN. L., « Le droit souple dans la vie de l'entreprise et de la fonction publique : une tension féconde avec le droit dur », *Dr. soc.* 2014 p. 400 et s.

RICOEUR P., « Le concept de responsabilité. Essai d'une analyse sémantique », *Esprit*, nov. 1994, p. 28 et s.

RIVES-LANGES J.-L., « La notion de dirigeant de fait au sens de l'article 99 de la loi du 13 juillet 1967 sur le règlement judiciaire et la liquidation de biens », *D.* 1975, chron. p. 41

ROBERT J.-H.,

-« Les personnes physiques pénalement responsables des infractions commises à l'occasion du fonctionnement des entreprises », *JCP CI*, 1975, II, 11716, p. 200, n°47.

-« Les investigations des fonctionnaires investis de certaines fonctions de police judiciaire », *in Mélanges A. Vitu,* 1989, Cujas, p. 431.

-« La répression, in le droit pénal du travail », *in Actes du colloque du 27 mai 2000, Dr. social* 2000, p. 954.

-« Pour une restauration des contraventions de police », *in Mélanges J. Pradel*, Cujas, 2006, p. 161 et s. spéc. p. 166.

-« Le coup d'accordéon ou le volume de la responsabilité pénale des personnes morales », *in Les droits et le Droit, Mélanges dédiés à B. Bouloc*, Dalloz 2006, p. 974.

-« La responsabilité des personnes physiques et morales en cas d'infractions aux obligations environnementales », *Rev. dr. des affaires de l'Université Panthéon-Assas*, oct. 2008, p. 112, spéc. p. 118.
-« Les fadettes cloîtrées », *Dr. pén.* 2017, n°10, comm. 149.

ROBERT J.-N., « Traduire la responsabilité », *in Prendre la responsabilité au sérieux* (dir. A. Supiot, M. Delmas-Marty), Paris, PUF, 2015, p. 101.
ROTH R., « Une responsabilité sans culpabilité ? L'entreprise, la faute d'organisation et le droit pénal », *Semaine judiciaire* 2003, p 187 et s. l.
ROUJOU de BOUBÉE G., « Les deux sources du droit pénal dans la Constitution », *JCP* 1961, I, 1638.
ROGER A., « Éthique des affaires et droit pénal », *in Mélanges en l'honneur du Professeur Jean Larguier*, PUG, 1993, p. 265.
RONTCHEVSKY N., « La responsabilité pénale », *Bull. Joly Bourse* 2007, §3, p. 335, n°66.
ROUSSEAU. F., « La répartition des responsabilités dans l'entreprise », *RSC* 2010. p. 804.
ROUSSEL G., « Les multiples pouvoirs d'enquête des administrations », *AJ pén*, Fév. 2015, p. 64.
RUELLAN C., « La responsabilité pénale des administrateurs provisoires et judiciaires du fait de leur administration », *Dr. pén.* 2000, chr. n°25.
RUY B., « Perquisitions en matière économique et fiscale et ordonnance pré rédigées par l'Administration », *JCP. G* 2013, n°1005.
SAENKO L., « Brèves réflexions sur la catégorie des infractions attitrées », *Gaz. Pal*, 3 nov. 2015, n°307.

SALAVAIRE J., « Réflexions sur la responsabilité pénale du fait d'autrui », *RSC* 1964. 307.
SAINT-PAU J.-CH., « L'insécurité juridique de la détermination du responsable en droit pénal de l'entreprise », *Gaz. Pal.* 2005, p. 134.
SAUVE, J.-M. « La prévention des conflits d'intérêts et l'alerte éthique, *AJDA*, 2014, p. 2249.
SEGONDS M., « Le droit pénal du travail : hétérodoxie ou orthodoxie », *Dr. Pén.* n°9, Sept. 2013, dossier 3.
SEMPE. N. « Les sanctions à caractère réel », *Gaz. Pal.* 1999. I. doctr. 339.
SEUVIC J.-F.,
- « Responsabilité pénale des personnes morales », *RSC.* 2003. 827.
- « Droit pénal des affaires. Ordonnances du 25 mars 2004. », *RSC.* 2004. 932.

SCHANZE E., « Enforcing Good Banking Pratices through Manager Liability? » in Peter Nobel, Katrin Krehan et Anne-Cathrine Tanner, *Law and Economics of Global Financial Institutions*, Zurich, Schulthess, 2010.
SIEBER U., « Programas de compliance en el derecho penal de la empresa. Una nueva concepcion para controlar la crimiladidad economica », *in El Dérecho penal económico en la era Compliance*, Tirant lo Blanch, 2013, p. 63 et s.
SILHOL B., « L'inspection du travail et le choix de l'action pénale », *Dr. soc.* 2000, p. 959.
SORDINO M.-CH., « La disparition du principe de spécialité de la responsabilité pénale des personnes morales : une fin espérée… adoptée dans la plus grande des discrétions », *in Gaz. Pal.*, 9 au 10 sept. 2004, n° spécial « Actualité de droit pénal des affaires », p. 13 et s.
SPITERI P.,
-« Le droit pénal régulateur de la morale commerciale », *in Annales de la Faculté de droit de Toulouse*, 1972, p. 180 et s.
-« L'infraction formelle », *RSC* 1988. 808, spéc. 809.
STOLOWY N., « Interprétation stricte des lois pénales et image fidèle », *JCP. E.* 2000, I, 219.
SULLIVAN R.O., « How presecutors apply the « Federal prosecutions of corporations » charching policy in the erea of deferred prosecutions, and what that means for the purposes of the Federal criminal sanction », *in 51 Am. Crim. L. Rev.* 2014, p. 29 et s.
SUPIOT A.,

-« Du nouveau au self-service normatif : la responsabilité sociale des entreprises », *in Etudes offertes à Jean Pélissier*, Dalloz, 2004, p. 541.
-« Rapport de gestion : nouveau format de présentation des informations sur le gouvernement d'entreprise, réorganisation d'information, allègement et clarification des obligations pour les petites entreprises, nouveau dispositif de reporting extra-financier », *JCP E* 2017, act. 636.
TEYSSIÉ B., « Note relative au droit pénal du travail », *in Livre du bicentenaire du Code pénal et Code d'instruction criminelle*, Dalloz, 2010, p. 695.
TIEDEMANN K., *Die Bebußung von Unternehmen nach dem* 2. Gesetz zur Bekämpfung der Wirtschaftskriminalität, *in NJW* 1988. 1172.
TOUFFAIT A., avec le concours de J. Robin, A. Andureau et J. Lacoste, *Délits et sanctions dans les sociétés*, 2ème ed., Sirey 1973, n°45.
TRICOT. D., « Les critères de la gestion de fait », *Dr. & patr.* 1998, n° 34, p. 24.
VALUET J.-P., « Conformité à la loi, conformité aux Codes », *JCP E* 2012, n°1471, p. 29.
VAN DE KERCHOVE M. « Décriminalisation et dépénalisation dans la pensée de Jeremy Bentham », *in Actualité de la pensée de Jeremy Bentham*, Bruxelles, Publications des Facultés universitaires Saint-Louis, 1987, p. 663.
VERDUN F., « Projet de loi Sapin 2 : statut du lanceur d'alerte et programme anticorruption au regard du droit social », *JCP E.* 2016, 1647.
VERGÈS E., « La procédure pénale hybride », *RSC* 2017. 581.
VERKINDT P.-Y. « L'acmé de l'obligation de sécurité du chef d'entreprise », *Sem. soc. Lamy*, 2008, n° 1346, p. 10.
VILLEY M., « Esquisse historique sur le mot responsable », *in La responsabilité, Archives Philosophiques*, Tome XXII, 1977.

VITU A.,

-« La définition et le contenu du droit pénal économique », in *Dix ans de conférences d'agrégation, Etudes de droit commercial offertes à J. Hamel*, Dalloz 1961, p. 71.

-« Regards croisés sur le droit pénal des sociétés », *in Aspect actuels du droit commercial français, Études dédiées à René Roblot*, LGDJ, coll. « Anthologie du droit », 2013, p. 247, spéc. p. 258.

- « Regards sur le droit pénal des sociétés » *in Aspects actuels du droit commercial français, Études dédiées à R. Roblot*, LGDJ, 1984.

WESTER-OUISSE V., « Le droit pénal face aux codes de bonne conduite », *in RSC.*, avr-juin 2000, p. 351/

VIII- Études et Rapports

Travaux préparatoires

Rapport Marchand, document Assemblée nationale 1988-1989, n°896, p. 123.

Rapport n°391 sur la proposition de loi, modifiée par l'Assemblée nationale, tendant à préciser la définition des délits non intentionnels par P. Fauchon, Sénat, 7 juin 2000.

Rapport n°4139, sur la mise en application de la loi n° 2014-344 du 17 mars 2014 relative à la consommation par D. Abad et M. P. Kemel, Assemblée nationale, 18 décembre 2013.

Rapport n°1942 sur la proposition de loi relative aux pouvoirs de l'inspection du travail par D. Robillard, Assemblée nationale, le 14 mai 2014.

Études – Rapports d'information

P. Marini, *La modernisation du droit des sociétés*, La doc. fr., 1996, p. 112.

M. de Virville, *Pour un Code du travail plus efficace*, Rapport au ministre des Affaires sociales du travail et de la solidarité, 15 janv. 2004.

Rapport Coulon, Rapport remis au Garde des Sceaux, ministre de la Justice, le 20 février 2008 sur la dépénalisation du droit des affaires, La Documentation française, Coll. « Des rapports officiels ».

Rapport de la mission de lutte contre l'inflation normative, 26 déc. 2013, www.viepublique.fr.

La sanction : regards croisés du Conseil d'État et de la Cour de cassation, La documentation française, 2015.

Rapport et bilan annuel, « L'inspection du travail en 2017 », Ministère du travail, de l'emploi, de la formation professionnelle et du dialogue social, éd. 2019.

« L'inspection du travail en France en 2013, Bilans et rapports », Ministère du travail, de l'emploi, de la formation professionnelle et du dialogue social, DGCT, 2015.

Les sanctions administratives dans les secteurs techniques par J. Bétaille, D. Chouki, C. Courtaigne-Deslandes, M. Deguergue, E. Langelier, Ge. Marcou, T. Perroud, C.Teitgen-Colly, Les sanctions administratives dans les secteurs techniques. [Rapport de recherche] Mission de recherche Droit & Justice. 2017. hal-01448559.

Sénat, session ordinaire de 2016-2017. Compte-rendu intégral, séance jeudi 3 nov. 2016, p. 16627.

Étude d'impact du projet de loi pour la croissance et l'activité du 10 décembre 2014 E3 p. 44.

Statistiques

Infostat justice n°173, *Les infractions à la législation du travail entre 2014 et 2017*, déc. 2019.
Infostat justice n°169, *Les infractions économiques et financières : leur traitement judiciaire entre 2016 et 2017*, déc. 2019.

Table des matières

Structures éditoriales du groupe L'Harmattan

L'Harmattan Italie
Via degli Artisti, 15
10124 Torino
harmattan.italia@gmail.com

L'Harmattan Hongrie
Kossuth l. u. 14-16.
1053 Budapest
harmattan@harmattan.hu

L'Harmattan Sénégal
10 VDN en face Mermoz
BP 45034 Dakar-Fann
senharmattan@gmail.com

L'Harmattan Cameroun
TSINGA/FECAFOOT
BP 11486 Yaoundé
inkoukam@gmail.com

L'Harmattan Burkina Faso
Achille Somé – tengnule@hotmail.fr

L'Harmattan Guinée
Almamya, rue KA 028 OKB Agency
BP 3470 Conakry
harmattanguinee@yahoo.fr

L'Harmattan RDC
185, avenue Nyangwe
Commune de Lingwala – Kinshasa
matangilamusadila@yahoo.fr

L'Harmattan Congo
67, boulevard Denis-Sassou-N'Guesso
BP 2874 Brazzaville
harmattan.congo@yahoo.fr

L'Harmattan Mali
ACI 2000 - Immeuble Mgr Jean Marie Cisse
Bureau 10
BP 145 Bamako-Mali
mali@harmattan.fr

L'Harmattan Togo
Djidjole – Lomé
Maison Amela
face EPP BATOME
ddamela@aol.com

L'Harmattan Côte d'Ivoire
Résidence Karl – Cité des Arts
Abidjan-Cocody
03 BP 1588 Abidjan
espace_harmattan.ci@hotmail.fr

Nos librairies en France

Librairie internationale
16, rue des Écoles
75005 Paris
librairie.internationale@harmattan.fr
01 40 46 79 11
www.librairieharmattan.com

Librairie des savoirs
21, rue des Écoles
75005 Paris
librairie.sh@harmattan.fr
01 46 34 13 71
www.librairieharmattansh.com

Librairie Le Lucernaire
53, rue Notre-Dame-des-Champs
75006 Paris
librairie@lucernaire.fr
01 42 22 67 13

www.ingramcontent.com/pod-product-compliance
Lightning Source LLC
LaVergne TN
LVHW050054061026
849532LV00001BA/174
* 9 7 8 2 3 4 3 2 4 3 2 6 9 *